MARKETING
DE GUERRILLA

New York

Otros libros por Jay Conrad Levinson:

The Most Important $1.00 Book Ever Written
(El Libro de US$1.00 Más Importante Jamás Escrito)

Secrets of Successful Free-Lancing
(Los Secretos del Trabajo Independiente Exitoso)

San Francisco: An Unusual guide to Unusual Shopping
(San Francisco: Una Guía Poco Usual de Compras Poco Usuales).
    Coautores: Pat Levinson y John Bear

Earning Money without a Job
(Ganando Dinero sin un Trabajo)

555 Ways to Earn Extra Money
(555 Maneras de Ganar Dinero Extra)

150 Secrets of Successful Weigh Loss
(150 Secretos para una Pérdida de Peso Exitosa). Coautores: Michael
    Lavin y Michael Rokeach

Quit Your Job!
(¡Abandone Su Trabajo!)

An Earthling´s Guide to Satellite TV
(Guía Para la Televisión por Satélite para Un Terrícola)

Guerrilla Marketing Attack
(Ataque de Marketing de Guerrilla)

The Iinvestor's Guide to the Photovoltaic Industry
(Guía del Inversionista de la Industria Fotovoltáica)

Guerrilla Marketing Weapons
(Armas de Marketing de Guerrilla)

The 90-Minute Hour
(La Hora de 90 Minutos)

Guerrilla Financing
(Financiamiento de Guerrilla). Coautor: Bruce Jan Blechman

Guerrilla Selling
(Ventas de Guerrilla). Coautores: Bill Gallagher y Orvel Ray Wilson

Guerrilla Marketing Excellence
(Excelencia de Marketing de Guerrilla)

Guerrilla Advertising
(Publicidad de Guerrilla)

Guerrilla Marketing Handbook
(Manual de Marketing de Guerrilla). Coautor: Seth Godin

Guerrilla Marketing Online
(Marketing de Guerrilla On-line). Coautor: Charles Rubin

Guerrilla Marketing for the Home-Based Business
(Marketing de Guerrilla para las Empresas Manejadas
    desde el Hogar). Coautor: Seth Godin

Guerrilla Marketing Online Weapons
(Armas On-line para Marketing de Guerrilla). Coautor: Charles
    Rubin

The Way of the Guerrilla
(La Manera del Empresario Guerrillero)

Guerrilla Trade-Show Selling
(Vendiendo en una Feria Comercial a la Manera Guerrillera).
    Coautores: Mark S.A. Smith y Orvel Ray Wilson

Get What You Deserve: How to Guerrilla-Market Yourself
(Obtenga lo que se Merece: Cómo Mercadearse a Sí Mismo
    de la Manera Guerrillera). Coautor: Seth Godin

Guerrilla Marketing with Technology
(Marketing de Guerrilla con Tecnología)

Guerrilla Sales Secrets
(Secretos de Venta Guerrillera)
Coautor: Steve Savage

Guerrilla Business Secrets
(Secretos de Negocio Guerrillero)
Coautor: Steve Savage

MARKETING DE GUERRILLA

TERCERA EDICIÓN

Secretos para Obtener Grandes Ganancias con su Pequeña o Mediana Empresa

Jay Conrad Levinson

Derechos de Autor versión inglés © 1998 Jay Conrad Levinson
Derechos de Autor Traducción al Castellano © 2000, 2009
Jay Conrad Levinson
Derechos Reservados

Para información acerca de permisos para reproducir
extractos de este libro, escriba a

ISBN: 978-1-60037-512-5

MORGAN · JAMES
THE ENTREPRENEURIAL PUBLISHER ™
www.morganjamespublishing.com

Morgan James Publishing, LLC
1225 Franklin Ave. Ste 325
Garden City, NY 11530-1693
Toll Free 800-485-4943
www.MorganJamesPublishing.com

Estados Unidos de América

Catálogo de la Biblioteca del Congreso de EEUU: 00-105395

Library of Congress Catalog Card No.: 00-105395

Impreso en los Estados Unidos de América

Redacción   Steve Savage e Igor Zambrano
Traducción: Helena Krizmanic
Diseño de la cubierta: Sandra Silva
Fotocomposición: Sandra Silva y Suzanne Roark

Dedico este libro a:

Steve Savage	Al Ries
Tomás Fortson	Marnie Patterson
Igor Zambrano	Cochran Mark Drevno
Arturo Hotton	Leo Burnett
David Hancock	Dottie Ioakimedes
Charles Kessler	Mike Lavin
Thane Croston	Terri Lonier
Allan Caplan	Sidney Mobell
Alexis Makar	Seth Godin
Charles Rubin	Norm Goldring
Lynn Peterson	Howard Gossage
Robert Pope	Elaine Petrocelli
Wally Bregman	Orvel Ray Wilson
Jeff McNeal	Bill Gallagher, Jr.
Bill Shear Liz	Peter Schonfield
Mymans	Bill Gallagher, Sr.
Michael Larsen	Debra Kahn Schonfield
Jay Abraham	Chet Holmes
Elizabeth Pomada	Jack J. Freeman

Guerrilleros, todos y cada uno de ellos.

AGRADECIMIENTOS
ARSENAL DE INFORMACIÓN
PARA LOS GUERRILLEROS

Los agradecimientos suelen ser, para el lector, la sección menos agradable del libro, si bien es una de partes que más disfruta el autor escribir. Es únicamente en los Agradecimientos que las personas responsables por el espíritu del libro reciben el reconocimiento que merecen.

El primero en la lista es Michael Larsen, mi agente. Después de escucharme hablar acerca de marketing en una reunión de negocios, corrió hacia mí y me dijo que yo debía escribir un libro basado en mi discurso. Marketing de Guerrilla comenzó a tomar forma a partir de ese momento. Steve Savage es el experimentador guerrillero más brillante y audaz que conozco, dispuesto a tomar los riesgos que uno debe enfrentar muy alto en la escalera del éxito, donde él está situado. Gerard Van Der Leun, mi editor original en Houghton Mifflin, se ganó mi gratitud al creer en el libro y agregar toques importantes de chispa y espíritu. Mi editora actual, Marnie Pateron Cochran, se lleva un aplauso por contribuir con mucho del estilo y campo de acción en esta edición actualizada. Debra Kahn Schonfield se gana un guiño y una sonrisa apreciativa por su investigación bibliográfica. Bill Gallagher Jr. se lleva una cordial palmada en la espalda por escoltar a los ejecutivos de marketing de guerrilla al ciberespacio. Igualmente, Bill Shear obtiene incontables aplausos por llevar el marketing de guerrilla a la conciencia de más de la mitad del mundo. He dedicado este libro a los guerrilleros que he conocido a lo largo del camino, agradeciéndoles sus importantes contribuciones, muchas de las cuales están diseminadas a lo largo y ancho de este libro y en cada parte de mi mente.

Más que nunca, estoy impresionado por mi hija, Amy, quien conduce una vida de guerrillera mientras se esfuerza en mejorar la suerte de la humanidad con su trabajo en el gobierno del estado y en los medios mientras cría tres hijos: Sage, Seth y Natty, siendo cada uno de ellos, un ganador. Ofrezco un reconocimiento abundante a Alexes Miller, quién lleva mi casa y mi oficina funcionando sin contratiempos. Como siempre, le ofrezco mi mayor gratitud y el más húmedo beso a mi esposa Jeannie, quién me mantiene contento, me hace pensar, me estimula en todo lo que hago, excepto el "rapel" y me llena con su amor. Ella me inspira de todas las maneras posibles.

Me siento bendecido al poder dar las gracias a tantas personas tan excepcionales.

CONTENTS

I EL ENFOQUE GUERRILLERO AL MARKETING
—Edición actualizada   **1**

1 ¿Qué es el Marketing de Guerrilla?   9

2 Marketing Emprendedor: La Diferencia Guerrillera   19

3 Los Trece Secretos Más Importantes
del Marketing   28

4 Programa de Acción: Desarrollando un Plan de
Marketing de Guerrilla   39

5 Secretos para Desarrollar un Programa de
Marketing Creativo   56

6 Los Secretos para Seleccionar Métodos de
Marketing   66

7 Los Secretos para Ahorrar en Inversión de Marketing   81

8 Los Secretos para Obtener Una Investigación
Gratuita   93

II MARKETING EN LOS MINI-MEDIOS   **103**

9 Venta Personal: el Marketing
Cara a Cara   107

10 Cartas Personales: Efectivas y Poco Costosas   121

11 Telemarketing: Llamando al Dinero   132

12 Circulares y Folletos: Cómo, Dónde y Cuándo   143

13 Claves para Avisos Clasificados Haciendo
Hermoso lo Pequeño   155

14 Avisos: Grandes y Pequeños   166

15 Las Páginas Amarillas: Conviértalas en Doradas   179

III *EL MARKETING DE MAXIMEDIOS*   *187*

16 Periódicos: Cómo Usarlos con Ingenio   190

17 Publicidad en Revistas   201

18 La Radio: Cuesta Mucho Menos de
lo Que Usted Se Imagina   211

19 La Televisión: Cómo Usarla, Cómo
No Abusar de Ella   222

20 Publicidad Exterior: Qué Puede Hacer y Qué No   240

21 Marketing de Correo Directo: Identificando
a Sus Prospectos con Precisión   247

IV *MARKETING SIN USO DE MEDIOS*   *275*

22 Materiales Publicitarios y Muestras:
Si los Tiene, Alardee con Ellos   281

23 Seminarios Gratis, Consultas y Demostraciones:
Muestre y Venda   292

24 Ferias Comerciales, Exhibiciones, Exposiciones:
Convirtiéndose en Espectáculo Público   303

25 Herramientas Misceláneas de Marketing: Servicios, Reflectores, Concursos, Boletines de Noticias, Marketing On-Line y Otros Medios Guerrilleros   317

26 Relaciones Públicas: Credibilidad Instantánea   343

27 Marketing Professional   365

V LANZANDO SU ATAQUE DE MARKETING DE GUERRILLA   *383*

28 Cómo utilizan la Sicología los Empresarios Guerrilleros   388

29 Cómo Ganan las Batallas los Empresarios Guerrilleros   408

SECCION I
EL ENFOQUE GUERRILLERO AL MARKETING
—Edición actualizada

Aún cuando los conceptos de marketing continúan cambiando tan velozmente que existen publicaciones diarias dedicadas únicamente a llevar una crónica de estos avances, el alma del marketing de guerrilla permanece inalterable. Esta es actualizada y amplificada, por supuesto, pero permaneciendo inalterables sus principios. El guerrillero del marketing se enriquece adaptándose a los múltiples cambios de nuestro mundo de la mercadotecnia, el cual siempre está evolucionando, tanto en el mundo real como en el ciberespacio.

Los guerrilleros entienden que los cambios son usualmente a su favor, porque ellos responden a éstos en vez de resistírseles.

La industria del marketing está evolucionando dramáticamente en la medida que la tecnología de la computación se impone por sí misma, la comunicación por satélites permite a los especialistas de marketing de guerrilla publicitarse por televisión en horario estelar, el Internet llega a ser tan familiar a los consumidores como el supermercado, la economía inflacionaria robustece el nexo entre la gente y su dinero; y las luchas por causas sociales, tales como contra la violencia doméstica, por los bosques tropicales, por la protección a los niños o para encontrar una cura para el SIDA, influyen en el escenario del marketing.

Aunque usted aprenderá acerca de los cambios más importantes, tengo la esperanza de que su inspiracíon se acrecentará, en la seguridad de saber que este enfoque actualizado de marketing de guerrilla *funciona* y está *validado* en el mundo real. Esta verdad la marcan quince años de éxito en miles de negocios de guerrilla a través del mundo. Los empresarios guerrilleros exitosos desean saber cómo usar ventajosamente los últimos cambios, y en esta edición lo explicaremos.

¿A quién está dirigido este libro?

Si su negocio cuenta con un enorme capital y tiene grandes reservas de dinero destinadas al marketing de sus productos, usted pudiera tomar el enfoque clásico y manejar su departamento de marketing con mucho dinero y tácticas de libro de texto. Pero si la cantidad de dinero asignada para marketing es modesta, le sugiero tomar un enfoque radicalmente diferente y manejar aquel con grandes ideas y tácticas de guerrilla.

Metas y atajos

Entenderá mejor el enfoque de guerrilla si lee primero un texto de marketing clásico. En él, aprenderá cómo establecer metas de marketing y cómo alcanzarlas. En este libro, aprenderá sobre metas similares y atajos para llegar a ellas. Las tácticas de guerrilla no desprecian a las tácticas de los libros de texto, sino que proveen una alternativa al costoso marketing clásico para que usted pueda incrementar sus ventas con un mínimo de costo y un máximo de ingenio. Aprenderá cómo hacer lo que los grandes derrochadores hacen, sin tener que gastar mucho. Ya que difícilmente algo nos llega gratuitamente, necesitará hacer algo de trabajo adicional, y podrá apoyarse en la capacidad intelectual en vez de la capacidad monetaria.

Grandes en imaginación en vez de grandes en presupuestos

Mantenerse a nivel con los cambios de marketing que ocurren a diario es una hazaña digna de Hércules. Yo escribo un boletín y varias columnas mensuales de marketing de guerrilla para aproximarme a lo que Hércules pudiera conseguir. La esencia del marketing ha cambiado sólo en la medida que nos hemos vuelto más instruidos por él. Las armas de marketing han experimentado una revolución. Esta edición actualizada de *Marketing de Guerrilla* ayuda a mantenerlo al día sobre el estado actual de su arte y ciencia. Aún cuando la verdadera naturaleza del marketing de guerrilla permanece inalterable, su extensión y tecnología han cambiado drásticamente.

El arma imprescindible

Hoy en día, la tecnología otorga a los pequeños empresarios una ventaja, evidentemente no muy justa, que les permite producir materiales de marketing de primera clase que antes requerían de grandes presupuestos y ahora necesitan sólo de mucha imaginación. La tecnología ha cambiado el campo de juego, nivelándolo más de lo que a mucha gente le gusta. Todo el mundo puede ser un editor de escritorio. Y no hay que cometer el error de creer que la tecnología es sólo para personas jóvenes, ya que los norteamericanos cuarentones son considerados los más adeptos a la tecnología en USA.

El tema de la protección del medio ambiente es otro gran cambio positivo en marketing. Si le explica a sus clientes potenciales acerca de las medidas ambientales de su proceso de manufactura, les dará una razón adicional para que le compren a usted.

La televisión por cable y por satélite, el Internet, las máquinas de fax y los agradables softwares para pequeños empresarios, otorgan a los empresarios guerrilleros una ventaja crucial. Ellos saben que el computador es un arma obligada en el mundo actual. Si es tecno-fóbico, haga una cita urgente con su tecno-psiquiatra porque la tecnofobia, en la actualidad, es fatal.

Para finales de los años 70, el 75 por ciento de los presupuestos de marketing estaba dirigido a la publicidad. Para fines de los 90, el 50 por ciento estaba dirigido a promociones para el comercio, 25 por ciento a promociones para el consumidor, y un poco menos del 25 por ciento a publicidad. Muchos de estos recursos están siendo trasladados hacia el marketing "on-line" y muchos mas serán trasladados con cada "tic-tac" del reloj.

¿Aceptan los ejecutivos guerrilleros los cambios de buen grado? Ellos prosperan con los cambios: porque saben que a sus competidores les es difícil mantenerse al mismo nivel que ellos. Esta edición le informa acerca de los cambios del marketing que pueden ayudarle a pasar por encima de su competencia para así poder prosperar.

He aquí algunos aspectos importantes que los guerrilleros deben tener en mente ahora que comenzamos el Siglo XXI:

Hechos importantes para los empresarios guerrilleros

- Millones de "baby boomers (nacidos en la explosión demográfica de los años '50 de la postguerra)" estarán entrando a la edad madura.
- El segmento de mercado de los de 18 a 34 años perderá más de US$ 100 mil millones de poder de compra.
- Los hogares donde ambos cónyuges trabajen y los norteamericanos de tercera edad preferirán los bienes y servicios que ayuden a ahorrar tiempo.
- El ingreso discrecional se incrementará debido a la tendencia hacia familias más pequeñas y el hecho de que se estén formando cada vez menos hogares.
- La clase media, en contracción, forzará a los minoristas a dirigirse más hacia arriba y hacia abajo. Algunas empresas guerrilleras conseguirán hacer ambas cosas.
- El cuidado de la salud para aquellos mayores de 85 años

se ampliará, abriendo nuevas oportunidades para atender a las personas.

- Debido al alto costo de la vivienda, la remodelación de casas pasará por una excelente época. Los aparatos para mantener buenas condiciones físicas serán casi tan comunes como cualquier mueble.
- Los cosméticos y productos para el cuidado de la piel ayudarán a los que están envejeciendo para verse más jóvenes. Se harán comunes las modelos de mediana edad.
- Las personas mayores de 75 años se mudarán a Florida, Nevada, Alaska y Arizona. Este grupo etáreo se convertirá en un mercado lucrativo.
- La televisión por cable y por satélite crecerá rápidamente, al igual que la oferta de opciones posibles, permitiendo a los ejecutivos guerrilleros apuntar directamente a su mercado, geográfica y demográficamente.
- Los aparatos de video (DVD's) se difundirán tanto que los videos publicitarios de demostración serán reconocidos como armas de alto poder y se probará su efectividad en todo tipo de negocios. Para 1998, casi el 90 por ciento de los norteamericanos poseían un aparato de video.

Calidez en un mundo frío

- El mundo mercantil del mañana estará poblado por clientes más exigentes, menos indulgentes y que apreciarán la calidez y la atención en los detalles.
- Norteamérica aprenderá a comprar productos y servicios a través del Internet, cuya velocidad y conveniencia lo convertirá en un foro en el cual se manejará la mayoría del comercio: un universo dentro de sí mismo.
- Norteamérica se inclinará hacia la simplicidad voluntaria e involuntaria, la cual se caracteriza por el ahorro y el anti-materialismo, junto con una economía de hacendados, la cual mantendrá concentrada en manos de unos pocos, la riqueza de la nación, si no del mundo.
- Se desarrollarán nuevas industrias, como por ejemplo la del mejoramiento personal en todo sus aspectos, lo cual incluye el "estar en forma" holísticamente: mente, espíritu y cuerpo. Igualmente, tomará la delantera la medicina alternativaß, la cual combina medicina oriental y occidental.
- Las dietas de "comida orgánica" se caracterizarán por alimentos libres de preservativos artificiales, colorantes, radiaciones, pesticidas sintéticos, residuos de drogas y hormonas de crecimiento.

- Surgirá la nueva contracultura, una generación que poseerá el sentimiento antisistema de los años 60 a la vez que apreciará los lujos permitidos por la tecnología actual.

- Las compañías totalmente accesibles a los compradores en el momento en que éstos decidan comprar, serán finalmente los ganadores en el futuro. Esto no es fácil, pero sí es posible. El producto o servicio será con frecuencia, considerado igual al de sus competidores. Esto es debido a que una enorme afluencia de marketing creará una confusión masiva y la percepción de que todas los productos ofrecidos, son fabricados de la misma manera. **Los que al final ganarán**

- Los supermercados cobrarán el espacio en sus anaqueles a las compañías, sólo por el privilegio de poder ser exhibidos. Estos mismos supermercados registrarán las compras que usted haga y producirán un perfil de sus hábitos de consumo. Por lo tanto, si compra una caja de Cheerios, pudiera después recibir un cupón para Wheaties.

- Los anuncios invitarán a los consumidores a llamar por teléfono o a solicitar una muestra gratis, permitiendole a los guerrilleros recopilar listas de los consumidores que hayan expresado interés en su producto.

- Se desarrollarán nuevas maneras para influir en la decisión de compra de los consumidores, desde televisión dentro de la tienda hasta máquinas de alta tecnología expendedoras de cupones, las cuales serán desarrolladas para ser usadas en el punto de venta, ubicado con frecuencia *directamente enfrente* de un monitor de computadora.

- Habrá un resurgimiento de los clubes de compradores frecuentes, tomando como modelo los programas de viajeros frecuentes, al igual que un incremento notable en el número de negocios que formalizarán alianzas estratégicas.

- Las personas son más móviles que nunca, y hacia diferentes partes del país. Las diez ciudades de Estados Unidos que más rápidamente estaban creciendo para 1996 eran Henderson, Nevada; Chandler, Arizona; Pembroke Pines, Florida; Palmdale, California; Plano, Texas; Las Vegas, Nevada; Scottsdale, Arizona; Laredo, Texas; Coral Springs, Florida; y Corona, California. ¿Notó la migración a climas más calientes y soleados? ¿Notó un movimiento hacia el oeste y el sur? ¿Hay aquí información que pudiera usar para mejorar su estrategia de ventas? **Cálido y soleado**

- Las personas están dejando atrás grandes ciudades en el Noreste y el Centro Oeste y se están mudando al Occidente: con el Sol. Las ciudades que experimentaban la mayor contracción en 1996 eran St. Louis, Norfolk, Washington D.C., Baltimore, Philadelphia, Milwaukee, Kansas City, Buffalo, Pittsburg y Providence. Las poblaciones en estas ciudades más grandes están disminuyendo, mientras que las ciudades en crecimiento son principalmente suburbios de otras grandes ciudades.
- El concepto de centro comercial será expandido para incluir más productos y servicios, incluyendo centros de recreación y cuidado del cuerpo (tipo "fitness clubs"), teatros y sitios nocturnos ("nightclubs") y restaurantes de comida rápida nutritiva.
- La "generación del milenio" (nacidos entre 1979 y 1987 y bendecidos con una conciencia social más desarrollada) se mostrarán menos radicales que la generación de "hippies" de los 60 pero igualmente generarán valiosos cambios en nuestra cultura.
- Los negocios que ofrecerán actividades orientadas a la cultura, tales como viajes a sitios históricos, serán muy prósperos, ya que una sociedad con más gente madura estará a la búsqueda de este tipo de entretenimiento. Más consumidores demandarán productos "premium" tales como cafés, panes, cervezas artesanales y una gran variedad de alimentos y bocadillos.
- Aprenderemos de una inminente revolución de energía basada en combustible fósil. Los adelantos en la fusión en frío, fotovoltaje y energía de punto cero ayudarán a los científicos a extraer energía de "vacíos aparentes".
- El marketing reflejará la nueva realidad que está motivando a las personas a mirar más allá de sus propias vidas y negocios para darse cuenta que son parte de un todo.

Los mercados emergentes

El *Marketing de Guerrilla* abrirá su mente a los mercados emergentes de los Estados Unidos: suburbios, mujeres trabajadoras, personas mayores, gays y lesbianas, y grupos étnicos (en especial los hispanos y asiáticos). Las nuevas armas de marketing que están en discusión son las páginas Web, E-mails, videos publicitarios, boletines de noticias, números 800 de llamadas gratis, teléfonos celulares, "Infomerciales" (comerciales informativos de larga duración en la TV) y paquetes de tarjetas postales. Las armas de marketing tradicionales: mercadeo directo, telemarketing, publicidad gratis, ferias comerciales y catálogos, también siguen desarrollándose.

Debido a la inevitabilidad de los avances en la industria del marketing, siempre será necesario actualizar los métodos y tácticas del marketing de guerrilla pero manteniendo su esencia. En 1993, *Marketing de Guerrilla* captó la atención de ustedes hacia los *tres* secretos de marketing más importantes. Esta edición actualizada le ofrece una mayor ventaja inicial impartiéndole los *trece* secretos más importantes del marketing.

Tres es ahora trece

Deténgase un momento y pregúntese si está mercadeando apropiadamente en este momento. Puede estar bastante seguro que la respuesta es un resonante ¡**No**! si está presente alguna de estas siete señales de alarma:

1. Mis ventas están dirigidas mayormente por el precio.
2. Los clientes no pueden distinguir mis productos o servicios de los de mi competencia.
3. Uso tretas de ventas incoherentes.
4. No tengo un plan unificado para impartir mi mensaje a los clientes y al comercio.
5. La mayoría de las directrices de ventas provienen de mi departamento de ventas.
6. Los clientes antiguos dicen: "No sabía que usted ofrecía eso".
7. No tengo una base de datos de los clientes o posibles clientes.

Este libro está llegando a usted justo a tiempo si usted presenta estos síntomas. Y recuerde, no se puede ser demasiado rico, ni demasiado delgado, ni tener demasiado poder de procesamiento de computación ni saber demasiado acerca de marketing.

Uno de los siete hábitos practicados por la gente efectiva se llama "afilando la sierra": mejorando aquello que uno hace mejor. Esta edición continúa afilando la sierra del marketing de guerrilla, proveyendo a los empresarios guerrilleros con un filo más agudo que nunca. Con más de 2 millones de nuevos negocios lanzados en Estados Unidos cada año, el guerrillero necesita todas las municiones disponibles para alcanzar la victoria. Esta edición está escrita para reabastecer su arsenal con municiones. Pero no le preste tanta atención al sonido de los

Un filo mas agudo que nunca

gatillos al ser halados, como al de los "ratones" de computadores al ser chasqueados.

Aun con los cambios en el marketing, los mercados y los medios de comunicación, el enfoque de guerrilla permanece, para todos los ejecutivos de mercadotecnia, como el más sensible. Para los empresarios o pequeños hombres de negocio, y para todas las personas de empresas, el enfoque de guerrilla es crucial. Pregunte a los exitosos dueños de un pequeño negocio que haya prosperado con un presupuesto limitado y un torrente de competidores y ellos le dirán que es crucial asumir la actitud y el ingenio de los guerrilleros como parte permanente de su forma de pensar.

Si yo manejara un negocio pequeño o aún uno gigante, me reconfortaría sabiendo que mis técnicas de marketing son efectivas y exitosas y han sido probadas en el frente. Me sentiría confiado sabiendo que mi forma de pensar es la mejor posible del momento. Estoy encantado de compartir las ideas que hacen al marketing de guerrilla así de efectivo y estoy más agradecido al comprender el alto nivel de éxito que usted obtendrá cuando actúe tomando en cuenta lo que aprendió. De un guerrillero a otro, le deseo fama y fortuna; especialmente fortuna.

CAPÍTULO I

¿QUÉ ES EL MARKETING DE GUERRILLA?

Marketing es todo lo que usted hace para promocionar su empresa, desde el momento que lo concibe hasta el punto donde los clientes regularmente compran su producto o servicio y comienzan a patrocinar su negocio. Las palabras claves a recordar son *todo* y *regularmente*.

La definición está clara: el marketing incluye el nombre de su negocio, la determinación de vender un producto o servicio, el método de manufactura o servicio, los colores, tallas y formas de su producto, el empaque, la ubicación de su empresa, la publicidad, las relaciones públicas, el entrenamiento de ventas, la presentación de ventas, las consultas telefónicas, la resolución de problemas, el plan de crecimiento, el plan de referencia y el seguimiento. Si usted, a partir de todo lo anterior, deduce que el marketing es un proceso complejo, tiene razón.

Lo que incluye el marketing

Usted debería considerar el marketing como un círculo que comienza con su idea para generar ingresos y que se completa cuando usted tiene el bendito apoyo de negocios recurrentes y con referidos de sus clientes actuales. Si su marketing no completa el círculo, entonces es una vía que pudiera conducirlo a los tribunales mercantiles por quiebra.

Marketing como un círculo

Las tácticas del marketing de guerrilla difieren de las tácticas del marketing clásico en doce rasgos importantes. Yo solía comparar el marketing de guerrilla con el marketing de libro de texto, pero hoy en día, ya que *Marketing de Guerrilla* se usa frecuentemente como libro de texto, lo comparo con el marketing clásico.

Marketing de Guerrilla versus Marketing Clásico

1. La práctica del marketing clásico requiere que usted invierta dinero en el proceso de marketing. La teoría del marketing de guerrilla dice que sus principales inversiones deberían ser *tiempo, energía* e *imaginación*.

2. La práctica del marketing clásico está adaptada a los grandes negocios, recomendando tácticas asociadas a las enormes corporaciones y con presupuestos tradicionalmente grandes. El marketing de guerrilla se ajusta a *pequeños negocios*. Cada palabra de cada oración de cada página de cada libro de marketing de guerrilla, está dirigida al pequeño empresario, con grandes sueños pero no tan grandes fondos.

3. La práctica del marketing clásico mide cuán exitoso es su desempeño, según sean sus ventas. El marketing de guerrilla asume que cualquier persona puede encontrar una manera de empujar el logro de excelentes ventas. Pero las buenas ventas, las rápidas rotaciones de mercancía, los altos niveles de respuesta y el pesado tráfico de clientes en la tienda, no tienen sentido si usted no está generando consistentemente utilidades. La principal vara de medir para los empresarios guerrilleros es *la utilidad* .

4. La práctica del marketing clásico está basada en la experiencia y el juicio personal lo cual implica conjeturas. Para los ejecutivos guerrilleros, las malas suposiciones son demasiado costosas, por lo que el marketing de guerrilla se basa en *la ciencia de la sicología*: las leyes del comportamiento humano. Existen certezas que podemos asumir en relación a los patrones de compra y los empresarios guerrilleros se enfocan en ellas.

5. La práctica del marketing clásico sugiere que usted incremente la productividad de su negocio y después se diversifique, ofreciendo productos y servicios relacionados. El marketing de guerrilla sugiere que usted se aleje de la diversificación y se mantenga enfocado. Su trabajo es crear un alto nivel de excelencia con un enfoque agudo, ya que la excelencia queda a un lado cuando la diversificación lo oculta.

Crecer geométricamente

6. La práctica del marketing clásico le estimula a hacer crecer su negocio en línea recta, agregando nuevos clientes. El marketing de guerrilla jamás desestima nuevos clientes y hace esfuerzos concretos para sumarlos continuamente, pero lo alienta a usted a *hacer crecer su negocio geométricamente*. Los empresarios guerrilleros deben aspirar a más transacciones con clientes activos, transacciones más grandes y transacciones con referidos, usando el inmenso poder del seguimiento al cliente y un fantástico buen servicio.

7. La práctica del marketing clásico invita a mirar alrededor buscando oportunidades para eliminar la competencia. El marketing de guerrilla le sugiere olvidarse temporalmente de la competencia y explorar oportunidades de *cooperación* con otras empresas y apoyarse el uno al otro en una búsqueda mutua de ganancias.

8. La práctica del marketing clásico le quisiera hacer creer que la publicidad funciona *o* que el mercadeo directo funciona *o* que una página Web funciona. La teoría del marketing de guerrilla demuestra que eso es un disparate. Los días de hacer marketing con una sola arma han sido supe-rados. Lo que funciona son las combinaciones de márke-ting. Si se combina la publicidad con mercadeo directo y con una página Web, cada uno de ellos ayudará a los otros a funcionar mejor.

9. La práctica del marketing clásico le insta a contar su facturación al final de cada mes para ver cuántas ventas ha hecho. El marketing de guerrilla sugiere que usted se concentre en cuántas relaciones ha establecido usted cada mes. Cada relación puede conducirle a múltiples facturas y ventas.

10. La práctica del marketing clásico no estimula el uso de la tecnología debido a que la tecnología de ayer era excesivamente compleja, demasiado costosa y demasiado limitada. El marketing de guerrilla le incentiva a "abrazar" la tecnología actual ya que es fácil de usar, poco costosa y es ilimitada en su habilidad para acrecentar el poder de su negocio en el frente de batalla de marketing.

11. La práctica del marketing clásico identifica un número de armas que promueven su negocio, todas relativamente costosas. El marketing de guerrilla identifica por lo menos *100 armas que usted puede usar para elevar sus ganancias*, la mitad de las cuales son gratuitas.

12. La práctica del marketing clásico intimida a muchos pequeños empresarios por estar envuelta de misterio y de complejidad. El marketing de guerrilla *remueve el misterio* y muestra el marketing exactamente como lo que es, poniéndolo a usted en control. **No más misterios ni complejidad**

Cada tipo de proyecto de empresa debe tener un plan de marketing; sin él, no es posible tener éxito. No hay excepciones.

Asumo que tiene buenos conocimientos de negocio y está bien familiarizado con los fundamentos del marketing, según se maneja en corporaciones gigantes. Admirable. Ahora olvide todo lo que pueda. Su agenda de marketing como empresario difiere en gran medida de la de un "estimado" miembro del *Fortune* 500. Algunos de los principios puede que sean los mismos, pero los *detalles* son diferentes. Una buena analogía es la de Adán y Eva. En principio, ellos eran muy similares, pero diferían en maneras cruciales. ¡Y gracias al Cielo por ello!.

Usted está a punto de convertirse en un maestro del marketing de guerrilla, el tipo de marketing extremo necesario para el éxito empresarial. El marketing de guerrilla es virtualmente desconocido para las grandes corporaciones, aún cuando algunas de ellas ya están entendiéndolo. Agradezca que las tácticas del marketing de guerrilla sean practicadas rara vez por los titanes...ya que las grandes corporaciones tienen el beneficio del abundante dinero y usted no.

Su tamaño es su aliado

Usted debe apoyarse en algo igual de efectivo pero menos costoso. Me alegra reportar que su tamaño es un aliado cuando de marketing se trata. Si usted es una pequeña empresa, un nuevo negocio o un solo individuo, usted puede usar las tácticas del mercadeo de guerrilla al máximo. Usted tiene la habilidad de ser rápido, emplear una amplia gama de herramientas de marketing, acceder a los mayores cerebros del marketing y conseguirlos a precios de gran oferta. Puede que usted no necesite usar cada arma de su potencial arsenal de marketing, pero si necesitará alguna de ellas. Por lo tanto, usted debería saber cómo usarlas todas.

Su empresa puede que no necesite publicitarse, pero si requerirá de un plan de marketing. La publicidad boca a boca puede ser tan favorable y extenderse tan rápidamente que su negocio puede cosechar una fortuna simplemente con ello. Si éste fuese el caso, la publicidad boca a boca será probablemente motivada por una efectiva estrategia de marketing. En efecto, una fuerte campaña boca-a-boca es parte del marketing, al igual que las tarjetas de presentación, los artículos de escritorio, el horario de operación y la ropa que usted lleva puesta. La ubicación es algo importante en marketing.

El proceso penosamente lento

Marketing es el proceso penosamente lento a través del cual usted mueve a la gente desde su placentero sitio bajo el sol a una posición en su lista de clientes, atrapando con fuerza y amabilidad sus mentes sin dejarles ir nunca mas. Cada componente que le ayude a vender su producto o servicio es parte del proceso de marketing. Ningún detalle es demasiado insignificante. En efecto, a medida que el detalle es menor, más importante es para el cliente. Mientras más usted entienda esto, mejor será su marketing. Y a medida que su marketing mejore, más dinero hará. No estoy hablando de ventas; estoy hablando de ganancias: la línea final de su Estado de Ganancias y Pérdidas.

Estas son las buenas noticias. La mala noticia es que un día ya no será más un empresario pionero. Si usted pone en práctica, con éxito, los principios del marketing de guerrilla, llegará a ser rico y famoso y ya no tendrá la enjuta y hambrienta mentalidad de un empresario pionero.

Las buenas y las malas noticias

Una vez que usted ha alcanzado esta etapa, puede apelar a las maneras del marketing de libro de texto, ya que puede que se sienta demasiado sobrecargado con los empleados, tradiciones, papeleo de oficina, niveles gerenciales y burocracia, para ser suficientemente flexible para el marketing de guerrilla. Sin embargo, a usted probablemente no le importe demasiado esta situación. Después de todo, Coca-Cola, Standard Oil, Procter & Gamble, y General Motors fueron todas originadas por empresarios pioneros. Usted puede estar seguro que ellos practicaron las técnicas de marketing de guerrilla tanto como era posible en sus días. Y también puede estar seguro que ellos manejan su marketing, ahora, de la manera tradicional. Y yo dudo que se quejen.

Con el tiempo, las grandes compañías pueden llegar a ser superadas en tamaño por empresas que hoy están siendo fundadas y desarrolladas por empresarios como usted. Esto suce-derá debido al resultado de una combinación de distintos factores, uno de los cuales será el talento para el marketing. Puede apostar a ello.

Yo estoy asumiendo que usted entiende que debe ofrecer un producto o servicio de alta calidad, para ser exitoso. Aun el mejor marketing del mundo no podrá impulsar a un consumidor a comprar un producto o servicio pobre más de una vez. En efecto, el marketing de guerrilla puede acelerar la defunción de un producto inferior ya que las personas se enterarán de su mala calidad mucho antes. Haga todo lo que esté a su alcance para asegurar la calidad de su producto o servicio. Si usted está vendiendo calidad, está listo para practicar el marketing de guerrilla.

Usted debe tener calidad

También es obligatorio el que usted tenga una capitalización adecuada: o sea, dinero. Note que no digo que usted necesite una gran cantidad de dinero. El capital necesario para llevar adelante su marketing de guerrilla será suficiente. Esto significa que usted necesita suficiente dinero o reservas de dinero, para poder promover su negocio de manera agresiva por lo menos por tres meses e idealmente un año completo. Le podría llegar a costar US$ 300; o podría costarle US$ 30.000, dependiendo de sus metas.

En Estados Unidos existen miles de pequeños negocios. Muchos de ellos ofrecen magníficos productos y servicios altamente atractivos. Pero poco menos que un décimo del 1 por ciento de estos negocios obtendrán un éxito financiero fenomenal. La elusiva variable que hace la diferencia entre simplemente estar listado en las Páginas Amarillas o estar listado en la Bolsa de Valores de New York es el *marketing* del producto o servicio.

La variable elusiva

En este momento, usted sostiene en su mano la llave para convertirse en parte de ese reducido porcentaje de empresarios que llegan hasta el final del camino. Al comprender que muchas facetas de su negocio pueden pertenecer a la categoría de marketing, usted obtiene la delantera sobre aquellos competidores que no ven la diferencia entre *publicidad* y *marketing*.

En la medida que más conozca de marketing, mayor atención usted le pondrá. El incremento de atención resultará en un mejor marketing de sus productos o servicios. Me atrevería a suponer que menos del 10 por ciento de los nuevos y pequeños empresarios de Norteamérica, han explorado por lo menos una docena de las herramientas de marketing disponibles para ellos. Estos métodos incluyen una página Web, análisis de mercado, cartas personales, telemarketing, circulares y panfletos, anuncios en carteleras, clasificados, publicidad exterior, mercadeo directo, muestreos, seminarios, demostraciones, patrocinio de eventos, exhibiciones en ferias comerciales, franelas publicitarias, relaciones públicas, uso de reflectores, materiales publicitarios como bolígrafos impresos, publicidad en las Páginas Amarillas, periódicos y revistas, radio, televisión y en vallas publicitarias. El marketing de guerrilla *exige* que usted analice *cada uno* de estos métodos de marketing y después use la combinación que mejor convenga para su negocio.

Menos del 10 por ciento

Una vez que haya lanzado su plan de marketing de guerrilla, vigile cuáles armas aciertan su objetivo y cuáles no. Sólo saberlo puede *dobla*r la efectividad de su presupuesto de marketing.

Cómo doblar su efectividad

No existe ninguna empresa de publicidad que se especialice en marketing de guerrilla. Cuando yo trabajaba como un ejecutivo "senior" en algunas de las más grandes (y pequeñas) agencias de publicidad del mundo, encontré que éstas no tienen idea de cuales tácticas de publicidad o marketing hacen exitoso a un empresario. Las agencias podían ayudar a los grandes, pero estaban indefensas sin la fuerza bruta de los grandes presupuestos. Entonces, ¿dónde puede uno pedir ayuda? En primer lugar en: *Marketing de Guerrilla*. Después, aproveche su propia ingenuidad y energía. Finalmente, es probable que usted tenga que solicitar el consejo de un profesional del marketing o publicidad en las áreas donde el marketing de guerrilla solapa al marketing clásico. Sin embargo, no cuente conque estos profesionales sean tan recios en las trincheras como lo es usted. Probablemente, ellos operan mucho mejor desde lo alto de un elegante rascacielos.

Dónde solicitar ayuda

El enfoque del marketing de guerrilla requiere que usted comprenda cada aspecto del marketing, experimentando con muchos de ellos, detectando los ineficaces, doblando esfuerzos con los exitosos y entonces, empleando las tácticas de marketing que se hayan comprobado en el campo de batalla de la vida real.

Para comprender la naturaleza de esta idea, es útil examinar la razón por la cual Japón derribó de su pedestal a Estados Unidos como el líder mundial en televisores, equipos de sonido, vehículos e industria electrónica.

En los Estados Unidos, la industria ha sido capaz de producir excelentes productos con un bajo porcentaje de rechazos: 5 por ciento. Esto significa que de 1 millón de productos manufacturados, sólo 50.000 fueron desechados. Los líderes de la industria reconocen que el costo para bajar este número sería mayor que la ganancia que la industria pudiera obtener por lograr la perfección. De allí que se haya convertido en un axioma económico el que se podía manejar una operación manufacturera exitosa si se limitaban los productos rechazados a 50.000 unidades por millón. Igualmente, el público se acostumbró al concepto: se quejaban de los productos que compraban en malas condiciones pero no se sorprendían de ellos.

Tras la Segunda Guerra Mundial, Japón sufrió por ser sinónimo de baja calidad. Durante años, la frase "Made in Japan" era suficiente para que un sofisticado comprador frunciera el ceño. ¿Cómo consiguió Japón superar este problema? Japón decidió renegar del axioma económico que permitía una tasa de rechazo del 5 por ciento. Ellos asumieron que, si el público acepta productos aún cuando 50.000 por millón de

Resolviendo una crisis de identidad

ellos son inferiores, acogerían con gusto productos de los cuales menos de 50.000 serían deficientes. Sin embargo, de acuerdo a los economistas, esto costaría muchísimo dinero.

Los japoneses, no teniendo muchas opciones, consideraron que valía la pena y mejoraron la calidad de lo que ellos producían hasta el punto que, en este momento, solo tienen 200 rechazos por millón de unidades. ¡200 rechazos contra nuestros 50.000 rechazos! Japón sigue trabajando en métodos para bajar esta cifra aún más.

Contando errores

¿Cómo hizo Japón para convertirse en el líder de los aparatos de televisión, equipos de sonido, vehículos e industria electrónica? Reduciendo los errores. Cada error que pudiera de alguna manera ser hecho por equivocación, era advertido por gente contratada por la industria justo para contabilizar errores. En la categoría de equivocaciones se incluían mano de obra de mala calidad, demoras, recesos demasiado largos, pequeños defectos en el trabajo de detalle, baja moral y todo aquello que pudiera obstruir la producción. Los departamentos dentro de las firmas industriales japonesas se reunían una vez a la semana con las personas contratadas para contar los errores, se informaban del número de equivocaciones hechas esa semana, y se esforzaban en disminuirlos. Trabajando asiduamente en ello, consiguieron bajar dramáticamente el número de errores.

Al eliminar la mayoría de los errores, Japón asumió el liderazgo. A medida que el número de errores bajaba, subía la productividad. En todos los negocios hay numerosas oportunidades y numerosos problemas. Los japoneses explotaron sus oportunidades y resolvieron sus problemas. De esto se trata el marketing de guerrilla.

Explotando cada oportunidad

El marketing de guerrilla incluye reconocer la gran cantidad de oportunidades que se encuentran ahí afuera y *explotar cada una de ellas*. En el marketing de cualquier producto, seguramente surgirán problemas. Resuelva estos problemas y continúe en la búsqueda de nuevos problemas a resolver: problemas con clientes potenciales y actuales. Los negocios que resuelven problemas tienen una mayor oportunidad de éxito que aquellos que no lo hacen. Ahora, en el siglo veintiuno, prosperarán los negocios que le ahorren tiempo a las personas. ¿Por qué? La falta de tiempo es un problema y lo ve así un número cada vez mayor de personas que viven en sociedades industrializadas. La industria del ahorro del tiempo se volverá muy importante en nuestra sociedad.

Usted debe capturar las oportunidades importantes, sin olvidarse sin embargo, de las pequeñas, ni descuidar los problemas menores. Usted debe esforzarse al máximo. Esto es uno de los fundamentos del marketing de guerrilla exitoso. Jugándose el todo por el todo, los japoneses revirtieron la reacción del consumidor al "Made in Japan". La frase significa ahora una mano de obra excelente y un gran cuidado en los detalles.

Sin embargo, solo la energía no es suficiente. La energía debe ser dirigida por la inteligencia. El marketing inteligente es el marketing que está enfocado primero y principalmente en una idea esencial. Todo su marketing debe ser la extensión de esta idea: la publicidad, los artículos de escritorio, el correo directo, el telemarketing, la publicidad en las Páginas Amarillas, el empaque, la presencia en el Internet, todo. No es suficiente tener una gran idea, usted necesita tener una estrategia enfocada. Hoy en día, muchas empresas grandes y supuestamente sofisticadas acuden a un experto para registrar una marca comercial, a otro experto para un programa publicitario, aún a otro experto para un proyecto de correo directo, y posiblemente a otro profesional para seleccionar la ubicación de sus instalaciones. Esto es una tontería. Nueve veces de cada diez, cada uno de estos expertos halará a la empresa en una dirección diferente.

Solo la energía no es suficiente

Lo que debe hacerse es tener a todos los profesionales del marketing halando en una dirección común: una dirección preacordada, a largo plazo y seleccionada cuidadosamente. Cuando esto se logra, se crea automáticamente un efecto sinérgico, donde cinco tipos de tácticas de marketing harán el trabajo de diez. La dirección preacordada estará siempre clara si usted resume sus pensamientos en un concepto básico que pueda expresarse, como *máximo*, en un enunciado de siete oraciones y luego, en siete palabras. Esto es correcto, un máximo de siete. ¿Cree que no puede hacerse? Pruébelo para su propio negocio.

Halar en la misma dirección

He aquí un ejemplo. Un empresario deseaba ofrecer cursos de educación en computación, pero sabía que la mayoría de las personas sufrían de "tecno-fobia": miedo a todo lo tecnológico. Los anuncios para sus ofertas de cursos de procesamiento de palabras, contabilidad con computadora y hoja de cálculo electrónica, no generaban mucha respuesta, por lo que decidió exponer en forma modificada la premisa básica de su oferta. En un principio la había expuesto así: "Deseo aliviar los miedos que las personas sufren respecto a las computadoras, para que de esta manera sean capaces de reconocer el enorme valor y las ventajas competitivas de trabajar con ellas". Luego redujo este pensamiento a un concepto básico de siete palabras: "Enseñaré a las personas a operar computadoras". Este corto enunciado clarificaba su trabajo: lo clarificaba para él mismo, para sus empleados de ventas y para sus posibles alumnos.

Más tarde desarrolló un nombre para su empresa, reduciendo su concepto básico a tres palabras: Computación para Principiantes. Esto pasaba de largo el problema de la tecnofobia, planteaba su premisa y atraía hordas de princi-piantes. Originalmente, su concepto tenía seis paginas de largo. Al condensar sus ideas, finalmente fue capaz de alcanzar la brevedad necesaria para asegurar la claridad. Y la claridad condujo al

Enfocándose en una idea básica

éxito. Normalmente, lo hace.

El concepto de enfocar su marketing en una idea básica es simple. Cuando usted comienza a mercadear de esta manera su producto, usted se convierte en el miembro de una minoría iluminada y ya está en el camino al éxito del marketing: un prerequisito para el éxito financiero.

Marketing de Guerrilla simplifica las complejidades, elimina el misterio, y explica cómo los empresarios pueden usar marketing para generar máximos beneficios a partir de inversiones mínimas.

Puesto de otra manera, este libro puede ayudarle a convertir en grande una pequeña empresa. Puede ayudar a un empresario individual a generar mucho dinero con el menor dolor posible. Frecuentemente, el único factor que determina el éxito o el fracaso es la manera mediante la cual es mercadeado un producto o servicio. La información en estas páginas lo armará para el éxito y le alertará de las deficiencias que conllevan al fracaso.

Lo que no es el Marketing de Guerrilla

He aquí lo que no es el marketing de guerrilla: costoso, fácil, común, derrochador, aprendido en clases de marketing, encontrado en libros de texto de marketing, practicado por las agencias de publicidad o conocido por sus competidores. Agradezca que esto no es nada de lo anterior. Si lo fuera, todos los dueños de empresas serían guerrilleros y su sendero al éxito sería uno muy bien pavimentado, en vez de ser una ruta secreta hacia el final de un arco iris con la marmita llena de oro mas grande que usted jamás se haya imaginado.

CAPÍTULO 2

MARKETING EMPRENDEDOR: LA DIFERENCIA GUERRILLERA

En un artículo publicado en el *Harvard Business Review, John A. Welsh y Jeffy F. White* nos recuerdan que "una pequeña empresa no es una empresa un poquito grande". Un emprendedor no es un conglomerado multinacional sino un individuo buscando ganancias. Para sobrevivir, necesita tener una perspectiva distinta y debe aplicar diferentes principios en sus esfuerzos, a los que aplica el presidente de una corporación de tamaño grande o aún mediana.

No solo difieren en tamaño una empresa pequeña y una grande, sino que las pequeñas también sufren de lo que el artículo del *Harvard Business Review* llama "pobreza de recursos". Esta es una situación que requiere de un enfoque completamente diferente hacia el marketing. Donde no son necesarios o posibles grandes presupuestos para la publicidad, donde la costosa producción publicitaria malbarataría un capital limitado, donde cada dólar de marketing debe hacer el trabajo de dos dólares, si no cinco dólares o quizás diez, donde la empresa de una persona, su capital y el bienestar material están en juego: es aquí donde el marketing de guerrilla puede salvar el día y asegurar las ganancias.

Una empresa grande puede invertir en una campaña publicitaria de gran envergadura manejada por una agencia publicitaria, y esa empresa tiene los recursos para lanzar una campaña diferente si la primera no tiene éxito. Igualmente, si el gerente de publicidad de esa empresa es inteligente, él o ella contratarán una agencia diferente la segunda vez. Este lujo no es accesible a los emprendedores, quienes tienen que hacerlo correctamente la primera vez. Los emprendedores que son guerrilleros, lo consiguen hacer bien porque conocen los secretos; y también los sabrá usted.

Hacerlo correctamente la primera vez

Todo esto no es para decirles que yo tomé las técnicas empleadas por las grandes corporaciones con desprecio; todo lo contrario. Mientras estaba creando publicidad para compañías tales como Alberto-Culver, Quaker Oats, United Airlines, Citicorp, Visa, Sears y Pillsbury, yo frecuentemente empleaba técnicas de marketing de grandes corporaciones. Pero sería irresponsable, sin mencionar que financieramente antieconómico, sugerir a los empresarios individuales a quienes aconsejo, que empleen las mismas técnicas. En cambio, recurro a las técnicas de marketing de guerrilla, las cuales pueden llegar a hacerme quedar como gracioso en un salón de conferencias de Procter & Gamble o IBM.

Muchos de los enfoques y algunas de las técnicas se solapan. Los empresarios emprendedores necesitan subordinar sus operaciones tácticas a la estrategia de marketing y sopesar sus esfuerzos de marketing contra esa estrategia. También necesitan examinar todas las vías de marketing posibles para ellos.

La diferencia La diferencia crítica es la ganancia: los empresarios emprend-
crítica edores deben mantener un ojo mucho más agudo en la línea final de su Estado de Ganancias y Pérdidas que lo que hacen las grandes firmas.

Los pequeños y medianos empresarios necesitan gastar mucho menos dinero probando sus tácticas de marketing y estas deben producir resultados por una fracción del precio pagado por los grandes. El uso del marketing por los pequeños y medianos empresarios será mas personalizado y realista.

A las grandes empresas no les preocupa producir cinco comerciales de televisión solo para realizar pruebas. Las pequeñas compañías no osarían hacer algo así. Las grandes empresas emplean muchos niveles de gerencia para analizar la efectividad de su publicidad. Las pequeñas compañías encomendarían la decisión a un solo individuo. Las grandes empresas apuntan primero a la televisión: el medio publicitario de mayor alcance. Las pequeñas compañías apuntan primero a pequeños anuncios publicitarios en los periódicos locales. Las grandes empresas contratan costosos consultores para maximizar su presencia en el Internet. Las pequeñas empresas hacen eso por sí mismas. Ambas están interesadas en ventas que generen beneficios, pero cada una logrará sus metas de una manera dramáticamente diferente.

Las grandes compañías apuntan frecuentemente a encabezar una industria o dominar un mercado o un gran segmento de mercado, y usan maniobras de marketing diseñadas para conseguir esas elevadas ambiciones. Sin embargo, las pequeñas empresas o los empresarios individuales, pueden prosperar simplemente ganando una pequeña rebanada de una industria, o una fracción de un mercado. Guerras diferentes requieren de tácticas diferentes.

Prosperando con una pequeña rebanada

Las grandes empresas necesitan publicitarse desde el principio y continuar publicitándose sin virtualmente ninguna interrupción, pero las pequeñas compañías pueden publicitarse solo durante su fase de arranque y después apoyarse solo en armas de guerrilla y publicidad de boca en boca. ¿Puede usted imaginarse que pasaría si Budweiser dependiera de la publicidad boca a boca? Miller necesitaría vender muchos más empaques "six-packs" de cerveza.

Un empresario individual puede ser capaz de obtener suficiente negocio con solo tratar con una empresa gigante. Un conocido mío fue capaz de sobrevivir financieramente (y con mucho estilo, quiero agregar) simplemente conduciendo pequeños seminarios para una gran firma bancaria. Ninguna gran empresa pudiera existir del ingreso que él estaba generando, pero mi amigo fue capaz de fijarse como objetivo esa única empresa hasta que le fue dada su primera asignación. Después de esa hubo otras, y todavía otras más. Este año está conduciendo sus seminarios para un gran empresa de productos químicos. El necesita muy pocos clientes porque trabaja para compañías de ese tamaño. Por supuesto, su marketing estaba hecho a la medida de su realidad.

Para mantener con buenos resultados económicos a un enérgico entrenador de telemarketing por mucho tiempo, puede ser suficiente enviar un folleto descriptivo a una sola gran corporación. Trate de encontrar una empresa perteneciente a la Bolsa de Valores de Nueva York que pueda hacer lo mismo. ¡Es imposible!.

Muy pocos clientes puede ser suficiente

Muchos empresarios consiguen todos los negocios que necesitan poniendo avisos en carteleras de noticias. Una empresa grande jamás consideraría algo así. Si lo hiciera, sería conocida rápidamente como "Encogidos C. A." Es obvio: lo que vale para alguien pequeño no necesariamente vale para alguien grande. Y viceversa.

Por ejemplo, un ejecutivo de una gran empresa puede llevar tarjetas de presentación que sean sencillas y directas, en las cuales es conveniente que aparezca el nombre del ejecutivo,

La tarjeta de presentación de un empresario guerrillero

el nombre de la empresa, la dirección, el número de teléfono. Quizás sea necesario ponerle un título. Sin embargo, para un profesional de una empresa individual, la tarjeta de presentación debe contener más información. Por ejemplo, una mecanógrafa que conozco tiene una tarjeta de presentación con toda la información arriba mencionada junto con el mensaje "mecanografía legal, tesis de grado, estadística, manuscritos, curricula vitae y empresarial". Su tarjeta hace un trabajo doble, que es lo que necesita. De esto es de lo que trata el marketing de guerrilla.

Una tarjeta de presentación puede extenderse al doble como un folleto, una circular, un anuncio del tamaño de una billetera o un listado de sus servicios o productos. Esta pudiera ampliarse hasta ser un mini-catálogo. Los clientes aprecian mini-folletos como éstos: su tiempo y espacio son importantes y su tarjeta les ahorra tiempo, mientras les quita muy poco espacio. El costo para producir una tarjeta así no es mucho mayor que para una tarjeta clásica. Una tarjeta de negocios puede ser más que un listado del nombre, dirección y el teléfono de uno; puede ser un arma de marketing. Para ver cuán valioso para usted puede ser esto como arma, llame a InfoCard (USA) al teléfono No. 512-327-3385.

Una enorme corporación puede pautar comerciales de radio o televisión y decirle a la audiencia, al final de cada mensaje, que busque la dirección de su representante más cercano, consultando las Páginas Amarillas. Sin embargo, un empresario individual no se atreve a conducir a sus oyentes o televidentes a las Páginas Amarillas. Esto solo pudiera alertar a sus potenciales clientes acerca de la competencia o del liderazgo de ciertos competidores. Más bien, el empresario astuto dirige a sus prospectos a las páginas blancas, donde no hay anuncios de la competencia, donde el pequeño tamaño de su organización no lo perjudicará y donde los temas y símbolos obvios de promoción no espantarán al consumidor.

Usted tiene más flexibilidad

Quizás la mayor diferencia entre un empresario individual y una gran corporación está en el grado de flexibilidad que posee cada uno. Aquí el balance se inclina a favor de la empresa pequeña. Gracias a que los pequeños negocios no han pre-dicado internamente que la multiplicidad de niveles gerenciales y una organización de ventas gigante son parte de las tácticas y estrategias de su plan de marketing, ellos pueden hacer cambios sobre la marcha, siendo rápidos, reaccionando a los cambios del mercado, a las maniobras de la competencia, a la presencia de nichos de servicio no desarrollados, a las realidades económicas, a los nuevos medios de comunicación, a los sucesos noticiosos y a las ofertas de último minuto.

Recuerdo cuando una vez, a un gran anunciante le ofrecieron una compra de medios increíblemente buena por una fracción de su precio normal. Debido a que la oferta no tenía cabida en el plan "grabado en bronce" de la empresa y como la persona a la cual la oferta fue hecha tenía que chequear con tantos jefes, la empresa la rechazó. Posteriormente, la oferta fue aceptada por una muy pequeña empresa: un comercial de treinta y dos segundos justo antes del Super Bowl, por el increíble precio de US$ 500. El costo de esta pauta comercial (en el área de la Bahía de San Francisco) costaba normalmente diez veces esa cantidad. Debido a la falta de flexibilidad, la corporación gigante no fue capaz de beneficiarse con la oferta. La esencia del marketing de guerrilla está en la velocidad y la flexibilidad.

En cada década, el negocio está incentivado por un único gran concepto. En los años 80 se trataba de la calidad. Ésta era tan importante que se convirtió en el ticket de admisión para hacer negocios en los años 90. Mientras más negocio pueda ofrecer, mejor servicio podrá proveer y más clientes satisfechos obtendrá. El marketing boca-a-boca prosperará a partir de la flexibilidad. Durante la primera década del siglo veintiuno, el concepto clave es la innovación. Sin embargo, los empresarios de marketing de guerrilla deben primero desarrollar su reputación como flexibles y mantenerse en ese nivel con consistencia. Luego, podrán enfocarse en la innovación.

Un único gran concepto

Un empresario en camino al éxito debe aprender a concebir el marketing y la publicidad en una longitud de onda diferente al de un ejecutivo de publicidad corporativo. Mientras usted debe tomar en cuenta las principales herramientas de marketing tanto como lo hace el ejecutivo corporativo, también debe desarrollar un sexto sentido para las otras oportunidades disponibles para los pequeños emprendedores. Pudiera ser que la clave sea una carta personal o una visita. Un ejecutivo corp-orativo quizás nunca llegue a considerar tácticas tan mundanas. ¿Puede usted imaginarse a Coca-Cola utilizando telemarketing con sus clientes? ¿Puede usted imaginarse a Chevron tratándose de tú a tú con sus potenciales clientes?

Las capacidades de trato "tú a tú" de un negocio pequeño representan una oportunidad extraordinaria para aquel propietario que reconoce algo bueno cuando lo tiene delante. Las empresas pequeñas pueden ganar y mantener negocios; pueden construir y hacer crecer el negocio enfocándose en detalles aparentemente muy pequeños. La organización peque-

Cercana y personal
ña puede llegar a ser cercana y *personal* con sus clientes.

Existe una cierta calidez asociada con ser un negocio "familiar". Aún cuando usted puede manejar el suyo con la perspicacia de los conglomerados multinacionales, muchos de los cuales o no son manejados con mucha agudeza o se enfocan con más detenimiento en sus fortalezas principales, usted puede beneficiarse de la conexión cercana y personal asociada a los pequeños negocios, simplemente inyectando un poco más de calidez a su modus operandi.

Usted tiene la flexibilidad, la velocidad y la despreocupación acerca de su imagen, que le permiten pautar comerciales de radio y contratar estudiantes de bachillerato para distribuir panfletos en las esquinas. Usted no tiene un conjunto de reglas que seguir, un comité ante el cual rendir cuentas ni una estructura establecida a la cual seguir. Usted es un empresario guerrillero. Usted *es* la organización. Usted es responsable ante sí mismo. Usted hace las reglas y las rompe. Esto significa que usted consigue ser asombroso, extravagante, sorprendente, impredecible, brillante y rápido.

Usted también puede ser capaz de disfrutar el excepcional lujo de apoyarse sobre una consistente publicidad boca-a-boca. Si usted logra ser realmente bueno en su trabajo y sabe cómo generar marketing boca-a-boca y negocios con clientes referidos, esto pudiera ser suficiente para mantener sus arcas repletas. Yo no conozco ninguna empresa del *Fortune 500* que pueda disfrutar de esta comodidad.

No es solamente publicidad boca a boca
Por cierto, comprendan por favor que lo que parece ser publicidad boca-a-boca, muchas veces es una combinación de periódicos, revistas, radio, mercadeo directo y publicidad boca-a-boca. Es la última la que se lleva el crédito, no los medios. Por favor, no se engañe: usted no puede prosperar sin publicidad en los medios. Ser exitoso con esta estrategia sería como ganar la lotería comprando un solo ticket. Puede suceder, pero no apueste ni sus botas ni su negocio.

Sin embargo, sí es posible generar publicidad boca-a-boca. Existen diferentes maneras para lograrlo. La primera es siendo tan bueno en lo que uno hace y ofrecer productos que son tan obviamente maravillosos que sus clientes extenderán su fama.

Otra manera de hacer rodar la pelota es entregando folletos a sus nuevos clientes. Esto les recordará por qué optaron por usted en primer lugar e impulsará el respaldo boca-a-boca. Una tercera manera de obtener recomendaciones positivas es literalmente *solicitarlas*. Nadie está mejor capacitado para hablar bien de su compañía que usted; o quizás su mejor cliente. Dígale a sus clientes: "en el caso que realmente estén satisfechos con mi servicio o productos, yo apreciaría muchísimo si se lo contaran a sus amigos". Finalmente, usted puede *sobornar* a sus clientes. Dígales: "Si consigo clientes que mencionen su nombre, le mandaré un obsequio gratuito (o le daré un 10 por ciento de descuento) la próxima vez que usted esté aquí".

Otra excelente manera de obtener marketing boca-a-boca entusiasta es haciéndose la mágica pregunta: ¿Qué otros negocios en el área frecuentan mis clientes?. Conozco al dueño de un restaurante que se hizo esa pregunta justo después de abrir su negocio. La respuesta a la que llegó el dueño fue: salones de belleza. Entonces el dueño entregó cupones de cenas gratis para dos, a todos los dueños de salones de belleza dentro de un radio de dos millas alrededor de su restaurante. No era una oferta de esas de: "compre uno y reciba otro gratis" ni "coma gratuitamente los miércoles entre las 5:15 p.m. y las 5:23 p.m.". El dueño del restaurante estaba ofreciendo dos cenas gratis. Los dueños de los salones de belleza se pasearon por el restaurante, disfrutaron sus cenas y comentaron sobre el restaurante en sus salones. El resultado fue una afluencia de clientes, todos los cuales habían oído hablar del restaurante mientras se arreglaban el cabello. ¿El costo total para el negocio? No mucho. Se lo aseguro.

La pregunta mágica

¿Cuál de estos métodos debería utilizar usted para generar su propia publicidad boca-a-boca? Como empresario guerrillero, usted debería usarlos todos. Probándolos sabrá.

El punto a recordar es que ninguna gran corporación puede tener éxito solamente por medio de la publicidad boca-a-boca y sin embargo, sí lo pueden lograr algunos empresarios emprendedores. Hágase un favor y no confíe solamente en las recomendaciones de sus clientes felices. Probablemente ellos tengan asuntos más importantes de los cuales hablar. Hasta para un empresario guerrillero, para tener éxito, es crucial un marketing consistente.

¿Qué puede hacer usted que las grandes empresas no pueden?

Un plan de marketing global para una persona empleada en una empresa individual, puede consistir en anunciarse en las Páginas Amarillas, una página Web, enviar circulares y tarjetas de presentación, colocar avisos y un seguimiento por teléfono a aquellos clientes potenciales a quienes les fue enviado material promocional. Este esfuerzo de cinco puntas (Páginas Amarillas, página Web, correo, colocación de avisos y seguimiento telefónico) puede ser todo lo que se necesita para arrancar y poner en marcha el negocio. Usted puede estar seguro que ninguna gran compañía tiene un plan de marketing tan corto, tan simple y de tan bajo costo.

Imagine que las únicas herramientas necesarias para conducir un negocio sean una engrapadora y un manojo de circulares. IBM me despediría de sus oficinas corporativas por sugerir algo así. Sin embargo, muchos servicios de mecanografía exitosos usan sólo estos artículos. Conozco una mecanógrafa quien se inició mecanografiando sus propias circulares, dando así cre-dibilidad a su habilidad profesional. Ella colocaba sus avisos con su engrapadora en las carteleras de las universidades locales.

Armada con una engrapadora

Hoy en día ya no coloca avisos y su engrapadora está cubierta de polvo. En su lugar consigue todo el negocio que necesita, a través de referencias, por medio de la publicidad boca-a-boca.

Los empresarios pueden disfrutar de negocios productivos simplemente anunciándose en las páginas clasificadas y en las muchas secciones de clasificados que actualmente existen online. Estoy seguro que usted ha visto un sinnúmero de avisos de contratistas independientes mientras curioseaba los avisos clasificados. Usted sí los revisa, ¿no? Los avisos clasificados son lectura recomendada para los empresarios, dándoles ideas y alertándolos de la competencia. Igualmente, le dan pistas acerca de los precios actuales. Usted leerá más acerca de ellos en el Capítulo 13. El punto que trato de enfatizar aquí es que los avisos

Una herramienta importante para negocios independientes

clasificados son una herramienta importante para personas de negocios independientes. No son una herramienta para grandes empresas. Yo dudo que las empresas de publicidad más profesionales del mundo estén muy versadas en el uso apropiado de las páginas clasificadas, pero los avisos pueden ser de gran valor para las personas que trabajan independientemente.

La autora Peggy Glenn, quien experimenta y escribe acerca de la vida del empresario guerrillero, enumera un programa de publicidad de once puntos para un mecanógrafo independiente:

1. Cuelgue volantes en instalaciones universitarias y cerca de sitios donde se reúnan estudiantes.
2. Solicite permiso a cada departamento escolar para colocar sus volantes.
3. Coloque volantes en las salas de profesores.
4. Coloque su volante en oficinas de empleo y centros de asesoría laboral.
5. Deje volantes en la oficina de estudios de postgrados.
6. Anúnciese en el periódico de la universidad.
7. Ponga un pequeño aviso en la cartelera de la biblioteca.
8. Ponga volantes para grupos especiales, tales como ingenieros.
9. Visite algunos departamentos de universidades para ver si necesitan de su ayuda.
10. Visite los directores de los colegios y escuelas en su comunidad con volantes.
11. Visite colegios y escuelas especiales en su área, con volantes.

Ella admite que esto es mucho marketing. Quizás lo sea para una mecanógrafa independiente, pero no lo es para una gran compañía. Esto ilustra claramente que el marketing funciona de manera diferente para empresarios pequeños: puede ser económico y sin embargo abarcarlo todo.

Económico pero lo abarca todo

Existen trece secretos de marketing muy importantes que deben ser conocidos por todos los anunciantes, grandes y pequeños. Hasta el más diminuto de los empresarios debe saber de ellos. Su conocimiento comenzará desde el momento que usted comience a leer el próximo capítulo.

CAPÍTULO 3

LOS TRECE SECRETOS MÁS IMPORTANTES DEL MARKETING

Me asombra que estos secretos sean secretos absolutos. Mas bien, deberían ser axiomas, grabados en placas de bronce en las oficinas de todos aquellos que hacen marketing o planean hacerlo. Sin embargo, estas auténticas perlas de sabiduría del marketing, han escapado de alguna manera del conocimiento de los grandes y pequeños ejecutivos de mercadotecnia, por igual. Yo creo sinceramente que es casi imposible mercadear un producto o servicio con éxito a menos que estos secretos sean conocidos y puestos en práctica. También creo que simplemente al aprender estos secretos y luego vivir ajustados a ellos, usted ha recorrido el 80 por ciento del camino hacia el éxito con su marketing.

Si usted tiene un negocio pequeño y desea que se convierta en una gran empresa, olvídelo... hasta que usted ponga en práctica estos secretos. Si usted permite que estos conceptos lleguen a formar parte de su estructura mental de marketing, obtendrá una ventaja gigantesca sobre aquellos que no lo hacen.

Los trece grandes Para no seguirlos manteniendo en suspenso, les revelaré los secretos aquí y ahora. Pueden ser resumidos en trece palabras: compromiso, inversión, consistencia, confianza, paciencia, surtido, subsecuente, comodidad, asombro, medición, identificación, dependencia y armamento.[1]

1. Usted debe sentir *compromiso* con su programa de marketing.

---

[1]Nota del traductor: en el original en inglés, todas las palabras terminan en "ent": commitment, investment, consistent, confident, patient, assortment, subsequent, convenient, amazement, measurement, involvement, dependent y armament.

2. Piense en su programa como una *inversión*.
3. Procure que su programa sea *consistente*.
4. Procure que sus potenciales clientes sientan *confianza* en su empresa.
5. Debe ser *paciente* para mantener un compromiso.
6. Debe entender que el marketing es un *surtido* de armas.
7. Debe saber que las utilidades son el paso *subsecuente* a las ventas.
8. Debe enfocarse en manejar su empresa de modo que ofrezca *comodidad* para sus clientes.
9. Agregue una dosis de *asombro* a su marketing.
10. Use un *sistema de medición* para juzgar la efectividad de sus armas.
11. Establezca una situación de *identificación* entre usted y sus clientes.
12. Aprenda a ser *dependiente* de otros negocios y que ellos lo sean de usted.
13. Debe ser diestro con el *armamento* de la guerrilla, es decir: la tecnología.

Si usted no está comprometido, probablemente no funcione

Comencemos con la primera regla. Si usted no está comprometido con un programa de marketing o publicidad, probablemente éste no funcionará. Yo le digo a mis clientes que la palabra más importante para recordar durante el tiempo en que están dedicados al marketing es: *compromiso*. Significa que están tomándose en serio su trabajo de marketing. No están jugando, ni esperando milagros. Tienen escasos recursos para probar su marketing: necesitan actuar. Sin compromiso, el marketing llega a ser prácticamente impotente.

Usted desarrolla un plan de mercadeo, revisándolo una y otra vez hasta conseguir un *poderoso plan para sus propósitos*. Lo hace funcionar y se queda con él, sin importarle lo que pase (en la mayoría de los casos). Usted observa cómo surge efecto lentamente, se yergue y titubea, causa un poco más de efecto, retrocede ligeramente, comienza a sostenerse un poco más, tropieza y finalmente logra tomar vuelo y se remonta, llevándolo a usted con él. Su plan está funcionando. Su caja registradora está sonando. Su balance bancario está creciendo. Todo esto se debe a que usted *estaba comprometido con su programa de marketing*.

¿Qué sucede si usted no es lo suficientemente paciente?

Examinemos el último párrafo. ¿Qué hubiera pasado si usted no hubiera sido lo suficientemente paciente mientras su plan surge efecto "lentamente"? Usted pudo haber cambiado el plan. Muchos empresarios lo hacen. ¿Qué hubiera sucedido si usted abandonaba el plan en el momento en que estaba titubeando? Usted pudiera haber sido derrotado. Le sucede a muchos ejecutivos de mercadotecnia. ¿Qué hubiera pasado si usted hubiera perdido la calma cuando sus ventas hubieran retrocedido? Usted pudiera haber suprimido el plan. Suponga que usted lo hubiera abandonado cuando estaba dando tropiezos, como sucede con virtualmente todos los planes, por lo menos por un tiempo. Hubiera sucedido el desastre. Sin embargo, debido a que usted persistió con el plan, ya que usted estaba comprometido con él, logró surtir efecto. Su éxito se debió en gran medida a su comprensión del concepto de compromiso. Si usted no hubiera estado en contacto con la esencia del concepto, probablemente hubiera eliminado el plan; eliminando con ello también su oportunidad. Si usted entiende el significado de *compromiso*, le puede proporcionar beneficios.

Comprendiendo el significado de "compromiso"

Se estaba abriendo una nueva tienda en Boulder, Colorado. El dueño del negocio había oído hablar acerca de mí, por lo que vino en avión hasta el norte de California para conversar. Nos entendimos desde el primer momento. Discutimos el concepto del compromiso con un programa de marketing. El admitió que no tenía idea acerca de marketing y dejó todo en mis manos. Desarrollé un plan de marketing, obtuve su aprobación y luego reiteré la importancia de su compromiso con el programa. Entienda, estoy hablando de una persona con una pequeña tienda.

Se implementó la estrategia de marketing. Seis semanas después, mi nuevo cliente me llamó para contarme que seguía comprometido con el programa, pero no había visto que funcionara para él. Dijo que estaba tranquilo porque entendía lo del compromiso. Después de doce semanas, me llamó para decirme que estaba comenzando a ver señales de que el programa estaba produciendo resultados. Después de seis meses, abrió su segunda tienda. Después de nueve meses inauguró la tercera, y al final del año, tenía cinco tiendas. Permaneció comprometido al programa de marketing y en el intervalo de los próximos seis años tenía cuarenta y dos tiendas en Colorado, Iowa, Kansas, Wyoming y Missouri.

Yo dudo que mi cliente pudiera haber progresado hasta el punto donde pudiera haber justificado una segunda tienda si no hubiera permanecido con el plan. El pudo haber dudado y haberse inclinado en otra dirección. Sin embargo, era un plan bien concebido, hecho a la medida de sus necesidades. Al principio usted no tiene manera de saber si su plan es bueno o malo, excepto por pruebas de bajo costo, su propia intuición y el consejo de otros en quienes confía. Pero una vez que usted cree en su plan, necesita apoyarlo con *paciencia*. La paciencia es compromiso.

Respaldando su creencia en el plan, con paciencia

El plan de mi cliente incluía publicidad en un semanario, anuncios diarios en la radio, enérgicos carteles dentro de la tienda, entrenamiento de ventas semanal, seguimiento consistente a los clientes y regalos gratis a clientes durante las promociones. Eso fue en los años 70. En los años 80, se le agregó a lo anterior publicidad diaria por televisión, tres semanas de cada cuatro. Para los 90, aún cuando el negocio fue vendido por una suma escandalosa, pudo haber sido apoyado aún más con un video promocional y ciertamente con una página Web conectada a los demás negocios locales y globales. Sin embargo, la estructura permanecería igual: ya que la manera de pensar del dueño seguiría siendo el de un ejecutivo guerrillero.

¿Cuánto demora en funcionar?

Crear un plan razonable y después apoyarlo hasta que se compruebe su éxito. ¿Cuánto debe demorar? Tres meses, si es usted afortunado. Probablemente seis meses. Posiblemente hasta un año. Mas usted nunca sabrá si el plan está funcionando, durante los primeros sesenta días. El compromiso está relacionado directamente con el tiempo. Mientras más tiempo usted actúe según un plan, mayor será su sentido de compromiso. Si su bote se hunde en el océano y usted comienza a nadar hacia la orilla, no debería renunciar si no toca la playa en la próxima hora; ni siquiera si no ha llegado en cinco horas. Para sobrevivir, usted necesita estar *comprometido* a nadar hasta esa playa. Piense en eso cuando considere alterar sus planes de mercadeo después de un corto período. Por si acaso no comprende, piense acerca de la siguiente lista cada vez que usted coloque un anuncio y consiga una respuesta que no llene sus expectativas:

Nadando hacia una playa distante

1. La primera vez que una persona ve un anuncio, no lo ve.
2. La segunda vez, no lo nota.
3. La tercera vez, está conciente de su existencia.
4. La cuarta vez, recuerda vagamente haberlo visto antes.
5. La quinta vez, lee el aviso.
6. La sexta vez, voltea su nariz hacia él.

7. La séptima vez, lo lee detenidamente y dice, "¡Caramba!"
8. La octava vez, dice, "¡Aquí está esa odiosa cosa otra vez!"
9. La novena vez, se pregunta si sirve para algo.
10. La décima vez, le preguntará a su vecino si lo ha probado.
11. La décimo primera vez, se pregunta cómo el anunciante le puede sacar provecho.
12. La décimo segunda vez, piensa que debe ser algo bueno.
13. La décimo tercera vez piensa que quizás pueda servir para algo.
14. La décimo cuarta vez, recuerda que quería algo similar desde hace mucho tiempo.
15. La décimo quinta vez se exaspera debido a que no puede darse el lujo de comprarlo.
16. La décimo sexta vez piensa que lo comprará algún día.
17. La décimo séptima vez redacta un memorando de eso.
18. La décimo octava vez, maldice su pobreza.
19. La décimo novena vez, cuenta cuidadosamente su dinero.
20. La duodécima vez que ve el anuncio compra el artículo o le dice a su pareja que lo haga.

La guerrilla desde 1885

Lo anterior fue escrito por un tal Thomas Smith de Londres por el año de 1885. Hasta aquí el compromiso. Ahora hablemos de otra palabra, el segundo de los trece secretos más importantes de todos: *la inversión.*

La naturaleza de una inversión conservadora

El marketing y la publicidad deben ser considerados como *inversiones conservadoras.* No hacen milagros. No son fórmulas mágicas. No son gratificadores instantáneos. Si usted no reconoce que el marketing es una inversión conservadora, tendrá dificultad para comprometerse a un programa de marketing.

Suponga que usted compra una acción atractiva por su estabilidad en la Bolsa. Si cae su valor después de algunas semanas, usted no la vende. La conserva con la esperanza de que su valor aumente. Así es la naturaleza de una inversión conservadora. Mire al marketing de la misma manera. Si no produce resultados inmediatos, es debido a que la mayoría del marketing no lo hace. Sin embargo, si el resultado sí es instantáneo, pues excelente; pero no espere que esto suceda cada vez.

El marketing contribuirá a que usted obtenga lentos pero estables incrementos. Al final del año, usted será capaz de decir que invirtió X dólares en marketing y recibió X+Y en ventas. No espere que el marketing le doble sus ventas de repente. Aún cuando haya pasado, no es lo usual. Reconociendo esto, se sentirá bien pensando en el marketing como una inversión conservadora para el próximo año y el año subsiguiente. Si usted espera más del marketing, es posible que se sienta desilusionado. Si usted espera solo eso, es posible que salga premiado. Y sea exitoso.

Un triste ejemplo

He aquí un ejemplo de una decisión de negocios miope: Yo trabajaba con un cliente quien nunca había insertado publicidad en la prensa. Desarrollamos un plan de marketing para sus cuatro tiendas especializadas en ventas de anteojos, una estrategia creativa y un plan de medios. Discutimos el compromiso. Luego colocamos los anuncios. Después de cuatro semanas, llamó mi cliente diciendo que iba a abandonar todo el programa publicitario. Cuando le pregunte por qué, me contó que había esperado que sus ventas por lo menos se doblaran para ese momento. Admitió que yo le había explicado que la publicidad no trabaja de esa manera, pero dijo que había decidido que no quería gastar dinero que no produjera ventas instantáneas.

Yo juraria haberle informado antes a él que su gasto de publicidad era una inversión conservadora. Quizás él debió haber entendido mejor su alcance. En cambio, abandonó el plan y perdió su dinero. No entendió el concepto de inversión. Estaba esperando milagros, resultados inmediatos, cambios dramáticos. El marketing no funciona de esa manera. No lo espere de él. No malgaste dinero por su causa. Donde sea que usted gaste un centavo para cualquier tipo de marketing, use el término *inversión* para explicar su gasto. Al *invertir* su dinero en marketing, usted ganará más dinero que al *gastar* su dinero en marketing. ¿Ve la diferencia?

Esperando milagros que nunca ocurren

El tercer gran secreto de marketing está en procurar hacer su marketing *consistente*. No cambie medios. No cambie mensajes. No varíe su formato gráfico. Cambie sus ofertas y encabezados si usted lo desea, hasta sus precios, pero no cambie su identidad. No desaparezca fuera de la vista del público durante largos períodos. Cuando usted esté listo para mercadear su producto o servicio, esté preparado para mencionarlo consistentemente. Consistentemente significa: regularmente y por un muy largo período de tiempo. Significa que en vez de colocar un par de avisos en el periódico cada tantos meses, colocará pequeños avisos en el periódico frecuentemente. En vez de pautar al aire cincuenta y cinco comerciales en una semana cada tantos meses, paute doce comerciales de radio por semana, cada semana. Mientras usted sea un empresario de mercadotecnia consistente, podrá desaparecer de los medios por períodos cortos.

La consistencia genera familiaridad, la familiaridad genera confianza y la confianza genera ventas. Si sus productos o servicios son de suficiente calidad, su confianza y su producto atraerán más compradores que cualquier otro atributo.

Por ello, el cuarto secreto es inspirar confianza a los clientes potenciales en lo que usted está ofreciendo. La *confianza* es sumamente importante para usted: es más importante que la calidad, que la selección, el precio y el servicio. La confianza será su aliado. El compromiso, como se ha comprobado cuando el marketing es consistente, generará confianza.

Tengo una cliente que vende muebles al detal, quien ha estado conmigo por cerca de treinta años. Cuando ella comenzó a mercadear su producto, gastó una fortuna anunciándose por televisión. ¿Pudo ella permitírselo? Por supuesto que no. Sin embargo, ella creía que la televisión sería su clave para el éxito. Al contrario, con la cantidad de dólares que ella tuvo que invertir, la televisión fue fatal ya que ella pudo permitirse airear solamente dos comerciales por semana, aún cuando estuvieran en el programa más visto en esa época. Los ratings no influían en nada con sólo dos pautas por semana. Uno no necesita ser un empresario guerrillero para saber que no se puede pretender que la televisión genere ganancias con tan pocos comerciales.

Hoy en día, mi cliente transmite una gran cantidad de comerciales en la televisión, invirtiendo solo una mínima porción de su presupuesto de marketing y como resultado, disfruta de unas ganancias excepcionalmente satisfactorias. Más tarde discutiremos en mayor detalle la televisión, pero por ahora, es suficiente decir que a menos que usted use un medio de *manera efectiva*, no debería usarlo en absoluto.

Mi cliente fue capaz de salvar su negocio de su desastrosa experiencia en la televisión. Cuando nos reunimos conversamos acerca de: compromiso, inversión y consistencia. También mencionamos los otros secretos de los empresarios guerrilleros. Desde ese día, ella ha colocado un anuncio muy pequeño cada domingo en el periódico y sus ventas han seguido subiendo. Incrementó dramáticamente sus ventas sin aumentar sus gastos de marketing como porcentaje de sus ingresos brutos. Esto sucedió durante un período de varios años. Su tienda ha cuadruplicado su tamaño y sus ganancias han seguido la misma tendencia. Como mencioné, ahora volvió a la televisión, aireando diez comerciales al día, en dos semanas de cada cuatro. La clave para su brillante éxito fue una publicidad consistente. Ella llama a su anuncio de los domingos en el periódico, ahora ya no tan pequeño, su "ticket de comida". Tiene razón. Me comenta que casi todo el mundo que entra a su tienda le cuenta que ha visto el anuncio original. Será fácil de creer si uno sabe que ella ha colocado ese anuncio y otros similares en el mismo periódico el mismo día durante años. Las personas están *familiarizadas* con su operación y tienen *confianza* en sus productos y por lo tanto, le compran a ella.

Los Guerrilleros tienen tickets de comida

Ella está comprometida, ella ve su marketing como una inversión, ella es consistente y *paciente* y desde entonces ella ha agregado una multitud de armas a su arsenal de marketing. Este surtido genera muchas ganancias nuevas y más elevadas que lo proyectado. Mientras más amplio es el *surtido* de armas en su arsenal de marketing, más ancha será la sonrisa en su rostro cuando revise sus estados financieros.

¿Envía mi cliente correspondencia de *seguimiento* a todos sus clientes? Por supuesto que sí lo hace. Ella ha aprendido que el marketing no finaliza con la venta. Es el marketing hecho *subsecuentemente* a la venta el que lleva a jugosas ganancias. Cuesta seis veces más vender un producto o servicio a un nuevo cliente que a uno existente. Mi cliente siempre envía correspondencia a sus clientes existentes y se beneficia de las ventas repetidas, las cuales son la inevitable recompensa.

La inevitable recompensa

Su tienda es muy conocida y es un sitio muy cómodo para ir a comprar. Está abierta los siete días de la semana. Se extienden el horario para la *comodidad* de los clientes; no para la comodidad de la tienda. Acepta todas las tarjetas de crédito existentes bajo el sol. Recibe cheques, propone planes de pago parcial, entrega, instala, es accesible las veinticuatro horas del día por medio del correo de voz, correo electrónico y fax. Hasta estacionar el auto es cómodo.

Aún cuando ella asume mucho de su negocio como dado por hecho, ella sabe que su marketing debe *asombrar* a las personas. Por lo tanto, su marketing menciona que su mobiliario diseñado a la medida se puede adquirir a precios de fábrica ya que ella tiene una propia. Tanto los precios como el toque casero son increíbles, permitiéndole vender muebles a la medida y ofrecerlos a precios de muebles fabricados masivamente. Este elemento de *asombro* es lo que atrae la atención hacia sus anuncios.

Duplicando su efectividad de marketing

Lo más increíble, ¡ella duplicó la efectividad de su programa de marketing! ¿Cómo consiguió hacer algo tan maravilloso? Ella midió la efectividad de todo su marketing, preguntando a las personas: dónde habían oído hablar de ella antes. De esta manera fue capaz de eliminar las armas y publicaciones que no le funcionaban y duplicó el uso de aquellas que le daban provecho. El resultado: la duplicación de las ganancias. La razón: la *medición* (también conocida como "muestreo" por aquellos en el medio).

Uno de los eventos diarios más agradables que ocurren en su área de exhibición es el retorno de clientes satisfechos. Siempre son atendidos con calidez y servicialmente. Hay una sensación poderosa de *identificación*, el décimo primer secreto, entre estos clientes y el negocio. La tienda se cerciora de que estén identificados a través de seguimiento constante, enviando material publicitario por correo, invitando a los clientes a ventas privadas, ofreciendo una selección adaptada a sus necesidades, proveyéndoles con una útil página Web, siendo especialmente amables con ellos y casi siempre recordando sus nombres. Los clientes evidencian que están identificados al regresar varias veces durante el año para ver lo que está disponible para sus hogares y usualmente encontrando algo que comprar. Lo confirman, refiriendo a sus amigos a la tienda

El Guerrillero interdependiente

y trayéndolos frecuentemente cuando vienen a una incursión de compra. Muestran su identificación con la empresa proveyendo testimoniales y completando cuestionarios.

Mi cliente no se ve a sí misma como una dueña de negocio independiente, autosuficiente y autónoma. Más bien, se considera como bastante *interdependientede* su fábrica, de sus proveedores, de las exhibiciones cercanas con líneas no competidoras, de los medios de comunicación que le alertan sobre oportunidades especiales y que tienen sus mentes abiertas al intercambio de tiempo y espacio publicitario por uno o dos sofás confortables, así como de competidores en lugares distantes con quienes ella intercambia cuentos de batallas durante las ferias comerciales. Estas personas a su vez, dependen de ella para información, negocios y clientes referidos. Todo el mundo está aprendiendo que mientras más *interdependientedes* sean, más altas serán sus ganancias. La *interdependencia* es otro secreto de los empresarios guerrilleros. Muchos dueños de pequeños negocios se ven a sí mismos como almas independientes, sin embargo los guerrilleros saben que el poder proviene más del trabajo en equipo que del severo individualismo.

Al publicarse la primera edición de este libro mi cliente conocía tanto acerca de computadores como yo conozco acerca de lo que usted comió la última noche. Hoy en día, sin embargo, su computador es una parte integral de su negocio, permitiéndole incrementar sus ganancias mientras reduce sus gastos de marketing. Los diccionarios describen el equipo necesario para trabar y ganar batallas, como *armamento*. El armamento de los empresarios guerrilleros es la tecnología. Armamento es su computador, su presencia en la red, sus conexiones electrónicas dentro de su empresa y en todo el mundo, su correo de voz, máquinas de fax y sus transmisiones por radio a los camiones de reparto. También está incluido el equipo dentro de su fábrica que le permite producir más y mejor por menos. Todas las armas de marketing puede usted ahora crearlas con un económico "desktop publishing system". La lista es larga y creativa, letal para aquellos que no se dignan a competir, sin importar su tamaño y fondos financieros.

Lo que necesita para trabar y ganar batallas

Reglas valiosas pero difíciles de seguir

Estos trece secretos, personificados en las trece palabras, son los secretos más valiosos que usted aprenderá en este libro. Igualmente, son reglas extremadamente difíciles de seguir.

Sus amigos, empleados, compañeros de trabajo, socios, familia y proveedores podrían aconsejarle cambiar su plan de marketing cuando no vean resultados inmediatos. Estas mismas personas bien intencionadas objetarán un programa de marketing que no produce un aumento significativo en ventas en un corto período de tiempo. Ellos serán los primeros que se cansarán de su marketing, aburriéndose con sus anuncios o comerciales. Sin embargo, sus clientes no se sentirán igual. Ellos pasarán por el proceso de desarrollar confianza en su producto y usted debería hacer cuanto esté en sus manos para no socavar este proceso.

Su misión es clara

La moraleja: cuando usted desarrolle un plan de marketing, no le otorgue su sello de aprobación hasta que esté listo para comprometerse con él. No lo apruebe hasta que usted esté listo para invertir en él con una expectativa realista de ganancias. No lo implemente hasta que usted esté preparado para permanecer con él consistentemente. Esto no significa que no pueda hacer cambios. Por supuesto que sí. Sin embargo, haga los cambios manteniéndose consistente.

Resumiendo:

- Su tarea: hacer que los clientes potenciales tengan *confianza* en usted.
- Su arma secreta: *compromiso* con su plan.
- Su personalidad: lo caracteriza la *paciencia*.
- Su marketing: un *surtido* de por lo menos veinte armas.
- Su formato: el espíritu de la *consistencia*.
- Sus finanzas: algunas inteligentemente *invertidas* en marketing.
- Su energía: está presente tanto *antes de* como en la etapa *subsecuente a* la venta.
- Su operación: la esencia de la *conveniencia*.
- Su mensaje creativo: siempre *asombra* a los lectores.
- Su tarea, no muy fascinante, pero en extremo productiva: *medición* de quiénes son sus clientes y en dónde diablos oyeron hablar de usted.
- Su relación con los clientes: la única palabra es *identificación*.
- Su relación con otros negocios: ustedes son *interdependientes* uno del otro para provecho de ambos.
- Su arsenal de marketing: repleto con *armamento* de guerrilleros, tecnología fácil de usar.

Listo. Ahora usted nunca podrá decir que no está completamente conciente de los trece secretos mas importantes del marketing. Al tener conocimiento de ellos, al convertirlos en un pilar de su negocio, usted tiene una ventaja sobre su competencia. Ahora incrementemos esa ventaja. Examinemos qué es lo que en primer lugar se necesita para desarrollar un plan exitoso.

CAPÍTULO 4
PROGRAMA DE ACCIÓN: DESARROLLANDO UN PLAN DE MARKETING DE GUERRILLA

Para enrolarse en una campaña de marketing exitosa, usted necesita obligatoriamente comenzar con un plan de marketing. ¿Pero cómo desarrollar uno? Usted se enrola en una investigación de mercado, está atento a todos los detalles y piensa en ellos largo y tendido. No se preocupe, la diferencia entre muchos éxitos y fracasos es simplemente una planificación de marketing y nada más. Ya sea que usted es un equipo de una sola persona o trabaja desde su oficina en su hogar, usted debe operar de acuerdo a una estrategia, igual que las grandes corporaciones.

Una palabra que usted debería comenzar a usar y comprender en este momento es *posicionamiento*. Posicionar es **Posicionamiento** determinar el nicho específico que su producto pretende llenar. ¿Qué es lo que usted representa en la mente tanto de sus clientes actuales como potenciales? Una vez leí acerca de una línea aérea que comenzó sus operaciones durante una época en la cual la mayoría de los negocios de las líneas aéreas estaban en picada. Estableciendo un sólido plan de marketing, esta nueva empresa despegó con una velocidad impresionante. Se posicionó como una línea aérea de alta frecuencia y sin detalles superfluos, especializándose en vuelos cortos de menos de dos horas e interconectando pasajeros de rutas de largas distancias de otras líneas aéreas. Era una posición única, ya que no había ninguna otra línea aérea en la región que ofreciera estos beneficios. El éxito llegó bastante rápido.

Para atraer la atención aún más, la línea aérea tuvo ventas de remate de asientos, ofrecía tragos gratis de whisky escocés Chivas Regal y bourbon Jack Daniel´s, al igual que introdujo otras innovaciones en una industria bastante formal. *Cada una de estas ideas de marketing fue el resultado de una planificación de marketing inteligente y un posicionamiento brillante.*

Uno de los nombres más conocidos en los círculos norteamericanos de publicidad es David Ogilvy. Después de gastar varios miles de millones de dólares en publicidad, el Sr. Ogilvy hizo una lista con treinta y dos asuntos que su agencia de publicidad había aprendido. De los treinta y dos, dijo que el más importante era el *posicionamiento del producto.* El sostenía que los resultados de marketing dependen menos de cómo está escrita la publicidad que de cómo se posiciona el producto o servicio.

El trampolín para el marketing que vende

El plan o estrategia de marketing de guerrilla debería servir como el trampolín para el marketing que ejecuta la venta. Cuando usted esté haciendo su propia planificación de marketing, revise sus productos tomando en cuenta sus objetivos, las fortalezas y debilidades de su producto, la competencia percibida, su mercado meta, las necesidades de ese mercado y las aparentes tendencias de la economía. Esto debería serle útil para establecer una posición apropiada. Hágase las siguientes preguntas básicas: ¿En qué negocio estoy? ¿Cuál es mi meta? ¿Qué beneficios ofrezco? ¿Qué ventajas competitivas tengo? ¿A qué le temo?

Cuando comprenda completamente la verdadera naturaleza de su negocio, su meta, sus fortalezas y debilidades, las fortalezas y debilidades de su competencia y las necesidades de su mercado meta, resultará mucho más fácil determinar su posicionamiento y más sencilla la planificación de su estrategia.

Los pequeños negocios tienen una ventaja sobre las grandes empresas: pueden ocupar nichos de mercado más pequeños y prosperar dominándolos. Un negocio pequeño puede estar especializado en palmeras, en vez de ser un vivero de envergadura con plantas y árboles. No es un gran nicho, pero es perfecto para una pequeña empresa que opera así con mucho éxito en mi rincón de la galaxia.

Un asunto para preguntarse y responder

Pregúntese ¿Quién es mi mercado meta? Las respuestas que usted tenía cuando comenzó en el negocio, puede que sean diferentes hoy en día en el siglo veintiuno. Muchos enormes mercados emergentes están siendo identificados en los Estados Unidos y muchos empresarios de marketing de guerrilla están cosechando ganancias que rompen récords apuntando a éstos. Una realidad de guerrilla: mientras más mercados usted tenga como objetivo, más ganancias recibirá.

Tenga el cuidado de no limitar su marketing a un solo objetivo de mercado. Recientemente, la mayor empresa de foto-copiado del área de la Bahía de San Francisco, quien dirigía su marketing hacia negocios en general, asignó una porción de sus fondos de marketing para dirigir sus esfuerzos al sector jurídi-co, ya que es allí donde se genera la mayor cantidad de copias. Este esfuerzo los condujo a incrementar sus ganancias en un 31 por ciento en un año, sin haber gastado un centavo extra en gastos de marketing. Usted debe identificar todos sus mercados metas y luego apuntarles cuidadosamente a cada uno.

Cuatro relativamente nuevos mercados emergieron, en los años 90, como audiencias objetivo viables. Hoy en día son bombardeados con marketing: un esfuerzo que seguramente continuará a través de mucho del siglo veintiuno. Estos mer-cado son: las personas mayores, las mujeres, los grupos étnicos, especialmente norteamericanos de origen asiático e hispanos y pequeños negocios, en especial aquellos manejados desde los hogares.

La Universidad de Michigan nos informa que las personas mayores confían en el marketing en los medios masivos aún más que en los amigos o la familia cuando de información al consumidor se trata. Las encuestas provenientes de varias fuentes nos demuestran que las personas mayores jerarquizan en primer lugar la salud, luego viene la seguridad financiera, en tercer lugar colocan una relación más cercana con Dios y en cuarto lugar ubican una relación más cercana con la familia. En el pasado, cuando la gente envejecía, se moría. Hoy en día, con-trolan los cordones del monedero de una cartera de 1,5 billones de dólares (US\$ 1.5 trillion).

El marketing a las personas mayores

Cuando los empresarios guerrilleros se comunican con las personas mayores, prefieren usar el término "mayor" en vez de "anciano" o "tercera edad". En lugar de decir "de 55 años y mayores", dicen "de 55 años y mejores". ¡No son juegos, por favor! Cuando usan ilustraciones, muestran a las personas mayores como personas mayores activas, viviendo sus vidas intensamente. Evite cualquier cosa de última moda. Las per-sonas mayores responden bien a los productos y servicios que llamen la atención a su autonomía e independencia. Su vista está fallando, por lo que debe usar letras grandes en su material impreso. ¿Sabe usted cuál revista tiene la mayor circulación en los Estados Unidos? Solía ser *Reader´s Digest*, luego fue *TV Guide* y actualmente es *Modern Maturity*.

La mujer de hoy en día

Hoy en día más de la mitad de los nuevos negocios en los Estados Unidos son iniciados por mujeres, teniendo una tasa de éxito más elevada que aquellos iniciados por hombres. La mujer empresaria de los 90, más amable y gentil es muy diferente a la mujer de los 50. Hoy en día, uno de cada seis negocios en Estados Unidos es propiedad de una mujer. Las investigaciones muestran que el 57 por ciento de las mujeres han nutrido su sueño de manejar su propia empresa; donde 48 por ciento aducen como razón principal, la de ser su propio jefe. Estamos aprendiendo cada vez más acerca de este mercado:

Estadísticas femeninas

- El 61 por ciento de las mujeres piensan que los niños son lo mejor de sus vidas.
- Solo el 8 por ciento de las mujeres comen tres comidas regulares al día sin bocadillos entre comidas.
- El 16 por ciento de las mujeres piensa que la sociedad puede prosperar sin el matrimonio.
- El número de mujeres blancas es mayor en un 2.2 por ciento que el de hombres blancos.
- El número de mujeres negras es mayor en un 5.2 por ciento que el de hombres negros.
- El 22 por ciento de los científicos en computación son mujeres, mucho más que el 14 por ciento de 1970; sin embargo, el 99 por ciento de los asistentes son mujeres, el mismo porcentaje que en 1970.
- Las mujeres emplean tres horas y un tercio para ver televisión cada día de la semana. Las mujeres son menos propensas que los hombres a cambiar canales durante comerciales, pero es más probable que suspendan el sonido.
- El 41 por ciento de la teleaudiencia del beisbol son mujeres sobre los 18 años. Para el básquetbol de la NBA el porcentaje es de 37 por ciento; para el fútbol americano de la NFL es de 36 por ciento. Todos estos porcentajes se están incrementando.

La mujer de hoy en día tiene más intereses y puede ser accesada a través de más vehículos de marketing que nunca. Las mujeres tienen poder. Ejemplos: aún cuando el 79 por ciento de las decisiones de compra de una cama son hechas por las mujeres, un hombre paga por la cama 77 por ciento de las veces. Pueden encontrarse porcentajes similares con respecto a otros artículos costosos incluyendo casas y carros, los cuales son típicamente las compras más caras que una persona hará en el transcurso de su vida.

Los empresarios guerrilleros no solamente incluyen a las mujeres como una audiencia objetivo en su marketing general, sino que también orientan mucho de su marketing directamente a las mujeres y sólo a las mujeres. El poder adquisitivo de las mujeres está elevándose, al igual que su posición en los negocios. Es importante conocer sus poderes y los mitos acerca de las mujeres.

Los poderes y los mitos acerca de las mujeres

Hablemos acerca de los poderes de las mujeres. Ellas controlan más del 60 por ciento de toda la riqueza y las influencias en los Estados Unidos. La Oficina de Estadística del Trabajo de los Estados Unidos (U.S. Bureau of Labor Statistics) reporta que el 25 por ciento de las esposas que trabajan reciben una remuneración más alta que la de sus esposos. Esto se ha elevado del 17 por ciento de hace diez años.

Las mujeres controlan o influyen en el 80 por ciento de todas las compras de nuevos vehículos; en el 46 por ciento de todas las compras de prendas para caballeros; en el 66 por ciento de las compras de computadores para el hogar; en el 82 por ciento de las compras de supermercado; en el 53 por ciento de las decisiones de inversión y en el 70 por ciento de las compras de artefactos del hogar.

También se encargan del 75 por ciento de las finanzas familiares. La mayoría de los adultos solteros en los Estados Unidos son mujeres. Mientras el 1 por ciento de los viajeros de negocios fueron mujeres en 1970, el 40 por ciento de ellos fueron mujeres en 1997. Júpiter, la superreferencia sobre Internet predijo en 1998 que el 50 por ciento del uso del Internet en al año 2000, seria hecho por mujeres.

Gracias a la futuróloga Faith Popcorn, tenemos aquí siete mitos acerca de las mujeres:

- Mito 1: *Usted puede mercadear a las mujeres empleando sólo diferenciación del producto.* Esto no es cierto, debido a que las mujeres desean relacionarse. Ellas preferirán comprar lavaplatos de una empresa que patrocine programas extracátedra para niños. Lo novedoso de una relación es más importante para ellas que la innovación de un producto.
- Mito 2: *Los productos son finitos y autocontrolados.* Otro mito. Los ejecutivos de marketing necesitan crear un diálogo. Cada comunicación necesita llegar a ser de dos vías.

- Mito 3: *A las mujeres les gusta comprar.* Un reporte reciente hecho por el *Wall Street Journal* revela que el 60 por ciento de las mujeres sienten que ir de compras es una experiencia negativa.
- Mito 4: *Un "pre-test" de aviso publicitario de una sola exposición es una referencia útil de las preferencias femeninas.* La Sra. Popcorn dice que no es posible medir la habilidad de un anuncio para construir una relación a largo plazo viéndolo solo una vez.
- Mito 5: *Las políticas corporativas no son importantes.* Los valores de una empresa son inseparables de sus actividades de marketing.
- Mito 6: *El servicio es responsabilidad exclusiva del departamento de servicio al cliente.* Al fin y al cabo la función del marketing es el servicio. Es responsabilidad de todos. ¡O ya verán!
- Mito 7: *Las mujeres no son empresarias.* Las mujeres crean empresas al doble de la tasa que los hombres y emplean más personas que todas las empresas del Fortune 500 combinadas.

Desafortunadamente el trabajo acarrea estrés. La revista *Working Woman* le pidió a sus lectoras nombrar las mejores curas para éste. La respuesta indicó que en el 61 por ciento de los casos la cura sería "más dinero" y en el 51 por ciento sería "más tiempo". ¿Podría usted ser capaz de ofrecer algo para aliviar este estrés? Si es así, el 82 por ciento podría desearlo, ya que ellas sienten que el trabajo se ha tornado más estresante durante los últimos dos años y el 92 por ciento calificó su nivel de estrés con tres o más en una escala de uno a cinco. Sin embargo, este mercado no va a disminuir, ya que el 67 por ciento de las lectoras manifiestan ser más felices de lo que fueron sus madres.

Los grupos étnicos son un canal potencial de poder de compra. Los norteamericanos de origen asiático llegan a los 10 millones hoy en día. Muchos de ellos tienen buena posición económica, son educados y aún no son leales a las marcas, para beneplácito de los empresarios guerrilleros.

No obvie a los grupos étnicos

Los mercados hispanos y asiáticos tienen un poder de compra combinado de US$ 216 mil millones y no se están integrando culturalmente como lo hacían antes. Ellos saben que no están obligados a hacerlo si no lo desean. Los cambios en la tecnología de la comunicación permiten a los recién llegados mantener sus identidades culturales y lingüísticas al igual que le permite a los empresarios guerrilleros apuntar a estos mercados con extrema precisión. Algunos otros puntos para considerar son:

- En los EEUU, los miembros de la población nacidos en el extranjero sumaban el 9.7 por ciento en 1997, es decir, un total de 25,8 millones de personas. Este segmento es mayor que en cualquier otro momento en las últimas cinco décadas.
- La mitad de los residentes nacidos fuera del país provienen de América Central, Sudamérica y el Caribe. Uno de cada cuatro nació en Asia y uno de cada cinco nació en Europa. Más de 7 millones de residentes, un total del 27 por ciento de la población nacida en el exterior, provienen de México.
- El segundo número más alto proviene de las Filipinas, seguido de China y Hong Kong.
- Un tercio de los residentes nacidos en el exterior se habían convertido en ciudadanos norteamericanos hasta marzo de 1997.
- California posee el mayor número de residentes inmigrantes, con un 24,9 por ciento de su población. En segundo lugar viene New York con 19,6 por ciento, Florida con 16,4 por ciento, New Jersey con 15,4 por ciento y Texas con 11,3 por ciento.

Una mirada al interior de los grupos étnicos

Aún cuando el segmento de mercado asiático es el más pequeño de los grandes grupos étnicos, está creciendo rápidamente y las estadísticas prueban que el promedio de ingreso por hogar de este segmento está sobre la media de los Estados Unidos.

Los empresarios guerrilleros enfatizan los valores considerados tradicionalmente importantes para los asiáticos: independencia, ocio y unidad familiar como medio para conseguir éxito financiero y nivel social. Los empresarios guerrilleros enfatizan la estabilidad de su producto o negocio. Los norteamericanos de origen asiático son atraídos por negocios que tienen credibilidad y experiencia. Los segmentos de mercado de los norteamericanos de origen asiático incluyen a los chinos, coreanos, japoneses, vietnamitas y laosianos.

Haciendo énfasis en los valores apropiados

Para alcanzar comunidades étnicas, considere colocar anuncios en sus periódicos, insertando cuñas en sus canales de cable, interactuando con sus foros online, llegando a ser importante

Cómo alcanzar mercados étnicos

en sus grupos de "chat" y conferencias online, experimentando con correo directo, patrocinando eventos alineados con sus grupos de audiencia objetivo y conectándose a sus páginas Web si les puede agregar valor. Muchos grupos étnicos se apoyan en los medios en su lengua nativa para accesar información al consumidor.

Algunos sabios del marketing están asustados con los mercados étnicos, las culturas extranjeras y las lenguas desconocidas. Los empresarios guerrilleros aceptan el reto, trabajando con agencias de publicidad étnicas. Las agencias de publicidad especializadas pueden ayudarlo a entrar y comunicarse con virtualmente cualquier mercado étnico. Cada vez están apareciendo más empresas con este tipo de especialización. Actualmente existen varias agencias de publicidad que se especializan en servir al inmenso mercado afroamericano. Usted puede conseguir más información acerca de ellos en publicaciones tales como *Adweek*.

Hoy en día, los pequeños negocios representan más del 90 por ciento de todo el comercio en los Estados Unidos y el 24 por ciento de los norteamericanos se consideran "telenautas cotidianos". Más de 40 millones de norteamericanos trabajan desde su hogar, de acuerdo a IDC/Link, una firma de investigación de mercado. El número de negocios con base en el hogar está creciendo en aproximadamente un 20 por ciento cada año. En 1993, existían 12,4 millones de empresas con sede en el hogar. En 1997, este número excedía los 17 millones.

Trabajadores desde su hogar

El trabajador promedio que opera desde su casa tiene 40,2 años, cuenta con un ingreso por hogar de US$ 59.200, es un ejecutivo de "cuello blanco" y vive dentro o alrededor de una gran área metropolitana. Un impresionante 48 por ciento de los trabajadores que opera desde su casa es graduado universitario, siendo casados el 65 por ciento. ¿Qué tipo de trabajos hacen desde su casa? Para ellos las profesiones más comunes son consultores gerenciales, asesores financieros, consultores tecnológicos, artistas gráficos, representantes de ventas, escritores, mayoristas o minoristas, consultores de marketing y consultores de Internet.

¿Le parece un razonable objetivo de marketing? Debería, ya que la tecnología está haciendo más fácil tener éxito como pequeño negocio, trabajar en casa y prosperar, como nunca antes.

Cuando usted haya enfocado claramente su mercado o mercados, usted puede determinar su posición de mercado. Entonces puede medir la posición contra cuatro criterios (1) ¿Estoy ofreciendo un beneficio que mi audiencia meta realmente desea? (2) ¿Es esto un beneficio real? (3) ¿Me distingue realmente de mi competencia? (4) ¿Es único y/o difícil de copiar?

Cuatro criterios para alcanzar

A menos de que usted esté completamente satisfecho con sus respuestas, debe seguir buscando una posición apropiada. Cuando usted haya respondido estas preguntas a su entera satisfacción, obtendrá una posición razonable y esto debería conducirlo a su objetivo. Una posición precisa de mercado requiere de metas y esfuerzos claros y constructivos. El posicionamiento es la clave del marketing. Ningún empresario guerrillero se le ocurriría hacer una pizca de marketing sin el plan de mercadeo apropiado, el cual incluye un enunciado de posicionamiento.

Antes de redactar su plan de marketing, practique pensando en grande. En este momento su imaginación no es un factor limitante, así que abra su mente a todas las posibilidades para su empresa.

El plan de marketing de guerrilla

Usted puede redactar un plan completo en diez páginas. Al principio, sin embargo, trate de enunciarlo en un párrafo.

Los empresarios guerrilleros diseñan estrategias en siete oraciones:

1. La primera oración explica el propósito de la estrategia.
2. La segunda oración explica cómo logrará este propósito. También describe su ventaja competitiva y sus beneficios.
3. La tercera oración describe su mercado o mercados meta.
4. La cuarta oración, la más larga, bosqueja las armas de marketing que usted empleará.
5. La quinta oración describe su nicho.
6. La sexta oración revela la identidad de su negocio.
7. La séptima oración establece su presupuesto, el cual debe ser expresado como porcentaje de sus ingresos brutos proyectados.

Suponga que usted llame a su negocio "Prosperity House" y pretenda vender libros sobre el profesional independiente ("freelancing"). Deje que su estrategia comience con las palabras:

Un ejemplo de un plan de marketing

"El objetivo de marketing de "Prosperity House" es vender el mayor número factible de libros al menor precio posible de venta por ejemplar. Esto se logrará posicionando los libros como de tanto valor para los trabajadores independientes, que con toda seguridad ellos encontrarán su valor, mucho mayor que lo que su precio de venta representa. El mercado meta estará conformado por las personas que están o piensan estar ocupadas en actividades de trabajo independientes y rentables."

El próximo párrafo pudiera decir: "Las herramientas de marketing que planeamos usar incluyen avisos clasificados en revistas, periódicos e Internet, correo directo, ventas en seminarios, publicidad editorial en periódicos, radio y televisión, visitas de ventas directas a librerías, avisos con cupones para ordenar por correo insertados en revistas, anuncios semanales en carteleras online orientadas a trabajadores independientes, anuncios por E-mail a trabajadores independientes conocidos y una página Web encadenada a muchas otras que sirven a los trabajadores independientes. El nicho que ocupa "Prosperity House" es un negocio que provee de información valiosa a los trabajadores independientes. Nuestra identidad será una de experticia, facilidad de lectura y rápida respuesta a las solicitudes de los clientes. El treinta por ciento de los ingresos de ventas se trasladarán al presupuesto de marketing.

Este es un párrafo largo. Es un párrafo simplista. Sin embargo, cumple su trabajo. Está hecho para un producto más que para un servicio, para una empresa que genere ganancias y que conlleve casi ningún contacto con el público. Esta empresa de ventas por correo requiere de muy poco en materia de marketing, considerando todas las opciones. Funciona de maravilla en la vida real; está operando desde 1974.

Disectando el plan

El plan comienza con el propósito de marketing; esto es, comienza por la línea base (el resultado). Luego se conecta con los beneficios que embellecen esa línea base y con aquellos que contribuirán al logro de esa línea: la audiencia objetivo. Luego se le agregan las herramientas de marketing. Posteriormente viene el enunciado del posicionamiento, el cual explica qué representa el producto: por qué tiene valor y por qué debe ser comprado. La identidad (no la imagen, la cual es falsa comparada con la honestidad de una identidad) viene después, concluyendo con el costo de marketing.

La diferencia entre una imagen y una identidad

Tómese un momento para entender claramente la diferencia crucial entre una *imagen* y una *identidad*. La imagen implica algo artificial, algo no genuino. La identidad define de qué se trata realmente su negocio.

Un dueño de negocio se reúne con su personal y desarrollan su imagen, la cual es definida por muchos diccionarios como "una fachada". Su plan de marketing refleja la imagen que ellos eligen. Sin embargo, si a los clientes les parece que el negocio no es exactamente lo que ellos esperan, la compañía no les inspirará confianza.

Otro dueño de negocio se reúne con su personal e identifican su identidad: la basan en la verdad. Su marketing refleja esa identidad. Las personas entran y ven que el negocio es exactamente como ellos esperaban. Se sienten relajados. Saben que pueden confiar en esta compañía.

¿Cuál de estos dos propietarios de negocio es un empresario guerrillero? ¿Qué es mejor para su empresa, una imagen falsa o una identidad honesta?. Ambos conocemos las respuestas correctas. Esta es la estrategia de marketing de la compañía Computer Ace: "la meta del marketing de Computer Ace es ocupar el 100 por ciento del tiempo de la empresa, disponible para la enseñanza de computación, al menor costo posible por hora. Esto será hecho estableciendo las credenciales de los educadores, la ubicación de la operación y el equipo. El mercado meta estará constituído por gente de negocios locales que se puedan beneficiar aprendiendo cómo operar un computador pequeño. Las herramientas de marketing a ser usadas incluyen una combinación de cartas personales, circulares, folletos, anuncios en carteleras y online, avisos clasificados en periódicos locales, publicidad en las Páginas Amarillas, correo directo, anuncios en publicaciones especializadas, seminarios gratuitos, muestreo y publicidad en periódicos locales, radio y televisión. La compañía estará posicionada como el proveedor que garantiza instrucción individual de primera, en la operación de computadores pequeños; el posicionamiento será intensificado por una presencia online en la comunidad local, decoración de la oficina, atuendos del personal, buena educación por teléfono y selección de la ubicación de la oficina. La identidad de nuestra compañía será una mezcla de profesionalismo, servicio personal y cálida atención humana para nuestros estudiantes. El diez por ciento de las ventas será transferido a marketing".

Escogiendo entre lo falso y lo honesto

La mayoría de los planes de marketing, especialmente si han sido reducidos a un párrafo, parecen ilusoriamente simples. Un completo plan de marketing, el cual puede llegar

Ilusoriamente simple

a ser tan corto como tres párrafos: el plan de marketing, el plan creativo y el plan de medios audiovisuales; o llegar a tener 10 o hasta 110 páginas (lo cual no es recomendable) debería servir como guía. No necesita detalles.

El Presidente de la Junta Directiva y Presidente Ejecutivo (Chairman and CEO) de Coca Cola Company reconoció la necesidad de la simplicidad cuando dijo: "Si yo tengo que declarar nuestro plan de negocios en una oración, debería decir: Vamos a desarrollar nuestras fortalezas de marketing para obtener crecimiento rentable en la próxima década".

La estructura necesaria para crear la publicidad

Naturalmente, el plan de marketing identifica el mercado, provee la estructura necesaria para crear la publicidad, como veremos en el próximo capítulo y especifica los medios a utilizar junto con los costos, como se verá en el Capítulo 6. Esto es lo que realmente debe hacer.

Un plan de negocios

Un plan de negocios puede requerir documentos de soporte tales como los resultados de la investigación de mercados, la situación competitiva global, las proyecciones financieras y otros detalles. Sin embargo, usted no debería incluir estos detalles en el plan de marketing como tal. Los planes de marketing de los guerrilleros son cortos. Un buen mapa de carreteras enumera el nombre o número de la autopista cada vez que sea apropiado, no cada vez que sea posible.

Mientras más corto mejor

El plan de marketing debe ser la esencia de la simplicidad. Mientras más corto, más fácil será de seguir. Refuércelo con cuantos documentos de soporte desee, sin incluir información de soporte en el plan como tal. Deje los detalles para otros documentos.

Cuando sus empleados lean el plan, deben entender inmediatamente sus metas, puesto que su estrategia es clara y directa.

Su intención primordial

Una vez que usted haya dado a su plan el enfoque apropiado, puede expandirlo a aquellas áreas pertinentes para su negocio. Al hacerlo, recuerde que su intención primordial es obtener las máximas ganancias posibles. Los beneficios son muy diferentes a las ventas. Cualquiera puede obtener ventas pero se necesita ser un empresario guerrillero para obtener consistentemente ganancias honestas. Usted obtendrá beneficios si enumera claramente todas sus metas, incluyendo el momento oportuno, los presupuestos para todos sus planes relacionados con el negocio y las proyecciones. Sin las proyecciones usted no contará con una vara de medir. Su plan expandido debería primero dirigir su visión a largo plazo, luego su visión a corto plazo.

Considere la porción del mercado a la que usted esté enfocado, qué personal clave será necesario para comandar esa porción, cuáles servicios internos necesitará y cuáles servicios externos puede usar prescindiendo de la necesidad de servicios internos. Sea o no sea que usted enumere los escollos potenciales, piense como usted lidiará con ellos. Si usted está preparado para los obstáculos, estará en mejor capacidad para superarlos a medida que aparezcan. Y los obstáculos aparecerán.

Muchos planes de marketing expandidos incluyen un análisis situacional. Este incluye información acerca de sus clientes claves, competidores esperados así como las posibilidades, probabilidades y la realidad del mercado en el momento. En la medida que usted analice su situación, siempre mantenga su atención sobre sus utilidades. No deje que el negocio interfiera con el *propósito* del mismo. Los medios no deben interferir con el fin.

Los computadores ahora nos permiten proyectar resultados basados en instancias hipotéticas. Un plan de marketing expandido o un plan de negocio puede examinar situaciones del tipo "que tal si". Debería tener la estructura para incorporar cursos alternativos de acción basados en contingencias. Un plan de marketing expandido puede contener listas de objetivos, utilidades, métodos de monitoreo, problemas, oportunidades y responsabilidades. Sin embargo, esto es más un lujo que una necesidad. Muchos empresarios llegan a empantanarse y llenarse de datos con detalles al punto de que la llama de su empujón original se desvanece. Las corporaciones gigantes también se dejan arrastrar con la tecnología y se distraen de sus sueños originales.

Planes de marketing expandidos

Usted debería reexaminar su plan de marketing una vez al año, sea éste resumido o expandido. Su meta debe ser mante-nerlo. La filosofía conservadora debe aplicarse: si no es necesario cambiar, es necesario no cambiar.

La Filosofía conservadora

Sin embargo, sean cuales sean las campanas o silbatos que usted haya anexado a su plan básico o cualquier documentación de nivel de postgrado (MBA) que usted agregue, igual usted debe saber quién es, a dónde va y cómo llegará allí. Usted debe comenzar con un plan marketing escueto, corto y simple. Usted no debe confundir un plan de marketing con un plan de negocios. Un plan más extenso puede cubrir detalles de crecimiento, gastos exactos y detalles de la gerencia. Sin embargo, los planes que yo incluyo en este capítulo le permitirán arrancar y ser exitoso. El primer ejemplo es de una compañía real; el segundo es de una compañía imaginaria. Estos planes pueden ser implementados por empresarios que tengan una inclinación hacia marketing de libros vendidos por correo (usted puede escribir o comprar esos libros) o enseñanza de computación (usted puede enseñar o delegar la enseñanza). Ambos siguen una fórmula simple que puede servir como la base para virtualmente cualquier negocio. Lo mejor de todo, ambos planes pueden ser fácilmente adaptados, a la medida, a su empresa.

Tales planes permiten más flexibilidad, pero no mucha. Por ejemplo, Computer Ace puede insertar un anuncio en una revista una vez en una edición regional y pautar comerciales de radio todos los días del año. El plan de marketing seguirá cumpliéndose.

Un buen plan de marketing no debe permitir demasiada flexibilidad. Después de todo, el plan es creado para ser seguido. Si usted desea cambios, puede hacerlos *antes* de escribir el plan. Usted debe *comprometerse* con el plan.

Cuándo hacer cambios   Cuando usted ha posicionado su negocio con un plan de marketing, ¿qué debe hacer a continuación? Usted desarrolla un plan creativo que explica lo que su publicidad dirá: cuál es el mensaje. Finalmente, usted debe crear un plan de medios que provea los detalles exactos de medios: costos, nombres de los periódicos o estaciones de radio, fechas y tamaños de los anuncios, frecuencia de publicación, especialistas de publicidad a ser empleados, formas de obtener publicidad editorial gratuita, estrategia de marketing online y la identidad de su negocio.

Entonces, usted ha establecido un plan de marketing que describe cómo promoverá sus esfuerzos para obtener ganancias. Usted tiene un plan creativo que dictamina su mensaje y su identidad. Usted tiene un plan de medios que explica exactamente dónde usted invertirá su dinero. Ahora, si usted realiza con orden el resto de sus acciones para obtener ganancias: el aspecto financiero, gerencia, asuntos legales, contabilidad, la habilidad de ofrecer mucha calidad en ya sea sus productos o sus servicios, la tecnología apropiada y la actitud mental correcta, usted puede comenzar a ganar dinero.

Los empresarios guerrilleros comienzan en este punto, pero ellos siempre lo piensan mucho cuando ven los primeros resultados y detienen el plan de mercadeo para así pensarlo más. Esto no es una buena idea. Si después de comenzar un negocio y lanzar un programa de marketing (esto implica invertir cantidades serias de dinero en promover el negocio, llamando serio a un desembolso de US$ 100 a US$ 1.000.000 por mes), usted decide detenerlo, lea inmediatamente la siguiente lista de razones por las cuales usted *debe* continuar adelante con su plan:

1. *El mercado está en constante cambio.* Nuevas familias, nuevos prospectos y nuevos estilos de vida cambian el mercado. Cerca del 21 por ciento de la gente en Estados Unidos se mudó de residencia en 1996. Cerca de 6 millones de norteamericanos se casan cada año. Si usted detiene la publicidad, usted perderá oportunidades en desarrollo y no será nunca más parte del proceso: usted no está en el juego.

    Razones por las cuales usted debe continuar adelante con su plan

2. *La gente olvida rápido.* Día tras día los norteamericanos son bombardeados con 2.700 cuñas y mensajes de marketing aproximadamente. En un estudio, una cuña específica fue mostrada en televisión una vez a la semana durante trece semanas. Después de trece semanas, el 63 por ciento de la gente encuestada recordaba la cuña. Un mes más tarde, el 32 por ciento la recordaba. Dos semanas después 21 por ciento la recordaba. Esto significa que el 79 por ciento olvidó la cuña después de seis semanas.

3. *Su competencia no se rendirá.* Las personas gastan dinero para hacer compras y si usted no les hace caer en cuenta que usted está vendiendo algo, ellos gastarán su dinero en algún otro lado.

4. *El marketing fortalece su identidad.* Si usted suspende su programa de mercadeo, usted erosionará su reputación y confiabilidad y sus clientes perderán la fe en usted. Cuando las condiciones económicas se vuelven difíciles, las compañías inteligentes continúan publicitando. El nexo de comunicación es demasiado precioso para cortarlo caprichosamente.

    La mayoría de la gente no sabe que usted existe

5. *El marketing es esencial para sobrevivir y crecer.* Con muy pocas excepciones la gente no sabrá que su negocio existe a menos que usted lo haga saber. Cuando usted cesa su mercadotecnia, usted está en el camino de la inexistencia. Así como usted no puede comenzar un negocio sin marketing, usted no puede mantenerlo sin él.

6. *El marketing le permite mantener sus clientes.* Muchas empresas sobreviven gracias a los negocios recurrentes y de referidos. Los clientes leales son la clave de ambos. Cuando sus clientes dejan de escucharle a usted o acerca de usted, tienden a olvidarlo.

7. *El marketing mantiene la moral.* Su moral mejora cuando usted ve su mercadotecnia trabajando y la moral de sus empleados se eleva similarmente. Igualmente, algunos clientes que activamente siguen su publicidad pueden ver su falta de marketing como un signo de debilidad.

8. *Su programa de marketing le otorga una ventaja sobre los competidores que han dejado de mercadear.* Una economía en problemas puede ofrecer una ventaja grandiosa a un empresario orientado al marketing. Si sus competidores suspenden su mercadeo, usted puede aventajarlos y atraer algunos de los clientes de ellos. En situaciones económicas horribles, siempre hay ganadores y perdedores.

9. *El marketing le permite a su negocio seguir operando.* Usted siempre tiene algunos costos fijos: facturas de teléfono, anuncios en Páginas Amarillas, costos de alquiler y/o adquisición de equipos y posiblemente una nómina. El marketing crea el oxígeno que respiran los costos.

10. *Usted está propenso a perder el dinero, tiempo y esfuerzo que invierte.* Si usted suspende su plan de marketing, pierde todo el dinero que usted invierte en impresos, comerciales como tiempo y espacio publicitario. También, usted pierde el reconocimiento de sus consumidores. Por supuesto que usted puede comprarlo otra vez, pero tendrá que comenzar de cero. A menos que usted esté planeando salir del negocio, difícilmente es una buena idea suspender completamente su mercadotecnia.

El oxígeno que respiran sus costos

Considere esto: si usted suspende su programa de márketing, ¿ahorrará dinero? Usted lo hará de la misma forma que ahorra tiempo cuando detiene su reloj de pulsera. En otras palabras, no se engañe.

Yo tengo la esperanza de haberle convencido de mantener su compromiso con su programa de marketing. Considere su inversión en mercadeo como obligatoria. Un plan de marketing es necesario, de hecho es crucial, para una compañía o un empresario. Sin embargo, el plan solo, es como un auto de lujo: confortable, poderoso y de apariencia extraordinaria, pero sin gasolina. El combustible que mueve a su vehículo es el márketing en sí mismo: lo que dice y cómo luce. El proceso creativo viene a participar en el mercadeo y debe ser usado con estilo y poder. Hay maneras de hacer que fluya el chorro creativo. Yo le haré conocer los secretos en las páginas siguientes.

El combustible que mueve a su negocio

CAPÍTULO 5

SECRETOS PARA DESARROLLAR UN PROGRAMA DE MARKETING CREATIVO

El aspecto más agradable del proceso de marketing es, generalmente, la creatividad en la que está involucrada. Si usted desea hacer de su pequeño negocio uno grande, debería entender que la creatividad se aplica en cada aspecto del proceso. Comenzaremos explicando cómo puede usted hacer su publicidad creativa en sí misma. Después exploraremos cómo puede usted ser creativo en la selección de medios audiovisuales, en la planificación mercadotecnica y en las relaciones públicas.

Casi cualquier persona de mercadeo que sepa lo que está haciendo, le dirá que *el marketing no es creativo a menos que venda*. Usted puede estar bastante seguro que tendrá un marketing creativo si primero diseña una *estrategia creativa*. Una estrategia como ésta será similar a un plan de marketing pero está limitada a sólo materiales de mercadeo y dirigida únicamente por el contenido de ellos.

La estrategia creativa

Si usted piensa que existe una fórmula sencilla para establecer una estrategia así, tiene toda la razón. He aquí, en los términos más simples, una estrategia creativa típica de tres oraciones:

> "El propósito de la publicidad del cereal para desayuno Mother Nature será el convencer a nuestra audiencia objetivo: las madres de niños hasta los doce años de edad, de que el cereal para desayuno Mother Nature es el cereal envasado más nutritivo y sano del mercado. [Este es el propósito del mensaje creativo]. Esto se logrará enumerando las vitaminas y minerales en cada porción del cereal [Esta explica cómo se logrará el propósito]. El humor y el tono de la publicidad será alegre, natural, honesto y cálido [Esto describe el humor y tono, la personalidad, del producto]".

En este párrafo enunciamos el propósito de la publicidad, el método por el cual este propósito será logrado y la personalidad de los avisos y cuñas comerciales.

Usted sin lugar a dudas ha visto la campaña publicitaria de Energizer con el conejito rosado que "sigue marchando" aún dentro de "comerciales" para productos ficticios. La estrategia creativa para esta campaña de marketing puede haberse leído así:

El conejito Energizer

> El propósito de la publicidad de la batería Energizer será el convencer a nuestra audiencia objetivo, principalmente hombres entre diez y ocho y cincuenta y cuatro años, que las baterías Energizer duran un período extremadamente largo. Esto será logrado creando un conejito Energizer que marchará y seguirá marchando a través de los años, accionado con una batería Energizer. El humor y el tono de la publicidad será de gracia y propósito único, para marcar la idea de la durabilidad de Energizer, mientras el comercial es divertido de ver.

Cuando usted crea su programa de marketing, su primer paso es escribir una estrategia creativa simple. Practique primero escribiendo estrategias creativas para anunciantes actuales. Escoja un anunciante del periódico, un publicista de la televisión, una página Web y un publicista de mercadeo directo; entonces componga estrategias creativas de tres oraciones para aplicar a cada uno de ellos. Haga lo mismo para sus competidores. Esto lo guiará en el momento de establecer su propia posición y prevenirle de imitar otras campañas de marketing.

Después que usted haya diseñado su estrategia (a la cual le ha dedicado mucho tiempo y esfuerzo mental), se puede dedicar a un programa de siete pasos para asegurarse de un marketing exitoso. Vamos a revisar todos estos pasos:

Los siete pasos del marketing creativo

1. *Encontrar el relato inherente de su producto.* Después de todo, usted planea hacer dinero vendiendo un producto o servicio o ambos. La razón por la cual las personas querrán comprarle será porque usted les dará una pista acerca del relato inherente de su producto o servicio. Algo acerca de éstos debe ser inherentemente interesante; de otra manera, usted no lo pudiera vender. En el cereal para el desayuno Mother Nature es la alta concentración de vitaminas y minerales.

2. *Traduzca ese relato inherente a un beneficio significativo.* Siempre recuerde que la gente compra beneficios, no

La gente no compra champú

características. Las personas no compran champú; la gente compra cabello que se vea fabuloso, limpio o fácil de manejar. Las personas no compran carros; compran velocidad, nivel social, economía, desempeño y poder. Las madres de niños pequeños no compran cereal; ellas compran nutrición aún cuando muchas comprarían cualquier cosa que pueda hacer que sus niños *coman*. Encuentre el mayor beneficio de su producto y anótelo. Debería venir directamente de un aspecto dramático inherente. Aún cuando usted tenga cuatro o cinco beneficios, use uno o dos, máximo tres.

3. *Establezca sus beneficios de la manera más creíble posible.* Hay un mundo de diferencia entre honestidad y credibilidad. Usted puede ser 100 por ciento honesto (como debería ser) y las personas de todas maneras pudieran no creerle. Usted debe romper la barrera que la publicidad ha erigido con su tendencia hacia la exageración y establecer su beneficio de una manera que sea aceptada sin lugar a dudas. La compañía de cereal de desayuno '*Mother Nature*' pudiera decir: "un tazón de cereal para desayuno '*Mother Nature*' le suministra a su hijo casi tantas vitaminas como una pastilla de polivitamínico". Este enunciado comienza con el relato inherente y lo traduce en un beneficio. La palabra *casi* le otorga credibilidad.

A qué le presta atención la gente

4. *Atraiga la atención de la gente.* Las personas no prestan atención a la publicidad, prestan atención solo a las cosas que les interesan. Algunas veces ellos encuentran esto en la publicidad. Por lo tanto, usted debe llamar la atención de los clientes potenciales y encender su interés. También debe estar seguro que usted les interese en su producto o servicio, no solo en su publicidad. Estoy seguro que para usted es familiar recordar cierta publicidad de un producto el cual no recuerda. Muchos publicistas son culpables de crear anuncios que por sí mismos son más interesantes que lo que estén anunciando. Usted puede cuidarse de caer en esta trampa memorizando lo siguiente: *Olvide el anuncio. ¿Es interesante el producto o servicio?* La empresa Mother Nature pudiera crear una imagen interesante mostrando dos manos partiendo una cápsula de polivitamínico de donde caen hojuelas en un tazón de cereal de aspecto apetitoso.

5. *Motive a su audiencia a involucrarse.* Invite a su audiencia a visitar la tienda. Sugiérales que hagan una llamada

telefónica, llenen un cupón, escriban solicitando más información, pidan su producto por su nombre, tomen una prueba de manejo o vengan para una demostración gratuita. No se quede corto. Para hacer funcionar el marketing de guerrilla, usted debe decirle a la gente exactamente qué es lo que desea que ellos hagan.

6. *Asegúrese de que se está comunicando claramente.* Usted puede saber de qué está hablando, pero ¿lo saben sus lectores u oyentes? Reconozca que las personas no están pensando acerca de su negocio y que ellos solo le prestarán la mitad de la atención a su anuncio, aún cuando se estén fijando en él. Haga un gran esfuerzo cuando esté enviando su mensaje. La compañía Mother Nature puede mostrar su anuncio a diez personas y preguntarles cuál es la idea principal. Si una persona no entiende correctamente, esto significa que el 10 por ciento de la audiencia no lo comprenderá bien. Si el anuncio llega a 500.000 personas, 50.000 no entenderán el punto principal. Esto no es aceptable. Usted desea que el 100 por ciento de su audiencia comprenda su punto principal. La compañía puede lograr esto, enunciando un titular o un subtítulo donde diga: "Dar a sus hijos cereal para desayuno Mother Nature es como dar a sus hijos vitaminas, pero mucho más sabroso". Su meta es cero ambigüedad.

7. *Evalúe su anuncio, comercial, carta o folleto, una vez terminado, contra su estrategia creativa.* La estrategia es como un plano. Si su anuncio no consigue cumplir la estrategia es un mal anuncio, no importa cuánto lo ame usted. Bórrelo y comience de nuevo. Siempre utilice su estrategia creativa para guiarse, para obtener pistas del contenido de su anuncio. Si éste está en línea con su estrategia, usted debe entonces juzgar otros elementos.

La clave para la publicidad creativa es una estrategia creativa inteligente. La prueba de la publicidad creativa son las ventas y las ganancias. Si lo que usted desea vender no genera ganancias para su empresa, usted no está siendo creativo.

La creatividad no termina con la creación de su publicidad. Una vez que usted ha establecido sus armas de marketing en la forma de anuncios, comerciales, letreros, circulares y/o decoración de tienda, usted debe ser creativo en la manera que los va a usar. Conozco una compañía de desodorantes

Dígales qué es lo que desea que hagan

Es malo, no importa cuánto lo ame

La prueba de la publicidad creativa

Cómo los empresarios guerrilleros usan las armas de marketing

que introdujo su producto a través de un anuncio televisivo durante el invierno. ¿Por qué publicitar en invierno, cuando la gente no está comprando tantos desodorantes? Porque esta empresa carecía de fondos para competir cabeza a cabeza con los grandes. Así que en vez de buscar la atención del público durante el verano, cuando su competencia sería muy fuerte, la compañía publicitó su producto y atrajo atención durante el invierno, cuando tenía el escenario para ellos solos.

Otras maneras de ser creativo

Hay otras manera para ser creativo. Haga entregar a mano sus cartas personales o envíelos a través de Federal Express, UPS o un servicio de reparto fuera de lo común. Haga recorridos creativamente, usando un traje peculiar y entregando un pequeño obsequio a cada cliente potencial. Ponga sus letreros en sitios inusuales, como en las manos de un hombre valla (esto es un medio publicitario totalmente diferente). En las Páginas Amarillas, usted puede ser creativo con el tamaño de su anuncio, su mensaje, color y tratamiento gráfico. Sea creativo en el uso de avisos en el periódico, colocando mejor seis anuncios pequeños en una edición que uno grande. Sea creativo con su E-mail y su página Web. Si sus anuncios generan beneficios para su empresa, usted está teniendo éxito con su creatividad. Si no es así, usted tiene que trabajar más.

Como puede ver, hay maneras ilimitadas para ejercitar la creatividad en todos los aspectos del marketing. En uno de mis libros anteriores, "Cómo Ganar Dinero Sin Un Trabajo"(Earning Money Without a Job), escribí acerca de una pareja que se casó en su boutique después de informar a los periódicos locales y la estación de televisión acerca del matrimonio. Naturalmente, recibieron mucha cobertura gratis.

Sus medias en su boca

Un antiguo jefe mío, el difunto Leo Burnett, tenía la costumbre de recordar a su personal que una persona puede ser creativa bajando las escaleras con sus medias en la boca, pero ¿cuál es el punto? Debe haber una razón para su creatividad y su creatividad nunca debe distraerlo de su mensaje. La campaña de publicidad de los caballos Percherones "Clydesdales" de Budweiser es tanto creativa como dirigida directamente al objetivo de audiencia. Una publicidad tan bien dirigida es difícil de encontrar, desarrollar y competir contra ella. Por eso es que los empresarios guerrilleros ponen un gran énfasis en *la creatividad apuntándole a ella*.

Cuando practique el marketing de guerrilla, debe ser más creativo que su competencia en todos los aspectos del marketing. Asegúrese de que esté creando un plan de marketing de manera apropiada, inteligente, clara, creativa y consistente. Así, usted puede asegurarse de estar mercadeando exitosamente su producto o servicio. Usted no necesita saber cómo escribir o dibujar para ser creativo. Todo lo que tiene que hacer es proponer la idea creativa. Siempre es posible contratar a alguien para escribir o dibujar por usted, pero no es fácil contratar a alguien para ser creativo por usted en su negocio. Este trabajo debería ser suyo y usted debería disfrutarlo. Demos una ojeada a algunos ejemplos de creatividad en acción:

¿Quién será creativo por usted?

- Un Contador Público decidió crear más negocios, así que escribió un boletín de noticias sobre impuestos y lo envió cada tres meses, libre de costo, a una larga lista de clientes potenciales. Al hacerlo, él se estableció como una autoridad y dramáticamente mejoró su negocio. Esto no es un acto de creatividad tan impactante como un terremoto, pero fue un plan extremadamente exitoso.
- Una tienda que vendía camas de agua al detal deseaba desprenderse de su identidad de contracultura, por lo que se mudaron a un centro comercial elegante, exigieron a su personal vestirse impecablemente y contrataron a un hombre con una fuerte e inteligente voz para que sirviera como locutor de sus comerciales de radio. Los resultados fueron excelentes.
- Un joyero deseaba atraer la atención a su negocio durante la época de navidad, por lo que inventó una ideas de regalos impresionantemente costosos, como por ejemplo un Frisbee con un diamante en el centro. Su costo: US$ 5.000. Otra idea fue un reloj de arena en miniatura que usaba diamantes reales en vez de arena. Su precio: US$ 10.000. Otra idea fue un juego de backgammon incrustado en joyas con un precio de US$ 50.000. El joyero muy raras veces vendía artículos como estos, pero atrajo publicidad nacional y sus ventas de navidad se elevaron muchísimo.

Note que en ninguno de estos ejemplos hablé acerca de la creatividad que uno normalmente asocia con los anuncios por sí mismos. Este es el lugar obvio para ser creativo. Sin embargo, estos ejemplos describen cómo ser creativos en su búsqueda de clientes potenciales, decoración de tienda, atuendos de los empleados y métodos para conseguir publicidad gratis.

Entrénese usted mismo a pensar que lo contrario a creatividad es mediocridad, lo que lo forzará a usar las herramientas de marketing de la manera más creativa posible.

¿Cómo prospera la creatividad?

¿Cómo prospera la creatividad? Con *conocimiento*. Usted debe conocer su producto o servicio, su competencia, su audiencia objetivo, su área de marketing, la economía, acontecimientos actuales y las tendencias del momento. Con este conocimiento, usted desarrollará un programa de mercadeo creativo *y* usted producirá creativos materiales de marketing.

Yo gano conocimiento manteniéndome a la par de los acontecimientos mundiales de la manera usual. Yo leo una revista de noticias a la semana y diez revistas de interés especial al mes. Frecuentemente, veo las noticias tarde en la noche por televisión y leo un diario al día. Igualmente, navego en Internet durante una hora al mes aproximadamente. Esto no es suficiente para un dueño de negocio agresivo. Los empresarios guerrilleros deben estar pendientes de los sucesos mundiales, la situación global, la situación local y las últimas tendencias. También es importante echar una mirada a las campañas de marketing de la competencia. Si usted no se mantiene al tanto, se quedará atrás. Los empresarios guerrilleros no pueden darse el lujo de quedarse atrás.

Manteniéndose al tanto o quedándose atrás

Armado con este conocimiento, usted puede hacer lo que muchas personas definen como la esencia de la creatividad: puede combinar dos o más elementos que no hayan sido combinados jamás. Por ejemplo, cuando 7UP decidió empujar sus ventas al nivel de Coca Cola y Pepsi-Cola, se refirió a sí misma como "La Sincola". Esto la colocó en la categoría de las colas y sin embargo proclamó orgullosamente que era diferente. Combinando el prefijo sin, el cual significa "no", con la palabra cola, 7UP mostró gran creatividad. La persona de publicidad que soñó el concepto usó su conocimiento de arte popular y escogió arte psicodélico para la publicidad en medios audiovisuales y televisión. Usando su conocimiento del producto, competencia, audiencia objetivo y las tendencias del momento, 7UP produjo una campaña de publicidad excepcionalmente creativa. La prueba de esa creatividad fue el incremento en las ventas que 7UP disfrutó. La semilla fue el conocimiento simple.

La compañía de cigarrillos Marlboro usó gran creatividad cuando combinó las ideas de un vaquero y un cigarrillo. La compañía de teléfonos AT&T usó creatividad cuando combinó las ideas de una situación emocionalmente cargada y un teléfono "Alcanza y toca a alguien" (Reach out and touch some-one). Avis Rent-a-Car demostró creatividad cuando capitalizó su posición de segundo entre los grandes, por encima de la más grande de las compañías de vehículos de alquiler y declaró llanamente: "Nos esforzamos más" (We try harder). Microsoft demostró su creatividad en los comerciales de televisión que mostraban muchas de las capacidades personales y de nego-cios de los dueños de computadores y después preguntaba: "¿Dónde desea ir hoy?" (Where do you want to go today?). Nike, apuntando a ser un líder global, estableció su nombre, no con palabras, sino con una simple línea que ellos llaman un "swoosh", cruzando creativamente todas las barreras de lenguaje. En todos estos casos, la creatividad comenzó con un conocimiento llano y sencillo.

Cruzando con un "swoosh" las barreras del lenguaje

No es sólo en marketing de medios masivos donde usted puede mostrar creatividad. Cuando los clientes del Agua Embotellada Cristal Fresh solicitan que les comiencen a entregar el agua a domicilio, reciben una nota de agradecimiento firmada por Jeannette, Lee, Joyce, Diane, Jered, Nancy, Chet, Tim, Walt, Raye, Shelly y Dan. Los clientes probablemente mencionan esto a muchos de sus amigos y vecinos. El marketing de guerrilla toma tiempo, energía e imaginación. Sin embargo, usted puede notar que esto no debe quitarle mucho dinero.

Como un guerrillero, usted está obligado a llegar a tener conocimiento acerca de un amplio rango de temas. Los emprendedores guerrilleros son generalistas, no especialistas. Los guerrilleros saben que para eliminar el misterio del pro-ceso creativo, deben pensar en retrospectiva. Deben comenzar imaginándose la mente de sus clientes en el momento en que ellos toman una decisión de compra. ¿Qué les lleva a tomar la decisión? ¿Cuáles son los procesos del pensamiento? ¿Qué hace que éstos ocurran? ¿Cuáles son los resortes estimuladores del cliente y qué hizo usted para activarlos? El pensar retrospec-tivamente lo lleva a las necesidades y deseos que son cruciales para la motivación.

Pensando en retrospectiva

Tomemos un momento para examinar el marketing a la luz de la sicología. El "marketing skinneriano" establece que el cliente modifica su comportamiento; este tipo de marketing dice, muestra o hace algo que provoca que el cliente cambie su com-portamiento (para así actuar de la manera que usted desea que él actúe). Usted empuja gentilmente a su cliente a comprar, llamar, visitar, comparar, recortar un cupón o seguir sus órdenes.

El "marketing freudiano" está dirigido al subconciente: la parte más poderosa de la mente de una persona. El "marketing skinneriano" está dirigido al conciente: menos poderoso, pero más fácilmente activable. El marketing de guerrilla está dirigido al conciente y al subconciente. Cambia actitudes mientras modifica el comportamiento. Llega al cliente desde todas las direcciones. Persuade, coerce, tienta, compele, enamora y ordena al cliente a seguir sus deseos. Deja muy poco a la suerte. Es la esencia de la planificación precisa.

¿Qué hace el marketing de guerrilla?

A medida que la tecnología nivela los campos de juego en todos los ruedos del marketing, los ejecutivos de mercadeo de guerrilla comprenden su rol en la comunidad. Cito de un folleto de una compañía de helados muy exitosa: "En "Ben & Jerry´s" estamos tan preocupados de nuestra responsabilidad con la comunidad, tanto local como global, como lo estamos de hacer excelente helado". Entonces prueban su devoción a la humanidad patrocinando causas altruistas como el Fondo para la Defensa de los Niños, el registro electoral, la paz en la tierra, la preservación de los bosques tropicales, la disminución de los gastos militares y más reciclaje. "Ben & Jerry´s" patrocina conciertos para difundir sus ideas; no sobre sus helados sino sobre su deseo de salvar el planeta. En "Ben & Jerry´s" dicen: "Los negocios tienen la responsabilidad de retornar beneficios a la comunidad". Esta es su plataforma creativa. Vende sensatez. Vende honestidad. Vende nobleza. Vende helados.

De chiflado a brillante

En la década de los 50, esta plataforma creativa hubiese sido considerada chiflada. En los años 90, a esto se le considera un marketing genial, a la vez que humanitario. "Ben & Jerry´s" es famosa por sus buenas obras. ¿Sin embargo, qué tal Sears? Sears está, estos días, impulsando el reciclaje. Igualmente lo hacen Safeway, Bank of America, Coca-Cola, American Airlines, 3M, Anheuser-Bush, DuPont, UPS y los ejecutivos de marketing de guerrilla de todo el país, cuyos negocios no son famosos todavía. Una estrategia creativa de los 90 es patrocinar una causa noble.

Marketing relacionado con causas nobles

Liz Claiborne, fabricante de prendas de vestir, compra anuncios dirigidos a ayudar a las víctimas de la violencia doméstica. Patagonia, la compañía de prendas casuales de vestir, promueve la conciencia ambientalista. Esprit, el fabricante de ropa, exhorta a la gente a votar. En 1996, más de 500 millones de dólares se inviertieron en "marketing relacionado con causas nobles". Esto incluye causas tales como SIDA, cáncer de mama, esclerosis múltiple, violencia doméstica, comida saludable y ayuda a los desamparados. La filantropía corporativa surgió hace años: a mediados de los 80, American Express promovió la restauración de la Estatua de la Libertad.

¿Son exitosas las estrategias creativas basadas en causas nobles? En una encuesta, el 83 por ciento de los compradores declararon que ellos habían cambiado de marca únicamente por su preocupación ambientalista y el 80 por ciento de los compradores dijeron que la reputación ambientalista de la compañía es importante. Los consumidores también dijeron que incluso habían gastado hasta un 5.5 por ciento de más al preferir productos "verdes" (ambientalistas).

Junto con esta nueva conciencia pública y corporativa vemos un fuerte movimiento hacia los productos marcados "Made in the USA" principalmente entre mujeres y consumidores mayores de la Costa Oriental y el Medio-Oeste. Los consumidores con edades comprendidas entre los dieciocho y treinta y cinco años no están tan influenciados por esto, habiendo crecido en hogares con productos hechos en el extranjero.

Los comercios minoristas reportan que las promociones "Made in America" de prendas de vestir hechas en ese país, incrementan las ventas en un 25 a 50 por ciento. Estos son números para ser tomados en cuenta seriamente, al igual que el marketing relacionado con causas nobles.

Made in America

Una palabra de precaución: Tenga cuidado al fundamentar su estrategia creativa en los rápidos cambios de la sociedad, los cuales son más anecdóticos que reales. El empresario guerrillero está alerta y conoce la diferencia entre un cambio real y un cambio percibido a través de los medios de comunicación.

Los emprendedores guerrilleros adaptan su marketing, su mensaje creativo y toda su filosofía a la realidad de los tiempos. En vez de combatir contra los cambios, ellos se adaptan a éstos y sus ganancias demuestran la sabiduría de esta actitud.

Adaptándose a la realidad

CAPÍTULO 6

LOS SECRETOS PARA SELECCIONAR MÉTODOS DE MARKETING

La fuerza de los medios

Si usted tiene conciencia cívica, puede crear una estrategia creativa brillante y promover una causa noble. Sin embargo, hay muchas maneras en las cuales usted pudiera equivocarse y una de ellas es colocando la publicidad adecuada en el medio audiovisual equivocado. ¿Cómo puede usted saber cuál es el correcto y cuál no lo es? Cada método de marketing tiene su propia fuerza particular. La radio es el medio más íntimo, permitiéndole utilizar grandes espacios de tiempo en situaciones de persona a persona con su audiencia. Con cierta frecuencia, los oyentes estarán en restaurantes repletos; sin embargo, en otras ocasiones se encontrarán en sus autos o en sus hogares, solos.

El periódico es un medio óptimo para diseminar las *noticias*. Esta fuerza puede llegar a ser su fuerza. Publicitar en el periódico, cuando no sea en la sección clasificada, debe hacerse en formato de noticia, rompiendo el esquema y directo al grano.

Las revistas son un medio con el cual los lectores se *involucran*, éstas le proporcionan a usted una mayor credibilidad. Ya sea que los lectores compren copias individuales en el puesto de periódicos o estén suscritos a alguna de ellas, se toman un largo tiempo para leerlas. En su anuncio usted puede procurar captar el "estilo" editorial de la revista. Usted puede colocar mayor información, ya que los lectores se toman, voluntariamente, más tiempo para leer un anuncio de revista que un anuncio en el periódico. La credibilidad de la revista se transmite parcialmente a usted.

La TV permite demostraciones

La televisión es el medio que abarca más: le permite convencer a sus clientes potenciales a través de demostraciones reales. Las demostraciones, instrumentos de ventas muy efectivos, no son posibles en ningún otro medio excepto semina-rios, ferias y contactos en vivo con la audiencia. La televisión le permite combinar palabras con imágenes y música, permitiéndole introducirse en las mentes de los clientes potenciales. Es un medio visual. En efecto, ya que tantos televidentes suprimen el sonido con el control remoto durante los comerciales, los anunciantes *necesitan* contar la historia visualmente; de otra manera, no están contando su historia en lo absoluto y no están vendiendo sus productos. La publicidad en la televisión puede ser muy costosa, por lo que debe ser hecha apropiadamente. Este no es un medio con el cual se puede jugar.

La televisión por cable y por satélite han puesto este medio al alcance de *todos* los anunciantes, lo cual es una noticia fantástica para un empresario guerrillero. ¿Una cuña por televisión en horario estelar por menos de US $ 20? Esto no era posible en los años 70 y 80. Hoy en día sí es posible. Como resultado, muchos pequeños negocios están transformándose en grandes negocios. Piense en la publicidad en televisión por cable o por satélite como una invitación para considerar seriamente lo que algunos describen como: "el indisputable campeón de marketing de peso pesado".

Horario estelar para empresarios guerrilleros

El correo directo le permite apuntar muy cuidadosamente a su audiencia objetivo. Cuando es creada con habilidad, la publicidad por mercadeo directo le permite ir a través del completo proceso de ventas: desde asegurarse de la atención de sus posibles clientes hasta realmente obtener ventas a través de cupones que los clientes potenciales pueden completar o de números de teléfono gratis a los cuales pueden llamar. Al igual que la televisión, el correo directo puede ser muy costoso cuando no se usa adecuadamente, especialmente debido a los continuos incrementos en las tarifas de correo y a la cada vez mayor cantidad de piezas a enviar. Para un empresario guerrillero, las tarifas de correo son menos importantes que los índices de respuesta. Si obtener el triple de respuestas cuesta el doble en correo, sólo un tonto ahorraría en tarifas de correo. Igualmente, los guerrilleros saben que deberían extender sus campañas de correo directo con correspondencia de seguimiento, ultra selección de su audiencia objetivo, telemarketing y empaques de correo diferentes.

Los anuncios exteriores y las vallas son excelentes para recordarle a la gente que usted existe y cuál es su razón de ser. Salvo en raras ocasiones, no son exitosas como medio único de marketing. Sin embargo, funcionan muy bien combinadas

La fuerza de los anuncios interiores

con otros métodos de marketing. Los anuncios interiores, en cambio, generan impulsos de reacción exactamente cuando deben hacerlo: en el sitio de compra, donde cerca del 76 por ciento de las decisiones de compra son hechas, de acuerdo a un estudio de 1996. Cuando son redactadas y diseñadas con éxito, estos avisos interiores *aprovechan el momentum generado por otros medios de marketing*. Leo Burnett, el fundador de una de las tres mejores agencias de publicidad del mundo, siempre nos recor-daba que había que "planificar la venta en el momento de planificar la publicidad". El amaba el inmenso poder de los anuncios interiores. Estos deben ser diseñados para arrancar donde los otros anuncios se quedan. Un aviso interior puede ser un mensaje de video, un holograma o una señal en movimiento. No limite sus áreas de publicidad a los interiores de sus propios locales: el interior de muchos otros locales funcionarán muy bien. Si sus clientes potenciales están ahí, usted debe estar ahí. Considere aeropuertos, vestíbulos de hoteles, carteleras de clubes y tiendas que pertenecen a gente con la cual usted ha establecido contactos.

El medio de marketing de sus sueños

El marketing online le presenta a los empresarios guerrilleros el medio de marketing de sus sueños, una mezcla de acción, conectividad, objetividad, comunidad y economía, si hacen las cosas como debe ser. El marketing de guerrilla online engloba E-mail, anuncios en las páginas Web de grupos de interés especial, salas de sesiones de "chat" y el "World Wide Web". Las grandes fortalezas del medio online son interactividad, identificación y la habilidad de proveer cuantos detalles desee su cliente potencial. No vaya a pensar en su página Web como un objeto, como pensaría de una cuña de televisión, sino al contrario, piense en ella como una *sesión*, ya que las personas lo visitan y permanecen tanto tiempo como lo desean. Luego, se marchan. ¿Regresarán alguna vez? Esto depende de la naturaleza de su contenido y la rapidez de usted en retroalimentarles. Para mercadear exitosamente online, debe igualmente hacer énfasis en ocho elementos: la planificación, el contenido, el diseño, la identificación, la producción, el seguimiento, la promoción y el mantenimiento. A pesar de las campanas y los silbatos "tecno" con los que sueña "Silicon Valley", las llaves para el éxito online son el contenido de su página Web, la velocidad de su respuesta, la actua-lización de sus datos y la personalización de su mensaje. En cuanto usted se conecte online, promueva su página Web

Enfatizando igual ocho elementos

offline. En el ciberespacio, las personas llegan a usted y entonces usted obtiene sus nombres. ¡Los empresarios guerrilleros utilizan estos nombres!

Una ronda de visitas personales es altamente efectiva aún cuando toma más tiempo que cualquier otro método de marketing. Tiene pocas limitaciones y provee *contacto personal*. Frecuentemente le será difícil manejar las visitas por su cuenta, entonces usted pudiera preferir delegar este trabajo a un vendedor profesional o a un estudiante de secundaria, dependiendo de la complejidad de su presentación de ventas.

Hacer visitas de presentación de producto debería estar apoyado por métodos masivos de marketing. El marketing de las Páginas Amarillas y los avisos clasificados acierta a los *mejores* clientes potenciales. Las personas que utilizan estas fuentes están buscando el tipo de información que usted está ofreciendo, por lo que usted no necesita utilizar mucha energía para llamar su atención o vender los beneficios generales de su producto o servicio. Este tipo de publicidad también lo ubica a usted en confrontación directa con su competencia, lo cual debería inspirarlo para ser más preciso con su mensaje.

Los mejores clientes potenciales

Los folletos ofrecen la mejor oportunidad para entrar en detalle acerca de su producto o servicio. Las personas esperan una gran cantidad de información de un folleto y usted debería sentirse estimulado para ofrecerla: usted puede ser muy informativo. Con los programas de computación de hoy en día, es más fácil y menos costoso diseñar y producir un folleto preciso. Además, si ya usted tiene un folleto, debe tener una página Web donde ofrecerlo y exhibirlo.

Entrar en detalles

El telemarketing ofrece oportunidades para lograr más intimidad de lo que usted pudiera obtener con publicidad por radio, además de brindar *gran flexibilidad*. Su campaña de telemarketing puede ser suplementada con correo directo o cualquier otro método de marketing, o puede funcionar sola. Una campaña de telemarketing puede cambiar a una persona apática por un producto o servicio, en alguien dispuesto a comprar. Usted puede tomar órdenes si sus clientes potenciales poseen tarjetas de crédito. Como empresario guerrillero, acepte todas las tarjetas de crédito. Si las personas han llegado al límite con Visa o MasterCard, acepte American Express, Discover, Carte Blanche, Diners Club y hasta Shell Oil y Macy´s, si es posible. Esto puede sonar mercenario, sin embargo usted está ofreciendo *comodidad* a sus clientes potenciales y ellos apreciarán el

Los guerrilleros aceptan todas las tarjetas de crédito

hecho de que usted esté haciéndoles fácil el comprarle.

Llegar a ser parte de la comunidad

Los anuncios pequeños en las carteleras sirven para hacerlo parte de *la comunidad* e incrementan la confianza de la gente en usted. También son extremadamente poco costosos y si su producto o servicio satisface unas necesidades frustradas, estos avisos pueden llegar a ser el más provechoso de los métodos de marketing. Al igual que las Páginas Amarillas y los avisos clasificados, los anuncios en carteleras tienden a atraer a los curiosos serios. Este no es el caso de la publicidad por televisión, por ejemplo.

Las camisetas (t-shirt), calendarios, almohadillas para "mouses" de computadores y gorras de béisbol son artículos publicitarios y funcionan de la misma manera que las carteleras y le vallas *recuerdan* a la gente que usted existe. No efectuarán todo el trabajo de ventas, pero pueden promover la aceptación de su producto o servicio cuando son usadas junto con otros vehículos de marketing. Lo mismo sucede con los patrocinios a equipos deportivos y eventos.

Un incremento en su curva de ventas

Muchos negocios consiguen un buen incremento en su curva de ventas mercadeando en ferias comerciales y exhibiciones. Allí consiguen la oportunidad de *hacer contacto con personas orientadas a la compra* las cuales están pensando acerca del principal tópico de la feria o exhibición. Es altamente beneficioso llegar a personas predispuestas ya que hay menos barreras que impidan completar una venta. Algunas compañías y empresarios consiguen todo el negocio que necesitan a través de este método de publicidad. Su vida será más simple si usted pertenece a esta categoría.

Las relaciones públicas, lo cual engloba relaciones comunitarias, propaganda y membresías en clubes y organizaciones, constituyen un método de marketing que debería ser considerado seriamente. Las relaciones públicas funcionan eficientemente con virtualmente cualquier otro método, siendo muchas veces la clave para el éxito. Al estar involucrado en relaciones comunitarias (servicio para su comunidad), usted consigue poderosos contactos, especialmente si trabaja duro para su comunidad (y no solamente para servir a sus necesidades de negocio). Usted puede probar su conciencia cívica con sus *obras* mejor que con sus palabras. Cuando los clientes potenciales sepan que usted está trabajando para la comunidad ad honorem, asumirán que usted trabaja dos veces más duro para su propio negocio. Esto, naturalmente, los atraerá.

Probando su conciencia cívica

La publicidad agrega mucho a su *credibilidad* y en el peor de los casos, pone su nombre en la mirada pública. Los empresarios guerrilleros, sin embargo, no están de acuerdo con el dicho: "Hasta la mala publicidad es buena publicidad, mientras sepan deletrear correctamente su nombre". La mala publicidad es dañina para su compañía y sus metas. Evítela a toda costa.

Si usted se afilia a clubes y organizaciones, estará en contacto con personas que pueden ayudarlo. Parece algo egoísta asociarse con este propósito en la mente, sin embargo, muchos lo hacen. Les sirve bien a sus propósitos. Un punto sutil: los empresarios guerrilleros, en su marketing son agresivos pero nunca torpes.

Personas que pueden ayudarle

Teniendo todos estos métodos de marketing a la disposición, los cuales son examinados en este libro en capítulos dedicados a ellos, ¿cuál escogería usted, como empresario guerrillero? *Escoja tantos como crea que pueda manejar bien. El proceso del marketing de guerrilla comienza tomando conciencia de todas las armas de marketing disponibles, varias de las cuales son lanzadas, manteniendo especial cuidado en ver cuáles fallan y cuales hacen maravillas, eliminando aquellas que no llegan al objetivo y duplicando aquellas que aciertan el blanco.*

¿Cómo comienza el proceso de marketing de guerrilla?

Una vez que haya seleccionado los vehículos de marketing que pueden propulsarlo a su meta, asegúrese de usarlos de manera ordenada y lógica. La mejor manera de conseguir esto es mediante un *calendario de marketing*. Este le ayudará a conjugar todos los elementos de su programa. Le permite planificar su presupuesto y ayuda a evitar gastos no previstos. Le previene de enredarse en marketing de ensayo y error, le protege de deslices de marketing, le evita sorpresas y le ayuda enormemente en la planificación, las compras y la contratación de personal. Los clientes que operan con uno de éstos, reportan que su calendario de marketing es su bien de negocios más preciado y me cuentan que se parece a llegar al cielo, sin el inconveniente de tener que morirse.

La mayoría de los calendarios de marketing contienen las semanas del año, las herramientas de marketing que serán usadas durante esas semanas, las promociones o eventos específicos en los cuales usted estará involucrado, la duración de cada promoción y cuando es aplicable, cualquier fondo de publicidad cooperativa proveniente de provcedores y manufactureros que estén disponibles para ay dar a pagar los gastos. Además, algunos calendarios incluyen el costo del marketing para cada promoción.

El calendario de marketing de guerrilla

Armado con este calendario de mercadeo, como deberían de estar todos los empresarios guerrilleros, usted puede tener una amplia visión del futuro. El proceso de marketing llegará a usted con un enfoque más claro y encontrará más sencillo el estar comprometido con su programa de mercadotecnia, a verlo como una inversión y a reconocer su consistencia.

Hace algunos momentos yo afirmé que un empresario guerrillero hace uso de tantas herramientas de marketing como pueda implementar efectivamente. Un calendario de marketing le indica si puede usar estos métodos apropiadamente ya que le obliga a estar consciente de los costos y la realidad del medio que seleccione.

Examinando el calendario

Examinemos el calendario de marketing de Electronic Galaxy que encontrará en la página 73. Note que el calendario describe cincuenta y dos semanas. El dueño de esta pequeña tienda minorista puede inferir mirando al calendario, cuáles anuncios serán los mejores para colocar, cuáles productos deben estar en inventario, cuáles costos a proyectar y cuáles ventas a planificar.

El calendario proyecta el uso del diario *Chronicle* todas las semanas, si bien intercala el uso del *Sun*, el *News*, el *Independent Journal* y el *Gazette* durante el mes. También permite una prueba con el Times y otra con el *Reporter*. Esto parece ser un montón de periódicos, pero está claro que el *Chronicle* será el abanderado de marketing.

La duración de las actividades de mercadeo varían de una a cinco semanas, con un balance saludable de eventos largos, cortos y de mediana longitud, lo que previene al marketing ser dema-siado predecible. Se utiliza la radio, pero no todas las semanas. Con un calendario así, Electronic Galaxy sigue un plan bien concebido, donde están balanceadas las promociones y las ventas.

El factor de compatibilidad

No utilice una herramienta de marketing a menos que lo vaya a hacer como un profesional. Usted tiene que dedicarle tiempo, energía, dinero y talento. Esto significa que usted debería seleccionar herramientas de marketing compatibles con su negocio. Debe poner a trabajar todos los métodos de mercadeo compatibles que usted pudiera emplear con habilidad y regularmente. En el Capítulo 4, vimos que una empresa llamada Computer Ace se comprometió a usar catorce métodos de marketing, sin incluir la decoración, el atuendo y la ubicación. Computer Ace tiene la opción de ser un solo individuo

CALENDARIO DE MARKETING DE ELECTRONIC GALAXY

Semanas	Campaña de marketing	Duración	¿Co-op?	Radio	Periódicos	Costo por promoción
13/9	Pantalla Gigante de TV	1 semana	Sí	Sí	Chron/Sun	$615
20/9–4/10	Nuevo Equipo de TV	3 semanas	Sí	Sí-2	Chron/News	$1750
11/10–18/10	Experiencia de Video	2 semanas	No	No	Chron/IJ	$984
25/10–11/11	Nombres para suprimir	4 semanas	Sí	Sí-2	Chron/Gaz	$2044
22/11	Venta de Acción de Gracias	1 semana	Sí	Sí	Chron/Sun	$615
29/11	Promoción VHS	1 semana	Sí	No	Chron/News	$450
6/12–20/12	Promoción Navidad	3 semanas	Sí	Sí	Chron/IJ	$2076
27/12	Ultima Semana Para Ahorrar	1 semana	Sí	Sí	Chron/Gaz	$611
3/1–17/1	Rutina TV	3 semanas	No	No	Chron/Sun	$1245
24/1–7/2	Tiempo de Intercambios	2 semanas	No	No	Chron/News	$900
14/2–21/2	Venta de Remates	2 semanas	Sí	Sí	Chron/IJ	$1384
28/2–28/3	Resuelva Problemas con su TV	5 semanas	No	Sí-2	Chron/Gaz	$2455
4/4–18/4	Pantalla Gigante de TV	3 semanas	Sí	Sí-2	Chron/Times	$2044
25/4–2/5	Gente que Ama la TV	2 semanas	No	No	Chron/News	$900
9/5–16/5	Componentes de TV	2 semanas	Sí	No	Chron/IJ	$984
23/5	Venta "Memorial Day"	1 semana	Sí	Sí	Chron/Gaz	$611
30/5–13/6	El Crédito es Fácil	3 semanas	No	Sí-1	Chron/Sun	$1445
20/6–27/6	Promoción de VHSs	2 semanas	Sí	No	Chron/Rep	$976
4/7–11/7	Experiencia de Video	2 semanas	No	No	Chron/IJ	$984
18/7–25/7	Alquileres de Cintas de Video	2 semanas	No	Sí	Chron/Gaz	$1222
1/8–8/8	Demostración Gratis para la Casa	2 semanas	No	No	Chron/Sun	$830
15/8–29/8	Pantalla Gigante de TV	3 semanas	Sí	Sí-2	Chron/News	$1750
5/9	TV Satélite	1 semana	No	No	Chron/IJ	$492
12/9	Experiencia de Video	1 semana	No	No	Chron/Gaz	$411

o una compañía con muchos empleados, y sin embargo su plan de marketing establece el uso de cartas personales, circulares, folletos (explicaremos la diferencia en el Capítulo 12), anuncios en las carteleras, avisos clasificados en los periódicos locales, anuncios desplegados en periódicos locales, publicidad en revistas, publicidad en la radio, publicidad de correo directo, artículos publicitarios, seminarios gratuitos, muestreo, avisos clasificados online y propaganda (publicidad gratuita) en periódicos, radio y televisión. Pareciera que esto fuera a costarle a Computer Ace una gran cantidad de dinero. No es así. Usted no tiene que gastar muchísimo para mercadear como un empresario guerrillero; de hecho, usted puede estar haciéndolo de la manera errada si gasta demasiado. Cuidado, usted no podrá obtener todo este marketing gratis. Usted tiene que invertir. Sin embargo, es posible involucrarse en una gran cantidad de métodos de marketing y ahorrar dinero con cada uno.

Comience el proceso para seleccionar los métodos de marketing identificando su audiencia objetivo. Mientras mejor entienda a sus clientes potenciales, más fácil será alcanzar precisión con sus planes de marketing. Los niños no leen periódicos. Las adolescentes raramente leen revistas de negocios, sin embargo sí oyen ciertas estaciones de radio. Los hombres adultos muy difícilmente se suscriben a *Romance Verdadero*. Estas son las realidades del mercado y usted debe diseñar su selección de métodos de marketing tomándolas en consideración.

Las adolescentes y las revistas de negocio

Seleccione tantos métodos como pueda, sin embargo elija sólo aquellos que serán leídos, vistos o escuchados por su audiencia objetivo.

Aún cuando los presupuestos de marketing son tan distintos uno de otro como los copos de nieve, usted pudiera obtener una mejor puntería sobre su objetivo si estudia los presupuestos de las siguientes tres compañías ficticias. La primera es una pequeña compañía contratista: Super Handyman, con un año funcionando, localizada en un pueblo de 40.000 personas pero dentro de un área de mercadeo de 150.000. La segunda es una organización para la educación en computación de dos personas: Computer Ace. Tiene tres años funcionando, está ubicada en las afueras de una ciudad de 500.000, en un área de mercado de 600.000 personas. La tercera es una tienda de ventas al menor de equipos de sonido: Cheerful Earful, con cinco años en el negocio y ubicada en medio de una ciudad de 1 millón de personas.

Juguemos a que sea cierto

Suponga que Super Handyman obtiene un ingreso bruto de US$ 4.000 al mes en ventas. El propietario desearía gastar 7.5 por ciento de sus dólares de ventas en marketing: un total de US$ 300 al mes o US$ 3.600 al año. Computer Ace devenga US$ 20.000 en ventas mensuales e invierte el 10 por ciento de esto en marketing: US$ 2.000 al mes, o US$ 24.000 al año. Cheerful Earful tiene un ingreso bruto de US$ 54.000 en ventas mensuales, en promedio. Un agresivo 12.5 por ciento de las ganancias es reinvertido en mercadeo, permitiendo US$ 6.750 para marketing cada mes o US$ 81.000 al año.

Ya que estas compañías no son completamente nuevas, no necesitan una gran cantidad de inversión en publicidad para lograr captar la atención del público. Ya tienen un logotipo, poseen tarjetas de presentación, papelería y formularios de facturas. Hasta han invertido desde US$ 500 (Super Handyman) hasta US$ 5.000 (Cheerful Earful) en consultoría profesional de marketing antes de comenzar a mercadear. Cada quien tiene su plan de marketing, una estrategia creativa y una estrategia de medios. Su inversión en consultoría también les ha proporcionado temas para campañas de publicidad, identidades claras y un formato gráfico. Super Handyman obtuvo en un acuerdo de intercambio, una gran cantidad de horas de consulta por un precio muy bajo al construírle una terraza al consultor de mercadotecnia. Y si conozco bien a mis guerrilleros, Computer Ace y Cheerful Earful consiguieron un acuerdo similar. Diríjase a las tablas en las páginas siguientes para ver cómo estos empresarios guerrilleros decidieron repartir sus fondos.

Las aventuras de Super Handyman

Super Handyman ha seleccionado muchos métodos de mercadeo. Su medio de marketing más importante son los periódicos, aunque consigue una buena porción de negocio a través de sus anuncios colocados en carteleras y de sus seminarios gratuitos. Sus anuncios clasificados online están comenzando a captarle nuevos negocios a medida que más personas descubren la facilidad y conveniencia de seleccionar proveedores de servicio online. Sus anuncios, seminarios y anuncios online no le costaron ninguna cantidad extra de dinero y las tres son hoy exitosas, de acuerdo con Super Handyman, debido a su publicidad en los periódicos. Super Handyman le instaló una claraboya a un artista gráfico, quien en pago le entregó casi US$ 1.000 de valor en objetos de arte, bocetos, ilustraciones, tipos y una máquina de acabado, todos listos para la imprenta. Super Handyman instaló su stand de feria comercial en la Feria del Mejoramiento del Hogar, donde distribuyó sus circulares gratuitamente y levantó una lista de correo. La inversión mensual de US$ 300 en marketing de Super Handyman equivale al 7,5 por ciento de sus ventas este año. El proyecta que US$ 300 representará sólo el 5 por ciento de las ventas del año que viene, indicando que espera que sus ventas se incrementen como consecuencia de su consistente programa de marketing. (Los precios mencionados aquí son de 1984, siendo curiosamente similares quince años después. Supongo que la competencia del mundo online los mantiene bajos. Es duro competir contra avisos clasificados gratis).

Computer Ace recibe una gran cantidad de negocios de referidos. Los folletos inducen recomendaciones boca a boca y los anuncios de periódico convencen completamente

SUPER HANDYMAN (US$ 300 AL MES)

Método de Marketing	Costo Mensual	Comentarios
Visitas personales	$0	Tiempo como mayor inversión
Cartas personales	$0	Tiempo como mayor inversión
Circulares	$20	Costo de $240 al año, amortizado
Folletos	$50	Costo de $600 al año, amortizado
Anuncios en carteleras	$0	Coloca sus propias circulares
Anuncios clasificados	$40	Coloca avisos en dos periódicos, una vez a la semana
Páginas Amarillas	$20	Pequeño listado, un directorio
Anuncios Desplegados en el Periódico	$100	Coloca avisos en un periódico, una vez a la semana
Correo directo	$10	Sólo el importe postal, ya que envía sus circulares por correo
Seminarios gratis	$0	Distribuye sus folletos en los seminarios
Cubículo en una Feria Comercial	$10	Construye el cubículo él mismo, se amortiza el costo una vez
Relaciones públicas	$20	Sólo el costo de los materiales, maneja su propia publicidad
Producción	$30	Amortizado a través de un año, intercambiado por pintura
Avisos clasificados online	$0	Listado en cuatro áreas diferentes

a los clientes potenciales, motivándoles a llamar a Computer Ace, donde reciben un discurso de ventas y son alentados a solicitar un folleto gratis. Las cuñas de radio conminan a las personas a hacer la llamada telefónica. Aún cuando Computer Ace gasta poco en telemarketing, se involucra mucho en él como resultado de las respuestas a la publicidad en la radio y los periódicos.

Este es el presupuesto de marketing para Computer Ace:

COMPUTER ACE (US$ 2.000 al mes)

Método de Marketing	Costo Mensual	Comentarios
Cartas personales	$0	Las usa para obtener contratos corporativos
Circulares	$30	Costo $360 anual, amortizado
Folletos	$80	Costo $960 anual, amortizado
Avisos en carteleras	$30	Pago mensual para colocar el volante de la compañía
Avisos clasificados	$40	Usa un periódico dos veces a la semana
Páginas Amarillas	$30	Listado medio, un directorio
Anuncios desplegados en el periódico	$940	Un anuncio a la semana, dos periódicos
Anuncio en revista (Una vez)	$100	Un anuncio de página completa en TIME, amortizada en un año
Cuñas en radio	$400	Gasta $100 semanal, una estación FM
Correo directo	$100	Solo importe postal, ya que la compañía envía circulares por correo
Materiales publicitarios	$30	Costo de calendarios orientados a la computación
Seminarios gratis	$0	Distribuye folletos en ellos
Muestreo	$0	Ofrecido a corporaciones
Relaciones públicas	$20	Amortizado por un impulso publicitario anual
Producción	$200	Amortizado en un año—toda la producción de circulares, folletos, anuncios y comerciales
Anuncios clasificados online	$0	Colocados en cuatro categorías diferentes

A Computer Ace le encantaría demostrar su habilidad en televisión, aunque simplemente no puede darse el lujo de ello. Cada año, un ardid publicitario como por ejemplo clases de computación gratis para los empleados del ayuntamiento resulta en cobertura gratis de televisión. La figura del 10 por ciento de las ventas invertidas en marketing disminuirá al 7,5 por ciento debido a un incremento en las ventas. El desembolso actual de marketing permanecerá igual.

Un guerrillero ambicioso

Los gastos de marketing para Cheerful Earful son aún más ambiciosos:

Es interesante notar que Cheerful Earful, el cual tiene el más grande de los presupuestos examinados aquí, emplea la

CHEERFUL EARFUL (US$ 6.750 al mes)

Método de Marketing	Costo Mensual	Comentarios
Folletos	$200	Folletos generales sin precios
Anuncios de punto de venta	$205	Gasto una sola vez, amortizado en un año
Páginas Amarillas	$200	Un listado grande en dos directorios
Anuncios desplegados en periódicos	$2800	Dos grandes anuncios a la semana, dos periódicos
Cuñas de radio	$1400	Colocados consistentemente en tres estaciones FM
Cuñas de televisión	$500	Dos períodos de una semana, amortizados
Correo directo	$300	Tres envíos por correo anuales, amortizados
Seminarios gratis	$0	Realizados en la tienda, ventas hechas posteriormente
Proyector de luz	$20	Para una promoción anual, amortizado
Producción	$625	Amortizado en un año
Página Web	$500	Para diseño, promoción y mantenimiento

menor cantidad de métodos de marketing. Sin embargo, usa dos de ellos con seriedad: la publicidad en periódicos y radio. La radio aparece con un costo muy bajo, ya que las cuñas son compradas a través de la agencia de publicidad interna de la compañía (más acerca de esto en el capítulo 7) por un valor contractual anual muy favorable. Los anuncios en los periódicos también son obtenidos a un costo contractual anual, con un descuento substancial. La publicidad en la televisión es usada con fuerza dos veces al año: el costo es de US$ 3.000 por semana. Los costos de la página Web pagan por múltiples pantallas atractivas y con extenso contenido, la cual es actualizada semanalmente y provee listas de precios para muchas categorías de productos, sin mencionar fotografías a color.

Como otros empresarios guerrilleros, Cheerful Earful está gastando una gran cantidad (12,5 por ciento) en marketing actualmente. Esta táctica ha eliminado varios competidores que invertían con menos osadía (aún cuando disfrutaban de ventas anuales más elevadas que Cheerful Earful, su marketing no lo reflejaba). Cheerful Earful, como todos los mercadotécnicos guerrilleros inteligentes, planea gastar la misma cantidad en marketing el año siguiente, pero espera que esto represente sólo el 10 por ciento de las ventas. El año posterior, esta cantidad debería representar el 7,5 por ciento de las ventas. El plan es gastar no menos del 7,5 por ciento en marketing, ya que el negocio de los equipos de sonido es altamente competitivo.

Los programas de "desktop publishing" pueden eliminar algunos de los costos, especialmente si éstos incluyen boletines de noticias y mucho correo directo. En el pasado yo alertaba a los dueños de pequeños negocios sobre el hecho de que el marketing no es un proceso para autodidactas (Véase Capítulo 27), y el uso de "desktop publishings" es mejor dejársela a los expertos que saben como hacerlo. "Escuche la música": los softwares de computación existentes hacen los "desktop publishings" tan increíblemente fáciles (Lea *El Libro de las ideas para "desktop publishing"* de Chuck Green o *Diseño de Páginas Web y "Desktop Publishing" para Dummies (tontos)* por Roger Parker) que yo la considero el arma secreta del empresario guerrillero. Es simple de usar y crea materiales que proyectan tanta credibilidad que yo sinceramente considero que proporciona una ventaja injusta, aunque bienvenida, a los dueños de pequeños negocios. El precio de la credibilidad de primera categoría ha caído considerablemente desde que el marketing de guerrilla fue inventado y codificado. Así que corra (no camine) a los nuevos softwares de computación si desea ahorrarse mucho dinero en la producción y diseño de boletines de noticias, volantes, folletos, circulares, anuncios, correo directo, páginas Web y más.

Desktop publishing

Cuando los publicistas discuten medios, hablan de *alcance* y *frecuencia*. El alcance se refiere al número de personas que estarán expuestas al mensaje; la frecuencia se refiere al número de veces que cada persona estará expuesta a él. Aún cuando usted se esfuerce por el alcance algunas veces, la frecuencia es mejor. Recuerde, la familiaridad trae consigo a la confianza y la confianza funciona como el trampolín para las ventas.

Alcance y frecuencia

Antes de que usted seleccione un método de marketing, recuerde estas ideas: no es necesario decirle todo a todo el mundo y tampoco es posible. Si usted procura decir todo, a todo el mundo, usted terminará diciendo todo a nadie o nada a todo el mundo. En cambio, usted debería procurar decir algo a alguien. Su mensaje de marketing es el "algo". Su audiencia objetivo es el "alguien". Al igual que usted se cuida al seleccionar qué es lo que va a decir, usted debe tener el mismo cuidado acerca de a quién será dicho. No es aceptable decir lo correcto a la gente equivocada. Aún cuando la publicidad por televisión hace maravillas para el ego, si sus clientes potenciales no ven mucha televisión, es una tontería.

Diga algo a alguien

Yo sugiero que usted adopte la idea de que utilizará absolutamente todos y cada uno de los métodos de marketing numerados en este capítulo. Luego, acorte la lista dependiendo de quién es su audiencia, si usted puede usar el método apro-piadamente y si usted puede darse el lujo de usarlo. Con los métodos que quedan en su lista, vaya a buscar la gloria. Maximice su utilización y su maestría en cada uno. Cuando combine dos métodos de marketing de éxito seguro con otros dos métodos de marketing de éxito seguro, el total será mayor a cuatro—se crea un efecto sinérgico donde dos más dos es igual a cinco o seis y hasta siete. Cuando usted combine cinco métodos de marketing con cinco otros, sus posibilidades de éxito se incrementan igualmente.

Mientras más métodos de marketing emplee y mientras mayor sea su habilidad para seleccionar y emplearlos, más grande será su balance bancario. La idea es combinar el mensaje de marketing adecuado con el medio de marketing adecuado. Esta es la verdad de los empresarios guerrilleros.

CAPÍTULO 7

LOS SECRETOS PARA AHORRAR EN INVERSIÓN DE MARKETING

Ahorrar dinero es importante para todos: para los consumidores, para las grandes compañías y para los empresarios, especialmente para los empresarios. Estos sufren, en su mayoría, de escasez de recursos, por lo que no pueden malgastar ni un centavo. Al dinero hay que sacarle más provecho que su propio valor. ¿Es esto posible? Los empresarios brillantes lo hacen posible. Este capítulo sugiere varias maneras para estirar sus fondos de marketing sin disminuir para nada su efectividad.

Estirar los fondos

Primero que nada, *no sienta que debe cambiar constantemente sus campañas de marketing.* Esto requiere que usted gaste más dinero en producción y diluye el efecto general de su marketing. Permanezca con una campaña hasta que ésta pierda su fuerza de arrastre. Esto es difícil de hacer. Al principio, a la mayoría de las personas les gustará su anuncio. Después usted se aburrirá de él. Luego, sus amigos y familia se cansarán. Pronto sus compañeros de trabajo y asociados estarán aburridos y usted querrá cambiar el anuncio. ¡No lo haga! Deje que su contador le diga cuando cambiar el anuncio. Eso es correcto, su contador: la persona que tiene una mayor visión de su situación de ganancias. Usted puede estar seguro que su contador no se cansará de un anuncio que continúe atrayendo negocios durante un largo período. Lo más importante es la reacción del público a su anuncio y toma mucho, mucho tiempo para que el público llegue a cansarse de su campaña publicitaria. Si siempre mantiene esto en mente, usted estirará su dinero de medios y ahorrará fondos de producción. Yo le mostraré varias maneras para ahorrar dinero en este capítulo, aún cuando todas ellas palidecen en comparación a la que le acabo de mencionar. La mejor manera para ahorrar dinero de marketing es per-

¿Quién debe decirle cuando cambiar sus anuncios?

manecer con su programa de marketing. La mejor manera de perder dinero es abandonando su programa demasiado rápido.

El intercambio   ¿Puedo decirlo con más claridad?

Otra manera de ahorrar montos impresionantes es haciendo uso del concepto del *intercambio*. Su estación de radio local o periódico puede que no desee lo que usted está vendiendo, sin embargo ellos siempre desean *algo*. Con mucha seguridad, usted puede intercambiar con alguien que tenga lo que ellos quieren. Si es así, usted obtendrá sus anuncios en los medios por una fracción de su costo original, ya que usted estará pagando con sus propios servicios o bienes al precio normal de ellos. Los empresarios guerrilleros aprenden del excitante mundo del *intercambio* llamando al 714-831-0607 (en EEUU) y examinando cuidadosamente el *Barter News*.

He aquí un ejemplo de intercambio: un comerciante de equipos de sonido deseaba publicitarse en radio, sin embargo no podía costearlo. Ofreció intercambiar equipo de grabación, pero la estación no estaba interesada. En lo que sí estaba interesada era en construir un nuevo vestíbulo. El comerciante de equipos de sonido encontró a un contratista que deseaba un nuevo equipo de sonido y televisión. El resultado: el contratista recibió equipos de sonido y televisión por un valor de US$ 5.000, la estación de radio consiguió su nuevo vestíbulo y el comerciante recibió tiempo de radio por un valor de US$ 5.000. Sin embargo, el costo del comerciante fue de sólo US$ 2.500 en equipo. De hecho, su costo fue menor que eso ya que él cambió mercancía descontinuada que hubiera vendido con descuento en otro momento.

Existen muchas casas de intercambio en los Estados Unidos especializadas en trueques como éstos, algunos entre hasta diez compañías. Busque en las Páginas Amarillas las casas de trueque de las grandes áreas metropolitanas, listadas bajo "Servicios de Intercambio" y "Servicios de Compra de Medios". Por lo menos 500 revistas canjearán espacio publicitario por cualquier cosa que ellos necesiten. Las políticas, sin embargo, varían entre publicaciones y los canjes deben ser negociados individualmente. Recuerde que todo el mundo necesita algo. Averiguando lo que necesita su medio seleccionado, usted será capaz de negociar un intercambio que le ahorre dinero.

Cuando descubrí el mundo del intercambio, fue muy parecido a la primera vez que practiqué submarinismo. Existía un mundo entero dentro de mi propio mundo y yo no me había enterado. Para darle un vistazo de la magnitud del canje en la economía de hoy en día, considere que en 1996 más del 55 por ciento de los medios no era comprado sino obtenido a través de intercambio.

Usted puede ahorrar dinero igualmente accesando a los *fondos cooperativos de publicidad*. Muchos anunciantes grandes pagan honorarios en efectivo a pequeños anunciantes que mencionen el nombre o el logo de aquellas compañías en sus anuncios. Conozco una señora que posee una pequeña tienda de muebles. Cuando ella menciona el nombre de una empresa grande de colchones en sus anuncios, recibe una pequeña suma de dinero de esa compañía. Naturalmente, la mayoría de sus anuncios mencionan el nombre de una gran empresa de manufactura que ofrece fondos de co-op publicitario. Investigue la publicidad cooperativa, esta no solamente ayuda a los empresarios guerrilleros a ahorrar dinero, sino que también le otorga credibilidad a sus productos, mencionando el nombre de una compañía conocida nacionalmente. Algunas compañías que ofrecen fondos co-op insisten en ser la única compañía en ser mencionada. A otras no les importa, mientras escriba su nombre correctamente. Aún otras exigen que su lema o su logo sea incluido en el anuncio. Un empresario inteligente, interesado en ahorrar dinero de marketing, incluirá los nombres de varias compañías con orientación al co-op, ahorrando de esta manera un gran porcentaje del costo de anuncio, el cual frecuentemente equivale a más del 50 por ciento de dicho costo. Esto requiere investigación y organización, aunque si usted está interesado en ahorrar dinero, lo vale.

Converse con sus proveedores y simplemente pregúnteles acerca de su programa co-op. Si no tienen uno, solicíteles que lo comiencen. Uno de mis clientes tiene, consistentemente, más de la mitad de sus costos de marketing cubiertos por fondos co-op. Su negocio es el alquiler de películas de video; los fondos co-op provienen de los estudios de cine. Muy pocas agencias de publicidad le ayudarán a obtener fondos co-op, así que éste es su trabajo. Ya que reduce significativamente su inversión en marketing, vale la pena cada minuto que usted o su ejecutivo guerrillero designado le otorguen. ¿Quién dice que usted no puede obtener algo por nada?

También sugiero que usted comience un arreglo P.I. o P.O. con un medio publicitario. Esto en un método bastante común que los empresarios usan para ahorrar y hacer dinero. P.I. significa "por indagación" y P.O. significa "por orden".

Accesando fondos co-op

Escriba su nombre correctamente

Pida, puede que lo consiga

P.I. y P.O

He aquí un ejemplo de cómo funciona. Usted contacta a una estación de televisión para preguntar si están interesados en establecer con usted un arreglo P.I. o P.O. (la estación le proporciona tiempo de televisión y en contrapartida, usted le entrega una suma de dinero preacordada por indagación o por orden). Suponga que usted desea vender libros por correo a US$ 10. Usted acuerda con una estación de televisión, que le otorguen tiempo comercial y usted le entrega a ésta, por ejemplo US$ 3 por orden. Hasta aquí, el dinero no ha cambiado de manos. Ahora, la estación de televisión le provee el equipo que necesita para producir un comercial que anuncie su libro. Normalmente, ellos pudieran cobrar unos US$ 100 para colocar al aire un comercial de un minuto, pero le otorgan a usted el tiempo gratis. Luego, aparece el comercial y cincuenta personas ordenan el libro. Esto significa que la estación de televisión recibe US$ 150 (a US$ 3 por orden), lo cual es un buen arreglo para la estación. A usted también le conviene, ya que recibe cincuenta ordenes (US$ 500) y no arriesga costos de marketing. Ahora, si usted puede hacer el mismo arreglo con otras cien estaciones de televisión, usted podrá generar, claramente, unos beneficios substanciales sin arriesgar el desembolso de marketing.

Los arreglos de P.I. y P.O. son posibles de establecer con muchas revistas, estaciones de radio y estaciones de televisión. Hasta ahora no he oído que se pudieran establecer este tipo de arreglos con los periódicos, pero me imagino que algunos editores de vanguardia pudieran recibir la idea con gusto. Todo lo que se necesita es una carta dirigida al medio de su preferencia, delineando el arreglo a proponer. Si el medio siente que puede ganar dinero con su ofrecimiento, usted obtiene el negocio. De esta manera, usted puede involucrarse en marketing de alto nivel, sin incurrir prácticamente en costos distintos a los costos mínimos de producción. La estación de televisión pudiera, desafortunadamente, colocar su comercial después de la medianoche o en un horario que no pudo ser vendido a otro anunciante, pero usted puede apostar que la estación de televisión desea ganar dinero con el arreglo. Por lo tanto, todo **Si ellos hacen** saldrá como un paseo. Si ellos hacen dinero, usted hace **dinero, usted** dinero.
hace dinero

Muchos empresarios han generado dinero con este método poco conocido para ahorrar dólares de marketing. Un cliente mío vendió boletines de noticias por un valor de US$ 3.000 a través de un arreglo P.I. con un editor de una revista. El editor le suministró espacio publicitario gratis (un anuncio en una página completa costaría típicamente US$ 900) a cambio de US$ 50 por suscripción. El precio por suscripción era de US$ 100. Llegaron a firmar treinta suscriptores. El resultado: US$ 1.500 para el editor y US$ 1.500 para mi cliente, en el primer año. Con las renovaciones se incrementarán las ganancias.

La revista se mostró interesada en repetir el anuncio con base al mismo trato P.O. Por supuesto, mi cliente no aceptó la oferta y le pagó a la revista la tarifa normal por el anuncio a cuerpo completo.

Las personas disfrutan cuando se les pregunta acerca de ellos mismos, disfrutan hablando de sí mismos. Aprovéchese de esta característica humana *haciendo preguntas personales a sus clientes*. Obtendrá gratuitamente costosos datos de investigación. Prepare una encuesta con todo tipo de preguntas para sus clientes. Algunos arrojarán su cuestionario a la papelera. Otros lo responderán minuciosamente y le proveerán con un caudal de información. Si usted tuviese que conseguir esta investigación a través de los canales de empresas de investigación estándar, le costaría una fortuna. Sin embargo la misma información, obtenida de la manera descrita previamente, le costará muy poco. Más acerca de esto en el capítulo siguiente.

Investigación grátis

Si usted posee paciencia, puede ahorrar dinero, mucho dinero, aprovechando las "corridas múltiples". Algunas imprentas suelen imprimir a la vez grandes cantidades de material a todo color en grandes imprentas pero ocasionalmente pudieran imprimir un poquito más que lo pautado. Si usted necesita imprimir algo y desea ahorrar dinero, hágale saber a una gran imprenta que usted está interesado en ser incluido en una corrida múltiple y esperará pacientemente hasta que aparezca una. Provea a la imprenta con los materiales listos para ser impresos y el papel: eventualmente, la imprenta tendrá esa corrida múltiple y usted será el feliz poseedor de un amasijo de folletos a todo color, obtenidos a una fracción de su precio normal. Para aprovechar esta oportunidad de ahorrar dinero, todo lo que necesita es ser paciente. He visto clientes demasiado impacientes para esperar por corridas múltiples, pagando cinco veces el precio de lo que les hubiera costado si solo no hubieran estado tan apurados. Desafortunadamente, su prisa no era necesaria.

No se apure

La impaciencia impide tanto el buen marketing como el marketing poco costoso. Si usted desea obtener el máximo efecto de su marketing y a la vez, ahorrar dinero, evite los apuros como a una plaga. Si posee un calendario de marketing sólido y un programa anual planificado con anticipación, será muy fácil evitar los apuros.

Las tres variables Para ahorrar dinero en marketing, usted debe estar consciente de tres variables: calidad, economía y velocidad. Seleccione *dos cualquiera* de ellas. Los empresarios guerrilleros optan por las primeras dos. Su inclinación hacia la planificación hace que muy difícilmente estén apurados y se enfocan en la calidad y la economía.

Usted puede también ahorrar sumas de dinero considerables si comprende que el costo del tiempo en la radio y la televisión son negociables. Por supuesto, el horario estelar es difícil de comprar y difícil de negociar. Sin embargo, si el tiempo de radio o televisión no es vendido, se pierde para siempre. Por lo tanto, usualmente las estaciones aceptarán precios mucho más bajos a sus tarifas publicadas. Abundan los acuerdos.

Para atraer a nuevos anunciantes: esto significa empresarios, las estaciones de televisión ofrecerán comúnmente precios atractivos. Los grandes anunciantes saben que sus tarifas publicadas son una ficción. Sin embargo, los pequeños anunciantes suelen creer lo que leen en las listas de precios. No lo crea. Recuerde **Una oferta que usted puede pagar** que usted puede ahorrar presupuesto de medios *haciendo una oferta que pueda pagar*. Se sorprenderá de ver cuántas estaciones de radio y televisión la aceptarán.

Tamaño del anuncio Mientras estamos en el tópico de la radio y la televisión, permítame enfatizar que muchas investigaciones han comprobado que usted puede lograr casi tanto con un comercial de treinta y dos segundos de duración como con uno de sesenta segundos. Por lo tanto, ahorre dinero cortando la verborrea y diciendo su mensaje en medio minuto. Si su mensaje es conciso y específico, puede ser hasta más corto todavía. En 1996, más del 80 por ciento de los comerciales de televisión a nivel nacional duraron menos de treinta segundos. Los mensajes más cortos se denominan "vallas electrónicas" más que comerciales de televisión.

Usted ahorrará dinero aplicando este axioma a sus esfuerzos de impresión. A menos que usted sienta que es absolutamente necesario insertar anuncios grandes y costosos en las revistas y periódicos, puede atraer negocios con el mismo éxito, insertando anuncios pequeños, poco costosos pero más frecuentes. Usted puede no lucir tan importante como los compradores de anuncios a cuerpo completo, sin embargo, terminará haciendo más dinero. No olvide: la consistencia es uno de los factores más importantes del marketing. Usted puede lograr esta consistencia tanto con pequeños anuncios como con los grandes. El tamaño de su anuncio no produce la confianza del consumidor, que sí logra la consistencia; esta verdad le salvará sumas de dinero impresionantes.

Es axiomático el que una producción burda le otorga una imagen burda. Por lo tanto, cuando coloque anuncios en medios impresos, especialmente en los periódicos, normalmente no es aconsejable ahorrar dinero en producción haciendo que el periódico u otro medio le diseñe sus anuncios. En cambio, para esto contrate a un profesional.

Ahorro no aconsejable

Existen básicamente dos tipos de profesionales: los muy costosos y los poco costosos. Para ahorrar la máxima cantidad de dinero y lograr la mejor exposición, contrate a un diseñador de alto costo para trazar su primer anuncio y crearle un formato visual. Posteriormente, contrate a uno de bajo costo para crear todo su material de seguimiento, solicitándole que siga el formato usado en el anuncio original. Eso no molestará al diseñador poco costoso, quien probablemente esté feliz con el trabajo y no molestará tampoco al diseñador costoso, quien recibió una suma considerable por el talento utilizado. Usted siempre tendrá muy buenos anuncios, aún cuando haya pagado solo una vez por ellos. Usted tiene lo mejor de dos mundos: un aspecto y un formato de mucha clase para todo lo que vaya a durar su campaña de publicidad y un bajo precio para la producción de todos sus anuncios excepto el primero. No debería tener que gastar en altos honorarios de producción más de una vez y créame, vale la pena. Pregúntele a cualquier empresario que haya utilizado esta táctica.

Es buena idea aprovechar el poder de un profesional para su anuncio de revista o periódico, su página Web o su cuña de televisión. Sin embargo, usted puede ahorrar una cantidad de dinero extraordinaria y cosechar generosos beneficios si usted crea sus materiales de marketing con su propio computador. Abra su mente a la colocación de volantes, el ofrecimiento de folletos, la provisión de catálogos, el diseño de materiales de punto de venta y ferias comerciales, el hacer presentaciones, el marketing con boletines de noticias y el marketing agresivo en la red. *Usted puede crear estas armas de marketing de guerrilla desde su propio escritorio.*

Aprovechando el poder de los profesionales ....

... o haciéndolo uno mismo

Media hora. Esto es todo lo que le toma hoy en día diseñar un boletín de noticias que enorgullezca a cualquier dueño de un pequeño negocio. Con software realmente fácil de utilizar, ya no es un problema crear nuevos diseños: usted puede escoger a partir de una generosa selección de diseños anteriores. Seleccione diseños de página, ilustraciones, formatos, membretes y tipos de letra con solo apuntar y chasquear. Estará absolutamente maravillado de cuán creativo puede ser, cuánto más dinero puede ganar diseñando una vasta gama de armas y cuánto dinero puede ahorrar haciéndolo usted mismo. Su hijo puede probablemente hacérselo. En el año 1996, por primera vez hubo más alumnos de primer grado que manejaban un computador que maestros de primer grado que lo hicieran.

Encontrando múltiples usos

Ahorre mucho dinero encontrando diversos usos para sus materiales de marketing. ¿Esa fotografía que utilizó para su anuncio en la revista comercial? Utilícela en un folleto, en las ferias comerciales, en su catálogo, en una historia de relaciones públicas, en su página Web, en un calendario que usted distribuya. El costo de la fotografía, el cual pudo haber parecido muy elevado al principio, llega a ser sumamente bajo cuando se amortiza a través del tiempo y en múltiples materiales.

Ahorre todavía más escribiendo materiales de marketing que sean eternos. En su folleto, no mencione que su negocio tiene cinco años de existencia. En vez de eso, diga que su negocio fue fundado en 1993: esto siempre será verdad. Tampoco muestre fotografías de sus empleados, ya que uno de ellos puede ser, el año que viene, un competidor. Eterno, ese es el nombre del juego economizar.

Otro nombre es *experimentación*. Antes de que usted se comprometa con una campaña, experimente y evalúe. Evalúe su idea a través del correo, en una sesión de chat, con una encuesta en la Web, en un periódico poco costoso. Coloque el mismo anuncio en cinco periódicos locales para ver cuál de ellos provoca la mayor respuesta; luego coloque cinco anuncios diferentes en ese periódico para ver cuál es el más exitoso. Tenga cuidado de no obtener un nudo de cinco cuerdas. Envíe la misma carta a cinco listas diferentes y vea cuál es la más receptiva a su oferta. Luego envíe cinco diferentes tipos de cartas a su lista ganadora para averiguar cuál le genera la mayor respuesta a usted. Durante la prueba, usted debe estar dispuesto a fallar. Su meta durante esta etapa es *información sólida* más que altos beneficios. Cuando haya conseguido los datos correctos, le seguirán los depósitos bancarios.

¿Ha oído hablar acerca de espacio residual? Probablemente no, a menos que usted esté en el negocio del marketing. Muchas revistas a nivel nacional publican ediciones a nivel regional. Debido a la manera en la cual son impresas las revistas, los editores piensan en términos de unidades de cuatro páginas, ya que se necesita una gran pieza de papel doblada por la mitad para hacer cuatro páginas que encajen cómodamente en una formato de revista. Muy frecuentemente, una revista habrá vendido sólo tres de sus cuatro páginas faltando poco para la fecha de publicación. ¿Qué hace el editor con la página extra: el espacio remanente? Lo vende a un anunciante local con un increíble descuento en el precio. Si usted desea ser ese anunciante local, contacte la publicación con bastante antelación a la fecha en la que usted desearía publicar su anuncio, o contacte a Media Networks, Inc., una compañía dedicada a vender espacios sobrantes a los anunciantes locales. La compañía es nacional y su teléfono sin cargo, al cual usted debería solicitarle que le den gratis un libro de tarifas, es el 1-800-225-3457. Media Networks puede colocar su anuncio en la mayoría de las revistas a nivel nacional, en las ediciones regionales, a un costo mucho menor que el que usted se imagina.

Espacio residual

Por ejemplo, un anuncio a página completa, en blanco y negro en la revista Time cuesta aproximadamente US$ 85.000. Media Networks, Inc., puede venderle un anuncio a página completa en blanco y negro en la revista Time en Tucson, El Paso, Wilmington, Savannah, o muchas otras ciudades por menos de US$ 3.000: un ahorro de US$ 82.000. ¡Menuda diferencia!

Mientras estamos en el tema del espacio publicitario, deberíamos mirar a una de las estrategias de ahorro de dinero más eficientes en todo el marketing: una agencia de publicidad interna. Las agencias de publicidad ganan dinero recibiendo de las publicaciones y estaciones de radio y televisión donde colocan la publicidad un descuento del 15 por ciento. Si a un anunciante le cuesta US$ 1.000 un anuncio o comercial, el mismo espacio publicitario o tiempo de comercial le costará US$ 850 a una agencia. Esto se conoce como descuento de agencia y a las agencias de publicidad les corresponde cada centavo de ello. El anunciante gastaría US$ 1.000 de todas maneras. Usando una agencia de publicidad, el anunciante recibe ayuda profesional sin costo adicional, ya que el anuncio costará US$ 1.000 con o sin agencia. La agencia cobrará US$ 150 por sus esfuerzos.

Una estrategia efectiva de ahorro de dinero

Usted es su agencia de publicidad

¿Qué hacer cuando su negocio es demasiado pequeño para requerir el servicio de una agencia de publicidad? ¿Qué sucede si usted no *desea* usar una agencia de publicidad? Establezca su propia agencia de publicidad interna. Para crear un anuncio, usted generalmente sólo necesita notificar al medio en el que va a publicitar, que usted es una agencia interna para su negocio. En algunos casos, el medio requerirá que usted tenga una cuenta corriente a nombre de su agencia (con diez dólares en la cuenta se soluciona esto). También es posible que necesite papelería de la agencia. Otra vez, esto no es problema. Si su negocio es llamado Atlantic Manufacturing, llame a su agencia Atlantic Advertising e imprima el nombre sobre papelería de bajo costo encargándola en mínimas cantidades.

Con una cuenta corriente y la papelería, usted está listo para establecer su propia agencia de publicidad interna. Podrá ahorrar el 15 por ciento de casi toda la publicidad que usted coloque por sí mismo. Puede ahorrar en virtualmente todo, excepto la publicidad en periódicos, donde usted paga sólo el precio del detal, el cual de todas maneras es bajo. Es tan fácil montar una agencia interna que estoy sorprendido que no haya más empresarios que lo hayan hecho. Puede ahorrar una considerable suma de dinero: sus US$ 3.000 para la revista Time regional sólo le costarán US$ 2.500.

Una producción de televisión poco costosa

Si usa alguna vez televisión local, comience con libretos ajustados y bien escritos. Planifique una o dos sesiones de ensayo antes de la fecha de grabación y luego trate de grabar tres o cuatro comerciales en una sesión. Aún cuando el costo promedio de producción de los comerciales de televisión de 32 segundos es de cerca de US$ 200.000 (gracias a los refrescos, cervezas, cadenas de comidas rápidas y el respaldo de celebridades), puede reducir el costo a menos de US$ 1.000 si usted graba varias cuñas de una vez, trabaja con libretos bien pensados y evita pagar honorarios de gran talento a los actores y actrices. ¡Otra vez, menuda diferencia! Existen varias razones para la diferencia: las producciones de televisión de gran envergadura generalmente conllevan grandes equipos de trabajo para iluminación, soportes, maquillaje, peluquero y transporte de cámaras, trayendo esto consigo sindicato y costos inflados. Los empresarios guerrilleros trabajan con equipos mínimos y no trabajan con sindicatos a menos de que sea absolutamente imprescindible. Ellos no son contrarios a los sindicatos sino que están a favor de la eficiencia.

El proceso de edición es uno de los aspectos más costosos de la producción de televisión, especialmente si se usa cinta de video. Su anuncio requerirá de poca edición con libretos bien planificados.

Algunos anunciantes sienten la necesidad de contratar una celebridad para vender sus productos. Esto suma de US$ 5.000 a US$ 500.000 a la cuenta. Dos Michaels piden aún más: Jackson y Jordan. Es cierto que Nike comprometió X millones de dólares para Tiger Woods por su respaldo y es posible que termine ganando 10X como resultado, en ganancias. Sin embargo, los guerrilleros se apoyan en la fuerza de una idea y ahorran el dinero.

Los dispositivos de producción tales como un escenario complejo, efectos especiales y escenarios lujosos hacen que un comercial sea extremadamente costoso. Debido a que muchas personas se involucran en la grabación en sí, cada escena puede que deba ser filmada de cuatro a cinco maneras diferentes para aplacar cuatro a cinco egos diferentes. Los empresarios gue-rrilleros filman cada escena de una sola manera y consiguen aplacar sus ego a través de depósitos bancarios de consideración.

Además, los profesionales de televisión tienden a filmar comerciales de acuerdo a sus propios gustos y necesidades. Pueden detectar errores que la mayoría de los espectadores jamás verán, por lo que filman y vuelven a filmar y vuelven a filmar. Los empresarios guerrilleros aceptan los errores menores y continúan grabando.

Todas estas estrategias suman una enorme diferencia en dinero, más no en calidad. Tengo un carrete de comerciales, donde cada uno costó menos de US$ 500. Los profesionales de la televisión que los han visto han estimado el costo de cada cuña en US$ 10.000 o más. En mi opinión, los costos de producción innecesarios de televisión resultan criminales en muchos presupuestos de producción de grandes empresas. Curiosamente, son fáciles de evitar, así que evítelos.

Los empresarios guerrilleros siempre se cuidan de evitar el marketing de vampiro, el cual chupa la atención lejos del mensaje original. Los espectadores recuerdan los efectos especiales pero no recuerdan al anunciante. Lo que recuerdan es el chiste gracioso, mientras se olvidan de quién fue el que pagó por contarlo. La presentación brillante es la que desangra la oferta motivadora dirigiendo la atención hacia sí misma y no hacia el beneficio del producto o servicio.

Marketing de vampiro

Le he dicho que la mejor manera de ahorrar dinero es comprometerse con un programa de mercadeo y darle tiempo para que le broten las alas y vuele. Ahora les digo que la segunda mejor manera para ahorrar su invaluable dinero es: mercadear principalmente a los clientes y no a los clientes potenciales. Vender algo a un cliente cuesta un sexto de lo que costaría venderle algo a un cliente potencial. Dirija sus fondos de marketing a hacer seguimiento, sobrepasar las expectativas de los clientes, ganar negocios recurrentes, ganar negocios de referidos, engrandecer el tamaño de sus transacciones. Su crecimiento compensará en ganancias aún más impresionantes que el dinero que usted podrá ahorrar, mediante el empuje hacia adentro, más que hacia fuera, de su marketing.

Dos tipos de publicidad   En el análisis final, existen dos tipos de publicidad: costosa y no costosa. La publicidad costosa no funciona. La publicidad no costosa es el tipo de publicidad que funciona, sin importar el costo. Usted ahorrará más si se asegura siempre de colocar publicidad no costosa, del tipo que le suministra los resultados que usted desea. Tiene más relación con los *resultados* que con el costo.

CAPÍTULO 8

LOS SECRETOS PARA OBTENER UNA INVESTIGACIÓN GRATUITA

Los expertos en marketing le dirán que los tres aspectos más importantes que usted necesita hacer para mercadear algo con éxito son evaluar, evaluar y evaluar. Esto es un buen consejo. El gran secreto es que usted no necesita gastar ningún dinero para aprender como mercadear. Si sabe qué cosa buscar y dónde encontrarla, podrá obtener información crucial por muy poco dinero. Examinemos algunos de los aspectos que usted quizás quisiera averiguar:

1. ¿Qué debería mercadear, sus bienes, sus servicios, o ambos?
2. ¿Debería mostrar su marketing algún tipo de ventaja en precio?
3. ¿Debería hacer énfasis en su negicio, en la calidad que usted ofrece, su surtido y servicio, o sólo enfatizar la existencia de su negocio?
4. ¿Debería enfrentarse a su competencia o ignorar a todas sus competidores?
5. ¿Quiénes son exactamente sus competidores?
6. ¿Quiénes son sus mejores clientes potenciales?
7. ¿Qué nivel socioeconómico representan?
8. ¿Qué les motiva a comprar?
9. ¿Dónde viven?
10. ¿Qué leen, miran y escuchan a través de los medios?
11. ¿Tienen máquinas de fax?
12. ¿Están conectados a Internet?
13. ¿Tienen niños?¿Si es afirmativo, cuáles son sus edades?
14. ¿Cuáles son sus equipos deportivos favoritos?
15. ¿Cuáles son sus hobbies?
16. ¿En qué trabaja su pareja?
17. ¿Cuáles actividades les interesan más a los niños en el colegio?

Veinte preguntas cruciales

18. ¿Dónde estudiaron la secundaria y la universidad?
19. ¿Cuáles son sus planes de compra para el año siguiente?
20. ¿Qué es lo que más les gusta acerca de su compañía?

Las respuestas completas a estas preguntas pueden llegar a ser invaluables para la actividad de marketing. La falta de respuestas puede ser desastrosa. Haga lo que sea necesario para conseguirlas.

En la mayoría de los casos, la buena publicidad es precedida por una excelente investigación. Existen cuatro métodos de investigación de bajo costo que le suministrarán la información que puede hacer la diferencia entre el éxito y el fracaso.

Reclute su biblioteca como aliado

El primer método es dirigirse a su biblioteca local. La bibliotecaria de referencia, uno de los mayores recursos no usados de Norteamérica, puede guiarlo directamente a los libros y otras publicaciones que contienen una gran cantidad de información que puede generar dinero. Igualmente, muchas bibliotecarias de referencia conocen íntimamente el Internet. Algunas de las fuentes a las que usted será dirigido contienen estudios de mercado de su área, conducidos por compañías que cancelaron sumas impresionantes por los datos. Otros contienen estudios de productos o servicios similares a los suyos e indican el nivel de aceptación del público. Aún otros incluyen reportes de censo, reportes de investigaciones y estudios industriales. Cada vez que escribo un libro, me instalo en bibliotecas a recopilar información. Siempre quedo impactado por la experiencia de las bibliotecarias de referencia, quienes no solo saben dónde encontrar la información sino que también parecen disfrutar con la búsqueda. Toda la información a la cual le guían es gratis y sólo tiene que pedirla.

Mientras más información de los clientes tenga, mejor equipado estará para servir a éstos. Aquí es donde paga bien el ser inquisitivo. En estos días, cuando escribo un libro, consigo mi información a través del Internet. Me apoyo con fuerza en los motores de búsqueda, los cuales se hacen cada día más fáciles de usar y con mejor desempeño. ¿Quién es un verdadero experto en estos motores de búsqueda? Usted lo adivinó, es su bibliotecaria de referencia.

Sus clientes tienen las respuestas

Una segunda manera para obtener información, comúnmente obviada, es el preguntar a sus propios clientes. Si usted tiene un nuevo negocio, le sugiero fuertemente que prepare un largo cuestionario para ellos. En él, pregúnteles todo lo que exista bajo el sol.

Las grandes corporaciones que adjuntan cuestionarios cortos con sus artefactos manufacturados tales como televisores, afeitadoras eléctricas o secadores de cabello, reportan que menos de la mitad de los cuestionarios retornan. Estos consisten comúnmente de sólo cinco o seis preguntas. Por otro lado, yo tuve un cliente quien le entregó a cada uno de sus clientes una encuesta de quince preguntas. El setenta y ocho por ciento de las planillas distribuidas fueron completadas y regresadas. **Un cuestionario** Parece que muchas personas disfrutan otorgando información **guerrillero** personal, mientras puedan permanecer anónimas.

Suponga que usted desea establecer una compañía que provea servicios mecánicos a domicilio más que en un taller. Debería preparar y distribuir una encuesta donde haga las siguientes preguntas a sus clientes potenciales, es decir, conductores:

Estamos estableciendo un servicio automotor que realiza visitas a domicilio. Para ayudarnos a servirle de la manera más efectiva, le rogamos nos provea de la siguiente información:

¿Qué tipo de vehículo maneja? _____

¿De qué año es? _____ ¿Qué modelo? _____

¿Por cuánto tiempo lo ha tenido? _____

¿Quién realiza los servicios mecánicos para su vehículo? _____

¿Desearía que estos servicios se hicieran en su hogar? _____

Enumere tres razones principales por las cuales usted desearía "visitas a domicilio" para hacerle el servicio a su vehículo _____

_____

¿Pagaría usted más por las "visitas a domicilio" para su vehículo?

_____

¿Cuál es su sexo? _____ ¿Su edad? _____

¿Su ingreso familiar? _____

¿Qué periódicos lee? _____

¿Qué estaciones de radio escucha? _____

¿Qué programas de televisión ve? _____

¿Qué revistas lee? _____

¿Qué tipo de trabajo hace? _____

¿Tiene un fax? _____ ¿Cuál es su número de fax? _____

_____

¿Está conectado al Internet? _____ ¿Cuál es su dirección de correo electrónico? _____

¿Tiene una página Web? _____ ¿Cuál es su dirección en la Web? _____

¿Compraría, tanto productos como servicios de un servicio automotor ambulante? _____

¿Quién considera usted sería nuestra competencia? _____

¿Dónde espera usted que nos publicitemos? _____

¿Tiene algún otro comentario? _____

En este juego de las veinte preguntas, usted siempre sale
victorioso. Estudiando *sólo las preguntas*, usted puede fácilmente darse cuenta de cuánto aprenderá. ¡Piense en cuán
informado estará estudiando las respuestas! Este tipo de cuestionario debería ser distribuido durante varios meses y las
respuestas deberían ser estudiadas cada mes para que de esta
manera puedan detectarse las tendencias después que se haya
establecido el negocio. Note que el cuestionario no pregunta el
nombre ni la dirección del cliente. Se preserva la anonimidad,
permitiéndole hacer muchas preguntas personales. Algunos
cuestionarios sí solicitan los nombres y las direcciones, sac-
rificando la promesa de anonimidad en la búsqueda de más
información personal detallada. Los empresarios guerrilleros
utilizan ambas formas de cuestionario, sabiendo que en la
medida que tengan más datos personales podrán utilizar su
marketing con más puntería.

¿Qué es lo que aprenderá? Cuando usted analice los cuestionarios completados, aprenderá detalles específicos acerca de sus clientes potenciales, cómo
llegar mejor a ellos a través de los medios, cómo atraerlos, qué
tipo de vehículos manejan. Usted puede analizar los cuestionarios agrupando las respuestas a cada pregunta. Quizás aprenda
que la mayoría de las personas interesadas en ser clientes de su
negocio manejan vehículos extranjeros. Esto le alerta a la posibilidad de enviar anuncios por correo a propietarios de vehículos extranjeros. Sus nombres se pueden obtener a través de un
intermediario de listas de correos. Los cuestionarios le ayudarán
a enfocar su publicidad hacia las personas adecuadas.

A partir del cuestionario, usted puede conocer quién es su
competencia, averiguando quién realiza los servicios mecánicos
para sus clientes potenciales. Puede determinar qué de lo que
usted ofrece es más atractivo para sus clientes, ayudándole a
escoger el tema clave apropiado para su publicidad. Descubrirá
el sexo y la edad de sus clientes y aprenderá exactamente cómo
y dónde comunicarse con ellos una vez que averigüe qué
periódicos, estaciones de radio, programas de televisión y

revi-stas les interesan. Si sus clientes son principalmente ejecutivos (de cuello blanco), el cuestionario le informará de esto y usted podrá realizar su selección de medios a la medida de esa realidad. Puede aprender qué herramientas de marketing le funcionarán más efectivamente y podrá obtener un reporte de su propio servicio.

Este análisis le ayudará en gran medida a establecer su estocada de marketing y sin embargo, es extremadamente poco costoso. Use la información para actualizar o revisar su plan de marketing. Sólo piense que su único gasto fueron las copias del cuestionario: muy por debajo de US$ 100. Esta es una buena investigación gratuita y francamente, usted estaría loco si no la aprovecha. Repítala cada par de años para mantenerse a la par de su mercado. Las cosas cambian de manera extremadamente rápida, incluyendo los detalles acerca de nuestros consumidores.

Los clientes cambian

La tercera manera de sacar partido de una investigación no costosa es preparar un cuestionario similar al anterior y entregárselo a las personas que estén usando el tipo de servicios que usted provee. Haciéndolo, evalúa clientes serios, más que potenciales. Le devolverán menos del 78% de los cuestionarios completos, sin embargo usted aprenderá algo, lo cual es mucho más valioso que el saber nada. Naturalmente, usted no le entregará el cuestionario a los conductores si usted está vendiendo educación de computación. Si éste es su negocio, usted deseará sus cuestionarios en las manos de personas que entran o salen de una tienda de computación. Si usted es un peluquero ambulante que hace visitas a domicilio, entregue sus cuestionarios a la gente que sale de los salones de belleza o peluquerías. Cualquiera que sea su negocio, usted puede encontrar clientes potenciales en algún lado: con sus niños en el parque infantil, en la playa, en el parque, en el centro de la ciudad, en la ferretería, en el campo de beisbol. Es posible que usted ya sepa donde están. Todo lo que tiene que hacer es dirigirse allá y distribuir su larga lista de preguntas.

¿Cómo se asegura que los clientes potenciales le regresarán sus cuestionarios? Puede acompañarlos con un sobre con estampillas. Puede tentarlos con ofertas de regalos gratis (pero poco costosos). Puede ofrecerles descuentos si completan y regresan su cuestionario. También puede usar pura honestidad y explicar, al comienzo de él, exactamente por qué usted está haciendo tantas preguntas. Sólo asegúrese de incluir su

¿Cómo conseguir las respuestas a sus preguntas?

dirección para que los cuestionarios sean enviados por correo al sitio adecuado.

Usted debería tener un párrafo introductorio encima de su cuestionario, el cual debería decir así: "Estamos tratando de aprender lo más posible sobre los conductores en la comunidad para así ofrecerles el mejor servicio posible. Nos disculpamos por hacerles tantas preguntas en el cuestionario, pero lo estamos haciendo para que usted se beneficie a la larga. Le prometemos que sus respuestas permanecerán anónimas (note que no estamos preguntando por su nombre). También prometemos que usaremos la información para ayudarlo a disfrutar de un mejor servicio automotor". Una introducción honesta como la anterior desarma a las personas que resienten ser interrogadas tan minuciosamente y explica exactamente por qué usted está distribuyendo la encuesta.

Una vez más, usted termina con información muy valiosa. Una vez más, le cuesta muy poco. Un empresario de guerrilla de verdad usará los tres métodos para obtener investigación gratis. Luego, pondrá esta información a funcionar para crear un plan de marketing de primera, usando datos confiables, los cuales pueden ayudar en la selección de los métodos de marketing, la evaluación de la competencia y el enmarcar el mensaje creativo.

La mayor fuente de información de la historia

El cuarto método de investigación es aprovechar la mayor fuente de información jamás desarrollada: Internet. Realmente constituye la superbiblioteca de la información, como dijo Bill Gates. Está localizada más convenientemente que su biblioteca local. Si usted no puede encontrar lo que está buscando en Internet, usted probablemente no está buscando en el sitio adecuado. (Sin embargo, deseo recordarle que la información más crucial no está y probablemente jamás esté en Internet: se trata de la información personal acerca de sus clientes). Aún cuando yo elogie Internet y le implore que se dedique a una navegación semanal para aprender los secretos y detalles intrincados de éste, yo estoy conciente de que no me puede revelar lo "Primordial" acerca de mis clientes. (Eso sólo lo consigue mi cuestionario).

Existen puntos claves acerca de la investigación por Internet conocidos por todos los empresarios guerrilleros cibernéticos. Estas son las más importantes:

- Si usted está usando Internet para localizar información acerca de algún detalle relacionado con cierta industria, primero localice las páginas Web de negocios relacionados con esa industria. Caerá en cuenta que son una mina de información. Cuando yo escribí un capítulo acerca de trabajar en la red con el computador, para un libro reciente, encontré más información substancial y fácil de entender en la página Web de 3Com que en las revistas técnicas. 3Com produce equipos y accesorios para la red, por lo que era importante para ellos presentar información clara y sencilla. Lo mismo ocurrió con Cisco Systems.

Motores de búsqueda

- Use *varios* motores de búsqueda. Estos son mejorados constantemente y compiten entre ellos por ser los más fáciles de usar y los más comprensivos. Ningún motor de búsqueda es el mejor para todos los propósitos, cada uno parece tener sus propias áreas de especialización. Pruebe varios si usted desea obtener la información más reciente y valiosa.

- Busque más allá de la Web cuando esté buscando por información online. Existen millones de documentos y archivos disponibles vía Gopher, WAIS (Servidores de Información de Area Amplia - Wide Area Information Servers) y FTP, y usted puede usar facilidades de búsqueda tales como TurboGopher, WinGopher, Archie, Anarchie y Verónica para encontrarlos. Los servidores Gopher almacenan documentos universitarios y del gobierno tales como estadísticas comerciales o resultados de encuestas de opinión. WAIS almacena los textos completos de artículos, reportes y discursos hechos por personas famosas, entre otros datos. Los servidores FTP almacenan archivos que contienen grandes reportes, gráficas, cuadros, programas de demostración y video clips. Muchos de estos datos pudieran nunca estar disponibles en la Web. Utilice estos métodos de búsqueda para evitar perder información importante.

Sesiones de chat

- Nunca pase por alto la importancia de las "sesiones de chat" para respuestas rápidas a ideas, productos y pensamientos de marketing. Las personas brillantes están "chateando" online y son rápidos en expresar opiniones. Usted puede conseguir información significativa simplemente preguntando en un ambiente de "chat". Busque "sesiones de chat" en las que sus preguntas puedan ser apropiadas y hágalas.

- Utilice E-mail para encuestas de clientes. Es tan simple responder a ellas que las tasas de respuesta para encuestas online son apreciablemente más altas que para las encuestas enviadas por correo. No se preocupe si hace demasiadas preguntas, pero no exagere. Ofrezca enviar los resultados de su encuesta a las personas que le respondieron, puesto que probablemente sean personas curiosas, ya que estuvieron dispuestas a responder sus preguntas.

Más fuentes de ideas poco costosas

Estos no son los únicos métodos existentes para conducir una investigación de poco costo; simplemente son los más comunes y efectivos. Igualmente puede obtener información de su cámara de comercio local, su cámara de comercio estatal, cualquier organización industrial a la que pertenezca y cualquier publicación industrial de la cual usted conozca. Haga uno o dos viajes de campo para curiosear y hablar con personas de su negocio que no están en su área geográfica. Los empresarios guerrilleros apoyan su investigación principal con estas fuentes de información adicional. El conocimiento es la moneda del siglo veintiuno.

Las necesidades básicas

Cuando esté preguntando a su audiencia objetivo, puede resultar de ayuda el enumerar algunas de las necesidades básicas que tiene la gente. Solicíteles marcar aquellas con las que se identifican. La mayoría de las personas reaccionarán a una o más de las necesidades básicas siguientes (conocidas como "appeals" [motivadores] en la jerga publicitaria):

Logro	Estilo
Orgullo de pertenencia	Aprobación social (Nivel social)
Conveniencia	Salud y bienestar
Confort	Beneficios
Amor	Ahorro y economía
Amistad	Conformidad (presión grupal)
Seguridad	Ambición
Autosuperación	Poder
Ahorro de tiempo	Independencia

Si usted cree que las personas frecuentan su tienda debido a que usted ofrece conveniencia y economía, podría ser sorprendido al conocer, a través de sus cuestionarios, el hecho de que ellos contribuyen con su negocio, debido a que su trabajo les incrementa su sensación de seguridad.

Hablando con sus competidores

Usted puede seguir investigando sin costo, estudiando concientemente la publicidad de los demás en su comunidad, no sólo de su competencia, sino la de todos. Entable conversaciones francas con sus clientes. Converse con sus competidores. Si son de un área de no competencia cuénteles acerca de una táctica de marketing que haya funcionado para usted, luego pregúnteles acerca de alguna que haya hecho lo mismo para ellos. Lo más probable será que no pararán de hablar ya que obviamente usted es una persona que conoce el negocio. Los empresarios guerrilleros denominan a esto, el "compartir". De la manera que funciona, mientras más usted dé, más recibirá.

Converse con otras personas de negocios en su comunidad. Usted encontrará que ellos le proveerán de información útil y no le cobrarán por ello. La investigación le ayudará tanto a ahorrar dinero como a ganar dinero y la investigación sin costo le ayudará a ahorrar y a ganar aún más.

SECCION II
MARKETING EN
LOS MINI-MEDIOS

Los empresarios guerrilleros brillan en el marketing en los mini-medios. Los ejecutivos de marketing convencional muy rara vez. Si acaso, acuden a métodos de marketing tales como hacer visitas personales, escribir cartas personales, hacer telemarketing, distribuir circulares, colocar anuncios en carteleras, colocar avisos clasificados, usar anuncios que no sean vallas y hacer funcionar las Páginas Amarillas. Afortunadamente, ya que los titanes no practican el marketing en los mini-medios, usted se encontrará con muy poca competencia en estas lides, exceptuando algunos compañeros guerrilleros. Esté alerta: cada día hay más empresarios guerrilleros y la cercana atención de usted a los medios le alertará de la presencia de aquellos, al igual que le instruirá con el ejemplo de ellos. Esté preparado para reaccionar, las compañías gigantes no son tan rápidas. Usted puede responder más rápido.

Cada día más compañeros guerrilleros

Su marketing usando mini-medios debe adherirse a su plan de marketing. Debe lograrse con talento y estilo. Debe conti-nuar siguiendo muchas de las normas fundamentales. Sin embargo, también puede romper algunas de ellas. Por ejemplo, usted puede hacer cartas altamente personalizadas. Puede colocar anuncios diferentes. Puede aprovecharse del pequeño tamaño de su negocio al realizar llamadas telefónicas. Hágalas personales, amigables, informales y sin embargo, profesionales.

Yo le incito a usar la mayor cantidad posible de medios que usted pueda manejar correctamente, al igual que a utilizar al máximo los mini-medios. Estos difícilmente alterarán su presupuesto, ya que los costos de producción son bajos. Usted tendrá más oportunidad de brillar en los mini-medios que en los maxi-medios, donde pudiera gastar en exceso aún cuando usted no

Las ventajas de ser pequeño

sobresalga. En los mini-medios, su tamaño es una ventaja, no una desventaja.

Espero que usted ponga a funcionar todos estos métodos de marketing mientras todavía sea pequeño. Si así lo hace, usted sabrá cuáles usar en la medida que crezca su negocio.

Su tamaño pequeño le permite ofrecer ventajas en el área del servicio al consumidor. Su proximidad geográfica, incluyendo el hecho de ser un verdadero miembro de la comunidad local (el que su mercado sea su propia localidad constituye un gran arma que muy pocos gigantes poseen). Usted conoce a las personas por su nombre. Los ve regularmente. Puede proveerles de servicio extremadamente individual, a la medida de las realidades de los bolsillos de sus clientes. Muy pocas compañías grandes pueden hacer lo mismo. Por necesidad, ellas estarán forzadas a manejar un servicio al cliente dirigido por la política de la compañía, lo que les privará de flexibilidad.

Como empresario guerrillero, usted desborda flexibilidad por los poros y esto puede ser traducido al tipo de servicio que los clientes ansían. ¡Punto para su equipo! Los mini-medios incluyen maxi-servicio. Si se utilizan de la manera apropiada, pueden convertirle en un Dios. Los años 90 han traído consigo una multitud de cambios en los mini-medios, todos los cuales contribuyen a incrementar la ventaja del empresario.

No E-mails "basura"

- El E-mail facilita la más rápida de las comunicaciones e interactividad. Manténgase lejos del "Spamming" (E-mail basura), sin embargo no dude en enviarle E-mails a sus clientes y prospectos que manifiestan querer saber de usted.
- Los faxes le permiten otorgar un servicio más rápido que el correo con su velocidad de caracol (sin embargo, evite usar faxes para su publicidad, las personas resienten los "faxes basura").
- La función de envío de boletines tipo carteleras, por el computador, le permiten apuntar directamente a audiencias objetivo específicas y comunicarse colocando avisos o enviando E-mails a miembros de esa audiencia.
- Usted puede colocar avisos clasificados gratis a través de una amplia variedad de negocios y servicios online.
- Los números de llamada gratis (800, 888, 876 y 866) son menos costosos que nunca, por lo que usted puede incrementar sus tasas de respuesta entre un 30 a un 700 por ciento.

- Los catálogos, boletines de noticias y folletos son más simples de producir que nunca, gracias a los programas de "Desktop Publishing" para el diseño y edición de publicaciones.
- Los programas de "Desktop Publishing" son más simples, menos costosos y más atractivos que nunca para los pequeños negocios, los cuales utilizan computadores para crear materiales de marketing de aspecto costoso sin incurrir en el gasto. ¡El genio creativo latente dentro de usted puede cesar de estar latente y comenzar a trabajar!
- Un número 900 puede usarse como un arma de marketing y un nuevo centro de utilidades.
- Cada vez más revistas ofrecen hoy en día ediciones regionales poco costosas, ofreciendo credibilidad de primera a precios reducidos. Igualmente ofrecen secciones clasificadas.
- Cada vez más periódicos ofrecen ediciones locales, de bajo costo, que llegan a clientes potenciales en vecindarios predeterminados.
- La tecnología de computación permite a los empresarios accesar redes de computación, para comunicarse con muchas personas a la vez y mantener bases de datos precisas.
- Debido al crecimiento de las empresas de cable, la publicidad en televisión ha bajado de precio a tal punto, que casi cualquier pequeño negocio puede (y debe) tomarla en cuenta.
- Las transmisiones de televisión por satélite permiten a los anunciantes, apuntar a mercados extremadamente especializados.
- Los canales de compra desde el hogar incitan a los televidentes a comprar al momento, proveyendo a los anunciantes con gratificación instantánea.
- Los teléfonos en los vehículos, teléfonos celulares, rastreadores y teléfonos en los aviones ofrecen más opciones sofisticadas de comunicación, ahorrando tiempo y abriendo la puerta a un servicio más personalizado.
- La penetración de los DVDs llega a cerca del 90 por ciento, lo que hace aún más atractivo el "folleto de video" (video brochure).
- Los nuevos descubrimientos en sicología nos otorgan una visión más clara del comportamiento humano, para así poder crear un marketing más efectivo.

Gratificación instantánea para todos

- Están surgiendo nuevos medios publicitarios en todos lados: en los carruseles de equipaje en los aeropuertos, en las pantallas de cine de los aviones, en las cajas de los supermercados, en las tarjetas postales, insertados en las películas importantes y programas de televisión, a través del ciberespacio, en pequeños dirigibles en el cielo y hasta en cohetes en el espacio.
- Las personas reciben mensajes de marketing mientras su llamada está en espera y algunos aprecian los datos que reciben.
- La tecnología de los efectos especiales en la televisión permite a los pequeños anunciantes conseguir un aspecto de gran anunciante sin gastar grandes sumas de dinero.

El dominio de ellos es ahora el dominio de usted

Estoy mencionando solamente algunos de los avances en los mini-medios que han ocurrido desde la edición original de este libro. Los maxi-medios, que una vez fueran dominio exclusivo de los inversores de grandes sumas de dinero, son ahora también dominio de usted. Como un empresario guerrillero, sus ojos deben estar abiertos a las opciones de marketing del siglo veintiuno. Estas maravillosas armas que están arribando a la arena del marketing diariamente, son subproductos de la era del empresario. Cada una representa una oportunidad para usted.

Si aprovecha la oportunidad o no, depende de usted; si aprende de las oportunidades o no, depende de mí. Aprenderá, tan pronto voltee la página.

CAPÍTULO 9

VENTA PERSONAL: EL MARKETING CARA A CARA

La venta personal puede ser el método de marketing menos costoso de todos. De hecho puede ser gratis, excepto por el tiempo que le dedica. Si usted está recién comenzando, el tiempo es algo que le sobra en su inventario. Después de todo, la venta personal consiste en simplemente pedir negocio a clientes potenciales. Si alguna vez ha existido un medio interactivo, éste lo es. Seguramente fue el primero de los medios interactivos, si no el primero de todos los medios. Durante una venta perso-nal, la cual definimos como un "esfuerzo de ventas", usted debería tener en cuenta tres pasos:

El primer paso, llamado el *contacto*, sucede cuando usted se encuentra por primera vez con el cliente potencial. Esta primera impresión importa muchísimo. Así que haga su contacto amistoso, alegre, orientado al consumidor, honesto y cálido. *Trate de establecer una relación.* Sonría, mírele directamente a los ojos, y si es posible, *utilice el nombre de pila de la persona.* No necesita hablar acerca del negocio si no lo desea. Realmente no debería hacerlo. Algunas compañías del Fortune 500 requieren que sus vendedores hagan por lo menos tres preguntas no relacionadas con el negocio antes de ocuparse de él. Puede hacer comentarios personales, hablar acerca del tiempo, de un acontecimiento actual, de deportes o en el mejor de los casos, acerca de su cliente potencial. Este será probablemente su tema favorito. Se recomienda evitar la política y la religión, cualquier otro tema es válido.

El segundo paso de una venta personal es llamado la *presentación*. Generalmente demora más que los demás pasos, sin embargo necesita sólo un minuto. Durante la presentación, usted bosqueja las características de su producto o servicio y los beneficios a ser obtenidos al adquirirlo. Algunas personas

Las primeras impresiones cuentan

a favor de la venta personal dicen: "Mientras más hablas, más vendes". No estoy seguro de esto; depende de qué es lo que usted está vendiendo. Si usted está vendiendo un sistema de seguridad para el hogar, su presentación puede tomarle quince minutos. Si es una oferta para lavar el carro de su cliente potencial, la presentación debería durar un minuto o menos. Las presentaciones para vender computadores personales pueden tomar varias horas; las presentaciones para vender sistemas de TV satelital para hogares duran un día y medio; las de piezas de computador cuyo valor es de millones de dólares se demoran un año y medio. El precio de su producto o servicio dictará el tiempo que usted debería tomarse para presentarlo.

El paso más importante

El tercer paso del la venta personal: el cierre, es el más importante; es el momento mágico donde usted completa la venta. Es cuando su cliente potencial dice "sí" o firma en la línea punteada o alcanza su billetera o mueve la cabeza afirmativamente. Si usted hace malos cierres, no importa realmente cuán bueno es en el contacto y la presentación. Usted tiene que cerrar bien, para hacer que una venta personal funcione.

La venta personal existió antes que cualquier otro método de marketing. De hecho, la primera venta en la historia probablemente ocurrió cuando un hombre de las cavernas le preguntó a otro: "¿Quieres cambiarme una piel de animal por esta fruta que recogí? No fue necesaria la publicidad. Tampoco se necesitó un plan de marketing. La vida se ha vuelto muy complicada.

Haciendo ventas personales con inteligencia

Hay diferentes maneras para hacer ventas personales. Usted puede ir de puerta en puerta. Usted puede hacer ventas personales en vecindarios residenciales, áreas comerciales y en ferias de negocios. También puede prevender su venta personal al llamar o escribir a las personas que usted intenta visitar. Usted puede escoger entre decirles que irá a visitarlos en algún momento o acordar de una vez una cita. Esto último se parece a una presentación de ventas. Muchos empresarios guerrilleros proceden con poco o ningún aviso al cliente. Seguro, ayuda si usted se publicita, ya que así el cliente potencial ha oído de usted cuando le viene a visitar, pero no es imprescindible hacerlo. Si usted realiza un buen contacto, una presentación clara y un cierre explosivo, además de ofrecer algo de buen valor, la venta personal puede ser la única herramienta que usted necesite.

Mencioné que la venta personal puede ser gratis y no bromeaba. Sin embargo, ayudará si usted invierte algo de dinero en ella. Por ejemplo, usted desea verse bien para inspirar confianza. Esto significa que usted debe lucir de acuerdo a ello. Si usted está haciendo ventas personales a dueños de tienda con la idea de hacerles firmar un contrato con su empresa de lavado de ventanas, usted no necesita llevar corbata y chaqueta. Sin embargo ayuda si usted lleva puesta ropa de trabajo impecable, aún más si carga un paño limpio guindando de su bolsillo posterior. **Viste igual que sus prospectos**

La inversión se incrementa un poco más si usted ofrece una tarjeta de presentación a la persona a la cual está visitando. La tarjeta establece que usted es auténtico y le permite a la persona otorgarle un negocio posteriormente, si no ahora. También ayuda para su negocio de referidos (si usted hace un buen trabajo). Su inversión será aún mayor si usted decide hacer ventas personales con la ayuda de un folleto o una circular. Si usted produce materiales como los antes mencionados, utilícelos como ayuda de ventas mientras esté haciendo su presentación o entréguelos después de haber cerrado la venta. No espere que la persona lea su literatura y oiga su conversación de venta a la misma vez. Yo generalmente desapruebo la presentación de una circular durante este contacto, ya que le otorga al cliente potencial una oportunidad de evitar comprar, diciendo que va a estudiar la circular para llamarlo después. Si no compran ahora, imagínese que tampoco comprarán más tarde. Generalmente no lo harán. Otra manera de verlo es imaginar que alguien *sí* comprará. Algunos empresarios dan demostraciones o muestras gratis mientras hacen su venta personal. Aún cuando esto incrementa su inversión usualmente es un incremento inteligente. Algunas compañías dicen que equivale a comprar un cliente. **Si no compran ahora, no comprarán después**

Una vez que usted aprenda la mejor manera para lograr una venta personal se tropezará con varias alternativas. Primero, ¿desea usted seguir utilizando este método de marketing? Segundo, ¿está usted logrando tan buenos resultados como debiera? Tercero, ¿debería delegar el trabajo de venta personal a otra u otras personas? ¿Para una organización de representantes de ventas (llamados distribuidores)? Las ventajas de una venta personal son obvias. No cuesta mucho. Es una fantástica manera de hacer funcionar un negocio nuevo. Fortalece sus contactos, ya que mirar a una persona directamente a los ojos es mucho más personal que escribir una carta, hacer una llamada telefónica o atraer la atención con un anuncio. La venta person- **Una campaña de ventas personales** al es también una buena manera para aprender las objeciones, si las hay, de su producto. Le provee resultados instantáneos y garantiza que su mensaje sea escuchado. Al igual que la publicidad en la televisión, le permite hacer una demostración. Al igual que la publicidad en la radio, le permite intimar. Al igual que la publicidad en los periódicos, le permite ser noticioso. Al igual que la publicidad en las revistas, le permite involucrar a su cliente potencial. Al igual que el marketing de respuesta directa, está dirigido a obtener una respuesta directa de tipo positivo.

El éxito de la venta personal depende de usted y sólo de usted. No puede culpar a los medios si usted se equivoca, aunque si tiene éxito, usted merece todo el crédito. Más aún, la venta personal responde por sí misma, lo que significa que usted sabe exactamente si ella funciona o no. Los resultados no son tan obvios cuando usted usa medios más sofisticados.

Supongamos que usted tiene una empresa de seguridad del hogar absolutamente nueva. Usted vende e instala alarmas de humo y contra ladrones. Denominó a su empresa "Always Alert" (Siempre Alerta) y ha impreso tarjetas de presentación, pero nada más. Su plan de marketing establece que usted, durante los primeros dos meses, se dedique a hacer ventas personales para la empresa. El primer mes, hará ventas personales a establecimientos comerciales. El segundo mes hará ventas personales a hogares. Luego usted decidirá si es más conveniente concentrarse en comercios u hogares o si continuar haciendo ventas personales para nuevos negocios. Asumamos que usted está corto de dinero y que no puede ni siquiera costear un anuncio. Espero que esto no sea nunca el caso, sin embargo, por ahora, pongamos las cartas en su contra.

Usted está listo para hacer planes detallados de venta personal. ¿Qué vestir? Como regla general, vista exactamente como visten sus clientes potenciales, ya sea un Levi´s o un traje de tres piezas. Si usted está visitando negocios, le sugiero utilizar un traje oscuro, ya sea usted mujer u hombre. Los colores oscuros (azul marino, negro, gris oscuro o carbón) le proporcionan autoridad a lo que usted diga. El traje en sí implica profesionalismo. Manténgase lejos de usar accesorios que distraigan el aspecto profesional que usted desea mostrar. Asegúrese que su cabello esté pulcro, sus manos limpias y de cargar un maletín apropiado para llevar las muestras o literatura de ventas suministradas por el proveedor. Yo me sentiría tan bien que una sonrisa me saldría fácilmente. Puede hallar una gran cantidad de detalles acerca de cómo presentarse a sí mismo en "Consiga lo que merece: cómo usar marketing de guerrilla consigo mismo" (Get What You Deserve: How to Guerilla Market Yourself) por Seth Godin y el suscrito.

Una vez que se haya vestido apropiadamente, necesitará decidir qué decir durante el contacto, ese primer momento precioso. Generalmente es mejor hacer primero un comentario acerca de la tienda que se está visitando: "Me gusta su vitrina. Parece ser justo lo adecuado para esta ubicación. Mi nombre es Tim Winston. Mi empresa se llama Always Alert. Ofrecemos sistemas de seguridad para negocios como los suyos. ¿Qué tipo de sistemas de seguridad posee en este momento?"

Durante este contacto, usted ha hecho un cumplido al cliente potencial alabando su vitrina, indicando de esa manera que usted la ha notado en primer lugar. Espero que usted haya estado sonriendo y haciendo contacto con los ojos cuando anunció su nombre y el de su empresa. Finalmente, usted calificó al cliente potencial con una sola pregunta. Por "calificar" me refiero a que usted determinó la necesidad del cliente potencial por su producto. Si el cliente posee un sistema de seguridad y le cuenta que incluye tanto una alarma contra ladrones como el detector de humo, usted puede ahorrar tiempo no haciendo la presentación y abandonando el local después de agradecer a la persona por la información suministrada. Usted pudiera averiguar si la persona está feliz con el sistema de seguridad actual y asegurarse de dejar su tarjeta en caso de que desee hacer un cambio posteriormente. Es conveniente que minimizeel tiempo utilizado con personas que no serán clientes. Una vez que el cliente potencial le indique que ya tiene lo que usted está ofreciendo, no pierda su tiempo ni el de ellos. **Calificando su prospecto**

En la próxima tienda, siguiendo un contacto similar, el cliente potencial pudiera decirle que ellos no poseen un sistema de seguridad. Esta es su señal para hacer su presentación. Mientras la esté haciendo, recuerde que cada vez que mencione una característica, *acompáñela* con un *beneficio*. Difícilmente alguien comprará características, sin embargo, la mayoría de nosotros compra beneficios para nosotros mismos. Por ejemplo, usted pudiera decir: "Always Alert ofrece sistemas de seguridad que funcionan activados con energía solar. Nunca necesitan pilas. No utilizan energía eléctrica costosa y son libres **Características y beneficios** de mantenimiento". La característica es la energía solar. Los beneficios son el librarse de comprar baterías, de gastar dinero en energía eléctrica y en mantenimiento de equipos.

Continúe su presentación, haciéndola tan larga como sea necesario aunque tan corta como sea posible. Después de todo ambos, usted y su cliente potencial, tienen otras cosas que hacer. Mientras esté haciendo la presentación, siempre esté alerta por si aparecen de señales para el cierre. Pudiera ser que usted ha hecho la venta y que su cliente potencial quisiera comprar. Sin embargo, si usted no está pendiente de las señales que muestran que ya ha hablado suficiente, usted pudiera perder la venta. Como dicen los vendedores más exitosos: "SEC: siempre estoy cerrando" (ABC, always be closing).

Pregunte y logrará cerrar

Cuando usted finalice su presentación trate de cerrar con una pregunta que requiera más que una respuesta de sí o no. Pudiera ser: "Bueno, con esto termino. ¿Será mejor que instale su sistema de alarma el miércoles o el jueves?" Otra pregunta pudiera ser: "Desea pagar por su sistema de alarma en el momento de la instalación o debo enviarle la factura?"

Muchos libros excelentes sobre el arte de vender disectan con cuidado la venta, examinando el contacto, la presentación y el cierre. Para que amplíe su cuenta bancaria más que para alimentar mi ego, le recomiendo que lea: *Venta de Guerrilla (Guerrilla Selling)* por Bill Galagher, Orven Ray Wilson y mi persona. Si usted va a ser un empresario guerrillero, vaya con todo, no se frene con el balón frente al arco.

La venta personal requiere de habilidades en ventas. Requiere un contacto, una presentación y un cierre. Además, requiere calidad en esas productividad de ventas. Igualmente, requiere bastante más productividad de ventas en términos de cantidad. Un gran vendedor de vehículos pudiera hacer diez contactos, presentaciones y cierres en un buen día. Usted pudiera hacer diez en una buena hora. Para tener éxito en la venta personal, usted debe sentir entusiasmo por su producto, disfrutar honestamente del contacto con las personas y poseer montañas de determinación.

Las desventajas de la venta personal

Sin embargo, para que usted tenga éxito como empresario, y si usted desea convertir su pequeño negocio en uno grande, debe moverse más allá de la venta personal, aún cuando ésta puede permanecer como parte de su mezcla de marketing. Entre las desventajas de la venta personal están el que ocupa mucho de su tiempo, usted no puede alcanzar suficientes clientes potenciales aún en un día de mucha energía, además de que tiene limitaciones en su campo de acción geográfico. Estas desventajas desaparecen cuando usted delega la venta personal a otros. Si tiene éxito en ésto, usted pronto estará emocionado por contactar más cantidad de personas.

Yo quiero hacer de usted el mejor profesional posible en ventas personales; así que examinemos con más detalle el contacto, la presentación y el cierre.

Ante todo, entienda que *alguien* cerrará una venta con su cliente. Pudiera ser un competidor suyo. Pudiera ser un amigo del cliente. Pero será alguien. Puede ser algún otro o usted. Mientras está con el cliente, usted tiene mucho control acerca de quién cerrará: el mayor control que jamás tendrá. Después que se haya alejado de su cliente, tendrá muy poco control, si es que tiene alguno. Así es que *el mejor momento para cerrar la venta es cuando el cliente está con usted*. Recuerde que el cierre es el nombre del juego de la venta personal. Aún cuando usted debe hacer un contacto y una presentación, debería estar pensando todo el tiempo en "cerrar, cerrar y cerrar". Haciendo esto, estará cerrando gradualmente todo el tiempo que comparta con su cliente. Lo cual es bueno.

A pesar de la importancia del cierre, es crucial que usted *haga* su contacto. Si no lo hace puede que no tenga el chance para moverse hacia el cierre. Haga bien el contacto y lograr el cierre será como coser y cantar. Así de importante es el contacto inicial.

Claves guerrilleras acerca del contacto

Si su contacto viene de una llamada en frío y su cliente es un completo extraño, tome medidas para hacer de este cliente un nuevo conocido. Si su contacto viene de alguna referencia: una recomendación de un amigo, una respuesta a un anuncio que usted haya colocado o viene de otra fuente que pudiera hacerle creer que el prospecto puede ser convertido en cliente, haga alusión a esa relación, ese nexo entre ustedes. Usted ya no es un completo extraño. Ahora es por lo menos, el conocido de un conocido. A continuación tenemos algunas tácticas que usan los profesionales de venta personal:

- Salude a su cliente potencial cálida y sinceramente, haciendo contacto con los ojos.
- Permita a su cliente potencial algún tiempo para acostumbrarse a estar con usted, algún tiempo para conversar. No lo abrume, sin embargo tampoco malgaste el tiempo de éste.

- Entable una conversación casual al comienzo, especialmente acerca de algo pertinente a su cliente potencial. Hágalo amistosamente y no permita que sea un monólogo. Sea un buen oyente, pero también hágale saber a su prospecto que su tiempo es valioso. Usted está ahí para vender, no para hablar.
- Haga preguntas relevantes. Oiga cuidadosamente las respuestas.
- Califique al cliente potencial. Determine si es la persona específica con la que usted debería hablar, la persona con el poder para darle curso y comprar. Trate de descubrir durante el contacto, en qué debe enfatizar su presentación. Trate de dilucidar la actitud que su cliente potencial tiene ante su producto o servicio. Enfóquese en sus miedos, expectativas y sentimientos, para así poder hacer la presentación a la medida de ellos.
- Aprenda algo acerca de la persona a quien va dirigido el contacto, para hacerla sentir una persona, más que un cliente potencial. Haga que su prospecto sienta agrado por usted: las personas disfrutan haciendo negocios con alguien que les agrada. No sea artificial. Lo mejor que puede hacer, es hacer sentir único a su cliente potencial, probando que usted reconoce su individualidad y sus necesidades.
- Sea corto, amigable, comunicativo y verdaderamente inquisitivo, sin embargo, sea usted mismo.
- Si usted trabaja en el ambiente de las tiendas, una de las mejores preguntas para iniciar un contacto saludable es: "¿Le importaría que le pregunte qué es lo que le trae hoy a nuestra tienda?"
- Aún cuando usted está vendiendo, no se vea a sí mismo como un vendedor sino como un socio para su cliente potencial. Esta idea saludable mejora tanto su perspectiva como sus oportunidades de cierre. Entienda que usted tiene una oportunidad para *educar* a sus clientes potenciales en *cómo ser exitosos* en cualquier cosa que ellos deseen. Tan pronto como sea posible, aprenda en qué desea tener éxito su cliente potencial, luego muéstrele cómo lo que usted está vendiendo puede hacer alcanzable ese éxito.

Comunicación no verbal

Los elementos importantes de su contacto son su sonrisa, su vestimenta, su postura y su deseo de escuchar y mirar directamente a los ojos del cliente potencial. Su comunicación no verbal es tan importante como su comunicación verbal. La impresión que usted deja, viene tanto de lo que usted no dice como de lo que usted sí dice.

Frecuentemente es durante el contacto cuando se asegura la venta. Esto sucede si en ese momento usted ha abierto realmente la comunicación y ha convencido a su cliente potencial, de que honestamente usted está interesado en ayudarlo a él. Durante un contacto exitoso, cada uno de ustedes habrá hecho un amigo, pavimentando así el camino a la venta y esperemos, a ventas futuras también. El contacto puede ser la más corta de las tres etapas de la venta personal. Sin embargo, establece la base para la presentación y el cierre.

Cuando esté haciendo su presentación, tenga en mente el hecho de que usted no está hablando por accidente. Está ahí debido a una intención de su parte. Si su cliente potencial todavía está con usted y no ha terminado la venta personal, hay también una intención por parte de él. Además, la intención es comprar. O usted comprará el argumento acerca de por qué no puede ser hecha su venta o su cliente potencial comprará lo que usted está vendiendo. Realmente, depende de usted. No olvide que a las personas les agrada que les vendan. Les agrada ser persuadidas a comprar, mediante un entusiasmo honesto. Lo que no les agrada es ser presionadas. He aquí algunas claves para hacer que sus presentaciones sean más fáciles:

Claves guerrilleras acerca de la presentación

- Enumere uno a uno todos los beneficios de hacer negocios con usted. Mientras más beneficios conozca su prospecto, más posible es que compre. Cuando esté redactando su lista de beneficios, invite a sus empleados y por lo menos a un cliente a opinar. No dé por sentados los beneficios que usted ofrece: los cliente necesitar oír acerca de ellos.
- Enfatice las ventajas únicas y particulares de comprarle. Usted debe ser capaz de enumerarlas con facilidad. Usted debe basar su marketing en estas ventajas competitivas. Independientemente de lo que usted diga, no acabe con su competencia, sin embargo no dude en hacer comparaciones entre usted y ese patán, mientras sean ciertas.
- Si su prospecto no tiene experiencia con lo que usted está vendiendo, haga hincapié en las ventajas de *la categoría* a la que pertenece su producto, luego a las de su producto en particular. Si usted vende equipos de seguridad, hable

de lo valioso que es poseer uno y luego hable de lo valioso que es poseer el suyo.

- Ajuste su presentación de acuerdo a la información aprendida durante su contacto y con anterioridad. Espero que usted haya averiguado bastante, antes de hacer algún tipo de contacto. Para los empresarios guerrilleros, la tarea hecha en casa es muy provechosa.

- A las personas no les agrada ser pioneros, ya que saben perfectamente que éstos reciben flechas en la parte posterior de su cuello, por lo tanto mencione la aceptación de sus productos o servicios por otros, en especial por gente de la comunidad a la que ellos pertenecen. Si usted puede mencionar nombres y ser específico, pues tanto mejor. Mientras más específico sea, más cierres hará. Sin embargo, no sea tedioso. No puede persuadir a comprar a un cliente potencial, aburriéndolo.

Preste cuidadosa atención

- Cuando conozca lo suficiente acerca de su prospecto, usted podrá presentar su producto o servicio desde el punto de vista de él. Esta habilidad incrementará dramáticamente su número de cierres. Enfatice lo que su producto o servicio puede hacer por su cliente potencial, no lo que puede hacer para la población en general.

- Mantenga su vista como un águila, sobre los ojos de su cliente potencial, sus dientes y sus manos. Si él está mirando a su alrededor, en vez de a usted, tiene que decirle algo para volver a llamar su atención. Si su cliente potencial no está sonriendo, usted está siendo demasiado serio. Diga algo para obtener una sonrisa. Más importante: sonría usted. Si su cliente potencial está retorciéndose las manos, significa que está aburrido. Diga algo para aliviar el aburrimiento y despertar más interés.

- Un argumento de ventas dirigido a la vista es más efectivo en un 68 por ciento que aquel hecho al oído. Así que muestre cuanto pueda: fotografías, dibujos, circulares, una muestra del producto, su video de ventas, cualquier cosa. Sólo asegúrese que se relacione con su presentación.

- Venda el beneficio junto con la característica. Si la característica es energía solar, por ejemplo, el beneficio será la economía. Si la característica es un nuevo software de computación, el beneficio probablemente será velocidad, poder o ganancias.

- Mencione los éxitos pasados que usted ha tenido, para que así el cliente potencial sienta que la clave para el éxito está en sus manos y hay muy poca probabilidad de que lo engañen.
- Siéntase *orgulloso* de sus precios, sus beneficios y sus productos o servicios. Muestre su orgullo con expresiones faciales, tono de voz y palabras pertinentes. Sienta el orgullo y deje que se trasluzca a través de usted. Existen unas 250.000 palabras usadas generalmente, aunque hay 600.000 métodos de comunicación no verbal: postura, expresión facial, gestos de las manos, posición de las cejas y 599.996 más. Apréndalos y úselos. Son completamente gratis: otro ejemplo de marketing de guerrilla puro. Ningún costo. Mucho beneficio.
- A través de su presentación, mantenga el convencimiento de que su prospecto le *comprará*. Este optimismo será percibido por su cliente potencial y puede influir en el cierre positivamente.

El orgullo va antes de la venta

A pesar de la importancia que le he otorgado al contacto y a la presentación, sigo reiterando que lo fundamental es el cierre. La gente de ventas y los que realizan ventas personales son efectivos cuando sus cierres son efectivos. Empéñese en ser un "cerrador" explosivo y su remuneración lo reflejará. Para cerrar con efectividad, procure cerrar inmediatamente, en vez de a la semana o algo así. Mantenga estos puntos en mente:

Claves guerrilleras acerca del cierre

- Siempre asuma que su prospecto hará lo que usted quiera que haga. Cierre con una pregunta de respuesta inducida: "¿Será mejor para usted recibirlo esta semana o la próxima?" "¿Lo desea en negro o en marrón?"
- Resuma sus puntos principales y termine con confianza con un guión como éste: "Todo parece estar en regla. ¿Qué tal si lleno la orden de una vez?"
- Induzca al cliente a tomar algún tipo de decisión y cierre tras eso. Los puntos típicos sobre los que hay que lograr un acuerdo son: la fecha de entrega, el tamaño del pedido y el tipo de pago. Un buen cierre es: "Puedo realizar este servicio para usted mañana, el día ocho, o el quince. El día ocho sería mejor para mí. ¿Cuál le convendría más a usted?". Trate de cerrar tan pronto sea posible, guiando a su prospecto hacia ello. Si esto no funciona, trate nueva-

mente y luego otra vez más. Continúe tratando. Si usted no lo hace, su cliente potencial gastará su dinero, ganado con esfuerzo, en otro lado y con otra persona. Cuente con eso. Recuerde: a las personas *les gusta* que les vendan y *necesitan* cerrar el acuerdo. Ellos no cerrarán por sí mismos, por lo tanto usted está desempeñando un servicio cuando vende y cierra. Siempre esté alerta buscando señales, que le indiquen que es el momento apropiado para cerrar. El cliente potencial difícilmente le va a decir cuándo el momento ha llegado. Usted debe buscar pistas en las palabras *y* las acciones del cliente potencial. Un simple cambio de apoyo de una pierna a la otra, puede ser una señal para cerrar.

- Trate de darle a su prospecto una buena razón por la que tiene que cerrar inmediatamente. Pudiera ser: que usted no regresará al vecindario por un largo tiempo o que el cliente de su cliente potencial desea usar su producto o servicio tan rápido como sea posible o que se espera que suban los precios o que usted tiene el inventario disponible en este momento y sin embargo pudiera no tenerlo más tarde.

- Permita que su cliente potencial conozca del éxito de su producto o servicio con personas parecidas a él, con personas que compraron *recientemente*, con personas de la comunidad, con personas con *quienes el cliente potencial pueda relacionarse fácilmente.*

¿Para qué esperar?

- Sea específico con nombres, fechas, costos, tiempos y beneficios. La evasividad en cualquier área actuará en contra suya.

- Si al cliente potencial le gusta lo que usted dice pero no quiere cerrar ahora, pregunte, "¿Por qué esperar?" El podrá entonces decir una objeción. Entonces usted podrá cerrar diciendo: "Eso es fantástico, yo comprendo". Luego puede resolver la objeción y cerrar. En efecto, una de las maneras más fáciles de cerrar es buscar una objeción, luego resolver el problema y cerrar tras esto. Si todavía no ha completado su presentación, mas siente que el tiempo pudiera ser el adecuado para cerrar, pruebe hacerlo con el argumento de ventas más importante que tenga que exponer. Siempre recuerde que una persona sabe qué es lo que usted quiere que ella haga, que hay una razón para la reunión y que su producto o servicio sí tiene mérito. Si recuerda estas cosas, le será más fácil cerrar. Cuando un cliente potencial dice:

"Déjeme pensarlo", quiere decir no.
- Si usted no cierra justo después de la presentación, probablemente pierda la venta. Pocos clientes potenciales tienen el valor de decirle, que ellos definitivamente no van a comprarle. Ellos buscan excusas. Así pues, haga todo lo que esté en sus manos para colocarlos en una posición donde le comprarán. Si no lo hace, un vendedor más hábil lo hará.
- Una el cierre al contacto. Trate de cerrar con una nota personal. Diga algo así como: "Pienso que usted se sentirá más seguro ahora, con este nuevo sistema de seguridad y esto es importante. ¿Debo tener su sensor de incendios instalado para mañana o al día siguiente?"

Algunos profesionales de la venta personal son afortunados: hablan solo con personas de buena voluntad, referidas, quienes de entrada demuestran un legítimo interés por el producto o servicio. Sin embargo, la mayoría de los que se dedican a esto, tienen que hacer visitas en frío. ¡Brrr! Un sabio hindú dijo una vez: "A través de la historia, la dolencia humana debilitadora más común, ha sido aquel temor que enfría la sangre".

Los empresarios guerrilleros, sin embargo, no se preocupan por este mal. Ellos disfrutan las visitas en frío. No necesitan ninguna introducción, ni referencia o cita. Saben que la clave para el éxito *es sacar el máximo provecho del corto tiempo del que disponen, para atraer la atención de su cliente potencial.* A continuación hay seis claves calientes para una visita en frío:

1. *Haga su tarea.* Aprenda todo cuanto sea posible acerca de la compañía que usted irá a visitar. Mientras más los conozca, su presentación podrá ser más a la medida de su cliente potencial.
2. *Comience en el tope.* Pregunte por y solicite hablar con la persona a cargo, la cual puede tomar decisiones. Haga lo que tenga que hacer para averiguar el nombre de esta persona y su título, antes de comenzar. Cualquier cosa que usted pueda averiguar, con seguridad le ayudará.
3. *Sea breve.* No malgaste el tiempo de los demás. Mantenga su mensaje conciso. En las visitas en frío, la brevedad lo lleva al éxito.
4. *Vaya al grano.* Diga si su producto hace el trabajo más fácil, rápido, dura más, ahorra tiempo, ahorra energía o lo

Profesionales de venta personal afortunados

Claves calientes para visitas en frío

que sea. Concrete rápidamente acerca de los principales beneficios de su producto o servicio.

5. *Dé referencias.* Dé nombres de clientes satisfechos, nombres que su cliente potencial pueda reconocer y respetar. Si no conoce la persona, quizás conozca la compañía.

6. *Cierre la venta.* Haga una cita para una presentación completa o una demostración. Antes de comenzar sepa exactamente qué es lo que usted desea lograr y cierre en el instante de lograr ese objetivo.

Háblele sobre
llenar la orden

Independientemente de lo que haga, *háblele sobre llenar la orden.* Si no se siente cómodo con SEC "siempre estoy cerrando", usted debería aprender a sentirse confortable con SPEC, lo cual significa "siempre piense estar cerrando". Si usted siempre piensa en cerrar, sus pensamientos lo llevarán a convencer a su prospecto y como resultado, usted cerrará más. Eventualmente, usted pudiera querer ejercitar sus poderes de venta en grupos más grandes de personas. Una manera de hacer esto es escribiendo cartas personales. En el capítulo 10, examinaremos el arte de crear éstas.

CAPÍTULO 10

CARTAS PERSONALES: EFECTIVAS Y POCO COSTOSAS

La escritura de cartas personales, no correos directos con grandes cantidades de cartas y folletos, sino cartas personales simples, es uno de los métodos de marketing más efectivos, fáciles, no costosos y poco valorados. Las grandes corporaciones no usan, con seguridad, este tipo de comunicación, ya que no llega a suficientes personas para enriquecer sus arcas. Sin embargo, para muchas personas de negocios que trabajan individualmente, ésta es justamente la clave. Si usted puede escribir en su idioma claramente, deletrear correctamente y mantener su mensaje corto, usted debería desarrollar bastantes negocios a través de este modo de marketing para así no necesitar muchos otros. Si usted es un desastre en gramática, las procesadoras de palabras profesionales le pueden ayudar a imprimir sus ideas en una forma aceptable. Igualmente, los softwares de computación corrigen la gramática, el deletreo y la repetición de palabras.

El principal valor de una carta personal es que le permite a usted transmitir verdaderamente un sentimiento personal y alcanzar un lugar especial en la mente del lector. En las cartas personales usted puede narrar ideas específicas que en otros medios, sencillamente no son prácticas, excepto en ciertos tipos de telemarketing.

El toque personal

Por ejemplo, usted pudiera escribir: "Sra. Forman, este año sus gardenias y claveles se ven maravillosos. Sin embargo, a sus rosas les hace falta algo de ayuda. Yo pudiera encargarme de ellas devolviéndoles su perfecto estado". Esto es mucho más personal que escribir: "Estimado Señor, quizás su jardín no está tan hermoso este año como solía estar. Le ofrecemos una amplia gama de provisiones para el jardín y experiencia para ayudarle".

En una carta personal usted puede y debe incluir tantos datos personales como sea posible. Las procesadoras de palabras facilitan este trabajo.

Escriba, por supuesto, en su carta personal, el nombre de la persona. Usted querrá escribir acerca de la vida, el negocio, el vehículo, la vivienda del destinatario o si usted está en el negocio de la jardinería, del jardín de él. Haciéndolo, usted está **Susurrar en vez** susurrando en el oído de alguien, más que gritando a través de **de gritar** un megáfono distante. Naturalmente, usted no puede mencionar asuntos personales a menos que conozca a esa persona. Por lo tanto, usted necesita hacer su tarea y aprender acerca de sus clientes potenciales: sus hábitos de trabajo y de vida, sus esperanzas y metas y sus *problemas*. En sus cuestionarios a clientes, pregunte los problemas de la gente: esto le ayudará a conocer asuntos importantes acerca de la persona.

La habilidad para resolver problemas se convertirá en una industria desarrollada en el siglo veintiuno, seguramente para siempre. Los negocios orientados al éxito se dedican a obtener información acerca de sus clientes potenciales. Usted puede obtener mucha de esta información a través de su cuestionario online u offline, al igual que a través de observación personal. Incluya sus descubrimientos en su carta personal; usted estará impresionado con su efecto.

Después que usted haya enviado su carta personal, puede **Duplicando su** duplicar su efectividad si hace una de estas dos cosas, prefer-**efectividad** iblemente ambas: escribir otra carta personal dentro de las siguientes dos semanas y llamar por teléfono al cliente potencial.

Su carta de repetición puede ser corta, en forma general, será un recordatorio de su carta original. Sin embargo, debe proveer nueva información y otorgar más razones por las cuales su destinatario debería hacer negocios con usted.

Cuando proceda a una llamada telefónica de seguimiento, refiérase a sus cartas. Pregúntele a la persona si las leyó. Aprovéchese de que su carta haya roto la "barrera del extraño". Usted está en este momento conversando con su cliente potencial. Utilice el teléfono para desarrollar una relación. Mientras más fuerte sea esta relación, es más probable que hará negocios con usted. Esta relación se intensificará si su carta incluye una cantidad de referencias personales específicas: esto demuestra que usted no ha enviado un astuto volante masificado.

Actualmente, las personas son literalmente bombardeadas por correo con piezas de publicidad. Haga que su carta llame la atención convirtiéndola en parte de una campaña de tres a cuatro cartas. Las campañas de correo múltiples son más costosas que las cartas sencillas, sin embargo, son increíblemente efectivas. Muchos estudios confirman que las personas favorecen los negocios que les son familiares. Uno de los estudios más ilustrativos fue conducido para determinar los factores que influyen en la decisión de un comprador. Cinco mil personas indicaron que en primer lugar estaba la confianza, de segundo venía la calidad, de tercero colocaban el surtido, de cuarto el servicio y por último, de quinto, el precio. No se sorprenda por este quinto lugar: en los años 80, el precio ocupó el noveno lugar. Para una minoría de personas, el precio siempre será de importancia primordial (17 por ciento para el momento de la última encuesta).

Nuevas investigaciones conducidas a nivel de detal indican, sin embargo, que las actitudes de compra cambian durante una recesión. Durante la caída económica al principio de los años 90, la mayor motivación de compra era el precio (la calidad venía en segundo lugar y de tercero estaba la seguridad del medio ambiente). En otro estudio de clientes al detal, venía de primero el precio, segundo el surtido, la calidad de tercero, la ubicación de cuarto y el servicio en quinto lugar. La confianza no estaba incluida en estas encuestas como un factor. Mas usted tiene que entender que las personas *no* van a comprar el artículo de menor precio si no le tienen confianza.

La verdad es que las razones por las cuales las personas compran un producto varían de industria a industria, de grupo etáreo a grupo etáreo, de mercado meta a mercado meta, de circunstancia a circunstancia. El interés principal que atrae a una madre cuando compra comida de bebés, difiere del interés para la misma madre comprando un vehículo deportivo.

Si usted no tiene una idea clara del interés principal de sus clientes potenciales, olvide las cartas personales. Usted obtendrá el mayor beneficio de su carta personal si conoce el interés principal y cuanto dato personal sea posible. Usted debe saber qué es lo que desea que su carta personal logre, antes de escribirla. ¿Qué podrá ser? Pudiera ser una orden, una solicitud de más datos, una reunión.

Haciendo múltiples envíos de cartas personales, usted construye confianza con el cliente a través de la familiaridad, pavimentando su camino a una relación y una venta. Solamente un empresario con un mercado cuidadosamente escogido

Múltiples envíos

puede darse este lujo. Una gran compañía tiene demasiados clientes potenciales para hacer campañas de cartas personales.

Personalizado no es personal

Existe una diferencia entre una carta personal y una carta personalizada. La segunda es una carta bastante impersonal con el nombre de la persona en el saludo y dentro del cuerpo de la carta, junto con algunas referencias personales. La personalización se consigue a través de una procesadora de palabras. La carta personal, por otro lado, es extremadamente personal. Está dirigida a una persona y contiene tantas referencias personales específicas y tanta información personal, que no puede haber sido concebida para otra persona sino para quien está dirigida. Está firmada en tinta: tinta de pluma fuente, la cual puede manchar. Tiene una P.D., posiblemente escrita a mano. Por supuesto, tiene mayor impacto en el lector que una simple carta personalizada.

Afortunadamente, ahora es posible generar cartas personalizadas impresas por el computador que parecen, actúan y se sienten como cartas personales. Simplemente haga los cambios en un procesador de palabras, imprímala y fírmela a mano, escribiendo la P.D. manualmente.

La respuesta no es necesaria

Una meta de sus envíos personales es *hacer que no sea necesario que su cliente potencial le responda.* Su carta pudiera tener una dirección de E-mail o una dirección de correo estándar o el número de teléfono; sin embargo, no debería expresar solicitud alguna para una respuesta escrita o para una llamada telefónica. Tampoco debería incluir un medio para responder. Sin embargo, debería emocionar al lector. Debería decirle al lector que usted le telefo-neará dentro de una semana para fijar una cita o firmar una venta.

La carta personal consigue lo siguiente: fuerza al lector a pensar acerca de su oferta, ya que le menciona que usted conversará con él pronto y lo separa de los escritores que dejan todo a la discreción del lector y requieren que éste tome algún tipo de acción. Usted conmina al lector a esperar hasta que usted tome acción y le provea de la información faltante. *Su carta prepara al lector para su llamada telefónica.* Cuando usted llame, no será un extraño sino un visitante esperado.

Este lujo de retener un mecanismo de respuesta en sus cartas no puede ser practicado en las grandes compañías: a gran escala es ineficiente. Sin embargo es la esencia del marketing de guerrilla, ya que le otorga a usted una ventaja sobre los ejecutivos de marketing de masas. La carta personal llega a extremos únicos para captar la atención.

El tono de su carta debe incorporar asuntos de negocios y sentimientos personales, al igual que debe lisonjear la imagen que el lector tiene de sí mismo. Si por ejemplo, es escrita al presidente de una compañía, su carta debe mencionar las responsabilidades de un presidente, la importancia del trabajo y los problemas con los que él se enfrenta. Su carta debe ser bien escrita, utilizando un vocabulario relativamente sofisticado.

Lisonjear la autoimagen del lector

¿Cuán larga debe ser una carta personal típica?: una página. Asegúrese de transmitir toda la información que usted sienta que deba hacer llegar, sin embargo sea lo más breve posible. Una buena regla es hacer su carta personal breve; a menos que obligatoriamente deba ser larga. Cuando digo breve, me refiero a una página plena de texto cálido, personal, motivador y tentador. Ya que es una carta personal, no necesita tener adjunto un folleto o circular, aunque pudiera tenerlo. Pero cuidado: si usted agrega un anexo, usted podria perder el efecto de una buena carta honestamente personal. Su amada tia nunca incluyó un folleto o un cupón, ¿no es así?

Su carta debe otorgar al lector información relevante, datos que de otra manera quizás no hubiera conocido. Ocasionalmente, yo le recordaria a un anunciante potencial, acerca de un evento venidero o de una promoción que funcionó bien para otro cliente. Un jardinero pudiera alertar a un posible cliente, acerca de una estación venidera, adecuada para plantar ciertas especies. Un tutor pudiera hablar de los últimos avances en educación. *Otórguele algo al lector más que el sólo solicitar algo o vender algo.* Impresione al lector con su inteligencia, perspicacia o personalidad. El cliente potencial pudiera usar su información sin participárselo, más los beneficios usualmente valen los riesgos.

Es vital mantener en mente que la carta *no* debe ser acerca de usted. Debe ser acerca del lector. Debe estar redactada en los términos del lector, acerca de su vida o negocios. La carta debe estar cargada con beneficios potenciales para el lector. Mientras más grande sea el número de beneficios, mejor. Recuerde la ópera AÍDA. Esto es una ayuda para su memoria a fin de recordarle que debe primero atraer la *Atención* del lector, luego su *Interés*, después crear un *Deseo* y por último llamar a la *Acción*. Puede serle más simple recordar que primero ha de asegurar la atención del lector, luego señalar los beneficios de hacer negocios con usted y finalmente, explicar la acción específica que el lector debe tomar: hacer una llamada telefónica,

La carta no es acerca de usted

escribir una carta, leer la página 15 de un periódico dominical, esperar una llamada telefónica o visitar una página Web. Dígale al lector exactamente qué es lo que usted desea que él haga.

Sabiduría de cartas personales

Desde un punto de vista meramente técnico, le ofrezco estas joyas de sabiduría de las cartas personales:

- Mantenga su carta en una página.
- Redacte sus párrafos cortos: cada uno de cinco o seis líneas.
- Indente sus párrafos.
- No utilice en exceso: el subrayado, las letras mayúsculas o la escritura en los márgenes.
- Haga todo lo que pueda para evitar que la carta tenga aspecto de pieza impresa.
- Firme la carta con una tinta de diferente color del que está escrita.
- Incluya una P.D. Debe contener su argumento más importante con una sensación de urgencia.

La potente postdata (PD)

Los estudios revelan que cuando las personas reciben cartas personales, incluso impresas, leen primero el saludo y luego la P.D. Por lo tanto, su P.D. debe incluir su mayor beneficio, su invitación a la acción o cualquier cosa que inspire una sensación de urgencia. Hay todo un arte para escribir una P.D. dele a ese pequeño comentario toda la importancia que se merece. Yo recomiendo que sus cartas personales incluyan un mensaje de P.D. escrito a mano, ya que esto prueba sin duda que usted ha creado una carta única, que no fue enviada a miles de personas. En esta edad de la tecnología, destacan los toques personales.

Diez sabias sugerencias para su P.D.:

Qué decir cuando de PD se trata

1. Motive a su cliente potencial a tomar acción. Dígale que coloque su pedido ahora. Esperar es fatal para su causa.
2. Refuerce su oferta. Formúlela de la misma manera como la redactó en el cuerpo de su carta, pero hágala más urgente, más persuasiva.
3. Enfatice o introduzca un bono o recompensa. La fuerza de los incentivos gratuitos no debe ser sobreestimada.
4. Introduzca un beneficio sorpresa. Esto pudiera ser justo suficiente para hacer que el prospecto salte la cerca y entre a su lista de clientes.

5. Enfatice el precio de los términos de su oferta. Si este atractivo financiero es el corazón de su oferta, asegúrese de volverlo a mencionar en su P.D.

6. Refuerce que la compra es deducible del impuesto. Si esta justificación adicional para comprar es cierta, he aquí un buen sitio para mencionarla.

7. Subraye su garantía. Preséntela con orgullo y emoción, recordando que para sus clientes potenciales elimina el elemento de riesgo.

8. Mencione cuántos clientes usted ha satisfecho en el pasado. Sea específico, para que así los lectores caigan en cuenta que comprarle a usted es algo usual.

9. Si usted le solicita a los lectores que llamen a un número gratis, repítalo en la P.D. para facilitar aún más la respuesta a su oferta.

10. Acentúe el elemento de urgencia. Mencióneles la fecha de expiración de la oferta, las limitadas cantidades disponibles y las razones por las cuales es ahora el tiempo de colocar la orden.

Al igual que con un gran anuncio, una gran carta personal debe decirle al lector lo que usted está por decirle, lo que usted quiere decir y finalmente, debe resumir lo que usted acaba de decir. Esto puede parecer repetitivo, pero es *práctico* en estos días de buzones de correo llenos de correo directo.

Yo he escrito montones de cartas personales. Cinco de cada diez llegan a ser ignoradas completamente. Una de cada diez probablemente resulta en negocio. El negocio de esa sola, sin embargo, es generalmente tan lucrativo que puede fácilmente obviar las nueve que fueron rechazadas. El diez por ciento es una excelente tasa de respuesta comparada con el 2 por ciento esperado para muchos envíos de correo en masa.

Para darle una idea de cómo yo elaboro una carta personal, le proveo una aquí, a la cual he anexado un billete nuevo de un dólar. La envié doce veces, sin obtener ningún negocio para mí, y luego una décimo tercera vez, tras la cual obtuve suficiente negocio para mantenerme sonriendo durante meses. La idea tiene casi treinta años, aunque algunas versiones de ella continúan obteniendo una respuesta impresionante. Cuando usé la táctica de agregar un cheque de un millón de dólares (sin firmar), en vez de un dólar, la carta funcionó igual de bien. Esta treta tiene fuerza porque se ata a la promesa de la carta.

La carta con el billete nuevo de un dólar

6 de noviembre de 1981

Sr. H. H. Thomas
Pacific Telephone & Telegraph
11313 53rd Street
Berkeley, Ca. 947805

Estimado Sr. Thomas:

El billete de un dólar anexo simboliza los miles de dólares que Pacific Telephone & Telegraph puede estar despilfarrando al no utilizar los servicios de un escritor independiente de primera categoría.

Durante sólo este año, he conseguido escribir proyectos para VISA, Crocker Bank, Pacific Plan, Gallo, Bank of América, University of California y Public Broadcasting System. Aún cuando generalmente estas compañías no trabajan con personal independiente, sí trabajaron conmigo.

En cada caso, los proyectos fueron exitosamente concluidos. En cada caso, me fueron asignados más proyectos. Debe existir una razón para ello.

Si usted desea proveer a Pacific Telephone & Telegraph con la mejor redacción independiente posible para cualquier tipo de proyecto, o si usted tiene una fecha de entrega que pareciera imposible de lograr, espero su llamada.

Anexo le envío una descripción de mis antecedentes, sólo para informarle que he ganado importantes premios de escritura en todos los medios y que he trabajado como Vicepresidente y Director Creativo en J. Walter Thompson, la agencia de publicidad más grande de EEUU. Yo le garantizo, sin embargo, que estoy mucho más interesado en ganar ventas que premios.

Debido a que su compañía paga por lograr una redacción simplemente competente o por tener las asignaciones de redacción manejadas por fuentes tradicionales, usted justo pudiera estar desperdiciando el dinero de Pacific Telephone and Telegraph. Un buen número de las empresas del Fortune 500 ya entendieron esto.

Esperando oír de usted, quedo,

Atentamente,
Jay Levinson

Qué anexar a su carta

P.D. Si usted no es la persona que asigna los trabajos del personal independiente, mucho apreciaría el que usted haga llegar esta carta (y este dólar) a la persona encargada de ello. Muchas gracias.

Generalmente ayuda si usted incluye en su carta un anexo único e informal. Un artículo de periódico, un artículo de una revista de comercio (especialmente en la línea de comercio de su cliente potencial) o una copia del anuncio de su cliente potencial o un anuncio que compita con el de él, ayuda mucho, ya que el lector probablemente desea leer este tipo de material y apreciará que usted se lo envíe. En mi caso, el anexo de un dólar sirvió para separar mi carta de muchas otras enviadas a la persona que recibía las cartas. Apuesto que muchos de ellos gastaron más de un dólar en un folleto. Me imagino que soy el único cuya pieza enviada fue impresa por el Departamento del Tesoro de los EEUU.

¿Podría esta carta ser igual de efectiva hoy en día? Al juzgar por la manera en que ha funcionado hasta ahora, será efectivo hasta muy avanzado el siglo veintiuno. Sin embargo me gustaría hacer un cambio si hubiese una recesión o una depresión económica. Después del cuarto párrafo, escribiría un párrafo adicional, motivado por la recesión: "Mis honorarios no son bajos. Sin embargo, en una recesión uno no puede arriesgarse con algo menos que la más alta calidad".

El momento oportuno

El momento oportuno es muy importante. Tenga cuidado de no enviarlo por correo cuando todo el mundo esté enviando cartas similares. Trate de enviar su carta para que coincida con una estación en particular o la llegada de un nuevo competidor o cuando oiga que su cliente potencial pudiera estar en problemas y buscando cualquier cosa que usted esté ofreciendo. Mercadear durante una recesión es muy diferente a mercadear en épocas florecientes. Los empresarios guerrilleros son sensitivos a la economía debido a que saben que ésta también está en la mente de sus clientes y prospectos.

Mercadear en recesión

Sugerencias para los desolados días de una economía en problemas:

1. Dirija su marketing más hacia sus clientes y menos hacia sus prospectos y al universo en general. Apóyese, ame y hágale ofertas tentadoras a las personas que ya han desarrollado confianza en usted: sus clientes.

2. Use el teléfono como un arma de seguimiento. Estamos hablando aquí de relaciones y si ha sostenido alguna por cartas, magnifíquela agregando el uso del teléfono, el cual es un arma potente en tiempos difíciles. Cuando las cosas se ponen duras, los duros hacen llamadas telefónicas.

3. Elimine cualquier riesgo que pudiera percibirse por comprarle. Hágalo con una garantía, una fianza y profundo compromiso de servicio. Deje que el cliente sepa que *la venta no está resuelta hasta que el cliente esté completamente satisfecho.* Los empresarios guerrilleros utilizan esta táctica para tranquilizar a los prospectos inquietos.

4. Mantenga un ojo avizor por si aparecen nuevos centros de ganancias, oportunidades de alianzas de marketing y negocios cooperativos. Debido a que los demás sufren también en esta economía deprimida, hay una gran posibilidad de que ellos deseen apoyar su idea y colaborar en el esfuerzo.

5. En vez de minimizar sus productos o servicios, tome la vía contraria y expanda. Haga lo que pueda para incrementar tanto el tamaño de sus compras, como su cartera de artículos que generen ganancias y la cantidad de servicios que ofrece. Nunca olvide que el crecimiento geométrico proviene de transacciones grandes, negocios repetidos y clientes referidos. Sea geométrico cuantas veces sea posible.

6. Permita que sus clientes sepan que usted está absolutamente consciente de la situación económica de la nación y que usted está basando sus precios y productos de acuerdo a ello, haciendo su negocio un lugar más lógico de frecuentar que nunca.

7. Aproveche el enorme poder de referencia de sus clientes, sabiendo que el cálido y cuidadoso seguimiento a ellos hará que deseen ayudarle dándole a usted tres, cuatro o cinco nombres de prospectos posibles.

Quién debería leer su carta

Es importante enviar su carta a la persona que debería leerla. Encuentre quién es, estudiando los directorios apropiados en el Internet o mejor aún, telefoneando todas las compañías a las que usted espera enviar una carta. Cuando tenga dudas, envíe su carta al presidente de la compañía, quien *será* la persona que usted desea acceder o la que hará que la persona adecuada lea su carta. Vale la pena hacer una llamada al operador telefónico de la compañía para averiguar el nombre del presidente y el deletreo adecuado de éste. Si usted no está dispuesto a tomarse el tiempo para hacer esto, probablemente no será un empresario guerrillero. Tómese el tiempo para atender los detalles minúsculos. Puede estar seguro que si el presidente solicita a un subordinado que lea algo, será leído.

Con un procesador de palabras y una impresora láser usted puede enviar varios miles de cartas o más, todas ellas con aspecto de cartas personales, puesto que todas pueden ser personalizadas con los comentarios apropiados. Sin embargo, mantenga en mente que estas no son cartas personales a menos que estén escritas para sonar personales y usted se tome el tiempo para conocer detalles personales. Solamente una carta llena de referencias personales es realmente una carta personal. No tiene nada que ver con la tecnología y sí todo con la sicología.

Las cartas personales pueden ser enviadas en números reducidos. Le otorgarán una gran ventaja a usted, el emprendedor, sobre las inmensas corporaciones. Aproveche la ventaja de esta valiosa herramienta. Si hace así, usted está practicando el marketing de guerrilla con máxima habilidad.

No trate a todos los clientes igual

Una vez que tenga un cliente, haga todo lo que sea necesario para intensificar la relación. No trate a todos los clientes y prospectos de la misma manera. Considere una cadena de tiendas de ropa para caballeros, con una base de datos de 47.000 nombres. Nunca incluya más de 3.000 cartas en un envío de correo. ¿Quién recibe el correo? Dice el dueño: "Sólo las personas apropiadas para ello". Cuando recibió un modelo de pantalón de un estilo específico, le mandó una carta a sólo aquellos clientes a quienes él estaba seguro que le iba a interesar. Disfrutó de una tasa de respuesta del 30 por ciento.

¿Consume tiempo adicional? Sí. ¿Consume energía adicional? Sí. ¿Se necesita un poco más de imaginación? Sí. ¿Se necesita más dinero? No. Sin embargo gana altos beneficios para usted. Y esto es lo que lo define como marketing de guerrilla.

CAPÍTULO 11

TELEMARKETING: LLAMANDO AL DINERO

Entre las muchas maneras de mercadear se encuentra el telemarketing. En 1982, el telemarketing superó en ingresos por ventas, al correo directo y la brecha ha seguido ampliándose desde entonces. En 1997, más de la mitad de las ventas de bienes y servicios, fueron hechas por teléfono. El telemarketing es usado tanto por los grandes emporios como por los flamantes emprendedores. Cuesta aproximadamente un tercio del costo del correo directo y algunos expertos calculan su precio en unos US$ 10 por llamada completada. El telemarketing emplea hoy más de 9 millones de personas en comparación con 175.000 en 1983, cuando se inventó el marketing de guerrilla.

No hay duda que el telemarketing ha surgido como una fuerza de mercadeo muy importante, especialmente en el marketing de negocio a negocio. También lo es para muchas compañías de telecomunicaciones, quienes mercadean a individuos con especial intensidad, pareciera, durante las horas de la cena.

Tres maneras de hacer telemarketing Actualmente, existen tres maneras de hacer telemárketing. La primera incluye las llamadas telefónicas individuales, hechas por usted o por un miembro de su compañía. La segunda es el telemarketing masivo, hecho por empresas especializadas o por departamentos de telemarketing dedicados y dirigido a miles de clientes potenciales a la vez. La tercera es por computadora. Las máquinas de llamada por computadora, llaman a los clientes potenciales, recitan los guiones de ventas y hasta hacen una pausa durante sus mensajes para que así los clientes potenciales puedan responder preguntas y colocar órdenes. Este método puede ser un poco impersonal y muchos lo consideran una invasión de la privacidad, sin embargo es una práctica común y para muchas empresas funciona. Las máquinas no se sienten heridas por un rechazo. Un 1 ó 2 por ciento como tasa de respuesta puede ser muy efectiva en costos.

Una llamada telefónica toma menos tiempo que una visita personal, es más personal que una carta, cuesta menos que ambas (a menos que sea una llamada de larga distancia) y le proporciona un contacto bastante personal con su prospecto. Es difícil decirle no a alguien en su cara, es un poco menos difícil decir que no a la voz de una persona y es todavía menos difícil decir no a una carta.

Los empresarios guerrilleros usan el telemarketing para hacer que sus anuncios publicitarios y otras acciones de marketing funcionen mejor. Ellos saben que el 7 por ciento de las personas cuelgan el teléfono a todos los operadores de telemarketing, que el 42 por ciento le cuelgan a algunos y el 51 por ciento atienden a todos. Bendita sea esa pequeña mayoría. Aún cuando la mayoría va a decir que no, cada uno de ellos debe ser evaluado con aprecio por la claridad de su respuesta y no por malgastarle su tiempo.

Los ejecutivos de telemarketing con experiencia entienden que muchas llamadas son filtradas por secretarias o asistentes y saben que deben considerar a esta persona no como un enemigo, sino como un aliado. A ellas se les da información, se les trata con respecto e informa de los resultados que usted está ofreciendo, no sólo sobre su producto o servicio. Cuando usted enrola a esta persona como aliado, encontrará que la puerta de su jefe se abre más fácilmente.

¿Qué les pasa a los ejecutivos de telemarketing?

¿Qué tipo de compañías usan telemarketing? Principalmente son negocios que venden a otros negocios. Muchas veces, sin embargo, son negocios tratando de vender directamente al consumidor, tratando de vender cualquier cosa desde puertas contra tormentas hasta parabrisas para los vehículos, servicios fotográficos o limpiadores de chimeneas. Los negocios que tienen éxito planean completamente toda la llamada telefónica: el objetivo, las palabras a decir, el humor y tono y el seguimiento. Las llamadas a personas particulares y familias representan menos del 10 por ciento de los ingresos por telemarketing, mientras que más del 80 por ciento de los ingresos (y el 90 por ciento de los empleos) provienen de llamadas a los negocios. El telemarketing produce 45 por ciento de todas las compras de mercadeo directo de negocio a negocio. El correo directo produce el 26 por ciento.

¿Qué tipo de compañías usan telemarketing?

Antes de llamar a un número, los operadores con experiencia de telemarketing se preguntan qué es lo que conocen del cliente potencial, qué necesitan conocer para conseguir que éste tome la acción deseada, qué información pudiera ser obtenida de una persona que filtre llamadas, qué decir en caso de que la llamada sea respondida por sistemas de correo de voz, cómo será la presentación de apertura, qué preguntas le irán a hacer y cómo *terminarán* la llamada (sin importar lo que pase).

Al igual que con la publicidad, el telemarketing debe ser parte de un programa de mercadotecnia global. Además, debe ser un esfuerzo continuo. Una llamada telefónica no basta. Si un miembro de su empresa hace las llamadas telefónicas, deben instituirse algunos programas de incentivo. Por ejemplo, usted siempre debe pagar a sus operadores tanto por la llamada completada como por la venta completada. Aún cuando éstos sean empleados asalariados, agregue bonos de incentivo a su sueldo, otorgándoles un incentivo aún mayor cuando consigan ventas iniciales con nuevos clientes.

¿Cómo hablan los guerrilleros? Sin importar quién es el que hace las llamadas, un entrenamiento de voz apropiado, es una buena idea. Hable de manera clara. Use oraciones cortas. Hable alto sin hablar directamente a la bocina del teléfono, ya que la mejor transmisión de voz se consigue hablando por encima de la bocina. Su voz debe ser proyectada con autoridad y calidez, generando confianza. Su mensaje debe ser enunciado de la manera más concisa posible. Cualquier cosa que haga, no la haga leyendo un guión. Sin embargo, las investigaciones muestran que siempre es una buena idea *memorizar* un guión, cambiando cualquier palabra que usted sienta "incómoda". El guión debe ser aprendido tan bien, que las palabras deben sonar como si brotaran de su corazón, tan natural como el Himno Nacional. Encuentre palabras y frases que acudan a su mente naturalmente. Haga pausas para que la otra persona pueda participar. Los empresarios guerrilleros están en completo control de su telemarketing y no recitan discursos incómodos a sus clientes potenciales.

Los mejores son los guiones memorizados Los estudios hechos en varias industrias revelan consistentemente, que una presentación de telemarketing aprendida de memoria, siempre produce mejores resultados que la misma presentación generada de un esquema. Pudiera ser más humano permitir que la persona que llama use sus propias palabras, sin embargo, muy pocos de ellos tienen la habilidad de utilizar las correctas. Ya pasaron los días en que se recomendaba que los operadores de telemarketing usaran un esquema o "flujograma de ideas". Sin embargo, mientras más naturalmente conversador suene, más ventas hará. Esto requiere práctica. Naturalmente, mucho de lo que usted diga será en respuesta a lo que la persona llamada comente, sin embargo los mejores operadores de telemarketing logran un completo control de la llamada. Mantienen el control haciendo preguntas, respondiendo preguntas y luego haciendo más preguntas, dirigiendo la conversación hacia las necesidades del cliente.

Si usted se siente más cómodo usando un esquema para estructurar sus presentaciones telefónicas, asegúrese de seguir las siguientes pautas. Si el esquema es más largo que una página, debería tratar de hacer un flujograma. Un esquema crea una estructura para sus pensamientos e ideas y mantiene la llamada encarrilada cuando la persona en el otro lado hace modificaciones al rumbo. Si usted trabaja con un esquema, contra mi recomendación, es buena idea escribir, de todas maneras, el guión de una llamada telefónica. Después, usted debe hacer tres cosas: (1) Grabarla. Observar como suena. Después de todo, usted estará usando palabras para "oír" que serán escuchadas, más que palabras para "ver" que serán leídas. En esto hay una gran, pero gran diferencia. Existen palabras que a las personas, inconscientemente, les encanta oír: ganancias, ventas, dólares, ingresos, entradas, flujo de caja, ahorros, tiempo, productividad, moral, motivación, rendimiento, actitud, imagen, victoria, participación de mercado y ventaja competitiva. (2) Asegúrese que el guión grabado suene como una conversación y no como una cuña. Deje pausas para que la persona llamada pueda hablar. (3) Procure no reexponer el guión sino parafrasearlo de nuevo. Exponga los mismos puntos de venta. Preséntelos en el mismo orden. Use palabras con las cuales se sienta cómodo. Su esquema telefónico debe ser capaz de adaptarse a varias situaciones. Después de todo, si su cliente potencial decide comprar justo después que usted haya comenzado a hablar, usted debe ser capaz de cerrar la venta y terminar la conversación.

Note cómo sus amigos y probablemente hasta usted mismo, asumen diferentes personalidades con su voz cuando se encuentran hablando por teléfono. Esto es sutil, pero es real. Trate de eliminar esa personalidad telefónica y aflore sus cualidades de buen conversador practicando realmente en el teléfono: hablando a una grabadora o a un amigo. Si usted va a hacer una buena cantidad de llamadas de telemarketing, practique actuando diversos papeles, haciendo usted

Flujogramas que estructuran

Su personalidad telefónica

de cliente y un amigo o compañero de trabajo como si fuera usted e intercambiando luego los papeles. Estas actuaciones le permiten tener una buena idea de su producto o servicio y su mensaje. Repita esto hasta que esté completamente satisfecho con su presentación.

El valor de las objeciones

Muchas solicitudes telefónicas fracasan cuando surgen objeciones. Estas objeciones son realmente oportunidades disfrazadas. Muchos profesionales exitosos de las ventas telefónicas (y gente de ventas no telefónicas) son capaces de cerrar ventas manejando objeciones. En efecto, "cerrar tras la objeción" es un credo de ventas para muchos vendedores profesionales. Una manera de manejar una objeción es parafraseándola de nuevo. Haciendo esto, usted puede ser capaz de disiparla. "Ya le estamos comprando a alguien más" dice la persona al otro lado. "Ah, ¿usted está completamente satisfecho con el precio, la calidad y el servicio que está reci-biendo actualmente y siente que no hay cabida para una mejora?" Parafraseando la objeción, usted no solo la disipa sino crea una oportunidad para usted mismo.

Encuentre el terreno en común

Cuando llame a un cliente potencial, trate de establecer una verdadera relación personal. Usted quizás nunca hable con él de nuevo, sin embargo usted debe tratar de crear un vínculo. Hágalo con un par de preguntas u observaciones personales. Pregúntele a la persona acerca de un tema no relacionado con el trabajo. Establezca una relación como ser humano antes de establecer una relación como gente de ventas. Probablemente tengan algunos intereses en común. Si es posible, encuéntrense en ese terreno común.

Un guión que funcionó

No cometa errores: su propósito al hacer una llamada telefónica es para hacer una venta. Así que hágala. Una buena frase de apertura que ha funcionado para muchos guerrilleros, es directa: "Habla _____ de _____. Nos especializamos en trabaja con negocios, ayudándoles a _____. Dependiendo de lo que usted está usando en el área de _____, pudiéramos tener algo que pudiera ayudarlo potencialmente a _____."

Otra buena manera de comenzar es explicando exactamente por qué está llamando. "Que tal, Sr. Coopersmith, mis registros muestran que usted está manejando un Buick de 1976. Estoy llamando porque nuestra compañía instala nuevos parabrisas para vehículos en carros no tan nuevos y vamos a estar en su vecindad durante la tarde del martes 2 de noviembre".

Al igual que con la visita personal estándar o la presentación de ventas, piense en términos de contacto, presentación y cierre. Recuerde, su contacto debe ser breve y cálido. Su presentación debe ser concisa y sin embargo cargada de referencias a los beneficios. Su cierre debe ser claro y definitivo. No tantee. En la mayoría de los casos no hay nada de malo en intentar la venta. Sin embargo, no lo haga de manera tal que pueda ser respondida con un sí o un no. Cierre diciendo algo así como "¿cuál será para usted la manera más conveniente de pagar esto, cheque o tarjeta de crédito?"

El guión a continuación es de un programa de telemárketing usado en conjunto con un programa de correo directo. Esta combinación es muy efectiva. En estos días, a medida que el correo directo se incrementa con rapidez, es razonable hacerle seguimiento al correo con una llamada telefónica. Para los empresarios guerrilleros es casi obligatorio en el caso de una gran venta. En este caso, el envío de correo fue seguido dos semanas más tarde por una llamada telefónica. Una semana más tarde, fue hecha otra llamada. El programa funcionó. El correo directo sólo no pudo haberlo logrado.

Un guión de telemarketing de guerrilla

Buenos días, Sr. _____. Habla _____. Estoy llamando del Hotel Wilford en Los Angeles. ¿Ha estado alguna vez en el Wilford? _____ ¿Cuándo fue la última vez que estuvo usted en Los Angeles? _____ Le enviamos una invitación recientemente, ¿la recibió? _____ ¿Es usted la persona encargada de la logística para las reuniones fuera de la ciudad de su compañía, o es otra persona? _____. Planea aprovechar nuestra oferta especial ahora o piensa solicitar más información? _____.

Como pudiera recordar, estamos ofreciendo precios especiales y servicios de cortesía para empresas que organizan reuniones en el Wilford entre el primero de abril y el treinta de junio. ¿Está su compañía planeando sostener una reunión en Los Angeles durante ese lapso? _____ ¿Le gustó la oferta especial que le hemos hecho? ¿Tiene algunas preguntas acerca de ella? ¿Tienen reuniones en hoteles como el Wilford? _____ ¿Cuántas personas atienden las reuniones? _____ ¿Dónde se reúnen normalmente? _____. Pienso que usted pudiera estar interesado en sostener una reunión en el Wilford. No olvide, durante el período entre el primero de abril y el treinta de junio, estamos ofreciendo:

- Tarifas de habitación especiales.
- Salón de conferencia como cortesía.

- Vino para la cena de cortesía.
- Una habitación gratis por cada quince reservadas.
- Un receso con café diario, cortesía de la casa.
- Descuentos en equipos audiovisuales.
- Registro previo de entrada para su personal.
- Una suite para el planificador de la reunión.

¿Suena bien, no es verdad? _____ Usted obtiene todos estos beneficios por un mínimo de sólo quince habitaciones de huéspedes.

¿Hay algo adicional que yo pudiera ofrecerle? _____ ¿Cuándo planea sostener su próxima reunión? _____ ¿Cuándo será el mejor momento para arreglar una reservación para su grupo en el Wilford? _____ ¿Desea que haga los arreglos de una vez o con posterioridad? _____ ¿Cuándo? _____ ¿Existe alguna otra persona en su compañía que usted sugeriría que yo contactara? _____ Muchas gracias por tomar este tiempo en hablar conmigo. Hasta luego.

Preguntando, tanto como hablando

Como usted puede apreciar, un buen guión telefónico necesita de muchas preguntas, para que así la persona pueda sentir que es parte del proceso y no sienta que lo han "apabullado hablándole". Lo que diga por teléfono debe ser parte de sus planes creativos y de marketing globales, así que compare sus guiones contra su estrategia de marketing.

Una característica desafortunada del telemarketing es que la mayoría de las llamadas tienen un mal guión. Se necesita talento para crear una buena llamada. Esto significa mucho más que tener habilidad con las palabras. Un guión de telemárketing guerrillero ayuda a los operadores a superar la rotación de personal, el desaliento, la falta de entusiasmo y el ofuscamiento por los rechazos. Mantiene a los operadores encaminados y asegura que los clientes potenciales reciban datos precisos mientras permite una conversación telefónica natural. Hasta permite que surjan y se contesten objeciones.

La mayoría de los guiones fallan debido a que no le otorgan suficiente crédito al muy importante elemento humano, ya que el telemarketing está considerado en este momento como sospechoso por un público cada vez más sofisticado. Asegúrese que sus guiones sean compactos aunque cargados de calidez. ¿Difícil de hacer?. Le apuesto que sí.

Asegúrese que su guión está estructurado en su interior con montones de detalles humanos, con posibilidad de agregar y quitar. Permita que el operador agregue sus propias palabras y frases al guión. Mientras más cómodo esté el operador, más relajado estará el cliente potencial. Es bueno tener prospectos relajados. **Relájese**

Mantenga su guión no más largo que una página, a un solo espacio. El párrafo uno presenta a la persona que llama y a la compañía. El párrafo dos expone la razón de la llamada o hace la oferta. El párrafo tres subraya los beneficios de la oferta. Los párrafos cuatro y cinco cierran la venta o montan el escenario para el próximo paso: posiblemente una cita personal.

Su guión debe contener una buena razón para su llamada. Usted tiene entre quince a veinte segundos para ganar o perder la atención de su cliente potencial, así que no pierda ni un segundo, ni una palabra. Los guiones de los emprendedores guerrilleros contienen alrededor de cuatro comentarios para crear interés y fluyen directamente a los beneficios. Construyen afinidad inmediata usando preguntas.

Los buenos guiones incluyen sistemas para manejar objeciones y para cerrar la venta. Usted va a necesitar un sistema para probar y mejorar su guión. Hablaremos más de esto luego.

Usted debe estar preparado para manejar cantidades masivas de rechazos cuando se embarque en un programa de telemarketing. Debido a estos, la rotación de personal de las empresas de telemarketing es tremenda. Por otro lado, el telemarketing es tan efectivo instantáneamente para algunas compañías, que éstas montan lo que se conoce como operaciones de sala de calderas. En estas operaciones, varias personas se reúnen en un gran salón, el cual está usualmente dividido. Cada una tiene un teléfono, cada una puede ver a las demás. Cada persona hace llamada tras llamada, trabajando para lograr cuantas ventas pueda en el menor tiempo posible. Cuando una venta es hecha, se da una señal, como por ejemplo un puño levantado. Las otras personas dan una señal recíproca para indicar que reconocen el éxito. Esto parece alzar la moral del grupo y ayuda a las personas de ventas por teléfono a manejar el horriblemente alto número de rechazos. También parece alimentar el entusiasmo. **Prepárese para ser rechazado**

Usted puede montar su propia operación de sala de calderas. Igualmente puede contratar una. Existen muchas empresas de telemarketing, más ahora que nunca, ya que hace dos décadas no existía ninguna. Estas firmas son permanentemente una operación de sala de calderas. Operan desde sus propias oficinas, usando sus propios guiones, hechos a la medida de **La sala de calderas** sus necesidades y con sus propios profesionales de ventas por teléfono. Cobran por hora trabajada y por llamada. Muchas compañías consideran que bien valen el gasto. Si piensa establecer un montaje de sala de calderas, primero considere la parte económica de contratar una firma de afuera que ya tenga una operación en marcha. Estas firmas pueden poner sus oficinas a trabajar por usted o pueden montar una operación para usted, entrenando su gente para ser maestros en la venta por teléfono.

Una ventaja del telemarketing   Una de las mayores ventajas del telemarketing es que usted puede obtener una respuesta inmediata a su oferta. Puede manejar las objeciones y solucionarlas. Puede hablar, usando una operación de sala de calderas, con literalmente miles de personas al día. Haciéndolo, puede categorizar a las personas que ha llamado como clientes, casi clientes y no clientes. En casos poco frecuentes, puede lograr todo su marketing por teléfono. Algunas compañías lo hacen.

No es difícil ver por qué este tipo de marketing funciona mucho mejor para negocios vendiendo a otros negocios que para compañías que venden directamente a los consumidores. Esto es debido a que los consumidores en casa tienen poco tiempo para negocios, pero las personas de negocio en su lugar de trabajo sí tienen tiempo para asuntos de negocio, aún aquellos que llegan por teléfono. Las ventas grandes son una de las razones para el éxito del telemarketing en transacciones de negocio a negocio, en cambio con los clientes individuales, los beneficios tienden a estar mucho más bajos, haciendo el telemarketing para ellos mucho menos eficiente en materia de costos.

Asegúrese de no esperar demasiado de su campaña de telemarketing. Una organización financiera envió por correo una carta a sus clientes potenciales, ofreciéndoles un regalo gratis a todos aquellos que solicitaran un folleto. Haciendo telemarketing a todos aquellos que lo solicitaron se obtuvieron muchas citas personales. Fue durante estas citas que las ventas fueron cerradas. Aún cuando las ventas pudieran cerrarse por teléfono, el telemarketing es meramente una pieza de una gran máquina.

Cuando usted haga telemarketing, debe saber qué beneficios atraen a sus clientes potenciales. Otorgue el mayor énfasis en los beneficios que usted piense que tendrán el mayor impacto. Asegúrese que usted está hablando con la persona adecuada. Haga una oferta específica, preferiblemente una oferta especial que no esté disponible para todas las personas en todo momento. Sepa cómo manejar objeciones ya que serán tan comunes como las señales de ocupado y las contestadoras telefónicas.

Mientras más personas llame, más ventas cerrará. De cada 20 personas que usted llame, probablemente hará contacto con cerca de 5 en el primer intento. Los otros estarán ocupados, enfermos, fuera de la oficina, hablando por teléfono o no accesibles de otra manera. De cada 20 personas que usted *consiga contactar*, es posible que cierre sólo una venta por teléfono. Tendrá que hacer cerca de 100 llamadas para cerrar una venta. Puede sonar como mucho, pero esto significa, para un verdadero profesional de telemarketing, que con apenas 1.000 llamadas obtendrá 10 ventas. Los mejores profesionales de telemarketing aprecian cada no que obtienen, ya que entienden que 99 de ellos valen por una venta. Calculando un promedio de tres minutos por llamada (algunas tomarán hasta 10 minutos, pero la mayoría durará menos de uno), significa que 50 horas de llamada producirán 10 ventas.

Mientras más llame más cerrará

Esto también significa que usted gastará una dura semana de trabajo en el teléfono o contratará a alguien para que esté en el teléfono por usted. Si su ganancia por venta es lo suficientemente grande, usted debería considerar seriamente este tipo de marketing. Si 10 ventas no llegan a estar cerca de lo suficiente, quizás usted debe pensar acerca de usar otros métodos de marketing. Para algunos empresarios, 10 ventas en una semana significan alegría, riqueza y satisfacción. Si usted cree que el telemarketing tiene sentido con su producto o servicio, úselo y aproveche antes de que sus competidores descubran sus poderosas capacidades.

Si usted tiene un departamento de telemarketing interno, haga que llamen durante no más de cuatro horas al día. La tasa de rechazos es extremadamente alta y yo estoy conciente que: tanto rechazo disminuye el entusiasmo, algunas veces de manera permanente.

Analice la viabilidad del retorno sobre la inversión antes de comenzar una campaña de telemarketing por su cuenta. Solamente el 3 por ciento de las personas llamadas aguantan hasta el final de una llamada de telemarketing computarizada, mientras que el 33 por ciento lo hacen a una llamada hecha por un ser humano. Sólo un 4 por ciento de las personas contactadas por el telemarketing realmente colocan una orden.

Cuatro horas de rechazos son suficientes

Para ayudarlo a organizarse, encuentre qué novedades hay en telemarketing contactando a AT&T y a su compañía

Organizando su acto de tele-marketing

telefónica local, ambas conducen regularmente seminarios de telemarketing.

Si usted está satisfecho con los resultados de su telemarketing, y sí lo estará si lo combina con otros métodos de mercadeo de guerrilla, recuerde que siempre puede ser mejorado. Debido a esto los emprendedores guerrilleros nunca paran de probar sus guiones. Constantemente están experimentando con nuevas palabras, frases e ideas. Como resultado, sus tasas de respuesta continúan incrementándose.

En este capítulo discutimos sólo un aspecto del telemárketing: el de salida. No discutimos el telemercadeo de entrada, que significa responder llamadas entrantes, debido a que esto conlleva un comportamiento telefónico particular, siendo éste dominio de los grandes negocios, más que de los pequeños negocios de guerrilla.

Números telefónicos de llamadas gratis

Un número de llamada gratis puede incrementar su tasa de respuesta en un 30 a 700 por ciento y el costo de ofrecer uno, continúa bajando cada vez más. Si usted maneja clientes y prospectos sólo de su localidad, no implemente un número de llamadas gratis ya que a la gente le gusta negociar con las compañías locales. Esto se debe, nuevamente, al factor confianza. Si usted siente que debe tener un número de llamada gratis, le alertamos que si éste deletrea un nombre, la gente probablemente no lo anotará sino que supondrá que lo va a recordar. ¡La verdad, sin embargo, es que no lo hacen! Es por eso que el número de llamada gratis para el catálogo gratuito que ofrece "Guerrilla Marketing International" es 1-800-748-6444. Yo proporciono este número cuando doy charlas acerca de marketing de guerrilla y las personas lo anotan. Si yo dijera una palabra en vez de estos números, las personas probablemente confiarían en sus memorias y nosotros recibiríamos menos llamadas.

El telemercadeo es una fantástica arma de minimarketing, funcionando también como arma de maximarketing. Le conmino a probarla, especialmente si usted está vendiendo a negocios. En 1997, la transacción telefónica promedio, desde el contacto hasta el cierre de venta, fue superior a US$380 por llamada cuando una empresa negoció por telemarketing con otra. Quizás usted pueda mejorar este monto. Este empresario guerrillero de seguro tiene esa esperanza.

CAPÍTULO 12

CIRCULARES Y FOLLETOS:
CÓMO, DÓNDE Y CUÁNDO

Aclaremos esto desde el comienzo: no hay mucha diferencia entre una circular y un volante; pero un folleto es un animal diferente. Para mí, las circulares y los volantes son cortos y con un solo propósito; el folleto es más largo y más detallado que los otros dos. Mis diccionarios "off-line" y "on-line" no reflejan más luz al respecto, así que tendremos que vivir con mis definiciones.

Distribución

Hay diferentes maneras de distribuir circulares y folletos. Pueden ser enviados por correo solos o como parte de un paquete de envío, colocados en los buzones, deslizados por debajo de las puertas o colocados debajo de los limpiaparabrisas, entregados en las esquinas de las calles, en ferias comerciales y en cualquier lugar donde se congreguen clientes potenciales, entregados a los prospectos y/o clientes, puestos en dispensadores donde diga "tome uno" o sobre mostradores para distribución general, colocados en carteleras de la comunidad y puestos en habitaciones de hotel.

Forma y contenido

Si usted va a distribuir muchas unidades, haga circulares, ya que éstos son menos costosos por pieza. Si usted va a distribuir relativamente poca cantidad, pudiera optar por los folletos, más costosos.

El tipo más simple de circular es una sola hoja de papel, impresa en una cara. Imprimir en ambos lados significa un poco más de complejidad para la materia y el formato. Imprimir a ambos lados en dos piezas de papel, cada una doblada por la mitad, produce un folleto, cuando está cargado de información, ya sea impresa o visual. Si no lo está no es realmente un folleto sino una circular plegada. Algunos folletos llegan a tener hasta veinticuatro páginas.

Una circular es considerada por muchos empresarios guerrilleros astutos como el arma más pura, ya que provoca acción inmediata si es usada apropiadamente. Es impresionantemente poco costosa, especialmente si es producida en su propio computador. Le permite usar color en un océano de blanco y negro, al igual que es la esencia de la simplicidad y la flexibilidad si lo hace correctamente. Esto es lo que debería hacer una circular:

- Hacer una oferta clara y persuasiva.
- Tener un elemento de urgencia.
- Ir directo al grano.
- Decirle al cliente potencial qué hacer después.
- Enlazar con su identidad actual.

Uno es igual a cuatro

Cuando esté planeando producir materiales como éstos, recuerde que cuando usted dobla una hoja de papel en dos, usted hace un total de cuatro páginas (dos de cada lado), por lo que generalmente, debe pensar en términos de unidades de cuatro páginas. Los folletos constan comúnmente de cuatro, ocho o doce páginas. Algunos de ellos se doblan en paneles en vez de tener páginas que se voltean. En general, estos son folletos de seis paneles, tres paneles de cada lado. Si usted comienza con un pedazo de papel estándar de 8 × 11 al doblarlas dos veces están listas para convertirlas en un folleto de seis paneles con el tamaño ideal para un sobre #10.

El formato no es, en general, tan importante como el contenido. Este debe contener información sobre hechos reales, animada con un toque de estilo y romance. A diferencia de los anuncios, los cuales deben llamar la atención de la persona, un folleto o circular ya tiene esa atención. Su trabajo primordial es informar, con la intención de vender. La mayoría de los folletos y algunas circulares muestran ilustraciones artísticas para mantener la pieza visualmente interesante. El propósito es explicar, informar y vender.

Cuando esté escribiendo una circular, piense primero en la idea básica que usted desea expresar. Luego trate de juntar una ilustración (arte o fotografía) a un juego de palabras. Después que haya enunciado su idea lo más breve posible, trate de explicar con más detalles lo que usted está ofreciendo. *Siempre* esté seguro de incluir información relevante: su dirección y número de teléfono. Una circular es un encabezado. No necesita atraer la atención. Ya la tiene. Si usted no enuncia su oferta de una manera tal que pueda ser comprendida en un vistazo, no tengo muchas esperanzas de su éxito. No hay necesidad de enumerar todos sus beneficios: enumere su mayor beneficio. Mi primer jefe e ídolo en marketing, Howard Gossage, dijo: "No tiene que herir por todos lados a un tigre atacante para detenerlo, un tiro certero puede cumplir el trabajo".

Conozco un contratista con mentalidad de empresario quien se llama a sí mismo Super Handyman. Mercadea bien sus servicios y ha decidido mejorar el negocio distribuyendo una circular o un folleto. Procedió de la siguiente manera. Primero usó una circular para averiguar cómo iba a funcionar para él esta arma de marketing. Si era exitoso, iba a considerar un folleto. En la circular incluyó el dibujo de un hombre (él mismo, como Superman) haciendo cinco trabajos diferentes al mismo tiempo delante de una casa. Encima del dibujo, colocó el nombre de su empresa, el cual, incidentalmente, funcionó como un excelente encabezado para su circular: ¡ES SUPERHANDYMAN! Debajo del encabezado y el dibujo, enunció brevemente su oferta:

La circular de Super Handyman

Construye terrazas y patios
Instala tragaluces y jacuzzis
Pinta y coloca papel tapiz
Hace trabajos de mampostería y electricidad
También diseña y hace planes de construcción
¡SUPERHANDYMAN LO HACE TODO!
Llámelo AL 555-5656 a cualquier hora, cualquier día.
Todos los trabajos son garantizados
Licencia de contratista #54-45673

No muy sofisticado, pero suficientemente explícito. El costo de escribir esta circular para Super Handyman fue mínimo. Un estudiante de arte dibujó la ilustración por US$ 50 y el costo de producir alrededor de 5.000 de las circulares, incluyendo el papel, fue de otros US$ 100. Hubiera costado hasta menos si Super Handyman hubiera tenido un computador en el cual crear la circular. Lamentablemente no fue así, por lo que gastó cerca de US$ 150, lo que equivale a tres centavos por circular. Si los costos de impresión hubieran sido más altos, y son más altos actualmente, hubiera gastado menos de una moneda de cinco centavos por circular. Decidió no pagar el color, sin embargo fue capaz de obtener una circular coloreada con el ingenioso uso de tinta de color sobre papel de color: tinta azul oscuro sobre papel color canela claro.

Super Handyman luego distribuyó sus circulares de diferentes maneras: envió 1.000 de ellas por correo, colocó 1.000 sobre los parabrisas de los vehículos (contrató a un estudiante de bachillerato para ayudarle), distribuyó 1.000 en una feria del hogar en su área, repartió 1.000 en un mercado de pulgas local y retuvo 1.000 para entregar a clientes satisfechos para que lo repartan a sus amigos y vecinos. El emprendedor "handyman" (hombre diestro y hábil) igualmente preguntó a cada uno de sus clientes dónde habían oído hablar de él. Cuando ellos respondieron: "Vi su volante", les preguntó dónde lo habían visto. Así aprendió cuál de los cinco métodos de distribución de circulares era el más efectivo. ¡Esto es marketing de guerrilla! No es costoso, sin embargo es muy efectivo. Un trabajo puede hacer recuperar a Super Handyman su presupuesto completo de marketing para circulares, y ya que fueron distribuidas 5.000 de ellas puede estar seguro que debe haber encontrado más de un trabajo.

El folleto de Super Handyman

Quizás decidirá distribuir algún día un folleto. Para planificar un folleto exitoso, se preguntará a sí mismo qué es lo que el folleto supuestamente debe hacer específicamente para él. ¿Conseguir prospectos? ¿Cerrar ventas? ¿Generar llamadas telefónicas? ¿Visitas a la página Web? Las personas no se tomarán el tiempo para descubrirlo por sí mismas, por lo que Super Handyman tiene que hacerlo por ellas.

Supongo que pensará en términos de fotografía, para que pueda mostrar imágenes reales de trabajos que ha realizado, y ya que su servicio abarca tanto, determinará que necesitará un folleto de ocho páginas. Usará un tamaño simple de 8½ × 5, el cual es la mitad del tamaño estándar de una página de papel de

Proporcióneles una razón para leerlo todo

8½ × 11. A menos que el folleto sea a todo color, lo cual es una buena idea ya que el color incrementa la tasa de retención en un 57 por ciento y la inclinación a comprar en un 41 por ciento, todas las letras y fotografías serán en tinta negra. El papel, brillante o no, debe ser blanco o en un color claro.

Planeará utilizar la misma ilustración en la cubierta que la que usó en su circular. Después de todo, si funcionó una vez, debería funcionar de nuevo. Además, es económicamente razonable. Su portada debería mostrar su ilustración, el nombre de su empresa (el cual afortunadamente funciona también como el encabezado y el título del folleto) y quizás, aunque no es definitivo, debería enumerar los otros puntos del cuerpo de su circular. Digamos que sí los enumera, ya que desea impartir tanta información como sea posible. *La repetición en marketing es generalmente más beneficiosa que perjudicial.* Los empresarios guerrilleros comprenden que el verdadero propósito de la cubierta es proporcionarle a las personas una razón para leer el resto del folleto. La cubierta debería tratar de responder la pregunta más importante del cliente potencial: "¿Qué de esto me pudiera interesar?"

Su segunda página pudiera indicar información pertinente acerca de Super Handyman. Pudiera enumerar su experiencia, entrenamiento, los trabajos que ha realizado, sus habilidades y sus servicios. También pudiera incluir una fotografía de él. ¿El propósito de esta página? Construir su credibilidad. Como un emprendedor guerrillero, él está conciente de que mientras más creíble sea, mejores resultados obtendrá del resto de su mercadeo.

La página tres pudiera mostrar fotografías de una terraza y un patio y pudiera describir, con unas cinco oraciones, las capacidades del "diestro hombre" en esa área. La página cuatro debería mostrar fotografías de un tragaluz y un jacuzzi que él haya instalado. Otra vez, cinco o seis oraciones indicarían su experticia. La página cinco debería mostrar fotografías de una habitación que Super Handyman haya pintado y otra habitación donde haya puesto papel tapiz. También incluiría una leyenda donde se hablaría acerca de sus talentos pintando y colocando papel tapiz. La página seis pudiera mostrar fotografías de casas donde se hayan ejecutado trabajos de albañilería y electricidad. Una de ellas pudiera ser una toma exterior y la otra una toma interior. De nuevo, una leyenda describiría el trabajo realizado. Cada una de estas páginas debería repetir las cortas líneas de la leyenda de la portada. Por ejemplo, la séptima página, con una fotografía de un hermoso anexo de una habitación, diseñado y construido por él, debería llevar el encabezado: "Super Handyman también elabora planes y diseños de construcción". Unas pocas oraciones de leyenda seguirían a la fotografía. El propósito del folleto es *informar*.

Finalmente, su octava página, contraportada, pudiera proporcionar el nombre de la empresa, su número de teléfono, el número de fax, página Web, dirección de E-mail, su número de licencia de contratista, y una copia de la mejor fotografía del interior del folleto. Un folleto así, pudiera costarle tanto como un dólar por unidad. Vale la pena, considerando sus ganancias por venta. Él maneja un negocio relativamente simple, por lo que su folleto está bien enfocado. Si tuviera otro tipo de servicios o productos para ofrecer, tales como vitrales o jacuzzis, pudiera crear folletos separados para estos talentos.

Una compañía de calefacción solar para la cual yo diseñé un folleto tenía un problema. Comprendieron que un folleto pudiera ayudar a su negocio, sin embargo la tecnología en su industria estaba cambiando con tanta velocidad que no querían comprometerse a producir uno. La solución: Diseñé un folleto de ocho páginas con un bolsillo en el interior de la contraportada. Dentro de las ocho páginas, el folleto detallaba todos los aspectos de la tecnología solar que no estaban modificándose: su economía, limpieza, responsabilidad con el medio ambiente, su aceptación y éxito en todo el mundo. En el bolsillo, la compañía

El folleto flex-ible inserta unas páginas separadas las cuales describen el equipo específico a medida que la tecnología progresa. Estas páginas se cambian cada vez que sea necesario. Igualmente se insertan las listas de precios, que también hay que cambiar cada tanto. Esto permite a la compañía tener flexibilidad con su folleto.

Examinemos otro ejemplo. Una compañía que se dedica a la fabricación de joyas en San Francisco produjo un surtido de joyas hermosas pero muy costosas. Para agregar un elemento de valor, produjo un folleto espléndido: a todo color, brillante y fotografiado en las partes más glamorosas de San Francisco. Cada página doble contenía una fantástica fotografía del área de San francisco y una fotografía de una pieza de joyería. Esto le agregaba un aire de valor a cada pieza de joyería el cual no pudiera haber sido logrado con una sola foto. Conectaba a la joyería con San Francisco, donde el turismo es la mayor industria. Un folleto era exactamente lo que necesitaban.

Uno de mis clientes envió a un fotógrafo a una asignación de ensueño: visitar México y tomar fotografías de una amplia variedad de villas y condominios que mi cliente alquilaba para uso vacacional. Estas fotografías fueron después convertidas en la base de un folleto colorido. Sin ellas, el folleto pudo haber manejado las vacaciones en las villas y condominios sólo en un sentido teórico. Estas fotografías le agregaron a la teoría a una

Una historia de éxito de un folleto vida vibrante. El folleto ayudó a la compañía a cuadruplicar sus ventas. Sin un medio para mostrar todas las villas y condominios completos: con playas, piscinas, balcones, opulentas salas y habitaciones espaciosas, la compañía no pudiera haber logrado su propósito. Algo menos que un folleto no hubiera podido cumplir con su cometido.

Todavía otra compañía fue capaz de crecer desde pequeña a enorme simplemente mediante el uso apropiado de un folleto. La compañía era propietaria de la patente de un nuevo producto que remplazó el anticuado soplete. Sin embargo, no conseguía comunicar todas las ventajas de su producto con anuncios, cartas o llamadas telefónicas. Las demostraciones personales no eran prácticas debido a problemas logísticos. La respuesta fue un folleto, increíblemente detallado, enumerando todas las ventajas del producto y todos los nombres de las famosas empresas que lo usaban. Igualmente, mostraba varias fotografías excitantes del producto en uso. El folleto incluía una página completa de testimoniales de usuarios satisfechos y describía los datos técnicos con tanto detalle que hasta el más quisquilloso de los ingenieros hubiera quedado impresionado. Además, el folleto era muy atractivo. Esto inspiró confianza en la compañía. Hasta el día de hoy, sus herramientas de marketing más importantes son su página Web y este folleto.

Muchas compañías tienen una historia que no se traduce bien en publicidad pero que resulta brillantemente clara cuando los detalles, tanto verbales como gráficos, son comunicados en un folleto. Usted puede permitirse gastar una gran parte de su presupuesto de mercadeo produciendo un folleto espectacular. El costo, con todo incluido, ronda entre US$500 y US$50.000. Sin embargo, no permita que la cifra de US$50.000 le impresione. Esto equivale a sólo US$4.166,67 al mes, mucho menos que lo que muchas compañías gastan solamente en publicidad de medios. Quizás usted ni siquiera necesite los medios masivos, quizás un folleto pueda ser la solución.

Hasta ahora usted sólo ha leído las malas noticias acerca de las circulares y los folletos. He aquí las buenas noticias: son menos costosas para crear y producir que nunca antes. La razón son los programas de computación fáciles de usar. Esto permite a los empresarios guerrilleros como Super Handyman producir circulares y folletos a una fracción de lo que solían costar. La cifra "de US$500 a US$50.000" llega a ser más como "US$50 a US$500" estos días, si usted posee un computador y los programas actuales, lo cual hace una enorme diferencia. A esto se debe que los empresarios guerrilleros sean tan rápidos, aprovechando la tecnología simplificada de hoy en día.

No se equivoque: en la actualidad *no* hay lugar para *rastros* de trabajo de aficionado, ni para la torpeza, los borrones, la gramática pobre, los errores en la ortografía, los errores tipográ-

Buenas noticias acerca de circulares y folletos

No se permiten trabajos de aficionados

ficos, las contradicciones u omisiones. Use el programa de corrección ortográfica de su computador y luego contrate a un buen corrector para revisar cualquier cosa que usted intente exponer al público. Es mejor que un amigo o asociado consiga sus errores que cinco mil clientes potenciales.

Al final del folleto, asegúrese de decirle a las personas exactamente lo que se supone que ellos deban hacer, ya sea que deban llamarlo, visitarlo, visitar su página Web, enviarle un fax o mandarle un E-mail. Dígales exactamente qué es lo que usted desea que ellos hagan ahora que saben de usted. Los empresarios guerrilleros no asumen nada y sí comprueban todo.

Cuándo no entregar folletos

Aún cuando algunos negocios se benefician casi cada vez que reparten su folleto, existen circunstancias en las cuales usted no debería de entregar uno. Si usted tiene una tienda y distribuye folletos a sus clientes potenciales, usted está dándoles una excusa para no comprar. Ellos pueden decirle que desean revisar su folleto antes de comprar. Yo aconsejo a mis clientes, excepto aquellos que venden artículos muy costosos, no entregar sus folletos a los compradores sino entregarlos sólo a las personas que ya compraron o están en saliendo de la tienda. Sin embargo, pregúnteles si desean uno. No malgaste sus armas.

Igualmente aconsejo a las personas que colocan anuncios que transmiten mucha información, en periódicos o revistas, que consideren usar esos anuncios como folletos. Imprímalos de nuevo y agrégueles portadas y contraportadas imprimiendo en la parte posterior del anuncio doblado por la mitad. Muchas veces la revista se lo hará por casi nada.

Folletos por casi nada

Si usted no tiene el presupuesto para anuncios grandes, considere colocar pequeños anuncios ofreciendo su folleto gratis. Conozco una persona que obtiene todo su ingreso (puedo agregar que es un ingreso de seis cifras) colocando anuncios mínimos en montones de publicaciones, ofreciendo en cada anuncio su folleto gratis. Aquellas personas que soli-citan el folleto son prospectos serios: se toman el tiempo para escribir solicitándolo. Están interesados en lo que él está ofreciendo. El folleto de mi amigo hace todo el trabajo de ventas para él, describiendo su producto, dando los detalles y solicitando la orden. Sus anuncios y folletos son su única herramienta de marketing y es muy exitoso siendo una empresa de una sola persona. Esto demuestra cuán importante puede ser un folleto.

Los emprendedores guerrilleros consideran sus folletos como parte de un baile llamado el "dos pasos" (Two-step). El primer paso es colocar una gran cantidad de pequeños anuncios donde establecen un detalle prominente de sus compañías y luego agregan la frase mágica: "Llame o escriba para solicitar nuestro folleto gratis". Usted debe permitirle a la gente escoger entre llamar o escribir ya que la mitad de ellos no llamarán y la otra mitad no escribirá. Igualmente usted debería resaltar la ausencia de costo, ya que "gratis" es la palabra más poderosa del lenguaje de mercadeo.

El baile "dos pasos"

Cuando las personas llaman o escriben solicitando su folleto gratuito, ¿debería enviárselo sólo? Por supuesto que no. Ya que las personas son bombardeadas con un estimado de 2.700 mensajes de marketing todos los días, que lo contacten a usted por sus folletos significa un poderoso *acto de intención* de parte de ellos. Reconozca este hecho enviando junto con su folleto gratis, una breve nota agradeciéndoles el haberse tomado el tiempo para solicitarlo. Firme la nota en tinta antes de mandar el folleto. Haga un seguimiento con una tarjeta o una carta dentro de los próximos diez días (una semana es aún mejor), llevando la venta al nivel siguiente. Si hace esto, usted puede esperar que entre un 25 a un 33 por ciento de los solicitantes de los folletos se convertirán en clientes pagadores. Los folletos deberían ser entregados solamente a las personas que realmente los desean. Las circulares y las tarjetas de presentación pueden entregarse a cualquiera.

2.700 mensajes de marketing cada día

Un punto extremadamente importante: cuando esté imprimiendo sus tarjetas de presentación, piense en ellas como minifolletos. Sobre ellas, imprima su nombre, dirección, número de teléfono, logotipo, número de fax, dirección de E-mail, página Web y, por supuesto, su lema publicitario. Igualmente incluya una breve leyenda, tanto como pueda caber. Algunos empresarios astutos entregan tarjetas de presentación de tamaño doble, dobladas por la mitad. El exterior de las tarjetas tiene la información estándar de una tarjeta de presentación. El interior tiene un encabezado, debajo del cual están enumeradas varias características y beneficios, productos y servicios. Estas tarjetas parecen tarjetas de presentación pero funcionan como folletos y éstos funcionan bien.

Los minifolletos

Para ver cómo debería lucir una tarjeta de presentación en el siglo veintiuno, haga una simple llamada telefónica a InfoCard al 512-327-3385 y solicite una muestra. Seguramente le proporcionará varias ideas saludables.

Los folletos electrónicos

Si hay algo que haga el trabajo de un folleto mejor que un folleto es *el folleto electrónico*, una versión de cinco a nueve minutos de un folleto impreso. El costo de duplicar videos está por debajo de US$ 1,50 y sigue descendiendo. El costo de producir videos está entre US$100 y US$10.000 por minuto. La cifra más baja representa el costo de hacerlo usted mismo, lo cuál no está recomendado. La cifra más alta es cuando permite a una compañía de producción de videos de primera que lo maneje. Los empresarios guerrilleros encuentran una media feliz en algún lado entre estas dos cifras.

Los folletos de video

Un *folleto de video*, cuando cerca del 85 por ciento de los norteamericanos tienen acceso a un DVD, le proporcionará una impresión de más valor y precio que la versión impresa. Los prospectos lo verán y luego probablemente lo verán de nuevo acompañados de una o más personas. Puede que se lo entreguen a un amigo o compañero de trabajo. El propósito de un folleto como éste es el mismo que el de uno impreso: usar palabras, ilustraciones, música, emociones, intelecto, demostraciones y credibilidad para crear un deseo de adquirir su producto o servicio. Sin embargo, no pretenda que usted esté ahora en el mundo del espectáculo. Los empresarios guerrilleros no caen en esa trampa.

Los emprendedores guerrilleros no envían folletos de video a las personas de una lista de correo, como pueden hacer las grandes corporaciones y han hecho en alguna oportunidad algunas empresas que manufacturan vehículos. Una empresa productora de automóviles envió un video introduciendo el nombre del concesionario local al comienzo de la cinta, utilizando al carro como la estrella, con cinematografía deslumbrante en el video y luego terminando con el nombre de la persona que recibió la cinta *superpuesta sobre la imagen de video*.

Sólo por solicitud

Fue el primero de los muchos folletos de video personalizados. A los empresarios guerrilleros les gusta la idea de la personalización y les cautiva la potencia de la información de video. Sin embargo, ellos envían su folleto de video únicamente a las personas que *lo solicitan*.

Las personas se enteran de los videos a través de revistas, correo directo, ferias comerciales y otras maneras de comunicación. Cuando solicitan alguno, debe ser enviado gratuitamente, sin compromiso. Cualquier cosa que usted haga, envíe una carta personal junto con él, igual que haría con un folleto impreso. Haga seguimiento dentro de los diez días siguientes a través de una llamada telefónica o una carta. La solicitud de un video debe ser vista como el primer paso hacia la compra. Asegúrese de hacerle seguimiento, no pierda el momentum que usted ha creado.

Usted puede no requerir de un entrada visual potente para relatar una historia de su negocio, quizás pueda hacerlo con palabras. Grabe sus palabras en un cassette y ofrezca un folleto de audio. Aproximadamente el 97 por ciento de los norteame-ricanos tienen acceso a un reproductor de discos compactos (CD). Un número cada vez mayor de norteameri-canos viaja desde sus hogares a sus sitios de trabajo por más de treinta minutos todos los días. En vez de escuchar la radio, probablemente escucharán su cinta de cinco a quince minutos. Ellos saben que es una manera de aprender mientras ahorran tiempo.

El folleto de audio

Diseñe un folleto de video de acuerdo a una estrategia, igual como hubiera hecho para crear un folleto impreso. Diga cuanto pueda *visualmente*. Entienda que sus imágenes visuales comunicarán con más fuerza que su verborrea, por lo que debe mantener la emoción visual en un máximo. Asegúrese que sus imágenes visuales correspondan a su compañía y no sean simplemente efectos visuales especiales que estén sustituyendo una idea sólida.

Un folleto de video es animado y más dinámico que una pieza impresa, pero su propósito es hacer una venta, ya sea por sí mismo, en conjunto con un representante de ventas que estará presente durante la exhibición del video o junto con una carta de correo directo, una tarjeta o una llamada telefónica. La fuerza está en los números. La fuerza está en las imágenes visu-ales. Aún cuando su folleto de video sea tan maravilloso como pueda, será sólo tan poderoso como lo sea su idea.

Los folletos electrónicos e impresos son costosos, por lo que no debería decir en ellos nada que usted quisiera enmendar antes de un año.

Haga seguimiento con cualquiera que solicite algún tipo de folleto. Los empresarios guerrilleros raramente envían fol-letos a alguien que no lo haya solicitado en realidad. Cuando envían folletos, siempre incluyen una nota breve, firmada en tinta por ellos, identificándose como el presidente o dueño de la compañía, agradeciendo a la persona por solicitar el folleto. Igualmente, envían una nota de seguimiento a estas personas a la semana de haber enviado su folleto. Cualquiera que se

Siempre incluya una nota

tome el tiempo de solicitar un folleto es realmente un prospecto fervoroso preguntando por todos los detalles. ¿Cuándo fue la última vez que usted haya solicitado un folleto y haya recibido una nota del presidente de la compañía? Probablemente nunca. Es por a esto que usted se destacará tanto cuando lo haga.

Convirtiendo a los curiosos

Los empresarios guerrilleros hacen todo lo posible para convertir a los prospectos curiosos en clientes que compran. Lo hacen con folletos con clase, profesionales y poco costosos, con seguimiento intensivo, atento y servicio personalizado. ¡Ahora es su turno!

CAPÍTULO 13

CLAVES PARA AVISOS CLASIFICADOS: HACIENDO HERMOSO LO PEQUEÑO

Cuando usted piensa en avisos clasificados, probablemente piensa en términos de conseguir un trabajo, buscar un carro, vender un sofá, comprar una lancha o conseguir una casa o apartamento. Piense de nuevo. Los avisos clasificados también pueden usarse para apoyar a un negocio. Muchas empresas prósperas existen principalmente por el poder de atracción de los avisos clasificados.

En un día laboral cualquiera, mi periódico local publicó avisos clasificados para una firma de venta de boletos, varios abogados, un medio publicitario, un centro de consulta pre-natal, una asociación de crédito, una adivina, un servicio de búsqueda de empleos, algunos libros, un local de juegos de video, un consultor psíquico, una firma de alquiler de buzones de correo, un escritor anónimo, algunos servicios para hacer amigos, un grupo de servicios de acompañantes, dos colum-nas completas de negocios de masajes, una columna y media de firmas ofreciendo préstamos, varias compañías de telegra-mas especiales, peluqueros, barberos, empresas de mudan-zas, firmas de transporte de vehículos, agencias de viajes, calígrafos, gran cantidad de empresarios que prestan servicios para el hogar, tiendas de peces tropicales, casas de empeño, comerciantes de monedas y estampillas, comerciantes de antigüedades, subastadores, ventas de equipos de televisión, tiendas de equipos de computación, consultores de Internet, tiendas de instrumentos musicales, un rancho de caballos, comerciantes de lanchas, una academia de vuelo, dos servicios de redacción de curriculá vitae, montañas de colegios, tutores, agencias de empleos, comerciantes de automóviles y camiones,

comerciantes de motocicletas, hoteles, pensiones para huéspedes, posadas con desayuno incluido, sanatorios, posadas,
corredores de bienes raíces, corredores de negocios, moteles
y comerciantes de casas rodantes. Esto era un periódico de un
día de semana, no un periódico dominical. Ni siquiera voy a
intentar enumerar las empresas que usan la sección clasificada

**Haga su
propia tarea**

del domingo. Haga su propia tarea y mire usted mismo en su
propia comunidad. Mejor todavía, haga esa tarea con regularidad ya que la sección de clasificados es un ente vivo, que está
creciendo y que cambia muy rápidamente, para deleite de la
gran cantidad de dueños de pequeños negocios que se benefician de ellos.

Si todos estos empresarios y/o negocios usan la sección de
clasificados, tiene sentido que usted también la tome en cuenta.
Muchos de estos anunciantes han publicado avisos en la
sección de clasificados por más de quince años. Igualmente,
yo sé que ellos no gastarían su dinero allí a menos que estén
consiguiendo hermosas ganancias.

En mis archivos, tengo revistas que publican más avisos
clasificados de los que hay en el periódico que mencioné con
anterioridad. Además, estoy seguro que usted sabe de periódicos, muchos de ellos, que consisten en únicamente avisos
clasificados. Obviamente, éstos funcionan como un medio de

**Anuncios
clasificados
por un valor de
US$12,5 miles
de millones**

marketing. Si usted puede ver alguna ventaja para su compañía
en usar este medio, valdrá la pena un poco de investigación e
inversión de su parte.

En 1995, de los US$34,1 miles de millones gastados en
anuncios de periódicos, US$12,5 miles de millones se invirti-
eron en anuncios clasificados. Entre los segmentos de anuncios
clasificados con mayor rapidez de crecimiento se encuentran
aquellos que aparecen convenientemente on-line. Por lo gener-

**Cuatro lugares
para inser-
tar anuncios
clasificados**

al, existen cuatro lugares donde usted puede insertar anuncios
clasificados: en revistas, en diarios, en periódicos de anuncios
clasificados y on-line. Si su producto o servicio requiere estar
cercano a sus clientes, olvide las revistas. Igualmente, si su producto o servicio tiene carácter nacional, olvide los periódicos.
Es poco probable que usted desee colocar avisos clasificados
tanto en periódicos locales como en revistas a nivel nacional, a
menos que los periódicos que usted seleccione estén ubicados
en localidades diseminadas en todo el país y usted desee combinar esa publicidad con publicidad de revista a nivel nacional.

Usted probablemente haya notado que más y más revistas están ofreciendo anuncios clasificados. Ellos saben que muchos de los nuevos pequeños negocios simplemente no pueden darse el lujo de colocar un anuncio desplegado y tienen este profundo anhelo por los ingresos. Por lo tanto, las revistas ofrecen secciones de avisos clasificados para empresarios. Piénselo bien, ya que para entrar a una revista importante, el costo es relativamente bajo y además, la sección de clasificados está generalmente en la parte posterior de la revista.

Dato para emprendedores guerrilleros: debido a que el 61 por ciento de los norteamericanos leen revistas desde atrás hacia delante, su económico aviso clasificado tendrá una oportunidad decente de ser leído. Este es un fantástico lugar para hacer el primer paso del "baile de dos pasos".

Como usted pudo haber oído, insertar un anuncio clasificado no cuesta un ojo de la cara. Además, probablemente le ofrezcan un descuento por frecuencia. Esto significa que si su clasificado de cinco líneas le cuesta US$20 cuando lo inserta una vez, le costará, digamos, US$18 por inserción si lo coloca tres veces, y solamente US$15 por inserción si lo coloca cinco veces. A medida que lo inserte con más frecuencia, más bajo será su costo por publicación. Esto se llama descuento por frecuencia. Las tarifas de los anuncios clasificados se basan en el número de palabras, el número de líneas o el número de pulgadas, dependiendo de la publicación. El costo del anuncio también se basa en la circulación de la publicación, tanto en cantidad como en calidad.

Cuánto cuesta

Todos los días, muchas personas leen los anuncios clasificados. Algunas los leen buscando ofertas específicas. Otros los leen simplemente para curiosear a través del periódico. Aún hay otros a quienes esta sección les parece la más fascinante del periódico. Revíselos usted mismo. Averigüe cuáles anuncios llaman su atención. Note cuáles categorías de clasificados le atraen. Al leer a través de los anuncios, usted sentirá si su negocio puede beneficiarse o no de este método de marketing. También comenzará a aprender, por de ósmosis, qué decir y qué no decir en un anuncio clasificado. Aún cuando los anuncios clasificados son breves, llenos de abreviaciones y sin ilustraciones, no son tan simples como pudieran parecer.

Aprenda leyendo

Los anuncios clasificados on-line son un fenómeno relativamente nuevo aún cuando son la manera más vieja y más usada de la publicidad on-line. Muchos servicios on-line le

Anuncios clasificados online

permiten insertar su aviso clasificado gratuitamente; algunas incluso ofrecen capacidades de video y audio, lo que significa que sus prospectos pueden escuchar una sinfonía mientras leen acerca de su servicio de consultoría. También pueden escuchar rock mientras toman un tour on-line a través de sus instalaciones, todo cortesía de los anuncios clasificados del siglo veintiuno. Un servicio como éste, Classifind Network en: www. classifind.com, provee un índice de base de datos para buscar y hasta doscientas palabras descriptivas para ayudar al comprador adecuado a conseguir el anuncio adecuado. Sus tarifas de publicidad multimedia son mucho menores que el costo de la mayoría de los anuncios impresos de una columna por pulgada. Estoy hablando acerca de una inversión de menos de diez dólares al mes. Esto es marketing de guerrilla con visión, sonido, acción, tecnología, interactividad y sin embargo, a un costo extraordinariamente bajo.

Los anuncios clasificados de todo tipo llegan a la gente que *ya está comprando*. Son fáciles de crear e insertar, pueden comenzar muy poco tiempo después de que usted decida insertarlos, son fáciles de evaluar y, a través de los siglos, han pagado ricos dividendos a los empresarios. Si usted decide usar la sección **Redactando** de clasificados, existen algunos conceptos que usted debería **anuncios fuertes** tener en mente.

Por una parte, mantenga su encabezado breve. Usted debe tener un encabezado o titular, impreso en mayúsculas. No use abreviaciones a menos de que esté seguro que la gente las entenderá. Mientras vivía en Inglaterra, mi esposa y yo buscamos un apartamento escudriñando los anuncios clasificados. Muchos decían que el alquiler incluía CCF&F. Quedamos confundidos. ¿Sabe usted lo que significa? Más tarde, aprendimos que quiere decir: "alfombras, cortinas, instalaciones fijas y muebles" (Carpets, Curtains, Fixtures and Fittings). También nos dimos cuenta que la mayoría de los británicos lo saben.

En sus anuncios no use términos esotéricos, a menos de que esté seguro de que la mayoría de sus lectores (el 99 por ciento) conocen su significado. Escriba con oraciones cortas. Trate de sonar más como un ser humano que como un anuncio. Incluya su número telefónico y dirección (más de una vez he visto un anuncio sin teléfono ni dirección).

Muchas publicaciones tienen empleados que pueden ayudarle a redactar sus anuncios. Le sugiero que los use como guías, sin embargo no siempre siga sus consejos. Si fueran escritores brillantes, probablemente les pagarían por su redacción. Si usted es un buen escritor, redacte su propio anuncio clasificado. Si no es así, diríjase a un profesional. No dependa, para escribir su copia, de la persona que reciba los anuncios.

Redacte su anuncio de manera tal que contraste con los otros anuncios de la misma sección. Además, escoja esta sección con mucho, mucho cuidado. Algunos periódicos tienen categorías que no aparecen en otros diarios, tales como abogados, notificaciones, artículos navideños y computadoras. Publicítese en la categoría apropiada. Piense en varias categorías, ya que quizás usted desee insertar su anuncio en más de una.

Escoja muy cuidadosamente

Por extraño que parezca, muchas veces los anuncios clasificados llaman más la atención que los desplegados. Así que no piense que simplemente debido a que un anuncio no tiene ilustraciones y no cuesta mucho, no será efectivo. Muchas compañías insertan avisos desplegados y avisos clasificados el mismo día, en los mismos periódicos. Ellos afirman que los anuncios llegan a diferentes tipos de consumidores.

Yo gané alrededor de US$500 mensuales durante por lo menos una docena de años, trabajando una hora al mes aproximadamente. Lo hice mediante un anuncio clasificado. Inserté el mismo anuncio, con cambios menores en la redacción, durante doce años. Después de trabajar algunos años como escritor independiente, aprendí varios detalles muy importantes acerca del trabajo independiente, que nadie me había dicho y que no estaban escritos en los libros. Así que escribí un libro y lo publiqué yo mismo. Lo llamé *Secretos del Trabajo Independiente Exitoso* (Secrets of Successful Free-Lancing). Aún cuando tenía sólo cuarenta y tres páginas, le puse un precio de US$10. La razón por la que cobraba US$10 era debido a que yo sinceramente sentía que el libro los valía. Cada uno me costó alrededor de US$1 para imprimir, incluyendo la tipografía y la encuadernación. La publicidad costó US$3.33 por libro. Así que yo deduje que gané US$5.67 por libro. He aquí una muestra del anuncio clasificado que inserté:

Un anuncio que genera dinero

YO GANO MAS TRABAJANDO DE MANERA INDEPENDIENTE DE LO QUE GANABA COMO VP/DIRECTOR CREATIVO EN J. WALTER THOMPSON. Disfruté mucho mis días en JWT. Sin embargo, ahora disfruto más. Vivo donde quiero. Trabajo sólo 3 días a la semana. Trabajo desde mi casa y tomo muchas vacaciones. Para hacer lo mismo, lea mi incisivo libro: "Los

Secretos del Trabajo Independiente Exitoso". Envíe US$10 a Prosper Press, 123 Alto Street, San Rafael, CA 94902. Reembolso de US$11 si no está completamente satisfecho.

Note que en mi anuncio usé un estilo de lenguaje estándar más que de lenguaje de clasificados. Cuando he insertado otros anuncios usando "lenguaje de personas" también he obtenido buenos resultados. Un anuncio redactado de manera tradicional que aparezca en un mar de anuncios redactados con estilo de clasificados tiende a destacarse.

El costo del anuncio fue de US$36 por una pulgada en la publicación donde apareció originalmente. Todo el anuncio cupó en una pulgada en la sección de clasificados. Por cada dólar que invertí en el anuncio, promedié US$3 en ventas, US$2,5 en ganancias. El envío por correo costó cincuenta centavos, con el sobre incluido.

El mayor reto   Para mí, el mayor reto fue encontrar suficientes lugares donde insertar el anuncio. Después de todo, no todo el mundo es un prospecto para un libro acerca del trabajo independiente. Inserté el anuncio en tres revistas de comercio publicitario, dos publicaciones de directores de arte, dos revistas de escritores, el *Wall Street Journal* y cuatro revistas de oportunidad. Algunas de estas publicaciones atraían una gran respuesta cada vez que yo insertaba el anuncio (lo hacía cada tres meses). Otras no funcionaron para mí, por lo que las retiré de mi lista. Manteniéndome con las cuatro publicaciones que sí funcionaban, fui capaz de redondear unos US$500 al mes en beneficios, después de pagar los anuncios, los libros y el correo. Hice que todas las órdenes fueran enviadas directamente a una casa de cumplimiento de órdenes por correo, la cual enviaba los libros por correo el día en que las órdenes eran recibidas, colocaba en el computador el nombre de las personas que ordenaban los libros y me enviaba los cheques semanalmente, codificados para que yo supiera cuáles publicaciones funcionaban mejor.

Las personas en el negocio de libros ordenados por correo reportan que una tasa de solicitud de reembolsos del 5 por ciento es considerada como decente. Mis solicitudes de reembolso fueron del 1,2 por ciento. Además, no olvide que yo ofrecía un reembolso de US$11 para un libro de US$10 de cuarenta y tres páginas.

La media hora al mes en que me ocupaba de este negocio era usada para llevar cuenta del poder de arrastre de las diversas revistas y para llenar las planillas de depósito para mi banco. Además, US$500 por media hora no es nada de lo que se pueda uno quejar. Sólo piense, mi único método de mercadeo era el anuncio clasificado.

Ese libro ya no está disponible por ese título ya que lo expandí para ayudar a otros. Ahora hay dos versiones: *Ganando Dinero sin un Trabajo* ("Earning Money Without a Job") y *555 Maneras de Ganar Dinero Extra* ("555 Ways to Earn Extra Money"). De hecho, fue la respuesta a esos libros lo que me impulsó a escribir *Marketing de Guerrilla* ("Guerrilla Marketing") principalmente. Si le suena bien la independencia financiera y la libertad de disfrutarla, yo quiero llamar desvergonzadamente su atención, a: *A la Manera de los Guerrilleros: Logrando el Éxito y el Balance como Emprendedor en el Siglo 21* ("The Way of the Guerrilla: Achieving Success and Balance as an Entrepreneur in the 21st Century"), publicado por Houghton Mifflin. Ya es suficiente acerca de mí y mis libros. Regresemos a usted y su mercadotecnia.

Algunos empresarios guerrilleros on-line utilizan anuncios clasificados únicamente para dirigir a las personas a sus páginas Web. Muchos otros ejecutivos de marketing utilizan los anuncios clasificados sólo para evaluar el poder de arrastre de productos, demandas, precios, copias, titulares y gustos. Es una manera poco costosa para obtener información valiosa. Una vez que usted tiene un ganador comprobado, puede entonces colocar su mensaje en anuncios desplegados, si así lo desea. Sin embargo, recuerde que los anuncios clasificados muchas veces tienen más arrastre que los desplegados.

Un amigo, quien publicitaba sus libros en *Psychology Today* encontró que los anuncios clasificados, a un 25 por ciento del precio de un anuncio desplegado, resultaban considerablemente mejor que los desplegados. El tipo de anuncio clasificado que insertó se llama un *anuncio desplegado clasificado*. Es un anuncio que aparece en la sección de clasificados pero posee un cuadro alrededor de él y tiene como característica letras desplegadas, oscuras y grandes. Cuesta más que un clasificado regular, menos que un anuncio desplegado normal y dependiendo del servicio o producto, en muchas instancias resulta mejor que los otros dos.

Anuncios desplegados clasificados

En su anuncio clasificado, no use demasiados adjetivos, sin embargo sí use muchos hechos. Intente a ser tan claro con su mensaje como pueda. Recuerde que su anuncio clasificado es realmente su presentación de ventas. No ahorre características si su producto o servicio posee características para alardear. Usted puede terminar gastando algunos dólares más debido a que su anuncio es más largo, pero si eso le trae ventas, fácilmente compensará el costo extra. *El costo de todo anuncio es medido no en dólares sino en respuesta.*

Cuando piense en anuncios clasificados, piense primero en términos de claridad y luego en términos de interés para el lector. Usted debe capturar la atención de éste. Hágalo con una palabra atrayente, como por ejemplo: ¡ESCRITOR ANONIMO! o con un titular como: ¿NECESITA DINERO EXTRA? Usted sólo tiene un *breve* instante para atraer la atención. Consígalo con su breve encabezado. El resto del cuerpo de su anuncio debe seguir directamente a partir del titular. El encabezado de ESCRITOR ANONIMO pudiera ser seguido por la oración: "Un escritor profesional escribirá, reescribrá o editará su carta, ensayo, manuscrito o anuncio para que brille". El titular de ¿NECESITA DINERO EXTRA? pudiera ser seguido por un texto que comience así: "Obtener el dinero extra que usted necesita pudiera no ser tan difícil como piensa". Si yo necesitara dinero, seguiría leyendo. ¿Usted no?

Háblele a una persona a la vez

La idea en su anuncio clasificado es mantener el momentum creado por el encabezado. Escriba un texto como si estuviera hablando a una persona y no a una audiencia masiva. Aún cuando usted debiera mencionar cuantas características y beneficios pueda costear en su anuncio, practique la retención selectiva de información. Omitiendo simplemente ciertos hechos, usted puede generar llamadas telefónicas, visitas u otro tipo de respuestas deseadas. La información que usted retenga pudiera ser el precio, la ubicación o algún otro dato que el lector necesita para completar la imagen. Tenga cuidado de no retener tanta información que termine atrayendo a una horda de prospectos no calificados.

Un buen ejercicio para la redacción de un anuncio clasificado es escribirlo como si fuera un anuncio desplegado en un periódico. Recorte el texto para hacer el anuncio cada vez más corto. Finalmente, usted se habrá quedado con los puros hechos. Sin embargo, recuerde la *calidad*. Sazone sus hechos con adjetivos. "Puedo pintar su casa para que brille como el día en que fue construida" suena más invitador a decir "Se pintan casas a precios razonables".

Los anuncios clasificados no necesitan ser tan breves como sea posible, y sin duda deben motivar a sus clientes potenciales.

Deben crear un deseo de comprar. Un genio de la publicidad especializado en anuncios clasificados, dijo que la llave para el éxito en los clasificados es la simplicidad y el texto denso. Si usted piensa que eso es fácil de conseguir, está equivocado. Es difícil ser simple, difícil ser breve. La redacción de los anuncios clasificados es un arte muy especial. Los anuncios deben estar bien escritos o no inspirarán confianza. Precisamente porque son breves no significa que puedan ser descuidados.

Para entender cómo redactar exitosamente anuncios clasificados, ojee a través de periódicos y revistas actuales, estudiando éstos. Luego revise las ediciones de hace un año de los mismos periódicos y revistas. Verifique cuáles anuncios están tanto en las publicaciones nuevas como en las viejas. Éstos deben ser exitosos, o las personas que los están insertando no los repetirían. Estudiándolos, usted puede aprender qué es lo que los hace exitosos. ¿Es el encabezado? ¿el servicio o producto? ¿el precio? ¿el texto? Aplique lo que haya aprendido a su propio negocio. No puede comparar los anuncios clasificados on-line de hoy en día con aquellos de hace un año, sin embargo puede curiosear a través de las secciones de clasificados on-line tanto gratis como pagadas para ver quién está anunciando qué cosa. Si usted navega regularmente on-line, puede detectar los ganadores a medida que los perdedores desaparecen y se desvanecen.

Estudie a los ganadores

El escritor guerrillero Charles Rubin, coautor de *Marketing de guerrilla con Tecnología* ("Guerrilla Marketing Online") nos cuenta que los avisos clasificados on-line envejecen rápidamente. Si usted está insertando un anuncio clasificado en un servicio on-line, notará que la mayoría de las clasificaciones de anuncios tienen algunos cientos de ellos, ubicados de manera cronológica de arriba hacia abajo en cada categoría. Esto significa que los últimos anuncios enviados para publicar están en el tope de la lista. El anuncio que usted ha insertado, que hoy aparece en la primera pantalla de anuncios, puede que mañana esté ubicado tres o cuatro pantallas más abajo. Para evitar que se pierda, *envíe de nuevo el anuncio cada día* para mantener su posición cerca del tope. Usted quizás necesite usar diferentes títulos para su anuncio, para lograr insertarlo más de una vez. De todas maneras, la mayoría de los compradores no curiosearán hacia abajo más de tres pantallas para ver los anuncios más viejos.

Reenvíe su anuncio on-line cada día

Muchos grandes negocios que insertan publicidad de alto poder y desarrollan programas de marketing, usando la televisión, la radio, las revistas y medios publicitarios, siguen usando de todas maneras la sección de clasificados. Ellos reconocen que existen personas que leen los anuncios clasificados cuando están buscando, por ejemplo, antigüedades o algunos automóviles en particular. Los anuncios clasificados *no* son poca cosa. Existen consultores de publicidad *especializados* en anuncios clasificados. Usted les entrega el texto de su anuncio y ellos se lo devuelven mejorado y con una lista de publicaciones en las cuales es posible que usted consiga una respuesta. Si va a mercadear un producto o servicio a nivel nacional, considere periódicos en mercados múltiples así como revistas de cobertura nacional.

Si nuestro amigo Super Handyman colocara un anuncio clasificado en un periódico local, probablemente lo insertara en la sección de "servicios para el hogar" y pudiera decir lo siguiente:

¿DESEA UN TERRAZA? ¿UN PATIO? ¿UN TRAGALUZ? ¿UN JACUZZI? ¡Permita a Super Handyman hacerlo! Super Handyman puede proporcionarle todo lo anterior más trabajo de albañilería, de electricidad y planes de construcción. Presupuestos gratis. Llame al 555-5656. Todo el trabajo está completamente garantizado.

Conozco una persona con un ofrecimiento similar al de Super Handyman y que insertó un anuncio parecido. Después de aparecer sólo seis veces, estuvo obligado a retirarlo ya que no podía manejar todo el trabajo. Yo le deseo a usted la misma suerte.

Recuerde que los anuncios clasificados en los periódicos le permiten enfocarse en una audiencia local. Los anuncios clasificados en las revistas le permiten enfocarse en una audiencia más extendida. Los anuncios clasificados on-line le permiten enfocarse en ambas, probando una vez más el potencial del

Probando la temperatura marketing on-line. Igualmente, todos los anuncios clasificados le permiten evaluar su estrategia, su mensaje y el medio publicitario que usted está verificando. Son sitios fantásticos donde formular la oración mágica: "Llame o escriba solicitando nuestro folleto GRATIS".

Si usted siente que la publicidad de clasificados pudiera ser el soporte principal de su marketing, yo le recomiendo sinceramente que llame a Agnes Franz al 602-778-6788. Su boletín: *Comunicación Clasificada* ("Classified Communication") se basa en los anuncios clasificados y cómo hacerlos funcionar. Ella demuestra que los anuncios clasificados son una publicidad de importancia aún cuando vienen en párrafos cortos de oraciones breves. Franz le explicará los directorios que enumeran a todas las revistas que aceptan anuncios clasificados, y si puede, le recomendará algunas que hayan sido probadas en acción.

Aún cuando los anuncios clasificados son pequeños y poco costosos, *son* efectivos. Un verdadero ejecutivo de marketing de guerrilla trata de encontrar maneras para hacer funcionar el poder de los anuncios clasificados. Difícilmente algún otro medio le permite hablar con honestos prospectos y no solamente curiosos. Existe una gran diferencia entre ambos.

CAPÍTULO 14
AVISOS: GRANDES Y PEQUEÑOS

Piense en los avisos de dos maneras diferentes: aquellos que capturan la atención de las personas *afuera* de su lugar de negocio y aquellos que atraen a las personas *dentro* del sitio de negocio. La primera categoría consiste en vallas, las cuales discutiremos en otro capítulo, pequeños avisos en carteleras, los cuales serán discutidos aquí, avisos en las vitrinas, avisos en las tiendas, estandartes, avisos en los árboles y avisos tipo afiche. La segunda categoría está conformada por avisos interiores, comúnmente denominados material de punto de compra: POP (point-of-purchase) o avisos de punto de venta (point-of-sale).

Cualquiera que sea el aviso que usted utilice, o si utiliza avisos de ambas categorías, asegúrese que estén acordes con su publicidad de la manera más directa posible. La máxima, según lo afirmó el gran profesional de la publicidad Leo Burnett, es la siguiente: "Planifique la venta cuando esté planificando el aviso". La máxima, según lo afirma Jay Conrad Levinson: "Los avisos provocan compras por impulso; los empresarios guerrilleros se alegran por esos impulsos".

Los avisos provocan compras por impulso

Sus anuncios habrán impresionado inconscientemente a sus clientes potenciales y sus avisos despertarán la memoria de esa publicidad y motivarán a una venta. Mucha gente comprará en su negocio debido a sus anuncios. Sus avisos deben ser consistentes con su mensaje publicitario y su identidad, ya que de otra manera provocará confusión en esa gente. Si los avisos mantienen su estrategia creativa global, se incrementará el momentum de los consumidores para comprar. El Instituto de la Publicidad de Punto de Compra nos dice que en 1996, el 76 por ciento de todas las decisiones de compra fueron hechas en el mismo lugar de la compra. No pueden sino sonreír con presunción cuando reportan que todas las 22 categorías de la industria que ellos estudiaron ese año, incrementaron su gasto de avisos dentro de las tiendas, con un incremento promedio de la industria de un 5.1 por ciento. En dinero real, esto significa que 22 categorías de productos, desde tabaco a alimentos frescos y hasta servicios profesionales, invirtieron poco menos de US$4 miles de millones en avisos en tiendas.

Las personas entran a una tienda con una vaga noción de que comprar, aunque sin una preferencia por alguna marca en particular. No solidificarán su decisión hasta que estén *dentro* de la tienda. ¿Qué supone usted que influye en esa decisión? En muchos casos, es el envase. En muchas otras ocasiones, se trata de un aviso.

Una vaga noción de comprar

Los avisos tienen una fuerza excepcional en el mundo de las galerías de tiendas, hipermercados (una galaxia de galerías de tiendas), centros comerciales, almacenes, supermercados; son grandes espacios donde muchos comercios compiten por la mirada y el negocio de un transeúnte. Muchos detallistas astutos han usado sus avisos y su decoración para adaptarse a los tiempos actuales. La idea es hacer corresponder la confianza en el producto o servicio, logrado a través del mercadeo masivo, con una razón para hacer una compra impulsiva. Esto se logra, en parte, con el uso de un aviso. Haga esta correspondencia y, ¡bingo!, usted ha hecho una venta.

La mayoría de los avisos exteriores están ahí para recordar, crear un pequeño impulso, implantar tendencias ligeramente más profundas, afilar una identidad, enunciar un mensaje verdaderamente breve. Como regla, los avisos exteriores no deben contener más de seis palabras. Algunos avisos exitosos son más largos, pero no son muchos. Probablemente los más exitosos de todos comprenden sólo de una a tres palabras.

¿Cuántas palabras para un aviso?

Ahora, ya que estamos hablando acerca del poder de las palabras, algunas palabras, examinemos algunas de las que poseen más fuerza. Muchas son empleadas en encabezados, muchas son utilizadas en avisos. Casi todas son usadas en publicidad.

Los psicólogos de la Universidad de Yale nos dicen que las palabras más persuasivas:

El lenguaje de los avisos

Usted	Resultados	Amor	Nuevo
Dinero	Salud	Descubrimiento	Seguridad
Ahorrar	Fácil	Comprobado	Garantía

A esa lista, yo quisiera inmediatamente agregar estas otras palabras:

Libre	¿Por qué?	Venta	Anunciando
Si	¿Cómo?	Ahora	Beneficios
Rápido	Secretos	Poder	Solución

Ahora que usted conoce estas palabras, estoy seguro de que puede crear algunos avisos excelentes.

Frecuentemente, los conductores toman decisiones abruptas (y giran inesperadamente) cuando pasan al lado de vitrinas con grandes estandartes proclamando ¡REALIZACIÓN! O ¡REGALOS GRATIS! O ¡CINCUENTA POR CIENTO DE DESCUENTO! Como usted seguramente sabrá, no hacen falta muchas palabras para convencer a algunas personas de que necesitan comprar en este momento.

Muchos negocios famosos fueron construidos con avisos y únicamente avisos. Inmediatamente me viene a la mente Burma-Shave (para quienes tuve el privilegio de escribir dos avisos que fueron realmente publicados, o debo decir "colocados al lado de la carretera"), Harold´s Club en Reno y Wall Drug Store en South Dakota. Estos negocios son conocidos **Empresarios** a nivel nacional. Muchas empresas famosas localmente mer- **guerrilleros** cadearon sus mercancías de la misma manera. Usted puede **pioneros** estar seguro de que las personas de Burma-Shave, Harold y el Sr. Wall fueron todos emprendedores guerrilleros pioneros, ya que abrieron senderos que conducían directamente al banco. Igualmente llegaron a encolerizar a generaciones venideras de ambientalistas quienes reclamaron que los avisos perturbaban en la belleza de los EEUU. Lady Bird Jonson encabezó este movimiento que nunca morirá. Esté consciente de él y no coloque avisos exteriores, contra los cuales harán manifestaciones, los salvadores del planeta. Como un ejecutivo de marketing de guerrilla, usted debe mantenerse al tanto de las últimas tendencias y yo, por mi parte, estoy emocionado con la creciente preocupación de la nación respecto al medio ambiente, como se indica en las nuevas estrategias de mercadeo, uso de materiales reciclables y los controles a la producción para guiar nuestra especie hacia la sensatez cósmica.

Mike Lavin, un verdadero "empresario guerrillero verde", hizo indagaciones para conseguir una manera diferente para promocionar su negocio de Berkeley. Mike, siendo una saludable combinación de ambientalista y capitalista, fue capaz de conseguir su torta y disfrutarla, al erigir, en un campo, un gran marco para un aviso sin ningún aviso dentro. Debajo de su creación, por la que se podía ver a través, había un aviso más pequeño que decía: "PAISAJE CORTESÍA DE LA TIENDA DE DISEÑOS BERKELEY". Su tienda, en la ubicada en el mismo sitio en Berkeley durante más de veinticinco años, se denomina ahora "Creaciones de Colchones Europeos" (European Mattress Works); sin embargo él sigue confiando en avisos para servir como vendedores silenciosos, dentro y fuera de su local.

Vendedores silenciosos

Otros avisos exteriores que generalmente funcionan bien son aquellos que dicen cosas tales como: VOTE POR LEVINSON, VENTA DE GARAGE, MERCADO DE PULGAS, ESTACIONE AQUÍ Y GASOLINA MÁS ECONÓMICA. Quizás la inversión más rentable que pueda hacer un negocio de detal pudiera ser un aviso de neón que diga ABIERTO. Con seguridad, no se necesita gran creatividad en el texto de esos avisos y sin embargo, funcionan. El omitir hacer una inversión en un aviso cuando esté arrancando el negocio, puede significar tener que hacer una inversión, más tarde, en un aviso que diga: CIERRE DE NEGOCIO.

El aspecto general del aviso es casi tan importante (aunque no completamente) como su redacción. Me refiero a la ilustración o ilustraciones, el estilo de la letra, los colores y el diseño del aviso. Un gráfico poderoso presta más fuerza a las palabras. Un aviso que diga DONAS FRESCAS puede ser doblemente efectivo si muestra donas creciendo como flores en una pradera. Si el signo dice DONAS DELICIOSAS, puede ser más motivante si muestra una ilustración de una pequeña niña sonriendo y sosteniendo una dona a la cual le falta un gran mordisco, o una toma de primer plano de una dona en el proceso de ser remojada.

Avisos con gráficos de efectivos

Generalmente tiene sentido usar letras muy claras contra un fondo muy oscuro o letras muy oscuras contra un fondo muy claro. Es más fácil leer un solo tipo de letras que más de uno. Las palabras en el aviso deben ser del mayor tamaño posible, permitiendo espacio para la ilustración.

Aún cuando se supone que el cometido de su aviso es el de recordar y no el de hacer realmente la venta, vaya por

**El factor
del montón**

la yugular y trate como loco de vender desde el aviso. Los grandes publicistas con enormes presupuestos de marketing pueden usar avisos sólo para recordar, pero los empresarios gue-rrilleros deben conseguir más rendimiento por su dinero. Si bien sabemos que los avisos funcionan como recordatorios, es posible vender con éstos a *algunas* personas, así que apunte a la venta con ellos.

Igualmente considere el "factor del montón". ¿Existen muchos otros avisos en las cercanías? Si es así, asegúrese que su aviso destaque. Si no es así, puede crear su aviso con una orientación mental diferente. En Inglaterra, cuando estábamos diseñando una campaña de avisos exteriores para un producto que prometía economía, tomamos en cuenta el "factor del montón" e introdujimos avisos en blanco y negro que contrastaban con el mar de avisos a color de los alrededores. Nuestras bellezas en blanco y negro no sólo ganaron premios sino, lo más importante, ganaron clientes. Si hubiéramos utilizado color con las mismas palabras e ilustraciones, no hubiéramos disfrutado hoy del mismo nivel de éxito. Nuestra originalidad, la cual se relacionaba directamente con nuestra promesa de economía, nos ayudó a destacarnos y a enfatizar lo que queríamos lograr. Calvin Klein usa la misma técnica en la televisión: blanco y negro en un ambiente a color.

Si va a usar muchos avisos, debe ser creada una poderosa imagen visual. Me viene inmediatamente a la mente el vaquero de Marlboro. Ya que desea que su aviso sea instantáneamente identificable con usted, se recomienda fuertemente, una identidad gráfica. La imagen debe ser inusual, conectada con la identidad de su compañía, y adecuada para ser mantenida durante un largo período de tiempo. Consistencia, ¿recuerda?

El único signo de puntuación en el que usted necesitará interesarse es el signo de exclamación, ya que otorga un tono de excitación. Los signos de interrogación, si bien se usan en la publicidad impresa, toman mucho tiempo de reflexión para ser usados en avisos. Permanezca alejado de ellos a menos que tenga una buena razón para romper esta regla. Las comas y los puntos generalmente no son necesarios en mensajes de seis palabras. Igualmente se deben evitar, cuando sea posible, las palabras largas.

Usted necesitará una gran cantidad de reflexión y creatividad para hacer una venta con una imagen visual más cinco o seis palabras. Al igual que con los otros materiales de marketing, un gran aviso comienza con una gran idea. Si usted carece de la idea, sus palabras e ilustraciones no funcionarán. Sin embargo, si usted tiene las palabras adecuadas y las imágenes pertinentes, junto con la idea correcta y la ubicación perfecta, se puede hacer una venta.

Avisos pequeños y resultados grandes

Los empresarios guerrilleros deben pelear sus batallas con cada una de las armas disponibles. Los pequeños avisos en las carteleras han sido comprobados como armas extremadamente efectivas para muchos de los empresarios. Estoy hablando de avisos tan pequeños como los de 3 por 5 pulgadas colocados en los automóviles. Hasta las tarjetas de presentación son válidas. Un aviso no necesita ser grande para atraer a los clientes. También los pequeños avisos pueden hacer este trabajo.

¿Qué tipo de negocios e individuos pudieran beneficiarse con este medio? Tutores, jardineros, plomeros, mecanógrafos, escritores, niñeras, cuidadores de casas, empresas de mudanzas, contadores, personas que alquilan habitaciones, maestros de música, enfermeras, servicios de contestación de llamadas, acicaladores de mascotas, personal de limpieza, pintores, astrólogos, mecánicos, impresores, costureras, decoradores, diseñadores de páginas Web, caminadores de perros, cortadores de árboles, amenizadores, y muchos más.

Si su negocio tiene algunos prospectos que en ocasiones leen carteleras, quizás usted deba utilizar pequeños avisos en éstas para promover su negocio. Usted encontrará dichas carteleras en los terrenos de las universidades, cafeterías, dormitorios, baños de compañías, oficinas, supermercados, lavanderías automáticas, vestuarios, librerías, tiendas de mascotas, tiendas de artículos deportivos, barberías, peluquerías, jugueterías y diversos sitios más. Muchas grandes ciudades tienen cientos de lugares como éstos; la mayoría de los pueblos pequeños tienen tantos como cinco o diez. Los empresarios guerrilleros colocan avisos en sitios donde haya una alta visibilidad y no cueste nada:

¿Dónde colocan los empresarios guerrilleros sus anuncios?

- Delante de sus propios negocios.
- Delante de los negocios vecinos.
- Estaciones de metro.
- Oficinas de escuelas.
- Centros recreacionales para ancianos y ancianatos.
- Dormitorios de universidades, en el área comunal, pasillos y baños.

- Asociaciones universitarias masculinas y femeninas.
- Iglesias.
- Otros clubes y organizaciones comunales de la localidad.
- Edificios de apartamentos: en las lavanderías.
- Centros de actividad comunal.
- Tiendas de comestibles.
- Centros comerciales.
- Autolavados.
- Salas de fiesta de complejos de condominios.
- Vestíbulos de hoteles y moteles.
- Postes de servicios públicos.
- Cafeterías y centros de recreación militar.
- Mostradores de sitios públicos.
- Centros de convenciones y salas de reuniones.
- Paredes de construcciones.
- Bibliotecas.
- Sedes de sindicatos.
- Cámaras de comercio.
- Oficinas médicas o profesionales..
- Pistas de patinaje y canchas de boliche.
- Salas de espera en talleres mecánicos y ventas de llantas.
- Licorerías y tiendas de conveniencia.
- Carteleras de compañías de amigos y familiares.
- Centros de información turística.
- Paradores de descanso de las autopistas.
- Bancos.
- Fábricas.
- Sus vehículos, ostentando un aviso atrayente, estacionados en un lugar conspicuo.

Opciones ilimitadas

- En las vallas exteriores de una construcción.

El hecho es que los emprendedores guerrilleros no están muy limitados en sus opciones. Puede colocar los avisos por usted mismo o puede contratar empresas que se especializan en colocar esos avisos por usted. En el área de la Bahía de San Francisco, donde vivo, este servicio lo provee una empresa local, llamada el "Thumb Tack Bugle". En 1981, esta empresa estaba presente en ocho localidades; en este momento está extendida en más de ochocientas localidades en el área de la Bahía. Su más importante rival es el "Daily Staple", una compañía que fué creada por el obvio éxito de la colocación de avisos. El hecho es el siguiente: éste es un medio creciente, y los empresarios guerrilleros deben estar conscientes de él debido a su eficiencia y bajo costo.

En la mayoría de los casos, su aviso debe reemplazarse regularmente (una vez al mes o una vez a la semana), aún cuando algunas veces, puede permanecer en el lugar durante años. En algunos pocos casos, usted deberá pagar una pequeña tarifa por colocar su aviso, aunque en general este método de marketing es gratuito (si usted mismo se encarga de colocarlos). Las compañías que colocan los avisos por usted prometen ubicar los suyos en un número garantizado de carteleras (quiero agregar que es un gran número) y que ellos igualmente los reemplazarán regularmente. A menos que usted tenga el tiempo para revisar sus avisos, considere estos servicios. Usted puede encontrarlos listados en sus Páginas Amarillas bajo "avisos" o "carteleras". Si los avisos funcionan para usted, considere contratar a una de estas compañías para manejar este trabajo, para así poder concentrarse en ganar dinero.

Por favor, no letras sofisticadas

Un aspecto muy importante es mantener muy CLARA la inscripción de su aviso. No considere letras muy sofisticadas. Preferiblemente piense en el tipo de letra de la máquina de escribir. A menos que sea el tipo de letra de su útil computador, la escritura a mano, clara y hermosa, es probablemente la mejor. Si no tiene la destreza caligráfica adecuada, solicite a un profesional o a un amigo con mucho talento, para que escriba el aviso por usted. Recuerde mantener el texto breve y al grano. Incidentalmente, es conveniente hacer copias de sus avisos. Un original más un montón de copias y suficientes tachuelas, hacen que usted posea las herramientas de marketing adecuadas para convertirse en un éxito. Una vez más, la tecnología es su aliado, ya que existe una amplia variedad de sencillos programas de computación que hacen fácil la creación de avisos.

Los avisos de Super Handyman

Si Super Handyman hubiera colocado avisos en carteleras a todo lo largo y ancho de su área, éstos hubieran sido muy similares, en palabras, a su circular. En efecto, un aviso para él pudiera decir lo siguiente:

¡ES SUPER HANDYMAN!
Construye súper terrazas y patios,
instala tragaluces y jacuzzis,
hace trabajos de albañilería y electricidad
y diseña planes de construcción.
Llame a Super Handyman al 555-5656
a cualquier hora, a cualquier día.
Todo el trabajo está garantizado.
Licencia de contratista #54-456673

Super Handyman probablemente no necesitaría un aviso de 3 × 5. En lugar de él, pudiera colocar su circular. Las circulares pueden funcionar también como pequeños avisos.

Curiosamente, existen algunos negocios que solamente necesitan promoverse a través de este método de marketing, increíblemente poco costoso. Quizás usted pueda ser uno de ellos. Aún cuando los ejecutivos de mercadeo de guerrilla debieran usar cuantos métodos de marketing les sea posible, deberían ahorrar presupuesto de mercadeo cuando les sea posible hacerlo inteligentemente. Si usted promociona su negocio con tarjetas de 3 × 5, usted realmente puede ahorrar dinero. En efecto, si usted las redacta, escribe y coloca, entonces es gratis.

Creando sus propios avisos

Si usted posee y opera un computador, usted está pensando, en este momento, si podrá utilizar los programas de edición de escritorio ("desktop publishing") para ayudarle a producir y diseñar avisos. Ciertamente, usted puede y debe hacerlo, si posee los programas de computación apropiados, la habilidad y el gusto. Si es así, puede utilizar su destreza con los programas de edición de escritorio, para producir boletines de noticias, correo directo, folletos y una gran cantidad de otras herramientas de marketing. La tecnología comienza a ser fácil de usar. Las personas están acostumbradas a una alta calidad de producción en los materiales de marketing a los que están expuestos.

El genio creativo dentro de usted

Las oportunidades para un negocio con capacidad de edición de escritorio son ilimitadas. ¡Dentro de usted existe un genio creativo latente! Los programas de edición de escritorio pueden dejarlo libre. Usted no necesita dibujar, simplemente seleccione a partir de objetos ya dibujados (una amplia variedad de gráficos espectaculares que solamente esperan por usted para seleccionarlos, apuntarles y chasquear). Sólo asegúrese de dedicar su tiempo a las áreas dónde más pueda ayudar a su negocio. Si esto incluye la edición de escritorio, es maravilloso. Si a usted esto le agrada, pero debería estar haciendo algo diferente, deléguelo a otra persona. La marca distintiva de los empresarios guerrilleros está en la distribución inteligente de su tiempo.

Cuando se está mercadeando con avisos pequeños, los gráficos ornamentados generalmente no son necesarios, aún cuando los bordes, la tipografía y las pequeñas ilustraciones le otorgan vida a la mayoría de ellos. Si usted coloca avisos con regularidad, es aconsejable modificar periódicamente sus palabras, sin cambiar el mensaje básico. También se sugiere usar papel de color diferente para que así su aviso destaque del resto. Sin embargo, tenga cuidado que el color de su papel no desmejore la claridad de su color de tinta. La tinta verde sobre papel verde produce un aviso muy verde pero no muy legible. Si usted usa papel verde, procure que sea de color verde claro y elija una tinta de color muy oscuro. No lo olvide: su mayor propósito es motivar a clientes potenciales y si ellos no pueden leer su mensaje, no pueden ser motivados.

Sugiero que visite algunos lugares en su región, donde estén colocados avisos, para notar así los brillantes usos de este método de mercadotecnia diferente. Un ejecutivo de mercadeo de guerrilla toma en cuenta seriamente un método como éste, al desarrollar un plan de marketing global. Un verdadero guerrillero no piensa que sea una tontería combinar, en su estrategia de marketing, publicidad en la radio, en los periódicos y en las carteleras. ¿Consideraría General Motors una táctica similar? ¿Es budista el Papa?

Localizando las mejores ubicaciones para sus avisos

Asegúrese de hacer grandes encabezados. Produzca una gran cantidad de avisos. De hecho, es buena idea hacer alrededor de diez a la vez y engraparlos juntos. Coloque el paquete completo con tachuelas en una cartelera y escriba cuidadosamente las palabras "Tome uno" encima de ellos. Las personas pueden leer su aviso y los prospectos serios podrán llevarse uno a su casa para referencia futura, para luego entregarla a alguien que esté buscando un producto o servicio exactamente como el suyo.

Si coloca avisos en diez carteleras diferentes, haga el mismo tipo de investigación que usted haría si estuviera evaluando cualquier otro tipo de herramienta de mercadeo. Pregunte a sus clientes: "¿Dónde oyó hablar de mi negocio?" Cuando le digan que vieron su aviso, pregúnteles "¿Dónde lo vio?" De esta manera usted estará en capacidad de ubicar sus mejores sitios de colocación de avisos. Mientras más usted pueda enfocar sus métodos de marketing más productivos, incluyendo sutilezas como las palabras, el color del aviso, su ubicación y el estilo de la letra, más exitoso será.

No le perjudicará llamar a algunas personas que hayan colocado avisos en su área para preguntarles acerca de la efectividad de éstos. Averigüe por cuánto tiempo y dónde han estado colocando avisos, si el que usted vio era el típico, qué ubicaciones parecen ser las más efectivas y qué historias de éxito pueden haber oído. Las personas son sorprendentemente abiertas con información como ésta y muchos disfrutan ser detectados como expertos.

Los avisos interiores ("puntos de compra"—POP) requieren de mucha más creatividad que los exteriores y se le permite usar muchas más palabras. De hecho, se le alienta a esto.

POP   Los avisos POP, son considerados por aquellos que los utilizan, como extremadamente efectivos, ya que crean ventas de impulso. Igualmente, agregan energía extra de ventas y oportunidades comerciales cruzadas. Una persona entra a una tienda para comprar un bolígrafo, ve un aviso donde dice que los maletines están rebajados y lo compra también. Esto es comercio cruzado.

Los avisos POP facilitan a los clientes localizar y seleccionar productos. Sirven como vendedores silenciosos, como asistentes para los vendedores reales. Demuestran las características de los productos. Los avisos POP proporcionan a los clientes información del producto, refuerzan la campaña de publicidad al nivel de detal, ofrecen recompensas y descuentos y generan ventas completamente por sí mismos.

Muchos productores ofrecen a sus consumidores, materiales POP gratis. Si usted compra a un productor, debe preguntar si están suministrando materiales POP. Si no es así, solicite algunos. La mayoría de los productores gustosamente le complacerán, armándolo con avisos, folletos, exhibidores de precios, banderines de vitrinas, exhibidores modulares, dispensadores de panfletos, cartelitos de precios, materiales de merchandising de plexiglas, afiches, dispensadores, exhibidores de piso y mucho más. Simplemente solicítelos.

El crecimiento de los avisos interiores está provocando que las agencias de publicidad gigantes cambien sus actitudes hacia este medio poco glamoroso. No pueden evitar notar que durante la década de 1990, los gastos de medios interiores se duplicaron, creciendo más que los medios más tradicionales tales como la televisión y los medios impresos. La industria de los avisos interiores está creciendo y a la par con ella, están

Los cupones   desarrollándose los cupones, parte de la experiencia en tiendas de los norteamericanos. Actualmente, aproximadamente el 55 por ciento de todo el cereal se compra con un cupón, comparado con menos del 20 por ciento en 1987. Sin embargo, la ma-yoría de las agencias de publicidad no consideran los avisos y los cupones tan seriamente como deberían. Usted, como un empresario guerrillero, no cometerá el mismo error.

Las nuevas tecnologías de video están creando oportunidades para ejecutivos de marketing dentro de las tiendas. Los monitores de televisión están surgiendo sobre los exhibidores de productos y estantes de tienda, en los mostradores de las cajas y hasta en los carritos de compra. Éste es definitivamente un medio que está surgiendo, aún cuando no se está desarrollando tan rápido como habían predicho algunos expertos. Como emprendedor guerrillero, usted puede comenzar a usar las nuevas tecnologías mientras los grandes todavía están esperando para ver cuán bien funcionarán. Muchas nuevas armas de marketing son ideales para los empresarios guerrilleros debido a su bajo costo, naturaleza no tradicional y habilidad para permitir a los emprendedores mercadear como los grandes antes de que éstos siquiera comiencen.

En los años 80, el telemarketing era una fuerza de mercadeo que recién estaba surgiendo, de acuerdo con la revista *Forbes*. En los 90, *Adweek* anunció que el POP sería la fuerza emergente. Nos dijeron que el dinero se iba a encontrar con la mercancía en los pasillos del supermercado. Por supuesto, también se encuentran y saludan en el monitor del computador. Sin embargo, la razón de la popularidad de la publicidad POP es la habilidad para conectar, en el momento de la compra, el marketing de medios masivos con el consumidor. Esto lo hace ser efectivo en costos. Algunas encuestas indican que en el futuro cercano, los materiales POP conformarán un 80 por ciento de muchos de los presupuestos de marketing.

Donde el dinero se encuentra con la mercancía

Como mencioné antes, la regla básica para crear cualquier publicidad es planear la venta cuando se planea la publicidad. Esto significa que usted no debería pensar en términos de una persona leyendo su anuncio o escuchando su comercial. En cambio, piense en la persona en el momento de la compra. ¿Está diseñado su mensaje para motivar al cliente potencial en ese momento crucial? Por naturaleza, casi todos los materiales de mercadeo POP lo están. Los avisos POP llegan a las personas en el momento más conveniente. Están ahí. Están de ánimo para comprar. Están pensando en términos del tipo de mercancía o servicio que usted ofrece. La publicidad POP les otorga muchas razones para comprar, o por lo menos, debería hacerlo.

Planifique la venta cuando esté planificando la publicidad

Muchos empresarios guerrilleros inteligentes han insertado un anuncio y luego lo han ampliado a un afiche de cuatro pies de altura, montándolo y usándolo como un aviso, dentro del lugar de negocio, fuera del lugar de negocio y en la vitrina. Esta

¿Qué pueden hacer los anuncios interiores?

es una manera inteligente de mercadear, ahorrando mucho dinero y asegurando que los avisos interiores están a la par de los anuncios publicitarios.

Los avisos interiores pueden utilizarse para impulsar a los clientes a tocar su oferta, probarla y compararla con la competencia, al igual que para explicar puntos complejos mediante gráficos claros. Recuerde que el 76 por ciento de todas las decisiones de compra son hechas en el mismo lugar de negocio, sin embargo, aún la mitad de ese número sería muy impresionante. Esto debería motivar a cualquier empresario guerrillero a tomar muy, pero muy en serio el uso de los avisos.

El Instituto señala que las decisiones de compra de hoy en día son menos casuales de lo que fueron una vez y que las personas necesitan ser convencidas allí, en el lugar de la compra. Si su negocio está en una ubicación donde sus clientes entrarán a curiosear y a comprar, el Instituto dice que usted debería considerar sus pasillos como sus "trincheras", donde ocurre la verdadera guerra por el dinero de los clientes. Ya que muchas batallas son ganadas o perdidas en las trincheras, sus materiales POP deben ser tan potentes como sea posible.

Prometen una recompensa inmediata

Mientras los otros métodos y materiales de marketing originan en el consumidor un deseo de comprar, como deberían hacerlo, los avisos POP prometen una recompensa inmediata. A los norteamericanos les fascina la gratificación instantánea. Los verdaderos emprendedores guerrilleros están conscientes de que las personas frecuentan sus negocios a propósito, no por accidente. Ellos aprovechan la presencia de clientes potenciales usando avisos motivadores e informativos. Algunos tienen un texto largo, otros son breves. Algunos entran en detalle acerca de las características del producto y sus beneficios. Otros contienen listas de testimoniales de clientes satisfechos. Algunos más muestran gráficos ornamentados, otros señalan las ventajas de mercancía relacionada. Cada uno está ahí para empujar tanta mercancía o vender tantos servicios como sea posible.

Recorra los pasillos

Usted debiera querer recorrer los pasillos de negocios exitosos en su área para aprender cómo usan los avisos POP. Para aprender aún más acerca de ellos, escriba solicitando información gratis a POPAI, 60 East Forty-second Street, New York, NY 10165.

Los otros medios de publicidad preparan al público para la venta. El aviso genera la decisión real de compra. Cuando sea posible, los avisos deben ser utilizados para halar el gatillo del arma ya martillada por el agresivo marketing de guerrilla.

CAPÍTULO 15

LAS PÁGINAS AMARILLAS: CONVIÉRTALAS EN DORADAS

Si su negocio ya arrancó y está marchando, usted probablemente conoce bastante acerca de las Páginas Amarillas. Sin embargo, si su negocio todavía no ha comenzado, es aconsejable otorgarle un nombre que aparezca en estas páginas, como la primera inclusión en su categoría. Por ejemplo, una nueva compañía de almacenamiento se llamó a sí misma "Abaco Storage". Se publicitó únicamente en las Páginas Amarillas. Ese primer año llegó el éxito a la compañía y fueron responsables de ello las llamadas de averiguación que se obtuvieron como resultado de haber aparecido como la primera inclusión en estas páginas.

Lo primero a decidir es si su negocio puede o no beneficiarse del marketing de las Páginas Amarillas. ¿Buscarán las personas en estas páginas para encontrar un producto o servicio como el suyo, al igual que hacen para las compañías de almacenamiento? Si usted es un detallista, las personas consultarán el directorio telefónico de estas páginas para averiguar acerca de usted, con mucha probabilidad. Sin embargo, si usted es un artista o un consultor, las personas probablemente averiguarán acerca de usted a través de otras fuentes. Una vez que usted haya decidido si debería estar en el directorio, determine en cuál directorio o directorios. ¿Uno será suficiente? O, como sucede en el caso de las grandes áreas metropolitanas, ¿tendrá que aparecer en cinco o diez? La respuesta puede resultar más clara después de que usted considere estos descubrimientos hechos por la Agencia gubernamental de Pequeños Negocios (Small Business Administration):

¿Debe usted estar en las Páginas Amarillas?

- La tienda independiente promedio atrae a la mayoría de sus clientes desde no más lejos que un cuarto de milla.

- La tienda de cadena promedio atrae a la mayoría de sus clientes desde no más lejos que tres cuartos de milla.
- El centro comercial promedio atrae clientes desde tan lejos como cuatro millas.

¿De donde vienen los clientes?

Algunos negocios atraen clientes desde tan lejos como 100 millas, especialmente en áreas vastas como North Dakota y Iowa. Las tiendas de muebles atraen negocios desde una distancia promedio de 10 millas. Una de mis empresas, Guerrilla Marketing International, atrae negocios de alrededor de todo el mundo. ¿Y su empresa? Si usted piensa que debe colocar anuncios de Páginas Amarillas en varios directorios, decida si los anuncios en las otras áreas deben ser tan grandes o más pequeños que los de su anuncio en su área principal. Decida si debe tener un anuncio o estar listado. Decida si la inclusión debe estar en letras oscuras y gruesas o en letras normales. Escoja el tamaño, los colores que usará y si desea conectarse con la porción electrónica de las Páginas Amarillas, una opción que está creciendo cada vez más.

Mi negocio editorial estaba incluido únicamente en un directorio, con letras normales. No era el tipo de negocios que atrae a los buscadores de las Páginas Amarillas. Sin embargo, algunos de mis clientes tienen grandes anuncios en tres directorios de estas páginas, dos con colores adicionales, pequeños anuncios de Páginas Amarillas en cinco directorios más e inclusiones con letra gruesa en otros seis directorios.

El costo de un gran número de inclusiones es contabilizado mensualmente, y es alto. Entérese de los nombres de otras compañías en su categoría de negocio y averigüe qué porcentaje de sus negocios proviene mensualmente de personas que los hayan localizado a través de las Páginas Amarillas. Tengo algunos clientes que obtienen el 6 por ciento de su negocio de gente que se enteró de ellos consultando las Páginas Amarillas. Otros obtienen así el 50 por ciento de su negocio. Igualmente algunos consiguen menos del 1 por ciento de su negocio a partir de las Páginas Amarillas, y sin embargo desean seguir publicitándose allí. No estoy de acuerdo. Las Páginas Amarillas deben ser una inversión que se compense cada vez.

Usted debe hacer el trabajo básico para ver cómo, dónde y si realmente usted debe hacer uso de las Páginas Amarillas. Ahora conoce algunas preguntas para hacer y contestar. He aquí otra: ¿En cuáles categorías de su directorio de Páginas

Amarillas querrá ser incluido? Por ejemplo, si usted maneja una tienda donde vende camas y muebles de dormitorio, debe incluir su tienda bajo "muebles", "colchones" o "camas"? ¿Necesita una sola inclusión o deberá pagar por varias? La respuesta: usted probablemente tendrá que incluirse donde busca la gente. Ellos buscan en todas las tres categorías. Una de las contrariedades necesarias de la vida.

Una de las contrariedades de la vida

Una ventaja principal de incluirse en las Páginas Amarillas es que usted puede parecer tan grande como su más grande competidor, tan próspero como el más próspero de su categoría en el pueblo y tan bien establecido como el negocio más antiguo de su tipo en su localidad. Aún cuando los directorios difieren de editor a editor (existen varios), la unidad de espacio más grande que usted puede comprar, generalmente es una página completa. En algunas ciudades, las unidades de espacio más grandes que usted puede adquirir son un cuarto de página. Debido a que éstos son también los espacios publicitarios más grandes disponibles para su competencia, usted puede aparecer del mismo tamaño. Aproveche esto colocando un anuncio más poderoso que su competencia. Frecuentemente, los anuncios más grandes son colocados al comienzo de la sección, donde los consumidores los verán de primero.

Una ventaja principal

Los empresarios guerrilleros han aprendido a controlar la página de su directorio de las Páginas Amarillas, no comprando el anuncio más grande, sino colocando dos anuncios de tamaño diferente en la misma página. Esto elimina la posibilidad de que alguien coloque un anuncio más grande en ese lugar.

Algunos empresarios brillantes, comprendiendo que una gran cantidad de su negocio proviene de personas que consultan las Páginas Amarillas, utilizan la mayoría de sus presupuestos de marketing en este medio. Sin embargo, he aquí una verdad crucial: a menos que domine su sección de las Páginas Amarillas (me refiero a colocar el único aviso grande y el único aviso bueno) usted, en su publicidad en la radio o la televisión, nunca debe dirigir a las personas a su tienda o número telefónico diciendo "Nos encontrará en las Páginas Amarillas". Haciendo esto, usted está malgastando su dinero de medios llevando a las personas a sus competidores directos. Créame, muchas personas hacen esto de manera inocente. Colocan un buen comercial en la radio y le dicen a sus oyentes que los busquen en las Páginas amarillas. Sin embargo, no pasa nada. ¿Por qué? Porque en las Páginas Amarillas, los oyentes vieron otros lugares donde comprar el producto o servicio publicitado.

Si usted no aparece como la clara alternativa en su categoría de las Páginas Amarillas, no recomiende a las personas que busquen allí. Dígales "Nos conseguirá en las páginas blancas de su directorio telefónico". Allí, los radioescuchas y televidentes podrán averiguar, en la paz y tranquilidad de las no competitivas páginas blancas, su número de teléfono y su dirección y no estarán encaminados hacia sus competidores.

Nunca los dirija a las Páginas Amarillas

Ahora que eso está entendido, usted necesitará considerar a las Páginas Amarillas como un medio de marketing, un medio publicitario, una oportunidad para vender. Muchas personas piensan que estas páginas son simplemente un lugar donde colocar sus números telefónicos con letras grandes. ¡Tonta manera de pensar! Las Páginas Amarillas son un ruedo para atraer los negocios de clientes potenciales activos, un lugar para confrontar prospectos en una base de uno a uno. Usted está vendiendo. Otros están vendiendo lo que usted está vendiendo. El prospecto está de ánimo para comprar. Entienda esta oportunidad y usted será capaz de crear anuncios de Páginas Amarillas que se traducirán en ventas.

Los lectores están de ánimo para comprar

Muchos directorios de Páginas Amarillas ofrecen, en este momento, la opción de usar color. Si usted está considerando un anuncio grande o aún uno pequeño, acepte la oferta. Muchos directorios también le otorgan la opción de participar en promociones de cupones colocando cupones para descuento sobre su producto o servicio en la parte trasera del directorio. Yo recomiendo que usted llame a algunos de los anunciantes que hayan colocado cupones para preguntarles directamente si esto funciona, ya que usted lo está considerando y no es un competidor. Quizás se trata de una mina de oro escondida. Quizás es una zona de desastre. Un empresario guerrillero lo verificaría.

Las Páginas Amarillas electrónicas

Un guerrillero también haría averiguaciones acerca de las Páginas Amarillas electrónicas. Esto funciona de la siguiente manera: cada anuncio contiene un número gratis al cual los prospectos pueden llamar para obtener más información. Usted puede actualizar esta información mensualmente. Contacte a su representante local de las Páginas Amarillas para conocer si el servicio está disponible y el tipo de resultados que otros están obteniendo. Llame al número de llamada gratis de algunos de los anunciantes y vea si es un foro para su mensaje. Luego llame a algunos de los anunciantes. Comprendo que lo que yo estoy pidiendo no es tan fácil, pero es mucho mas fácil que perder dinero anclándose a un misil mal dirigido o pasando por alto una fantástica oportunidad.

Si decide insertar un gran anuncio en el directorio de las Páginas Amarillas de su localidad, usted probablemente desee insertar anuncios más pequeños en directorios generales. Quizás necesite un anuncio grande y uno pequeño, y quizás necesite más. De cualquier manera, es demasiado costoso colocar anuncios en las Páginas Amarillas que estén mal redactados, como ocurre con la mayoría. Usted puede incrementar de gran manera su tasa de respuesta de las Páginas Amarillas, dedicando un poco de atención al contenido de su anuncio.

Conozco un negocio local que estaba atrayendo el 2 por ciento de sus ventas a través de anuncios en las Páginas Amarillas. Dos por ciento no es tan bueno, pero sí representa una suma considerable de dinero al final del mes, por lo que el negocio no podía eliminar esa particular herramienta de marketing. En vez de ello, cambió el texto de su anuncio. Eso fue todo. El resultado fue un incremento del 600 por ciento en negocios a partir de anuncios en las Páginas Amarillas. La tienda obtuvo luegoel 12 por ciento de sus ventas, de personas que oyeron hablar de ella por primera vez, a través de este medio.

Un incremento del 600 por ciento

¿Qué influyó para que ocurriera este incremento tan dramático? El propietario de la tienda (la cual tiene una excelente selección de camas, no siendo la mayor en el área pero si lo suficientemente grande para permitirse promocionar seriamente sus productos) entendió la manera de pensar de los lectores de las Páginas Amarillas. Se dio cuenta que las personas que consultan este medio están buscando activamente información específica. Igualmente entendió que generalmente, se puede motivar a las personas con más efectividad, al hacer que estén de acuerdo con lo que se está diciendo, al punto donde dicen que sí a las preguntas que se les haga.

Haga las preguntas adecuadas

Este dueño de tienda formulaba una pregunta que siempre sería respondida afirmativamente por la persona que estuviera buscando en la sección de camas del directorio de las Páginas Amarillas: "¿Está buscando una cama?" Naturalmente, al responder afirmativamente, el lector seguía leyendo. Cualesquiera que fueran los detalles cuestionados por el lector en relación con las camas, éstos eran respondidos por el anuncio. El anunciante no se sentía cohibido al reve-

¿ESTÁ BUSCANDO UNA CAMA?

Encuentre la cama que necesita al precio que desea. Obténgalo todo: selección, reputación y experiencia.
En el Oysterbed Sleep Shop:
La sede de los dormitorios en el Área de la Bahía desde 1970

(ilustración de tres camas, desplegada)

- Uno de los más grandes surtidos de Área de la Bahía.
- Bastidores que cuadran con cualquier decoración, cualquier presupuesto y además ahorran espacio.
- Amplia variedad de muebles de dormitorio, camas de roble sólido.
- Entrega, instalación con experiencia, servicio meticuloso.
- Todos los accesorios, incluyendo sábanas, almohadas y cubrecamas.
- Visa, MasterCard, financiamiento instantáneo disponible.

Gigantesca Sala de Exhibición:
Calle 17, #1849 en de Haro
San Francisco.
Estacionamiento Gratis.

OYSTERBED Sleep Shop

415-626-4343

... único, deseable, para todos los bolsillos.

Camas con resortes	Camas de plataforma
Camas plegables	Camas de gomaespuma
Camas con dosel	Camas de agua
Literas	Sofacamas

Consiga que respondan afirmativa-mente

lar una gran cantidad de información. También reconocía la naturaleza del medio y buscaba activamente el negocio de sus clientes potenciales.

Observe el anuncio de dos columnas por cinco pulgadas tal como apareció en las Páginas Amarillas de San Francisco. En el mismo directorio, otros anunciantes utilizaron el mismo espacio para incluir sus nombres, números de teléfono y poco más. Si su producto o servicio es apropiado para anunciarse en las Páginas Amarillas, usted tiene una oportunidad estupenda.

Si usa las Páginas Amarillas, he aquí algunos datos:

Lo que se debe y no se debe hacer

- Haga una lista de muchos detalles acerca de usted mismo.
- Haga un esfuerzo para que su anuncio se vea y sienta "con clase".
- Trátelo como una comunicación personal, no como una fría inclusión.
- Deje saber a la gente que acepta tarjetas de crédito o que otorga financiamiento.
- Capture la atención del cliente con un fuerte encabezado.
- Haga saber a los demás las razones por las cuales deben comprarle a usted.
- No permita que la gente de las Páginas Amarillas redacte su anuncio.
- No inserte anuncios pequeños si los de sus competidores son de gran tamaño.
- No permita que su anuncio se vea o suene aburrido.
- No olvide usar hermosos gráficos para comunicarse.
- No incluya su negocio en demasiados directorios.
- No trate a su anuncio con menos ligereza que un anuncio de cuerpo entero en una revista.
- No se reserve datos. Las personas buscan información en las Páginas Amarillas. Otórgueles mucha información.
- No olvide incluir su página Web en su anuncio de las Páginas Amarillas. Las personas pueden conocer más de usted on-line que en algún directorio.

Una trampa para esquivar

Nunca caiga en la trampa de pensar que sus anuncios en las Páginas Amarillas deben impactar a la población por su belleza. Con credibilidad, sí, pero no necesariamente con belleza. Si las personas desean belleza, van a los parques nacionales o museos de arte, no a las Páginas Amarillas. Acuden aquí para conocer, conseguir información, para ser asistidos al hacer una compra. Mientras más información pueda impartir, más compras en su negocio harán los curiosos.

Cada vez más anunciantes de las Páginas Amarillas están incluyendo fotografías de sí mismos. Usted pudiera probar hacer lo mismo (especialmente si está en un negocio donde hay mucho contacto de persona a persona) si realmente luce cálido y amistoso y puede transmitirlo en una fotografía profesional. Igualmente, si un gran número de competidores no está usando sus fotografías. Por lo general, las fotografías son mejores que las ilustraciones y éstas son mejores que ninguna ilustración. En las Páginas amarillas, la *información* es lo mejor de todo.

Si existen varias páginas de listados de Páginas Amarillas para sus competidores, lo cual sucede frecuentemente, siga el consejo de un emprendedor guerrillero quiropráctico, quien se encontró en la misma situación. Se encontró con cinco páginas de anuncios en el lugar donde quería colocar el suyo. Así que colocó un anuncio pequeño, con letra amarilla clara colocada sobre un fondo negro. El texto decía así:

"CONSULTA TELEFÓNICA GRATIS
PARA SELECCIONAR A UN QUIROPRÁCTICO"

Obteniendo la parte del león

Luego colocaba su número telefónico. ¿Adivine quién consiguió la parte del león de las llamadas y la parte del tiranosaurio rex de los negocios?

Considere su situación a la luz de su competencia. Si todos los jardineros están insertando anuncios amarillos y negros y usted puede insertar un anuncio verde, rojo y blanco, use los colores y la oportunidad de resaltar.

Felizmente para usted, las Páginas Amarillas son un medio publicitario poco comprendido. Las empresas de publicidad especializadas en este medio pueden ayudar la gente de negocios a aprovechar las oportunidades ofrecidas. Las Páginas Amarillas merecen su cuidadosa atención. Sin embargo, no hay absolutamente ninguna razón por la cual usted esté obligado a publicitar ahí. Si tiene dudas, lea las Páginas Amarillas donde usted vive y averigüe qué opinan sus competidores acerca de ellas.

SECCION III
EL MARKETING
DE MAXIMEDIOS

El marketing de maximedios se refiere a los medios de mercadeo de masas, tales como periódicos, revistas, radio, televisión, vallas y correo directo. En esta área, los errores son muy costosos. La competencia pudiera ser capaz de gastar drásticamente mucho más que usted. Por ejemplo, el costo promedio para producir un comercial de televisión en 1997 estaba en el orden de los US$210.000. Qué orden. Eso es para un comercial de treinta segundos filmado en vivo. Agregue a esto el costo de colocar el comercial al aire y transmitirlo la cantidad de veces necesaries. Sin embargo, no se desanime por este número tan elevado. Es elevado debido a que las cadenas de comida rápida, las cervezas, los zapatos deportivos, los automóviles y las compañías de refrescos (gaseosas) gastan generosamente para crear un deseo por lo que ellos producen. Sin embargo, no piense en los maximedios como costosos. No es el caso. El marketing costoso es el marketing que no funciona. Si usted coloca un comercial de radio en una estación local y únicamente le cuesta US$10, pero nadie lo oye ni se guía por él, usted está enredado en marketing costoso. Sin embargo, si usted desembolsa US$10.000 para pautar una semana de publicidad en una estación de radio de un gran área metropolitana y obtiene un beneficio de US$20.000 en esa semana, usted está engranado en marketing no costoso. El costo no tiene nada que ver. La importancia recae en la efectividad.

Marketing costoso

Cuando un ejecutivo de mercadeo de guerrilla utiliza los medios masivos, hace lo que sea necesario para hacerlos efectivos y por ende, poco costosos. Un empresario guerrillero no se intimida con los medios masivos. Los emprendedores guerrilleros deben usar los medios de masas con precisión, midiendo cuidadosamente los resultados y haciendo que los medios

Un empresario guerrillero no se intimida

tomen parte de un plan de marketing global. Cuando los medios son usados por los emprendedores guerrilleros, éstos últimos deben apoyarse en su intuición y en su perspicacia. El marketing de maximedios trata de dos aspectos: vender y crear un fuerte deseo de comprar. Igualmente, incrementa el éxito del mercadeo de minimedios: las tasas de respuesta a las circulares sencillas saltan cuando la publicidad en radio abre una senda para ellos, y los resultados de telemarketing mejoran cuando las cuñas de televisión prevenden el mercado. Los empresarios guerrilleros libran y ganan batallas de marketing usando armas de mini y maxi medios. Las armas de maximedios generan que las otras armas de marketing hagan un trabajo más efectivo y su precio está bajando.

Una revolución maravillosa
Desde cuando escribí este libro, ha ocurrido una revolución maravillosa: el maximarketing es ahora menos costoso y más razonable que nunca para las empresas muy pequeñas. Respondiendo al número cada vez mayor de las pequeñas empresas, las cuales representan el 98 por ciento de todos los negocios, los medios publicitarios han cedido hacia atrás para atraer negocios, ofreciendo precios más bajos que nunca antes. Las revistas y los periódicos están disponibles en ediciones regionales y localés; igualmente, las estaciones de radio ofrecen paquetes de tarifas extremadamente atractivos. Las tarjetas postales hacen el correo directo fácilmente costeable y atractivo para los empresarios guerrilleros que razonan correctamente. Los maximedios están dentro de su alcance, colocados directamente en su camino ya que le permiten publicitarse de la misma manera como lo hacen los grandes, aunque sin gastar como ellos.

Hoy en día, los guerrilleros compiten en todos los ruedos. Pueden tomar el lugar de los grandes cuando se trata de atraer la atención (y el ingreso a gastar) del público norteamericano.

Los cambios favorecen a los empresarios guerrilleros
Los cambios favorecen a los empresarios guerrilleros ya que ellos emplean muchas armas de marketing en vez de sólo unas cuantas: los clientes están ahora en muchos sitios más que sólo en algunos pocos. En 1982, una cuña de televisión en el popular programa "Cosby" alcanzaba uno de cada cuatro hogares. En 1997, una cuña en el exitosísimo programa "Seinfeld" alcanzaba solamente uno de cada *siete*. En 1975, las tres cadenas de televisión más importantes atrajeron el 82 por ciento de la teleaudiencia en las veinticuatro horas. En 1995, esta cifra bajó a sólo el 35 por ciento y se espera que esté en el

25 por ciento en el 2005. La televisión no es el único maximedio trastornado. Las más exitosas revistas de hoy son títulos de los que usted no había oído hablar ayer y serán diferentes a las de mañana. Los empresarios guerrilleros saben que los medios nunca permanecen estáticos y que los prospectos son blancos móviles.

Comprendiendo y adoptando las tecnologías

Los programas de computación de edición de escritorio ("desktop publishing"), la impresión a láser, la televisión por satélite, las páginas Web, el Internet, los teléfonos celulares, las máquinas de fax, el correo de voz y el correo electrónico son ahora los arsenales de los *ejecutivos de marketing* de guerrilla. Esté consciente de estas tecnologías. Compréndalas y adóptelas antes de que lo hagan las grandes corporaciones. Usted es un guerrillero, ágil y ligero. Los grandes negocios puede que sean brillantes y prósperos, más sus ejecutivos de mercadotecnia deben maniobrar a través de toneladas de burocracias, reuniones, comités, fajos de memoranda y los niveles de tomas de decisión los hacen torpes.

La definición de servicio

Sea conocido por su calidad, innovación, flexibilidad y respuesta a las necesidades de sus clientes. Sea conocido por su servicio épico. La definición de servicio es *cualquier cosa que el cliente desea que sea*. Si usted tiene algún problema con esta definición, perderá clientes, quienes se dirigirán hacia los negocios que sí la entienden y viven aplicándola. Entre con confianza al mundo de los maximedios. Para un empresario guerrillero, el momento nunca fue más adecuado. Así que hágalo mientras consiga buenas recompensas.

CAPÍTULO 16
PERIÓDICOS: CÓMO USARLOS CON INGENIO

Si usa los minimedios o los maximedios o ambos o ninguno, debería estar consciente de los cambios constantes en el mundo del marketing norteamericano. El promedio de edad en los EEUU está creciendo paulatinamente, debido a la explosión de bebés desde 1946 hasta 1964 y las personas viven más tiempo. En efecto, *Newsweek* predijo acertadamente que en los años '90 los trabajadores sociales geriátricos estarían en gran demanda. En 1900, sólo el 4 por ciento de los norteamericanos eran de mayores de ochenta y cinco años. Hoy en día, el 11 por ciento son mayores a esa edad, lo que equivale a cerca de 3.6 millones de personas. De acuerdo al censo de EEUU, este es el grupo etáreo de más rápido crecimiento en la población norteamericana.

Somos más viejos de lo que éramos antes

Continuará el desplazamiento de la población hacia el "cinturón del sol", es decir, a Texas, Florida, Arizona y California. Los inmigrantes representarán entre 25 y 33 por ciento de la población, mientras que los hispanos sobrepasarán a los negros como el mayor grupo minoritario. El diez por ciento de la población será hispana. Los grupos minoritarios continuarán mudándose de las ciudades a los suburbios. La población asiático americana se incrementará rápidamente.

Los ejecutivos de marketing deben tener presente estas tendencias cuando comiencen a considerar la publicidad en los periódicos y el grado de importancia en su mezcla de medios. En la mayoría de las áreas, se consigue un gran número de periódicos. Todos alcanzan audiencias específicas. ¿Cuáles periódicos, cuáles audiencias son mejores para usted? Existen los periódicos metropolitanos, nacionales, locales, orientados a las compras, de anuncios clasificados, universitarios, de negocios, étnicos, diarios, semanarios y periódicos mensuales. Este trabajo está hecho a su medida: haga la selección hábilmente.

¿Cuáles periódicos son para usted?

El método de marketing más usado por los pequeños negocios es la publicidad en la prensa. Por supuesto, puede que su tipo de negocio no se beneficie de esto. Más, si usted piensa que sí pudiera beneficiarse, ponga mucha atención.

Los periódicos son altamente flexibles: usted puede decidir colocar un anuncio o hacer cambios en él, hasta un par de días antes de que salga. La radio le proporciona aún más flexibilidad en este sentido, ya que le permite hacer cambios hasta el mismo día en que su cuña sea puesta al aire. Una página Web provee una gran flexibilidad; el marketing de revistas y el de televisión proveen el menor campo de acción.

Si usted no tiene un periódico claramente favorito (definido como el que mejor apunta a su objetivo y el más apropiado para sus anuncios), he aquí cómo probarlos. Recuerde que probablemente existen en su región muchos más periódicos de lo que usted se haya imaginado jamás. Coloque un anuncio en cuantos periódicos pueda en su área (pudieran llegar a ser hasta treinta). En estos anuncios use cupones. Cada cupón debería tener una oferta diferente, como por ejemplo un descuento de cinco dólares o un libro gratis o un descuento del 15 por ciento o una planta gratis. En su anuncio, solicite al consumidor que traiga consigo el cupón cuando venga a su sede de negocios o que mencione el cupón cuando lo llame.

Una prueba para los periódicos

Midiendo las respuestas, usted pronto averiguará cuáles periódicos funcionan, cuáles no lo hacen y cuáles son los mejores. No tiene que colocar anuncios en todos los treinta periódicos para averiguar cuál es el mejor. Quizás debería hacer la prueba en tres, cinco o diez periódicos. Sin embargo sería muy tonto si no hiciera la prueba. Asegúrese de determinar qué es lo que generó la respuesta del cliente: la oferta o el periódico. Usted puede averiguarlo mediante una segunda prueba. Haga una oferta diferente en el periódico más efectivo. Si sigue obteniendo una excelente respuesta, ha conseguido un brioso corcel para montar.

No olvide, estamos hablando acerca de publicidad en términos de una inversión conservadora. Así que no malgaste su dinero publicitando en un periódico que usted lea o que sus amigos le recomienden o uno que tenga a un supervendedor ofreciéndole espacio publicitario. El periódico que usted seleccione eventualmente, será donde usted publicitará consistentemente. También será donde usted comprometerá su programa de marketing y colocará regularmente su anuncio, su dinero

Haga que el periódico se pruebe a sí mismo

y sus esperanzas. Seleccione con el mayor cuidado posible. El periódico debe haberse probado a sí mismo, con la prueba de cupones y debe ser aquel leído por los clientes potenciales en su área de mercadeo. Un periódico mensual no es preferible. Úselo si lo desea, más asegúrese que su periódico principal es por lo menos un semanario, si no un diario.

El marketing es tanto ciencia como arte, y el componente de arte es muy subjetivo. El lado artístico del marketing no está limitado a palabras e ilustraciones: comprende el momento adecuado y la selección de los medios y el tamaño del anuncio.

La importancia de la apariencia de su anuncio no debe ser subestimada. El número de personas que lo verán, será mucho mayor que aquel que lo verán a usted o a su lugar de negocios, por lo que la opinión de ellos acerca de su negocio estará influenciada por su anuncio. No permita que las personas del periódico diseñen su anuncio ni que redacten el texto. Sus competidores no son únicamente los otros que están en el negocio, sino cualquiera que esté publicitándose.

Sus competidores reales

Usted estará rivalizando con bancos, líneas aéreas, compañías de automóviles, compañías de cigarrillos, compañías de refrescos y quién sabe quién más, por la atención de los lectores. Debe otorgarle a su anuncio un estilo distintivo. Contrate a un director de arte profesional para establecer la apariencia de su anuncio. Posteriormente usted puede solicitar al periódico que siga las pautas de diseño creadas por esa persona. Al principio, sin embargo, usted, un amigo talentoso o un director de arte virtuoso debe hacer que su identidad publicitaria se corresponda con su plan de marketing y lo haga de una manera distintiva. Usted no ganará clientes aburriéndolos, mientras trata de convencerlos que compren. Necesita crearles un deseo; y un anuncio hermoso le ayudará inmensurablemente, sin embargo pudiera ser medible si usted es muy dedicado en sus seguimientos.

Sólo uno de veinticinco

Debo advertirle que quizás uno de cada veinticinco periódicos tiene un departamento de arte de primera línea, el cual puede diseñar anuncios con lo mejor de las sofisticadas compañías de gráficos. Puesto de otra manera, veinticuatro de veinticinco periódicos tienen departamentos de arte que pueden ayudarlo a malgastar su dinero de marketing, diseñando anuncios de apariencia común. Lo mismo ocurre con los textos. Los periódicos le ayudarán a escribir un texto, ya que desean que usted publicite. En vez de esto, entréguele su dinero de mercadeo a una sociedad benéfica. O gástelo en un escritor de anuncios genial quien pueda hacer que éste cante, motive y provoque a las personas a espabilarse y decir: "Yo quiero eso". Si usted tiene un anuncio ganador, su dinero de marketing puede ser **invertido** con confianza en periódicos, con la expectativa de un alto rendimiento.

Seleccione el tipo de letra a usar en su anuncio pensando en la facilidad y la claridad de lectura. No utilice un tamaño de letra más pequeño que el tamaño usado en el periódico (de hecho, hasta ese tipo y tamaño es demasiado pequeño). Hágale *fácil* al lector leer su anuncio. Si usted decide revertir el tipo (imprimir sobre fondo negro con la letra en blanco) asegúrese que la tinta negra no manche las letras blancas, tapándolas. No permita que eso le suceda. Los periódicos son famosos por colocar anuncios que lucen pálidos y difíciles de leer (como resultado de su proceso de impresión particular). Usted o su director de arte debe revisar su anuncio con personas del departamento de producción del periódico, para confirmar que el anuncio se imprima bien.

Hágaselo fácil al lector

Luego viene el tema del tamaño. Por supuesto, un anuncio de página entera es probablemente lo mejor si usted desea impactar. Sin embargo no querrá pagar un anuncio a página entera semanal, así que debe hacer algo más pequeño. ¿Qué tamaño puede usted permitirse cómodamente?

Los periódicos cobran por línea o por pulgada. Hay catorce líneas en una pulgada. Si el periódico cobra, digamos, US$1 por línea, usted está pagando US$14 por pulgada. Si usted desea que su anuncio tenga quince pulgadas de alto y tres columnas de ancho, usted multiplica US$14 por quince, resultando US$210, luego multiplica esto por tres, para un costo total para el anuncio de US$630. Si usted coloca un anuncio de este tamaño una vez a la semana, le costará US$2.709 al mes (Yo multipliqué US$630 por 4.3 ya que ése es el número aproximado de semanas al mes). Si la cifra es demasiado alta, coloque un anuncio más pequeño, uno que usted pueda costear. Algunas personas pueden colocar un anuncio de diez pulgadas a la semana (dos columnas por cinco pulgadas) durante todo el año, cada año y obtener felizmente un 25 por ciento de incremento en sus ventas cada año. Otros desean un incremento mayor, por lo que diseñan un anuncio más grande y lo colocan dos veces a la semana. Mucho depende de cuánto cuesta anunciar en ese periódico en particular.

El tamaño adecuado del anuncio

La mayoría de los periódicos de tamaño "standard" tienen veintidós pulgadas de alto. Si usted puede costearlo, coloque un anuncio que sea doce pulgadas de alto o más. De esta manera, usted se asegura que su anuncio esté por encima del doblez. La mayoría de los periódicos de este tamaño tienen seis columnas de ancho. Así usted puede estar seguro de dominar la página con un anuncio de cuatro columnas por doce pulgadas.

Dominando la página

Esto es un buen plan, y si lo usa no estará desperdiciando su dinero. Incluso usted puede ahorrar algo si coloca un anuncio más pequeño con un borde poderoso y diferente. Un anuncio no tiene que dominar la página para ser visto. Simplemente debe interesar al lector, crear un deseo y luego motivarlo para hacer algo que usted desea que haga.

Periódicos tamaño tabloide

Si usted coloca su anuncio en un periódico tamaño "tabloide" más que en un periódico de tamaño "standard", puede ahorrar dinero colocando un anuncio más pequeño. Uno de diez pulgadas puede lucir como enterrado en un periódico grande, sin embargo, llama la atención en un tabloide. Muchos periódicos dominicales tienen secciones de tamaño tabloide, y usted puede ahorrar dinero al usarlos. Pero no los use nada más por esa razón, asegúrese que sus prospectos leen ese periódico y esa sección.

Lo que no hacen los anuncios pequeños

Existen algunas guías que le ayudarán a decidir si colocar anuncios grandes o pequeños. Considere las ventajas y desventajas de los anuncios pequeños. Estos no hacen lo siguiente:

- Impresionar como lo hacen los grandes.
- Permitir la inclusión de largas listas de nombres y mucha información.
- Permitir el uso de color.
- Disponer de suficiente espacio para fotografías o ilustraciones.
- Generar ventas de alto volumen.
- Permitir obtener la ubicación que usted desea en el periódico.

Lo que hacen los anuncios pequeños

Lo que sí hacen los anuncios pequeños:

- Le permiten colocar varios por el precio de uno grande.
- Le permiten exhibir muestras de su surtido en cada uno.
- Le permiten colocarlo en varias publicaciones para validar resultados en una prueba.

- Le permiten ofrecer catálogos gratis, muestras o folletos.
- Le permiten compilar una base de datos a partir de la información que usted obtiene de las respuestas a su anuncio.
- Funcionan como sitios adecuados para publicitar artículos únicos o anunciar nuevos.
- Le permiten insertarlo en el centro de la sección de clasificados, donde miran los compradores serios.

¿Cuáles son los mejores días para colocar sus anuncios? Esto difiere según las ciudades y los negocios. Solicite a su vendedor local de espacios de periódico una recomendación. Generalmente, el domingo es el día donde la mayoría de las personas leen el periódico y pasan el mayor tiempo con él. Más ¿puede su negocio ser exitoso colocando anuncios en días en lo cuales sus puertas están cerradas? Algunos sí pueden. Si el suyo lo hace, dé una señal de asentimiento al domingo.

Los empresarios guerrilleros favorecen los domingos ya que hay más anuncios de oportunidades de empleo, lo que resulta en una tasa más elevada de lectura del periódico, especialmente la sección de clasificados. Las personas que normalmente están viajando, generalmente están en sus hogares los domingos y tienen más tiempo para invertir en leerlo.

El lunes es un día bastante bueno si su producto o servicio es dirigido a los hombres, ya que muchos de ellos leen con mucho cuidado los periódicos del lunes para enterarse acerca de los eventos deportivos del fin de semana anterior. El sábado también es un buen día ya que muchos anunciantes no publi-citan ese día y usted tendrá menos competencia. Algunos periódicos establecen los miércoles o jueves como su día de la comida, por lo que están cargados de anuncios de alimentos y de tiendas de comestibles.

Deberá observar usted mismo los periódicos, luego preguntar a la persona que le vende el espacio publicitario. Éste resulta mucho más barato si usted firma un contrato por un número dado de líneas o pulgadas al año. Pregunte acerca de los descuentos que puede recibir por volumen, los cuales son bastante substanciales y representan un beneficio adicional a la publicidad constante en el mismo periódico.

Generalmente es mejor si su anuncio aparece lo más lejos de la portada como sea posible, en una página derecha, encima del doblez del papel. Sin embargo, pocos periódicos, si acaso algunos, garantizan la ubicación a menos que usted firme un

La mejor ubicación de su anuncio

contrato gigante. La sección de noticias importantes también es considerada como una ubicación óptima debido a la alta tasa de lectura a consecuencia del gran cruce de los distintos tipos de lectores.

Debido a la naturaleza de su producto, usted puede desear colocar su anuncio en la sección de negocios, la sección deportiva o la sección de entretenimiento. Colóquelo donde sus competidores colocan los de ellos. Si no tiene competencia, coloque su anuncio donde son ofrecidos servicios o mercancías similares a las suyas. ¿Por qué? Porque es allí donde los lectores están condicionados a buscar productos o servicios como los suyos.

Los lectores leen los anuncios en los periódicos

Por cierto, los lectores muy probablemente leerán su anuncio. Estudios tras estudios revelan que los lectores de periódicos leen los anuncios con casi la misma intensidad con la que leen los reportajes. Debido al poder de los gráficos, algunos anuncios atraen más atención que los artículos reales de noticias. En su anuncio, utilice gráficos (¡pero no demasiados!). Generalmente, más de tres o cuatro ilustraciones, sean arte o fotografía es demasiado. Sin embargo, esta es una regla tan útil para conocer como útil para romper. Yo la he roto a propósito y con muy buena razón más de una vez. También he colocado anuncios muy exitosos con sólo una ilustración o fotografía. La ausencia de la ilustración o fotografía significa que el anuncio será un 27 por ciento menos efectivo.

Otra regla para conocer en caso de desear romperla intencionalmente, es que una de las grandes ventajas de la publicidad impresa consiste en permitirle fácilmente repetir su mensaje tres veces: en la ilustración o fotografía, en el encabezado y en la leyenda. Las ilustraciones que se relacionan directamente con el mensaje funcionan 32 por ciento mejor, a menos que sean un cliché.

Leyendas largas o leyendas cortas

Las leyendas largas funcionan tan bien como las cortas, y mejor en muchos de aquellos casos donde prospectos serios estén ojeando su anuncio. Los encabezados vagos reducen la efectividad de su anuncio en un 11 por ciento, mientras que el humor puede agregar un 10 por ciento. Las celebridades agregan otro 25 por ciento a la fuerza de su anuncio, aunque esto no está garantizado. Las recetas de cocina pueden agregar 20 por ciento y los cupones un 26 por ciento. Si también usa televisión, el incluir sólo una escena de su comercial incrementará el poder de su anuncio de periódico en un 42 por ciento. ¿Lo ve? Resulta muy valioso solapar un medio con otro.

Cuando esté seleccionando su periódico, usted ciertamente necesita conocer su circulación. Igualmente necesita conocer si esta circulación del periódico es en su área geográfica de mercadeo, de otra manera estaría pagando por circulación malgastada. Cuando escuche una cifra de circulación puede multiplicarla por tres y deducir cuántas personas están efectivamente leyendo el periódico. Cuando una familia tiene una suscripción al periódico y dos adultos y tres niños leen cada número, esto se cuenta como sólo un suscriptor. Cuando una mujer compra un ejemplar del periódico para leer en el autobús, camino a su casa y su esposo lo lee cuando ella llegue al hogar, esto se cuenta como un solo lector, de acuerdo a las estadísticas de circulación. Las cifras de circulación de los periódicos son una de los pocas estadísticas que están subestimadas

Reimprima su anuncio

Si usted tiene un anuncio realmente bueno, uno que enuncie todas las características y beneficios de su producto o servicio, considere hacer reimpresiones múltiples. Use las reimpresiones como circulares, volantes entregados a los clientes, piezas de correo o avisos interiores. Su costo real fue incurrido cuando usted produjo originalmente el anuncio. Recuerde, usted puede agrandar el anuncio y convertirlo en afiche.

Muchas personas buscan en el periódico lo que quieren comprar antes de ir de compras, quiere decir que ellos revisan los diarios antes de adquirir el producto. Mantenga esto en mente cuando coloque sus anuncios. Si su producto está dirigido a un grupo particular de personas, tales como gente de negocios, colóquelo en un periódico de negocios más que en un periódico metropolitano. Si su producto o servicio está dirigido a cazadores de descuentos, colóquelo en periódicos orientados a los compradores. Si está dirigido a los estudiantes universitarios, publicítelo en un periódico de la universidad.

Un plan completo de marketing en periódicos, usualmente especifica anuncios en varios periódicos, algunos principales, otros secundarios. La combinación que usted escoja puede que sea la llave para su fortuna. Usted desea obtener resultados excepcionales de tanto los periódicos principales como los secundarios. Resultados excepcionales significan muchas ventas, las cuales provienen de muchas respuestas, sea en la forma de llamadas telefónicas, visitas a su sitio de negocio o hasta cartas.

Para incrementar el número de respuestas que usted recibe como consecuencia de su publicidad en prensa, *siempre* recuerde enunciar consistentemente su nombre y mensaje principal en todos sus anuncios. Además, ponga estas ideas en acción:

- Mencione su oferta en el encabezado.
- Enfatice la palabra *gratis* y repítala donde sea posible.
- Vuelva a mencionar su oferta en el subencabezado.
- Coloque una ilustración de su producto o servicio en acción.
- Incluya testimoniales cuando sea posible.
- Haga algo para diferenciarse de otros que publicitan en el periódico. Esto significa todos los demás, no sólo sus competidores directos.

Ideas para
exitosos
anuncios de
periódicos
- Mencione algo para agregar urgencia a su oferta. Puede ser una oferta por tiempo limitado. Puede ser una oferta por cantidades limitadas. Consiga esas ventas *ahora*.
- Coloque un borde alrededor de su anuncio si éste es pequeño. Haga el borde distintivo.
- Asegúrese que su anuncio contenga una palabra o frase escrita con letra muy grande. Aún un anuncio pequeño puede "actuar" como uno grande si usted hace eso.
- Siempre incluya su dirección, ubicación específica, número de teléfono y dirección de página Web. Facilite a sus lectores poder encontrarlo o hablar con usted.
- Cree un aspecto visual que pueda mantener cada vez que publicite. Esto clarifica su identidad e incrementa la familiaridad del consumidor.
- Experimente con diferentes tamaños de anuncios, formas, días en donde colocarlos y secciones del periódico.
- Considere insertar muestras en su periódico. Son cada vez más populares y pueden ser menos costosas de lo que usted imagina.

Agregue un
color
- Pruebe agregar color a su anuncio. Rojo, azul y marrón funcionan bien. No puede hacer esto con avisos muy pequeños, más pudiera valer la pena probar con un anuncio grande.
- Pruebe varios tipos de anuncios y ofertas de publicaciones diferentes hasta que consiga el anuncio, la oferta y el tamaño óptimo del mismo. Luego coloque el anuncio con confianza. Es muy inusual lograr la perfección la primera vez.
- Sea cuidadoso con periódicos nuevos. Espere hasta que se hayan probado a sí mismos. Sin embargo, una vez que

lo hagan, piense en usted como si estuviera casado con el periódico, usted está ahí por mucho tiempo.

- Haga todo lo que esté en su poder para lograr que su anuncio sea colocado en el primer cuerpo del periódico, en una página derecha sobre el doblez. No es suficiente el solicitarlo. Puede que tenga que hacer visitas personales. Sea como una rueda chillona.

- No se asuste con los textos largos. Aún cuando estos funcionan mejor en las revistas, muchos exitosos anunciantes de periódicos la utilizan.

- Coloque su anuncio en las páginas financieras si tiene una oferta de negocios, en las páginas deportivas si tiene una oferta orientada a los hombres, en las páginas de alimentos si de productos alimenticios se trata. La página de astrología generalmente obtiene la mayor tasa de lectura. En general, la sección de noticias importantes es la mejor ubicación para los anuncios.

- Estudie los anuncios colocados por sus competidores. Estudie sus ofertas. Haga las suyas más persuasivas, cálidas, diferentes y mejores.

- Mantenga registros detallados de los resultados de sus anuncios. Si no le sigue la pista a sus experimentos, no aprenderá nada.

Mantenga registros detallados

- Asegúrese que su anuncio está en sintonía con el mercado al que quiere llegar.

- Asegúrese que su anuncio está en sintonía con su producto o servicio.

- Asegúrese que su anuncio está en sintonía con el periódico donde va a publicar.

- Use palabras cortas, oraciones cortas y párrafos cortos.

- Si usted distribuye un cupón, asegúrese que su dirección aparezca en el cupón y también al lado de él, por si el cupón se llega recortar, su nombre y dirección seguirán apareciendo.

- Use fotografías o ilustraciones que se puedan imprimir correctamente en los periódicos.

- Siempre coloque el nombre de su compañía en algún lado en el fondo de su anuncio. No espere que las personas capturen su nombre solo del texto, el encabezado, la ilustración del producto o la foto del frente de su tienda. Es una buena idea colocar su nombre en el encabezado. Por lo menos póngala en el subencabezado.

- Incluya su dirección de página Web en la parte superior de su anuncio. Colóquela prominentemente. Invite a las personas a visitarlo ahí.
- Diga algo de actualidad en su anuncio. Recuerde, las personas leen los periódicos por las noticias. Así que su mensaje debería estar relacionado con las noticias si es posible.
- Pregunte a sus clientes dónde oyeron hablar de usted. Si no mencionan el periódico, pregúnteles directamente. ¿"Vió el anuncio del periódico"? La retroalimentación de los clientes es invalorable.
- Dirija su anuncio a personas que constituyen el mercado para su oferta *en este momento*.
- Si no planea utilizar periódicos para apoyar sus otros esfuerzos de marketing, úselos una vez a la semana o permanezca alejado de ellos completamente. No funciona el hacerlo ocasionalmente.

Estas claves, su sentido común, la calidad de los periódicos en su comunidad, el departamento de producción del periódico, el representante del periódico que lo visita en su negocio y la presencia o ausencia de sus competidores en el periódico deben ser las consideraciones primordiales en su decisión de anunciar en periódicos como parte de su mezcla de marketing de guerrilla. ¡Para muchos emprendedores guerrilleros alrededor del mundo, un periódico luce como un ticket de comida!

CAPÍTULO 17
PUBLICIDAD EN REVISTAS

¿Quién oyó alguna vez de algún pequeño empresario publicitando en revistas de circulación nacional, respetables y bien conocidas? Lo está oyendo ahora. La publicidad en las revistas ha sido la pieza clave para muchos pequeños negocios exitosos. Recuerde, la confianza es la razón más importante por la cual las personas frecuentan un negocio u otro. Los anuncios en las revistas generan confianza infundiendo familiaridad y otorgando credibilidad. *Un anuncio de revista producido apropiadamente y preferiblemente de página completa, otorga a un pequeño negocio más credibilidad que cualquier otro medio de marketing de masas.*

Usted no ganará necesariamente la confianza del consumidor a partir de una única exposición de su anuncio de revista. Sin embargo, si usted coloca el anuncio una vez, puede usar reimpresiones del mismo por siempre. Una compañía altamente exitosa colocó un solo anuncio regional en una única edición de la revista *Time*, luego colocó reimpresiones del mismo (éstas están disponibles a una fracción de un centavo de dólar cada una) en su vitrina y sobre su mostrador por más de veinticinco años. Estas fueron también enviadas por correo directo. En sus envíos por correo de 1998 pudo hasta agregar en la reimpresión la leyenda: "Tal como aparece en la revista *Time*", (sacándole el máximo a este nombre, de un anuncio colocado una sola vez en 1973). ¡Esto es sacarle millaje extra a la publicidad en revistas!

Las reimpresiones son para siempre

El anuncio de revista que usted colocó en el 2000 puede traerle a casa la tocineta en el 2024. La inversión no es tan alta. Varios empresarios brillantes han colocado un anuncio una vez en una edición regional de una revista de nivel nacional, luego han enviado por correo reimpresiones en todos sus correos directos, obteniendo en cada oportunidad la confianza que los prospectos generalmente otorgan a la revista directamente. Este es el *punto* de la publicidad en revistas para los pequeños negocios. Les otorga un gran nivel de credibilidad. Esta genera

Ganando credibilidad

confianza, la cual se traduce en ventas. Y ganancias. Si las personas sienten que la revista *Time* es confiable, creíble, segura y sólida, sentirán lo mismo acerca de compañías que publicitan en *Time*. Así que si usted desea obtener credibilidad inmediata, publicite en revistas y ellas se la otorgarán.

Estoy hablando acerca de colocar su anuncio *solamente* en su edición regional una sola vez. No todas las revistas tienen ediciones regionales, sin embargo aquellas que sí lo tienen pueden ahorrarle una fortuna.

El número de publicaciones que en estos días ofrecen métodos menos costosos para alcanzar las audiencias objetivo, están creciendo rápidamente. Se requiere de un servicio de compra de medios para mantenerse al tanto sobre los esfuerzos que los maximedios hacen para atraer los presupuestos de los pequeños negocios. Esta es una razón por la cual los empresa-rios guerrilleros los utilizan.

Medios regionales que se pueden costear

La mayoría de las personas no se han percatado de la existencia de las ediciones regionales. Cuando vean el anuncio de página entera (o más pequeña si se decide por hacer alianzas de marketing y divide el costo de la página entera con uno, dos o tres otros aliados) que usted ha colocado en la revista *Time*, estarán impresionados de que usted esté publicitándose en una revista respetada, de nivel nacional. Ellos transformarán su gran impresión por confianza en su producto o servicio. En su biblioteca revise el último número de la *Revista del Consumidor y Parámetros y Datos del Medio Agrario (Consumer Magazine and Agri-Media Rates and Data)* publicado mensualmente por Standard Rate and Data Service, Inc., conocido como SRDS, y averiguará cuáles revistas tienen ediciones regionales y cuáles son las tarifas por publicar en ellos.

Pruebas con inserciones separadas

Si usted coloca un pequeño anuncio desplegado para una empresa de ventas por correo, en una publicación de nivel nacional, debería hacer cuanta prueba sea posible. Un método de prueba no costoso es beneficiarse usted mismo de las "inserciones separadas" que ofrecen muchas revistas. Aprovechando éstas, usted puede probar dos encabezados. Envíe sus dos anuncios a la publicación, asegurándose de codificar cada uno para distinguir las respuestas y así poder saber cuál de los dos encabezados tiene mayor arrastre y solicíteles la inserción de los anuncios separados. El anuncio con uno de los encabezados será colocado en la primera mitad del tiraje total de la revista impresa, el otro se colocará en la segunda mitad.

Por ejemplo, un fabricante de equipos de ejercicios físicos colocó una vez un "anuncio separado", con un cupón. Un encabezado decía: ¡TONIFIQUE SUS MUÑECAS PARA UN MEJOR DESEMPEÑO EN EL GOLF! El otro decía: ¡TONIFIQUE SUS MUÑECAS EN SOLO DOS MINUTOS AL DIA! La dirección del cupón del primer anuncio era Lion´s Head, 7230 Paxton, Dept. G6A, Chicago, Il 60649. La dirección del cupón del segundo anuncio era Lion´s Head, 7230 Paxton, Dept. GOB, Chicago, IL 60649. Aun cuando los cupones parecían iguales, para el anunciante fue fácil concluir que el atractivo de dos minutos al día era más fuerte que el atractivo para un mejor desempeño en el golf, aún cuando el anunciante había supuesto que el encabezado del golf atraería la mayor respuesta. ¿Cómo pudo saber el anunciante que su suposición estaba errada? Debido a que las respuestas al Dept. GOB eran cuatro veces más altas que aquellas enviadas al Dept. G6A. Así mismo, el anunciante también pudo deducir, al analizar aquellas respuestas, que éstas provenían de la revista *Golf* (G) y que eran originadas a partir de un anuncio colocado en junio (6). El código indicaba tres detalles: la publicación, el mes en que fue colocado y cuál de los dos anuncios atraía la mayor respuesta.

Los códigos también pueden decirle el año, el tamaño del anuncio y otras informaciones. Algunas publicaciones le permiten colocar el "anuncio separado" en tres versiones en vez de dos. Si usted puede probar tres encabezados, hágalo. Permita a su audiencia hacer sus juicios por usted cuando sea posible. Después de que usted haya contado las respuestas codificadas, sabrá cuál encabezado es el mejor. El costo de la prueba por sí misma habrá sido mínimo. La capacidad de la revista de colocar "anuncios divididos" en versiones distintas le habrá ahorrado dinero mientras le otorgaba información valiosa. Ahora usted puede colocar el anuncio exitoso con valentía y confianza.

Los códigos le pueden decir mucho más

No renuncie a anunciarse en publicaciones de nivel nacional por el costo. Usted puede bajar este costo estableciendo una agencia de publicidad interna, comprando espacio remanente o espacio en ediciones regionales y comprando un pequeño espacio, digamos: una columna por dos pulgadas. También puede anunciarse en la sección de clasificados disponible en muchas revistas de nivel nacional. Igualmente, muchas revistas ofrecen descuentos interesantes para anunciantes de ventas por correo. Virtualmente todas las revistas ofrecen materiales de "merchandising" impresionantes: tarjetas

Cómo costear la publicidad en revistas

con soportes para posar sobre el mostrador, reimpresiones, calcomanías con el nombre de la revista (por ejemplo, "Tal como aparece en *Time*") y carpetas para sus envío por correo. El representante de ventas de publicidad de la revista estará encantado de contarle todo acerca de los soportes de merchandising que ofrecen. Aproveche sus ventajas. Serán útiles para su local de negocios, en su vitrina (si es que tiene una) y en sus otros vehículos de publicidad.

Su negocio se beneficiará si usted simplemente menciona: "Usted ha visto probablemente nuestro anuncio en la revista *Woman's Day*". Los materiales pueden ser usados como anexos en correo directo y cartas personales, como avisos en carteleras, tarjetas de mostrador, exhibidores en ferias comerciales, exhibiciones o exposiciones y en folletos o circulares. El costo de estos poderosos soportes de mercadeo de guerrilla es ridículamente bajo y algunas veces hasta es gratuito. Utilícelas lo más posible. Las revistas pueden ayudarlo a mercadear su producto o servicio de manera inmediata y en los años venideros. Es en estos años venideros que su negocio le reportará beneficios.

Cuando la industria de las camas de agua estaba en sus albores, su crecimiento fue dramáticamente impulsado por Chemelex, un fabricante de calentadores de camas de agua, al insertar anuncios de página completa en *Time, Newsweek* y *Sports Illustrated*. A continuación, la empresa distribuyó a los detallistas por todo el país, reimpresiones de sus anuncios. Estos detallistas exhibieron los mismos, de manera destacada, en todas sus salas de exhibición y la industria creció al punto que cambió su imagen hippie a la de una industria de muebles de imagen, estable y con unos ingresos de US$2 millardos al año. Una razón para ello: la credibilidad inmediata, obtenida al anunciarse en publicaciones de alta credibilidad.

Las ventajas de los anuncios en revistas

La publicidad en revistas ofrece otras ventajas atractivas. Usted puede apuntar mejor a su mercado con revistas que con periódicos. Igualmente, puede alcanzar una circulación en específico más que una circulación general. Puede llegar a personas que han demostrado un interés por el esquí, la jardinería, el hacerlo uno mismo, el manejar el vehículo de nieve, etc. Hay poca circulación malgastada. Cada persona que ve su anuncio es un cliente potencial. Uno de los preceptos básicos del marketing de guerrilla es hablar principalmente a los prospectos y no a los curiosos.

Un buen ejecutivo de mercadotecnia de guerrilla también considera anunciar en revistas diferentes a las de consumo masivo. Afuera existe un mundo completo de revistas comerciales. Casi cada comercio y profesión tiene su propia publicación y lo más probable, grupos de publicaciones. Ya que usted desea enfocarse en prospectos, considere anunciarse en alguna de estas revistas comerciales, debido a que muchos clientes potenciales están suscritos a ellas y las leen de punta a punta. Esto es especialmente cierto si su producto está orientado al negocio de alguna manera.

Revistas comerciales

Investigue sus opciones on-line o en la biblioteca. Visite MediaFinder en *http://www.mediafinder.com/* para obtener acceso a versiones de directorios on-line que contienen más de 80.000 revistas, boletines de noticias, diarios, periódicos y directorios tanto de EEUU como de Canadá. Localice *Business Publication Rates and Data (Datos y Tarifas de Publicaciones)*, otro directorio valioso publicado por el SRDS. Procure encontrar publicaciones en las cuales usted pueda anunciar sus productos o servicios. Encontrará muchas, pero muchas revistas de las cuales usted nunca había oído hablar, pudiendo algunas de ellas, ser leídas por clientes potenciales de lo que usted está vendiendo. Yo siempre me he asombrado de la cantidad de información que aparece en SRDS, como se le llama en el negocio de la publicidad. Si encuentra revistas (los periódicos también están enumerados) que pudieran interesarle, solicite copias de muestra. Predigo que usted estará gratamente sorprendido de la gran cantidad de oportunidades de marketing disponibles en las publicaciones comerciales. Es posible que encuentre empresarios con quienes pudiera aliarse para mayores ventas. Pudiera caer en cuenta que usted debería anunciarse en algunas de estas publicaciones. También obtendrá muchísima información íntima de su tipo de negocio. Lo más probable, usted querrá suscribirse a por lo menos una revista comercial para mantenerse al día con los nuevos desarrollos en su campo.

Una gran cantidad de publicaciones

Standard Rate and Data (SRDS) publica un cúmulo de directorios que pueden ser útiles para su negocio. Si yo manejara un instituto comercial, obligaría a pasar un día revisando las publicaciones del SRDS. Los estudiantes comprometidos con su éxito solicitarían más días para hacerlo. Si usted desea suscribirse, escriba a Standard Rate and Data Service, 5201 Old Orchard Road, Skokie, Illinois 60077 o llámelos al 708-256-6067. Por supuesto ellos están on-line en *http://www.srds.com*.

Otra ventaja importante de hacer publicidad en revistas es que usted puede usar el color con mucha más efectividad de lo

206 **EL MARKETING DE MAXIMEDIOS**

que puede hacerlo en los periódicos. Si su producto está orientado al color, si está mercadeando telas, por ejemplo, considere anunciarse en revistas para destacar los tonos y los colores.

Destáquese

Las revistas están mejor preparadas para leyendas largas que cualquier otro medio: las personas compran revistas con la idea de invertir tiempo en ellas, lo que no es el caso de los periódicos, los cuales son leídos rápidamente por las noticias. Las revistas involucran a los lectores y sus anuncios pudieran hacer lo mismo. Los estudios revelan que las personas no interesadas en un anuncio se bloquean voluntariamente y que los prospectos reales leen cada palabra. Utilice subencabezados. Piense en usar tres de ellos para un anuncio donde 33 a 50 por ciento del espacio total es dedicado al texto. Si éste es menor a eso, uno o dos encabezados harán el trabajo. Escriba sus subencabezados en letras mayúsculas y minúsculas y de tipo "boldface ('negrillas')". Hágalos cortos, las personas los leen *antes* de leer el texto.

Cómo usar sub-encabezados

Las revistas publican actualmente tantas ediciones regionales debido principalmente a los ejecutivos de marketing de guerrilla. Ahora que usted conoce esto, revise su edición local de *Time, TV Guide* o *Beter Homes and Gardens*. ¿Cuántos anunciantes regionales usan estos medios? ¿Cuántos colocan anuncios con textos largos? ¿Cuáles comparten el costo de una página completa aún cuando colocan anuncios de media página diferentes? Más importante, recuerde que lo más probable es que estos anunciantes jamás pudieran permitirse un anuncio a nivel nacional en la misma revista. Sin embargo, el crecimiento del espíritu empresarial en EEUU ha necesitado de un incremento en las ediciones regionales. Los anunciantes de estas ediciones regionales están conscientes que al anunciarse en una revista importante se están ubicando a sí mismo en las ligas mayores. Su anuncio pudiera estar colocado en la página al lado de un anuncio para General Motors o Rolls-Royce o IBM, lo cual no es ninguna mala compañía para un emprendedor guerrillero, ¿no es así? El marketing de guerrilla le permite jugar en las grandes ligas sin luchar primero en las ligas menores.

Usted y Rolls-Royce

Muchas revistas importantes han estado disponibles para anunciantes menores por más de treinta años. Los empresarios guerrilleros se benefician de oportunidades en estas revistas importantes y de sus ayudas de merchandising como llaves para un mercadeo exitoso. Esto le otorga credibilidad dentro de su comunidad y le proporciona respeto entre su personal de ventas, sus proveedores y hasta sus competidores.

Si usted es un empresario pensante, usted usará las revistas de diferentes maneras. Anunciará regularmente en una revista que da a su audiencia objetivo directamente en la nariz. Anunciará sólo una vez en una revista de prestigio para usar lo en sus ayudas de merchandising. Usará la sección de clasificados en revistas de nivel nacional si está en el negocio de ventas por correo. Usará las secciones de desplegados en revistas de nivel nacional si lo que vende es demasiado grande para la sección de clasificados o si la revista escogida por usted no coloca anuncios clasificados.

Pudiera ser que usted desee anunciarse en una revista de nivel nacional por el nivel social, la gran circulación y la audiencia fácilmente identificable, pero no tiene el dinero para un anuncio grande. En ese caso, utilice un proceso de dos pasos. Pudiera también considerar *mercadear con su propia revista*. En alianza comercial con otras tres o cuatro compañías, con los mismos tipos de prospectos, usted puede producir su propia hermosa e impactante revista, repleta con fotografías elegantes, textos escritos con estilo y papel sofisticado.

Para hacer que esta revista le funcione a usted y sus colaboradores de marketing, cada uno de los cuales tiene varios anuncios a página completa en la revista y son los únicos anunciantes, debe usted enviarla por correo a una audiencia cuidadosamente seleccionada, que consista en la mayor parte de sus clientes y aquellos provenientes de sus socios aliados. Su identidad estará impresionantemente transmitida a través del **Sea respetado** material editorial, el estilo y los anuncios. Los lectores desarrollarán con usted un lazo más estrecho, mucho más fuerte que si usted hubiera invertido su dinero en mera publicidad. El costo de este esfuerzo es alto, casi un dólar por lector. Esta cifra es basada en 100.000 copias de la revista, cerca de US$25.000 por cada uno: usted y sus tres socios de la alianza. El mismo lector que le cuesta un dólar por este método de publicidad, le cuesta sólo medio centavo por un anuncio a página completa y a todo color en una revista estándar. Sin embargo, esto sería como comparar manzanas con esmeraldas.

Con su propia revista, usted tiene un control total del am- **Usted tiene el** biente editorial, puede colocar cuantos anuncios desee y puede **control total** eliminar anuncios de competidores. Dígales adiós. Esta idea ya es utilizada por MCI, Federal Express, Philip Morris, Benetton y otros. ¿Es barato? De ninguna manera. ¿Está de acuerdo a los principios de marketing de guerrilla? Si usted lo hace con socios de una alianza, sí lo está. Los empresarios guerrilleros mercadean con grandes ideas.

Si usted está practicando marketing de guerrilla al máximo, usted hará mención de sus anuncios en las revistas de nivel nacional en los otros medios que utiliza: en la radio, en su piezas publicitarias de correo directo, en sus avisos, en sus anuncios en las Páginas Amarillas, en sus cartas personales, en su telemarketing, en su página Web, en su firma de E-mail, donde quiera que pueda. "Como visto en *Fortune*" acarrea mucho prestigio.

El baile de "dos pasos" en acción

Los empresarios guerrilleros se destacan haciendo el *dos pasos*, el baile de marketing que mencioné en el capítulo 12. El paso uno: hacer que una revista (o cualquier otra publicación) coloque un pequeño anuncio desplegado (o clasificado) que destaque los mejores aspectos de su producto o servicio y luego solicite a los lectores que llamen o escriban para obtener información gratis. Cuando ellos respondan, usted puede hacer el paso dos: enviarles su folleto y una carta motivando ventas. Haga seguimiento con aún otra carta si no llegan a ordenar. Considere vender o alquilar sus listas de nombres a corredores de listas de correos. Estas personas compran y venden o alquilan nombres y direcciones de muchos tipos diferentes de consumidores. Encuéntrelos en sus Páginas Amarillas bajo "listas de correo". El proceso de dos pasos le permite contar una historia completa pero no acarrea los altos costos de un anuncio de gran tamaño. También le otorga un gran número de nombres comerciables y usted puede estar seguro que éstos son nombres valiosos para su propia lista de correos.

Este proceso de dos pasos funcionó para un empresario amigo mío después que fracasó con un gran anuncio colocado por él. En la sección de clasificados de *Psychology Today*, colocó un anuncio desplegado donde informaba a los lectores que podían obtener un título universitario legítimo (B.A., M.A. o Ph.D.) desde sus casas. Luego escribió que podían obtener detalles gratis acerca de la oferta enviándole a él una carta. Mi amigo posteriormente, me contó que hizo una gran cantidad de dinero con este proceso de dos pasos, sin embargo, fue el doble de trabajo comparado con un proceso de un solo paso que yo estaba utilizando en ese momento. Contrató a alguien para manejar el trabajo de detalle para él y sus anuncios de dos pasos siguen colocándose en *Psychology Today* y en treinta otras publicaciones más. Ya han pasado más de veinticinco años desde que colocó el primer anuncio.

Si usted ha conseguido un anuncio de revista que sea ganador, pudiera colocarlo en una multitud de revistas. El resultado puede ser una multitud de beneficios. Puede colocar su anuncio comprobado como generador de dinero durante años y años en una vasta selección de publicaciones. Para un empresario guerrillero, pocas situaciones de marketing son tan agradables.

Sin embargo la razón principal para usar revistas es el valor duradero del anuncio. Yo recuerdo colocar un anuncio a página completa en *Newsweek* para un cliente. Después de que el anuncio fue colocado, el cliente preguntó a cada persona dónde había oído hablar de la compañía. Al final de una semana, sólo cinco personas mencionaron haber visto su anuncio en *Newsweek*, donde había estado colocado sólo una vez. Al final de un mes, el número se había elevado a diez y ocho personas. Después de un año completo, un total de sesenta y tres clientes dijeron que habían oído hablar por primera vez de la compañía a través del anuncio en *Newsweek*. ¡Esto no es la parte impresionante! El aspecto realmente significativo de esta historia es que el empresario reimprimió el anuncio aumentando si tamañño al el un afiche inmenso, de cinco pies de alto, y luego lo montó y lo colocó afuera del local de su negocio. Miles de clientes frecuentaron su negocio gracias a ese afiche.

Newsweek probó ser el medio de publicidad más efectivo de ese año, aún cuando él colocó solamente un anuncio allí. Para hacer todo más maravilloso, la página de *Newseek* fue comprada a menos de la mitad de la tarifa normal ya que era un espacio remanente. La revista había vendido tres anuncios a página completa a anunciantes regionales y le sobraba una página, un remanente. Así que mi cliente fue capaz de comprar el espacio por una fracción de su precio original.

Si usted está interesado en anunciarse en una revista en particular, llame al representante local de la revista y dígale que usted es definitivamente un candidato a cualquier espacio remanente y solicítele que lo telefonee cuando éste esté disponible. Usted pudiera esperar un poco, pero habrá valido la pena. ¿Practican esta táctica Coca-Cola y AT&T? No. ¿La practican la gente de mercadeo de guerrilla exitosos? ¡Puede apostar sus balances bancarios a que sí!

En este momento, existen cuatrocientos títulos de revistas. Habrá dos mil nuevos títulos antes del 2005. Los empresarios guerrilleros prestan cuidadosa atención, ya que saben que algunos de estos nuevos títulos golpearán a sus prospectos en el medio de sus patrones de compra.

La razón principal para usar revisas

Lo que no saben no les quitará el sueño

La mayoría de los dueños de pequeños negocios nunca considerarían anunciarse en revistas. Esto es debido a que no conocen las ediciones regionales, el espacio remanente, los descuentos para agencias internas, el proceso de dos pasos y las valiosas ayudas de merchandising. Ahora que usted sí conoce acerca de estos agradables aspectos de la publicidad en revistas, considere seriamente este medio.

CAPÍTULO 18

LA RADIO: CUESTA MUCHO MENOS DE LO QUE USTED SE IMAGINA

A menos que usted tenga un buen amigo que sea dueño de una estación de radio, la mayoría de su marketing radial debe ser pagado, muy poco será gratis, aún cuando, recuerde, en 1996 más del 50 por ciento de todos los medios era obtenido a través de intercambio, de acuerdo a la persona a cargo de uno de los servicios de compra de medios más grandes de Norteamérica. Es posible tener en la radio, noticias o entrevistas acerca de su producto o servicio y puede ser que no le cuesten ni un centavo. En el capítulo 26, explicamos cómo conseguir publicidad gratis en la radio y en otros maximedios. Sin embargo, en lo que concierne a este capítulo, usted tendrá que pagar o intercambiar por su publi-cidad radial. Por motivos de simplicidad, hablemos de pagar.

Aún cuando los periódicos son el principal medio de marketing para la mayoría de los pequeños negocios, y el correo directo ha tomado el segundo lugar, la radio ocupa una fuerte tercera posición. Una compañía con un presupuesto limitado puede usar con efectividad la publicidad en la radio. Ésta puede ayudarle a mejorar su puntería cuando esté tratando de alcanzar a sus clientes objetivo. La radio le ayuda a establecer una relación cercana con sus prospectos. Debido a su naturaleza íntima, lo lleva a estar más cerca que los periódicos. El sonido de la voz del anunciante, el tipo del fondo musical, los efectos de sonido que usted usa para acentuar e intensificar su mensaje, todos ellos son municiones de su arsenal de marketing de radio. Todos ellos le ayudan a ganar clientes y ventas.

La radio es íntima

Aún cuando es cierto que si trata, usted puede pagar US$500 o más para un solo comercial de radio de treinta segundos en una gran estación comercial de radio, usted puede igualmente, si trata, pagar US$5 para un solo comercial de radio en una estación más pequeña y menos popular. Usted ciertamente hablará a más personas con la cuña de US$500, pero alcanzará a un cierto número con su comercial de US$5.

Sin embargo, no piense que usted puede con US$5 estar involucrado en marketing de radio. Más, si usted gasta US$5 por cinco cuñas al día (US$25) y coloca sus cuñas cuatro días a la semana (US$100), tres semanas de cada cuatro, usted puede decir que por US$300 al mes está llegando adecuadamente al perfil del oyente en la comunidad donde cubre esa estación de radio en particular.

El voluble oyente de radio

Debido a que los oyentes de radio a menudo cambian de estación, usted debe colocar cuñas de radio en más de una. Esta es una regla que hay que conocer y romper. Sin embargo, hay que estar consciente de ella. Con una estación no se organiza una campaña de radio.

¿Cuántas estaciones?

¿Cuántas estaciones necesita? Usted puede necesitar realmente sólo una. Con más probabilidad, necesitará tres, cuatro o cinco. También pudiera ser que posea el tipo de producto o servicio que se preste a sí mismo, tan bien a la radio, que no necesite ningún otro medio de publicidad y pueda sumergirse de cabeza en anunciarse en diez estaciones. Algunos de mis clientes lo han hecho. Una de las ventajas de estar en tantas emisoras es que al seguir cuidadosamente la respuesta de su audiencia, permitiendo averiguar cuales estaciones son las que le traen el negocio, usted puede eliminar las perdedoras y estrechar su marketing de radio hacia las ganadoras comprobadas. Puede usar igualmente la prueba tipo cupón que exploramos en el capítulo de los periódicos. Esto significa que usted escoge, digamos, cinco estaciones y coloca comerciales en todas ellas. En cada comercial, haga una oferta diferente: un descuento, un regalo gratis, una reducción del 50 por ciento y solicite a los oyentes mencionar esa oferta cuando le contacten. Manteniendo registros de las ofertas mencionadas por sus clientes de manera asidua, usted sabrá cuáles estaciones abandonar (quizás todas) y con cuáles continuar (quizás todas).

A menos que usted realmente lleve registros de todas las respuestas de su medio, usted no es un empresario guerrillero. Si usted coloca sus cuñas y sigue seleccionando medios a fuerza de fe ciega, está cerca de ser un lemming. Necesita hacer su marketing de la manera más científica posible. Esta es una de las pocas instancias donde usted puede medir la efectividad de su medio de manera científica. Benefíciese usted de ello.

Guerrilleros y lemmings

Si usted tiene vendedores, solicíteles llevar un registro de las respuestas. Si es quien toma las órdenes de los clientes, debe usted registrarlas. Pregúntele a los clientes: "¿Dónde oyó hablar de nosotros por primera vez?" Si mencionan la radio, pregunte: "¿En cuál estación?" Si nombra una estación de radio con la que usted no trabaja, diga: ¿"Qué estaciones escucha usted normalmente"? Si con esta pregunta no obtiene una respuesta sólida, ayude al cliente, sugiriendo el nombre de algunas estaciones (siendo una de ellas la que usted utiliza). Hacer todo esto es trabajoso, más sería mucho peor malgastar el presupuesto de marketing y llevar un negocio a la bancarrota. Haga todo lo que sea posible para averiguar cuáles estaciones están atrayéndole clientes y cuáles no lo están haciendo. Después que usted haya estado mercadeando seriamente durante un año o tres, pudiera reducir sus registros de respuestas, aun cuando no le sugiero que lo haga. Si comienza por averiguar con seguridad cuáles estaciones arrastran mejor, pudiera sentir que ya no necesita preguntar más. Sin embargo, hasta que usted esté absolutamente seguro, necesita preguntar. Ya que las estaciones y las personas cambian, debe mantener los registros de manera consistente.

Preguntas para hacer

Existen muchos tipos de estaciones de radio: rock, rap, en el medio del camino, country, público, todo noticias, programas de entrevistas, drama, idioma extranjero, religioso, negro, top 40, rock de chicle bomba, jazz, canciones viejitas, intelectual, de avanzada, interés local, orientado a las granjas, rock progresivo, reggae. La radio pública y la radio comunitaria no colocan comerciales, sin embargo tienen servicio de anuncios comunales gratis. ¿Cuáles estaciones oyen sus clientes potenciales? Aún cuando es posible dividir las estaciones de radio en veintitrés categorías, justo como lo acabo de hacer, es recomendable dividirlas en dos: estaciones de fondo y estaciones de primer plano.

¿Qué tipo de estaciones?

Algunas estaciones de radio colocan programación *de fondo*. Esto significa que colocan música que generalmente es un sonido de fondo. Las personas hablan, conversan, trabajan, juegan, planchan, cocinan y hacen centenares de otras cosas con los sonidos de fondo de la radio. La música no molesta, no llama la atención, no distrae. Desdichadamente, ya que las personas no están escuchando con atención, los comerciales también están en el fondo. Seguro, cuando una persona está conduciendo a casa con la radio encendida, completamente sola, los comerciales (y la música) suben del fondo. Sin embargo, en general, todas las estaciones musicales son estaciones de radio de fondo. Además, muchos amantes de música tienen en sus automóviles, sin mencionar sus casas, reproductores de discos compactos o cassettes.

Programación de fondo y de primer plano

Las emisoras de deportes, religión, noticias y de entrevistas son todas estaciones de radio de *primer plano*. Están en el primer plano en la conciencia de las personas. Obligan a prestar atención. No son buenas estaciones para sintonizar cuando se está conversando, trabajando y en situaciones que requieren de su concentración. Como resultado, los comerciales que estas estaciones

Los mejores son los oyentes activos

transmiten muy posiblemente atraigan a oyentes mas activos. Estas personas, ya que están escuchando la radio activamente, prestan cuidadosa atención a los comerciales. Esto no significa que para anunciarse, la radio de primer plano sea mejor que la radio de fondo. Sin embargo, esté consciente de la diferencia.

Existen también otras diferencias. Las estaciones de radio de entrevistas están amenizadas por "personalidades". En las estaciones de radio musicales, los disc jockeys dicen qué música se acaba de oír y cual vendrá a continuación. Algunas veces esto está grabado. La radio de conversación involucra afinidad con el oyente, conversación más informal y más comentarios personales de lado.

Una táctica de radio de un guerrillero

He aquí una táctica de guerrilla que funciona excelentemente cuando es apropiado, en las estaciones de primer plano. Suponga que usted tiene una nueva compañía que vende, digamos, clases de computación. Invite a una personalidad de una estación de radio de entrevistas a tomar algunas de estas clases. Luego compre tiempo en la emisora de esa personalidad. Más que entregarle a él un guión de 60 o 30 segundos para su comercial, lo cual es lo que generalmente usted haría, otórguele un bosquejo, e invítelo a improvisar cuando desee. El resultado es generalmente un comercial sincero, mucho más largo que el comercial por el que usted ha contratado, y con de toneladas de credibilidad. Si su producto o servicio es lo suficientemente bueno para ser alabado exageradamente, usted puede confiar en que la mayoría de las personalidades se esforzarán en ello. Sólo tiene que pagar por un cuña de sesenta segundos, más pudiera terminar con un comercial de tres minutos sin costo adicional.

Esta es la única manera en la que aconsejo poner su mensaje en las manos de la estación de radio. En virtualmente cualquier otra instancia, sugiero que usted les provea comerciales grabados, los cuales puede preparar en instalaciones independientes o en la misma emisora. No le entregue guiones a la estación. Aún cuando algunos de sus anunciantes puedan leerlos bien, otros pueden hacer un desastre con ellos, leyéndolos sin convicción ni entusiasmo. La ley de Murphy se prueba a si misma en las estaciones de radio: si el comercial puede ser arruinado, lo será. Protéjase supliéndoles sólo con cintas terminadas, a menos que consiga una personalidad para agregarle vida verdadera a su guión.

Al igual que es mal negocio dejar que un periódico escriba el texto de su anuncio, también es un grave error dejar que la estación de radio escriba su texto para el comercial. La mayoría de las estaciones se ofrecen voluntariamente y con todo gusto. No se los permita. Si lo hace, su comercial sonará igual que todos los demás comerciales. Uno de los más necios métodos para ahorrar dinero es permitir que la estación escriba su publicidad.

¿Quién escribe su comercial?

Si la estación se ofrece para producir su cuña, es otra cosa. Revise el equipo de grabacíon. Probablemente sea el adecuado. Oiga a los locutores. Si confía en su equipo, medido por el sonido de los comerciales producidos con él, y le gusta uno o más de sus locutores, permita a la estación sonorizar y producir en cinta su comercial. Generalmente por este servicio no hay cargo o es muy bajo. En la mayoría de los casos, pero no en todos, vale la pena.

Los siguientes formatos fueron los diez primeros en los EEUU en 1996:

Los diez primeros formatos de radio

- Country
- Noticias / Entrevistas / Deportes / Negocios
- Adulto contemporáneo
- Música viejita
- Religión-música
- Rock
- Adulto estándar
- Religión-entrevistas
- Idioma extranjero (español)
- Adulto contemporáneo suave

La música country equivale al 25.3 por ciento de toda la radio en Norteamérica; el formato Noticias / Conversación / Deportes / Negocios está en un distante segundo lugar con el 11.7 por ciento.

En cualquier formato que usted seleccione como la base para su programa de marketing de radio ¿debe colocar cuñas de 30 ó 60 segundos? Una cuña de 30 segundos cuesta generalmente más que el 50 por ciento del costo de una de 60 segundos. En la

Treinta y sesenta segundos

mayoría de los casos, lo que usted puede decir en 60 segundos también puede ser expresado en 30 segundos. Así que decídase por las cuñas más cortas, aún cuando no sean un gran ahorro. A la larga, le producirán más beneficios. Sin embargo, si usted tiene un producto o servicio complejo, debe colocar una cuña de 60 segundos completos. Algunos anunciantes consiguen resultados fantásticos con comerciales de 2 minutos. Tómese tanto tiempo como deba para enunciar su mensaje, mas procure hacerlo en 30 segundos cuando sea posible.

Un profesional de la radio con mucha antigüedad una vez me contó que si tuviera que disminuir el 33 por ciento de su presupuesto de publicidad en radio y pudiera gastar esa cifra en pistas de música para sus comerciales, lo haría con mucho gusto. El cree que la presencia de la música le otorga al comercial un tono armónico fuertemente emocional. Yo estoy de acuerdo. La música puede transmitir lo que las palabras no pueden, siendo posible obtenerla de manera poco costosa. Usted puede alquilarla de la biblioteca musical sin derechos de la estación. Puede tener una pista musical hecha por músicos hambrientos, quienes se la grabarán por muy poco dinero, apreciando la exposición que recibirán. También puede comprar una costosa pista musical, hecha expresamente para usted o tomada de un disco de moda y usarla tantas veces que el costo amortizado no signifique mucho.

Conozco un empresario quien llegó a un acuerdo con un compositor que acababa de sacar un disco. El empresario, al enterarse de que la música específica que a él le gustaba le costaría US$3.000, le dijo al compositor que le pagaría US$100 al mes por un año completo. Si, al final de ese período, él seguía en el negocio y quería la música, le pagaría entonces US$3.000 adicionales a la tarifa de alquiler que le había estado pagando. Si no había sido exitoso, simplemente le había pagado los honorarios de alquiler y el compositor seguiría teniendo su música. Sonaba como un acuerdo justo para ambos, así que el compo-sitor accedió. Al final de ese año, el compositor sí recibió US$3.000 adicionales a los US$1.200 que ganó alquilando su música. Su ganancia total fue de US$4.200. Al empresario, quién en el primer momento escasamente podía permitirse el alquiler de US$100, después le fue fácil pagar los US$3.000. Ambos resultaron ganadores.

Si usted tiene que usar locutores y músicos que sean miembros de diferentes sindicatos (Gremio de Actores de Cine

La música es atractiva

El empresario y el compositor

y/o Federación Americana de Actores de Televisión y Radio - Screen Actors´Guild y/o American Federation of Television and Radio Actors), hágalo con precaución. Los costos del sindicato y el papeleo son enormes, siendo recomendable que los evite. Yo trabajo con sindicatos cuando no tengo otra opción y cuando es así, procuro que el papeleo sea manejado por un ente independiente. Los sindicatos y los emprendedores guerrilleros se mezclan como gasolina y agua.

Así como la música agrega nuevas dimensiones a su mensaje de venta, lo mismo hacen los efectos de sonido. Utilícelos cuando pueda. Las estaciones de radio (y la mayoría de las instalaciones de producción) poseen bibliotecas de ellos y los alquilan a costos nominales. Simplemente sea cuidadoso y no se emocione demasiado con su uso. **Efectos de sonido**

Usted tiene sólo tres segundos para conseguir y sostener la atención del oyente. Durante esos primeros tres segundos, sea interesante y diga lo que debe decir, para evitar perder la atención de los radioescuchas. Asegúrese de usar palabras para "escuchar" más que palabras para "ver". Cualquier cosa que haga, repita su punto de venta más importante. Igualmente, repita el nombre de su compañía cuantas veces sea posible. **Tres segundos críticos**

Una buena idea para un comercial de radio: colocar al pre-sidente de la compañía en un cubículo de grabación y entrevistarlo. Esto debería durar treinta minutos o más. Luego utilice pequeñas secciones de la entrevista como ingredientes (bocados de sonido) en comerciales futuros. Los bocados de sonido son ideas expresadas de manera simple y breve. El concepto fue generado para el proceso político por profesionales de relaciones públicas, quienes son llamados "spin doctors " por los medios. Esto se basa en su habilidad para otorgar el giro (spin) apropiado, es decir, la percepción pública correcta de las actividades de las organizaciones que ellos representan. Los "spin doctors" pueden crear la percepción de que una compañía petrolera es un grupo de ambientalistas fehacientes. La película "Wag the Dog" de 1998, fue una demostración exacta, si bien exagerada, del poder y la habilidad de los "spin doctors" al manipular la opinión pública desde Washington. Sin embargo el gobierno norteamericano no es el único en emplear a los "spin doctors". Estos están funcionando, desde hace tiempo, en las capitales de naciones alrededor del mundo. **Entrevistando al presidente**

Como empresario guerrillero, usted puede ser su propio "spin doctor". Seleccione sus propios bocados de sonido **Sea su propio "spin doctor"** de la entrevista, para su mercadeo. Es importante recordar que la clave es la confianza, usted nunca querrá ser *percibido* como un "spin doctor"; usted sólo desea poner el giro adecuado a su marketing. Su uso de los bocados de sonido de la entrevista seleccionada, debe ser captado como diferente, creíble y lo mejor de todo, debe permitir al presidente de la compañía (¿usted?) ser conocido públicamente, lo que es una buena idea.

El siguiente guión ganó honores como el Comercial de Radio del Año en Chicago vendiendo *exitosamente* comida para perros. Es una cuña de sesenta segundos que costó muy poco producir.

Locutor:	¡Damas y Caballeros! Los fabricantes de la comida para perros Perk, la que es rica, con carne, que otorga energía, la que es deliciosa, ahora le trae a usted un minuto de rico, pleno de energía, delicioso.....
Sonido:	(*Cinco segundos de silencio*)
Hombre:	(*Susurro*) ¿No va a decir nada acerca de la gran venta de Perk?
Locutor:	(*Susurro*) ¡Shhh! ¡Aquí debería haber silencio!
Sonido:	(*Cuatro segundos de silencio*)
Hombre:	(*Susurro*) ¡No va usted ni siquiera a recordarle a las personas que si compran tres latas de comida para perros Perk durante la venta, les dan un descuento de cinco centavos?
Locutor:	(*Susurro*) ¡Silencio!
Sonido:	(*Cuatro segundos de silencio*)
Hombre:	(*Susurro*) ¡Pero esto es importante! ¿No va usted a. ?
Locutor:	(*Susurro*) ¡Por favor manténgase en silencio!
Hombre:	(*Susurro*) Si, pero...
Locutor:	(*Susurro*) ¡Me refiero a ahora!
Hombre:	(*Susurro*) ¡Si, pero la gran venta de Perk! ¡Tiene que decir algo acerca de que ahora es el mejor momento para abastecerse de Perk ya que las personas pueden obtener un descuento de cinco centavos cuando compran tres latas!
Locutor:	(*Susurro*) ¡ No voy a decir ni una palabra!¡Ahora manténgase callado!
Hombre:	(*Susurro*) Entonces yo voy a decir algo...
Locutor:	(*Susurro fuerte*) ¡Manténgase lejos de ese micrófono!
Hombre:	(*Susurro fuerte*) Escuchen, todos... (*Más alto*) Perk tiene una gran venta, y....
Sonido:	(*ruidos de arrastrar de pies y de lucha. Un hombre grita "¡Oof!"*)

Es un comercial de humor, y éste funcionó para obtener la atención.

En una onda más seria (y más económica ya que requiere el servicio de sólo un anunciante), la cuña más directa, abajo, a continuación pudiera ser transmitida en 30 segundos para un empresario orientado al servicio:

Voz masculina: (*Sobre música*) Si a usted le desagrada la inconveniencia de conducir su carro hasta el taller mecánico le agradará la conveniencia de tener a Mobile Mechanic yendo hasta su carro y arreglarlo mientras usted está descansando en su hogar. Si usted no está feliz con el precio de hacer afinar su carro en un garaje, estará muy feliz con el precio de ganga de hacer afinar su carro en casa por Mobile Mechanic. Mantenga su carro en condición óptima, conveniente y económicamente. Llame a Mobile Mechanic. Encuéntrelos en las páginas blancas de su directorio telefónico local. Mobile Mechanic. Llámelos.

Aún cuando la mayoría de los anunciantes puede fácilmente decir 70 palabras en una cuña de 30 segundos, los estudios indican que las personas oyen con más atención si el locutor habla más rápido y embute más palabras en un corto espacio. La Universidad de Columbia condujo el estudio, el cual Calificó con gran valor el hablar a gran velocidad. He aquí algunas claves de radio para los empresarios guerrilleros:

Hablar rápido

Claves de radio para guerrilleros

- Ahorre dinero colocando cuñas tres semanas de cada cuatro.
- Concentre sus cuñas durante algunos días de la semana, tales como de miércoles a domingo.
- El mejor momento para colocar una publicidad de radio es durante las horas de conducción de la tarde, cuando las personas estén regresando a sus casas. En ese momento están en mejor humor para comprar que en la mañana, cuando su mente está ocupada con el trabajo.
- Cuando esté oyendo los comerciales de radio que usted ha producido, óigalos en cornetas como las de las radios de los automóviles, no con cornetas sofisticadas de alta fidelidad como las que usan los estudios de producción. Muchos anunciantes, impresionados después de oír su

comercial en un sistema de cornetas así, se deprimen cuando oyen como suenan los comerciales en un típico sistema de estéreo de automóvil.

- Considere las tarifas de radio como pura ficción. Son altamente negociables.
- Estudie las audiencias de todas las estaciones de radio en su área de mercadeo. Luego empareje su cliente potencial típico con las estaciones apropiadas. No es difícil.
- Si usted desea alcanzar adolescentes, publicite en la radio y no en el periódico.
- En su comercial de radio, mencione su página Web. Usted sólo tiene un minuto o menos para convencerlos de comprar, en la radio, sin embargo, tiene un tiempo on-line ilimitado.

Una de las sorpresas de la radio es su poder como medio de respuesta directa. Muchas compañías utilizan 25 segundos transmitiendo sus promociones de ventas y 5 segundos dictando su número de llamada gratis. Debido a que las compañías están publicitando en la radio y comprenden que las personas no pueden escribir el número en un pedazo de papel, deletrean la palabra que corresponde de con su número de teléfono. Las tasas de respuesta son equivalentes a aquellas en televisión y el costo es generalmente mucho menor. La afluencia de teléfonos en los vehículos no puede ser un impedimento para el uso de la radio para mercadeo directo. Mas por favor no haga una llamada mientras está en la vía hacia su casa en la autopista.

Radio de respuesta directa

Si planea usar la radio para su oferta de respuesta directa, repita su número de teléfono por lo menos tres veces. Use una voz de alta calidad. Aproveche la intimidad de la radio. Coloque su cuña en fines de semana y al anochecer, y espere recibir respuestas después de tres a cuatro días. Cambie su texto inmediatamente si la respuesta es pobre, y cambie su producto si el texto nuevo y mejorado no ayuda. Antes de cambiar su producto, sin embargo, esté absolutamente seguro de que éste encaja con los gustos de su audiencia oyente.

Cambios de último minuto

A menos que usted simplemente no pueda ver la manera de usar la radio, haga la prueba. Apreciará su flexibilidad, su habilidad para permitirle hacer cambios a último minuto, la oportunidad de enfocar hacia sus prospectos sobre la base del formato de la estación, tiempo del día y día de la semana. Tengo un cliente, muy exitoso, dueño de una tienda de muebles. Aún cuando él utiliza muchos medios de marketing (periódicos, Páginas Amarillas, vallas, avisos POP y correo directo), gasta el 90 por ciento de su presupuesto de marketing en publicidad en la radio. Con una concentración de dólares tan alta en solamente un medio, ¿califica él como un emprendedor guerrillero verdadero? ¡Por supuesto que sí! El ha aprendido a través de los años, que la radio alcanza su audiencia precisa y los motiva a visitar su tienda. Coloca comerciales en 6 a 10 estaciones de radio y frecuentemente coloca la misma cuña 15 veces al día. Lo que es más, nunca está fuera de la radio y la usa 52 semanas al año. Debido a que ha aprendido a usar este medio al máximo, él es un verdadero ejecutivo de marketing de guerrilla. Después de experimentar con todo tipo de mezclas de mercadeo, finalmente decidió que la radio era su medio. La usa con música. La usa consistentemente. Además produce tanto dinero que vive una lujosa vida en Hawaii mientras su negocio, localizado en el medio oeste de EEUU, continúa prosperando. Aún cuando su éxito se debe a muchos factores, él atribuye la mayoría del crédito a la publicidad en radio. Él es una muestra viviente de que usted puede prosperar con estilo como un mercadotecnista guerrillero de un solo medio.

Nunca fuera de la radio

CAPÍTULO 19

LA TELEVISIÓN: CÓMO USARLA, CÓMO NO ABUSAR DE ELLA

La televisión es el más efectivo de todos los medios de marketing, el campeón imbatible de peso pesado, aún cuando el marketing on-line está convirtiéndose en el contendor por el título y podría poseerlo dentro de no mucho. Sin embargo, la televisión es también el más elusivo y el más fácil de usar erradamente. Es elusivo ya que no es tan simple como parece, debido a que requiere de muchos talentos, ya que no está asociado normalmente con gente de pequeños negocios y porque está dominado por gigantes, lo que le genera a los empresarios una impresión errada de cómo debe ser usado. Usted no puede usar la televisión como lo usan Nike, Coca-Cola y McDonald's, a menos que tenga el dinero de ellos.

La televisión es fácil de usar erradamente: ya que parece directa, ya que casi cualquiera puede colocar uno o dos comerciales de televisión, ya que está disponible sin dificultad, ya que hay más opciones de televisión que nunca, ya que es el medio que infla el ego del empresario de la manera más obvia y ya que requiere de una completamente nueva disciplina. La televisión no es, como muchos creen, una radio con imágenes.

La televisión está combinándose con computadores en la forma de productos tipo Web-televisión, los cuales le permiten ver el Internet y el E-mail en su pantalla de televisión. De todas las actividades que están siendo desplazadas por el uso del computador, en primer lugar está el ver la televisión, aunque actualmente, el norteamericano promedio gasta 19 horas a la semana viéndola, más que los ciudadanos de cualquier otra nación. Japón viene de segundo, seguido por la República Checa, Portugal y Grecia. En caso de que se esté preguntando, los noruegos son los que miran menos televisión. Globalmente, las personas miran televisión por 2.7 horas al día y tienen un promedio de 12 canales para escoger. Ellos prefieren, en orden de importancia: películas, noticias y comedias. No les gustan, en el mismo orden: las novelas, los programas infantiles y los programas religiosos. Los norteamericanos reciben un promedio de 27 canales. Los rusos reciben un promedio de 4.

La televisión ha cambiado de muchas maneras, todas ellas favoreciendo a los empresarios guerrilleros. Los costos de publicidad han bajado hasta tal punto que un comercial en horario estelar de 30 segundos cuesta US$20 o menos, aún en mercados importantes (esto no es válido para programación de cadenas).

La disminución de los costos en la televisión

Ha mejorado la habilidad para enfocar objetivos: usted puede colocar comerciales en vecindarios de ciudades específicas, suburbios seleccionados o directo en su comunidad. Igualmente la televisión por cable y satélite le permiten escoger canales de televisión que aciertan a su audiencia en el mero centro de sus patrones de audiencia. Con una parabólica llamada un "uplink", la televisión por satélite es transmitida hacia arriba a alguno de los 30 satélites de comunicación. El satélite entonces envía las señales de televisión de vuelta a la Tierra. Estas son recogidas por el 2 por ciento de los norteamericanos que tienen antenas de satélites convencionales en las casas y el 4 por ciento suscrito a servicios de satélite de transmisión directa. Agregue a éstos las muchas estaciones de cable que transmiten las señales de satélite para montones de millones más de hogares. Usted probablemente sabe que muchas comunidades reciben, hoy en día, más de 70 canales. Sin embargo para darle una idea de las alternativas que tiene el televidente de hoy, equipado con una antena parabólica, considere las opciones disponibles en los satélites de comunicación en órbita en este momento. Cada satélite puede transmitir por 24 "transponders" o canales (aún cuando pocos usan todos los 24).

Sus opciones son muchas

Nuestras opciones son muchas: en la edición del 3 de enero de 1998 de la revista *Satellite TV Week*, están listados 249 canales y ese número crece cada mes. Todavía ni siquiera he mencionado los 5 satélites de banda Ku y sus 71 "transponders".

Ya sea que su interés sea: educación, noticias internacionales, películas, programación de adultos, cadenas de TV, infantiles, negocios, animales, programas de concursos, romances, historia, información, compras, religión, deportes, viajes o estado del tiempo, seguramente está en el satélite. Debido a que las antenas de satélite son vendidas en diferentes tamaños, el costo de obtener una es bastante bajo, atrayendo más televidentes y haciendo el medio televisivo más atractivo para los empresarios guerrilleros.

Los poseedores de antenas de satélite tienen un ingreso medio familiar de US$78.400 anual; el 86,7 por ciento son propietarios de sus casas, sin embargo este porcentaje tiende a bajar, debido a la posibilidad de obtener antenas más pequeñas para apartamentos y el 42 por ciento viven en áreas donde también el cable está disponible. El menú favorito de los dueños de las antenas: las películas.

Las estaciones de cable seleccionan su programación tanto de fuentes locales como de todas las opciones satelitales. La penetración del cable en los Estados Unidos se ha elevado al 67 por ciento para sistemas de cableado y 73 por ciento para aquellos que accesan CNN, ESP y otros directamente con su antena de satélite. Algunos sistemas de cable tienen solamente cinco opciones, otros tienen más de 70. El número está creciendo. Una de las áreas de más rápido crecimiento son los canales de compra en el hogar.

A medida que la tecnología de la televisión, los sistemas de cable, los satélites en órbita y la posesión de videoreproductores (ahora cercana al 85 por ciento) han cambiado, igualmente lo han hecho los patrones de conducta ante el televisor. De los diez principales usos de los televisores, tres de ellos no permiten comerciales: el alquiler de video, los juegos de video y el uso del televisor como monitor para un computador. Los PBS (Sistemas Públicos de Televisión), aunque son el tercer uso más popular del televisor, no suelen ser una buena estación en la cual mercadear, aún cuando no la debería obviar si su audiencia objetivo la ve. Si usted patrocina un programa en un PBS, usted pudiera crear tanta conciencia de marca como si lo hiciera con un comercial en el canal CBS.

Cuando usted era un niño, las cadenas de televisión tenían la última palabra. Hoy en día todavía están ahí, más no están disfrutando un crecimiento extraordinario. La televisión por cable y de satélite están creciendo a una tasa mucho mejor.

Otra nueva opción disponible hoy es el Sistema Público de Televisión (Public Broadcasting System), cada vez más orientados hacia la publicidad. Muchas filiales locales aceptan ahora patrocinios que lucen y se sienten (y venden) como comerciales de televisión estándar. Un empresario guerrillero, Jerry Baker de GardenCare, participa en programas de recaudación de fondos, otorgando consejos de jardinería durante los cortes de transmisión. Las estaciones luego ofrecen sus libros y videos como premios por donativos. Su éxito en los PBS ha sido transferido a QVC, uno de los canales de compra, donde vende miles de videos cada vez que aparece. Si usted no puede dar consejos de jardinería, quizás sí pueda entregar algo a su estación local de PBS que ellos puedan subastar en una campaña de recaudación de fondos.

El marketing en la televisión está siendo fragmentado, al igual que está sucediendo con todos los medios y el Internet parecer ser el único sitio donde todos los fragmentos pueden juntarse y de hecho lo hacen. En 1997, el Reporte de Participación de la Teleaudiencia de Nielsen (Nielsen Share of Viewing Report) reveló que durante un día típico, el 32 por ciento de los televidentes observan televisión por cable, el 26 por ciento observan televisión de cadenas, el 19 por ciento observan televisión local u otra televisión, el 13 por ciento ven series de televisión (sindicated TV) , el 6 por ciento ven canales premium de cable (pay cable TV) y el 3 por ciento ven PBS. No es como solía ser cuando todos parecían ver televisión de cadena y nada más.

¿Qué es lo que ven los televidentes?

En este momento, los televidentes son más sofisticados que nunca. Ya le han dado la vuelta a la cuadra en relación a las cuñas publicitarias de televisión y tienen opiniones acerca de las cuñas, que usted debería saber: al 31 por ciento le parece que las cuñas publicitarias de televisión son engañosas; el 24.3 por ciento las encuentra ofensivas, el 17 por ciento piensa que son informativas y el 15.9 por ciento piensa que son entretenidas.

El televidente sofisticado

Si usted está planeando hacer pruebas para anunciar en su mercado, considere seriamente la televisión por cable. Ésta está creciendo y cada vez es menos costosa. Sin embargo no se engañe acerca de su bajo costo. Por la pequeña suma de dinero que cuesta, espere que llegue a sólo una pequeña audiencia. Los expertos dicen que funciona mejor para aquellos ejecutivos de marketing en áreas de negocios pequeñas donde las otras alternativas cobran muchísimo por una gran cobertura con alcance no aprovechable, lo que significa que llega a personas que no están en su área de negocios.

Ahora sin embargo, los dueños de pequeños negocios pueden publicitarse en televisión, en cualquier programa de cable transmitido por satélite, por precios que aún los más pequeños pueden permitirse. La cifra de veinte dólares que mencioné era una cifra alta para televisión por cable. La may-

Televisión por cable que se puede costear

oría de las cuñas cuestan considerablemente menos que eso. Piense en cifras de un solo dígito. Usted puede publicitarse en tiempo estelar, escoger los suburbios y vecindarios de suscriptores en donde usted desea que su cuña aparezca, escoger estaciones como CNN, ESPN, MTV, Nashville Network, Arts & Entertainment, Discovery Chanel y muchos otros por *no mucho más del costo de un comercial de radio*. Nunca antes había estado la televisión más accesible y deseada para dueños de pequeños negocios. Muchos empresarios guerrilleros están en este momento descubriendo el enorme poder de la televisión y yo sugiero que usted haga exactamente lo mismo.

Usted pudiera desear averiguar con los "interconnects", empresas que sirven como mediadores entre las compañías de cables y los dueños de pequeños negocios que desean anunciarse en la televisión pero no pueden permitirse cuñas de publicidad estándar ni presencia en las grandes cadenas de televisión. Pregunte a su servicio de compra de medios cómo contactar a su empresa de "interconnect" local. Los grandes servicios de compra de medios puede que no estén interesados en manejar su negocio si tiene un presupuesto pequeño, pero si usted habla con un gerente de ventas de una televisión local, puede obtener frecuentemente los nombres de compradores de medios locales independientes. Muchos de ellos, muy buenos, están trabajando desde su casa hoy en día, incluyendo muchas nuevas mamás que pueden hacer cualquier cosa que un servicio de compra de medios puede.

La televisión es efectiva sólo si se usa suficientemente. Y suficiente es mucho. Suficiente es costoso. ¿Cuánto es suficiente? Muchos expertos dicen que usted puede medir cuánto es suficiente, entendiendo los puntos de "rating". El GRP o Punto de "Rating" Bruto (Gross Rating Point), se calcula sobre la base del 1 por ciento de los hogares con televisión en el área de marketing por televisión. Si existen un millón de aparatos de televisión en el área, un punto de "rating" será igual a 10.000 hogares con televisión. El costo de la publicidad de televisión está determinado por el tamaño de cada GRP en el área de marketing y los anunciantes pagan por un número dado de GRP cuando compran tiempo de transmisión publicitaria. El consejo de los expertos, y yo estoy de acuerdo, es que usted no debe considerar la publicidad por televisión a menos que usted pueda permitirse pagar por 150 GRP al mes. Aquellos pueden costear 75 GRP a la semana cada segunda semana, o 50

Inmenso poder, mínimos precios

GRP por tres semanas de cada cuatro, o aún 150 GRP por una semana al mes. El costo de un solo punto de "rating" en su área depende del tamaño de ésta, la situación competitiva y la temporada del año. Los puntos tienden a costar más alrededor de la temporada de compra navideña, de octubre hasta finales de diciembre. Tienden a costar menos durante el verano, cuando las emisoras tienden a colocar programas repetidos. Los puntos de "rating" en pueblos pequeños cuestan mucho menos que aquellos de las grandes ciudades.

El precio varía desde unos US$4 por GRP en una pequeña ciudad como Helena, Montana; hasta alrededor de US$2.000 por GRP en una gran ciudad como New York o Los Angeles.

¿Puede usted comenzar modestamente en televisión y crecer a partir de allí? Solamente si usted comienza comprando 150 GRP por un mes y tiene los fondos y la fortaleza emocional para aguantar por un mínimo de tres meses. Si no lo puede hacer, no juegue con la televisión. Si usted puede permitirse pagar por el número apropiado de puntos de "rating" (y lo puede hacer si vive en un área de marketing por televisión de bajo costo, como aquellas encontradas en muchas secciones rurales de los EEUU o si tiene muchos recursos) encontrará que la televisión puede hacer muchas cosas que otros medios no pueden. La televisión le permite demostrar, actuar, bailar, cantar, colocar comedias cortas, mostrar causa y efecto, crear una identidad alegre, ser dramático, alcanzar elevados números de personas, apuntar a audiencias específicas, probar sus puntos de manera visual y verbal, todo a la misma vez. No sólo puede usted proporcionar su dirección de página Web, usted la puede mostrar. Ningún otro medio le proporciona tantas ventas al anunciante a la misma vez.

De los diferentes horarios donde usted pudiera anunciarse en televisión, manténgase lejos del horario estelar, de 8:00 p.m. a 11:00 p.m. Punto. (A menos que quiera economizar anunciándose en canales de cable). Usted pudiera conseguir mejores valores (más televidentes por dólar) usando tiempo adicional (el tiempo antes y después del horario estelar), especialmente en afiliados locales de las grandes cadenas de televisión. Igualmente pudiera averiguar acerca de la televisión diurna, la cual atrae muchas televidentes. El tamaño de la audiencia es menor, al igual que el costo. El período de tiempo después de la medianoche, cuando pocas personas observan la televisión, es muy poco costoso y pudiera llegar a ser un trampolín al

Cuándo anunciarse

éxito. Algunos programas después de la medianoche muestran "ratings" tan bajos que no son medibles. Esto significa, felizmente, que el tiempo en el aire será muy poco costoso.

Si usted realmente desea publicitarse en televisión, averigüe cuales son los programas que sus prospectos ven y luego inserte comerciales en ellos. Muchos de los programas se pueden obtener por cable. Por ejemplo, cuando la industria de la energía solar estaba en su albores, algunas personas de marketing agresivas rápidamente averiguaron que las misma gente que veía *Star Trek* tendía a comprar unidades de energía solar. También averiguaron que los hombres que miraban películas de ciencia ficción, no deporte, tendían hacia la energía solar. Algunas compañías de energía solar se dirigieron a su banco como resultado de esta fascinante información. Aún cuando *Star Trek* ya estaba en su décima serie de capítulos repetidos, seguía probando ser un medio maravilloso y poco costoso para los ejecutivos de marketing de las empresas de calefacción solar. Los programas de entrevistas, que generalmente atraen una audiencia de mayor edad, estaban determinados en ser veneno para los vendedores de energía solar. Su producto sencillamente no llamaba la atención de las personas mayores (por lo menos al comienzo). Hoy en día, la energía solar es más aceptable como una fuente de poder alternativa y la cobertura de los medios acerca de las aplicaciones solares es generosa, atrayendo al número, cada vez más elevado, de ciudadanos concientes del medio ambiente. ¿Es ése su vehículo eléctrico el que oigo (muy levemente) estacionándose delante de mi garaje?

Las tarifas de televisión

Para aprovechar al máximo la televisión, recuerde que las tarifas de televisión, al igual que las de la radio, están establecidas como una base para negociaciones y no deben ser tomadas como ley. En efecto, si usted está decidido a anunciarse en televisión, debe considerar si contratar un servicio de compras de medios para hacer sus planes y compras. Le cobrarán por sus servicios, alrededor del 7,5 por ciento del total, más pueden ahorrarle mucho más que eso. Muchas personas de pequeños negocios hacen sus propias compras, pensando que están consiguiendo buenos acuerdos. Sin embargo, los servicios de compra de medios, quienes compran millones de dólares en valor de tiempo de televisión al mes, consiguen ofertas que pudieran impresionar a la gente de pequeños negocios.

Otra precaución, cuando de comprar directamente su televisión se trata: los vendedores de televisión tienen una poderosa manera de hacer trabajar por ellos, a los egos de sus clientes comerciales. Algunos convencen al anunciante de que serviría como un excelente portavoz. Éste, disfrutando de las adulaciones a su ego, luego va a la televisión y presenta su comercial en persona. Algunas veces, más bien pocas, esto es efectivo. Generalmente el anunciante pierde tantas ventas como gana. Frecuentemente se convierte en un chiste, sin embargo continúa presentando sus cuñas debido a que sus vendedores de televisión no soñarían en poner en peligro sus ventas diciéndole la verdad. No permita que su ego esté en el camino de su marketing de televisión cuando se trata de comprar el tiempo o presentar la información. Si usted ha observado suficiente televisión, estoy seguro que entiende de lo que estoy hablando.

Un empresario guerrillero que conozco acostumbraba ofrecer comprar cualquier tiempo de televisión que no hubiera sido vendido entre las 6 a.m. y la media noche de un canal de televisión. Lo compraba a unas tarifas muy por debajo del precio de mercado. Usted puede permitirse tiempo estelar en una afiliada de la cadena, si la estación está de acuerdo en venderle estos espacios de tiempo estelar al mismo costo por punto de "rating", que los espacios de tiempo después de la media noche.

Yo le sugiere encarecidamente que investigue la televisión por cable y por satélite. Es posible que pudiera permitirse mercadear su producto o servicio en televisión debido a las nuevas disponibilidades de éstos. En vez de ir a la televisión y alcanzar un 90 por ciento de la audiencia fuera de su área de marketing, usted pudiera teletransmitir únicamente a las personas dentro de esta área. Mientras la televisión por cable (y por satélite) está haciendo más y más accesible la publicidad en televisión para más pequeños negocios, las cadenas están cediendo sus clientes al cable, lo que equivale a miles de millones de dólares cada año. La televisión sigue en un estado de cambio continuo, favoreciendo al empresario guerrillero. ¡Así que sea uno! Y llegue a la televisión.

De hecho, pruebe la televisión usted mismo. Coloque una oferta en su comercial para poder hacer seguimiento a los resultados. Quizás pueda ofrecer un folleto gratis. Quizás un descuento especial para personas que mencionen el comercial. Posiblemente un concurso. Coloque sus cuñas en diferentes estaciones, de cable y de cadena, utilizando diferentes números de teléfono para cada canal, para permitirle hacer seguimiento con facilidad. También pudiera contratar un servicio de telemarketing los 7 días de la semana, 24 horas diarias, para que responda sus llamadas telefónicas y reporte los resultados para cada emisora.

Igualmente, las ventas de los equipos de video se están incrementando con gran rapidez (cerca del 90 por ciento de los norteamericanos tienen acceso a uno en este momento, comparado con el 45 por ciento en 1984), lo que permite a las aud-iencias ver programación después de la media noche en cualquier momento al día siguiente. La televisión por satélite también está creciendo aceleradamente ahora que los precios han bajado. Permanezca en sintonía. Estos tiempos son muy interesantes desde el punto de vista de la televisión. Recientemente, mi esposa quiso ver una película en la parabólica, mas no estábamos recibiendo el satélite en particular que estaba transmitiendo la película. Llamé a una compañía de satélite y en cinco minutos conseguí ese satélite y ¡pudimos ver la película! ¿Quién dijo que las películas por solicitud no eran un opción? En realidad, están comenzando a hacerse conocer, representando otra nube oscura sobre el negocio del alquiler de videos.

Televisión de respuesta directa
Muchos empresarios guerrilleros han descubierto la felicidad de la televisión de respuesta directa, permitiendo a las personas ordenar inmediatamente después de ver el comercial. Hacen esto porque usted les suministra un número de llamada gratis y acepta la mayoría de las tarjetas de crédito. Entre los productos que se mueven bien con la televisión de respuesta directa están los artefactos de cocina, los libros y videos cubriendo una amplia gama de tópicos, las ayudas para la salud y la belleza, los cosméticos, los equipos de ejercicio, los CD y los DVD. Estoy seguro que a esta lista pueden ser agregados muchos otros objetos. Recientemente, ordené una almohada rellena de trigo sarraceno, debido a una cuña de televisión de respuesta directa que me atrajo y justo en ese momento estaba contemplando la idea de comprar una nueva almohada. Siempre me asombro cuando el marketing de guerrilla funciona sobre mí. ¡Sin embargo, lo hace!

Un aspecto gratamente satisfactorio de la televisión de respuesta directa es la breve espera antes de saber si se tiene un éxito o un fracaso. Generalmente, en una semana, usted puede saber si tiene un vencedor; luego puede comenzar a reducir los factores, como por ejemplo, cuáles son los canales que funcionan mejor, el tiempo de duración de las cuñas, cuáles días de la semana, la frecuencia, que época del año y por cuánto tiempo continuará sirviendo para obtener ganancias. Usted pudiera colocarlo seis meses y esperar dos.

La vara para medir su éxito o fracaso es su CPO, lo cual quiere decir "costo por orden". Si usted gana US$2 en ventas por cada US$1 invertido en televisión, su costo por orden es US$1 y espero que su beneficio sea sano. Si usted gana US$2.000 en ventas por una inversión de US$1.000 en televisión, no olvide la inversión que hizo para producir el comercial y el costo de su producto. El dinero que sobra después de todas estas deducciones es su beneficio. Si no tiene dinero sobrante, necesita un CPO más bajo, el cual es posible, frecuentemente, al cambiar sus precios.

Su CPO

He aquí algunas guías para los empresarios guerrilleros que optan por la televisión de respuesta directa:

- *Su producto debe tener un margen de ganancia bruta de un 500 por ciento.* Su relación entre ventas y costo debe ser cinco a uno. No se engañe escogiendo una relación más baja.
- *Su producto debe tener un atractivo para el mercado masivo.* Si es del interés para el público en general en vez que un grupo específico, usted está en buena forma. Los crecientes números de los canales televisivos meta están permitiendo a los ejecutivos de marketing apuntar a grupos más pequeños.
- *Su producto debe tener un atractivo para la clase media.* En respuesta directa, el producto para la clase obrera generalmente venderá más que un producto dirigido a un nivel más alto o ejecutivos.
- *Su producto debe ser único.* Si su producto es una idea nueva, funcionará mejor que una versión mejorada de un producto existente. Un producto de "yo también" no será exitoso a menos de que sea un producto de "yo también" único. Un CD de música de los años 60 será único en un mercado que ofrezca CDs de música de los años 70, 80 y 90.
- *Usted debe tener testimoniales de su producto.* Su producto se moverá con más rapidez si son mostradas o citadas per-

Guías de los empresarios guerrilleros para la televisión de respuesta directa

sonas de verdad diciendo cosas maravillosas de él. Si es música, no necesita testimoniales, sólo más música.

- *Su producto es fácil para demostrar.* Si tarda mucho tiempo para ser demostrado, sus posibilidades para el éxito disminuyen. El mejor medio en el cual hacer una demostración de un producto o servicio es la televisión.
- *Su producto está en la categoría correcta.* Estas categorías son comprobadas por la televisión de respuesta directa: utensilios del hogar, libros, videos, ayudas para salud y belleza, CDs de música.
- *Sus ventas son motivadas emocionalmente.* Las ventas más fuertes se generan cuando la venta del producto está motivada por el miedo (robos), codicia (hacer dinero), glamour (cómo ser más atractivo) o sexo (cómo ser amado).
- *Usted se toma el tiempo para hacer apropiadamente la venta.* Frecuentemente, esto significa de 90 segundos a 2 minutos, y significa mostrar su número de llamada gratis y las tarjetas de crédito que usted acepta durante por lo menos 20 segundos, mientras repite su número, un mínimo de tres veces.
- *Su comercial tiene un presentador célebre.* Los empresarios guerrilleros procuran ahorrarse este gasto, sin embargo entienden que los rostros conocidos mejoran las ventas.
- *Su precio es correcto.* Los mejores precios parecen encontrarse entre los US$19,95 y US$49,95. Los empresarios guerrilleros verifican los precios asiduamente.

Una de las partes más queridas de la televisión de respuesta directa es el bajo costo del error y el alto beneficio del éxito. Si su empresa fracasa en la televisión por cable en Boulder, Colorado, no importará demasiado. Sin embargo, si tiene éxito, muchas estaciones de cable ahí afuera querrán colocar su cuña. Si usted puede hacer una oferta que le produzca un beneficio, trate de hacerla en televisión.

Los anunciantes de respuesta directa evitan el cable como la plaga a menos que puedan comprar tiempo en el aire para sus cuñas con base a "por llamada" o "por venta", lo que significa que no pagan nada inicialmente y luego pagan solo con base a cuantas llamadas o ventas hicieron como resultado de la cuña de televisión.

Si usted decide invertir en marketing en televisión, existen muchos métodos mediante los cuales usted puede bajar drásticamente el costo de producir comerciales de televisión, los cuales en 1996 costaban más de US$200.000 por una cuña de 30 segundos. La verdad es, usted puede conseguir una cuña muy buena de 30 segundos por cerca de US$1.000. Hasta esta cifra puede reducirse a medida que usted incrementa su conocimiento de televisión.

Asistencia de producción

Primero que nada, permita a su emisora de televisión proporcionarle toda la asistencia de *producción*, no la redacción del guión. *Permítales* aportar el equipo y los camarógrafos, los expertos en iluminación, el director, el muy importante editor. No les permita redactar el comercial. Si lo hace, parecerá como cualquier otro comercial de televisión hecho en casa. En vez de ello, usted o una persona talentosa a la cual usted convence o hace, un intercambio con él o contrata, debe escribir un guión denso. El extremo izquierdo del papel donde el guión está escrito está reservado para las instrucciones de video. Allí, describa individualmente cada acción que los televidentes verán, numerando cada una. El extremo derecho del papel del guión es para la porción de audio. Estos son los sonidos que los televidentes escucharán. Igualmente, numere cada sección de audio, emparejándola con la sección de video apropiada para que así el audio y el video hagan un equipo.

Los "storyboards"

Si es necesario, y generalmente no lo es, haga un "storyboard". Esto es una representación pictórica de su guión. Consiste en quizás diez "cuadros" o dibujos. Cada cuadro contiene un dibujo de lo que los televidentes verán, una descripción de qué es lo que pasará y el mensaje que será oído mientras se está desarrollando la acción. Los "storyboards" tienden a ser tomados muy literalmente, sin embargo y no le permiten la libertad de acción para hacer cambios durante la producción. Esos pequeños cambios son frecuentemente la diferencia entre un comercial común y uno extraordinario. La mayoría de las personas (mas no todas) tienen la imaginación para entender un comercial a partir de sólo el guión. Si las personas con las que usted trabaja no son capaces de ello, usted simplemente deba recurrir a un "storyboard". Los artistas cobran desde US$10 hasta US$500 por cuadro, así que puede ver como los "storyboards" pueden hacer que sus costos se eleven.

Mientras estuve trabajando con grandes agencias de publicidad, tuve que preparar un "storyboard" por cada comercial que escribí. Sé que escribí más de mil. Muchos directores de arte disfrutaron de lucrativos empleos debido a mi activa máquina de escribir y las tradiciones de las agencias de publicidad, las cuales requerían de "storyboards". Desde que he estado trabajando por mi cuenta, he escrito mucho más de mil comerciales. Solamente cinco o seis requirieron de "storyboards". Sin embargo, los comerciales no fueron menos exitosos que aquellos que hice usándolos.

Una preproducción intensa

Usted también puede ahorrar dinero organizando reuniones de preproducción con todos los que estarán involucrados en la producción de su comercial. Conozca a los actores, a las actrices, al director, al personal de iluminación, a la persona de utilería y a todos los demás. Asegúrese que todos sepan qué es lo que se espera y comprendan el guión. Asegúrese que el tiempo esté medido exactamente. No deje ningún detalle sin explorar. Luego haga por lo menos un ensayo con el tiempo estrictamente medido. Haga que las personas involucradas ensayen lo que tienen que hacer antes de que las cámaras estén rodando. Haciendo esto, usted puede producir dos comerciales en el tiempo en que normalmente se necesita para producir uno. Hasta podrá filmar tres, en el mismo tiempo de producción, si es lo suficientemente bueno. Cuando usted está pagando US$1.000 por día por el equipo y el personal, esto llega a US$333.33 por comercial cuando filma tres a la vez. Una gran diferencia al costo promedio de US$197.000. Esta cifra de US$333,33 fue cierta en los años 80 y sigue siendo cierta en los 90. En la primera década del siglo veintiuno seguirá permaneciendo cerca de esa cifra. Todo lo que necesita es averiguar los precios, aunado a la actitud de un emprendedor guerrillero.

Para mantener el costo bajo, lo cual es una característica de un empresario guerrillero, evite el costoso talento y miembros del equipo que estén sindicados cuando sea posible (en algunas ciudades de sindicatos como Los Angeles y San Francisco, esto no es fácil de hacer). Trate de hacer todo correctamente, planificando los ensayos y las reuniones de preproducción; planifique la edición cuando esté planeando la cuña. Editar en videotape puede ser muy costoso, así que planifique su filmación para que sea necesario hacer poca edición. Los expertos señalan que el comercial se hace realmente en la sala de edición. Así que asegúrese de estar vigilando y comentando cuando se haga ésta. Es un momento importante del proceso de aprendizaje de un empresario guerrillero.

El uso de film o videotape generalmente no marcará ninguna gran diferencia en su costo final. El film le permite usar más efectos especiales, tiene una mayor calidad mágica debido a que tiene menos "presencia" que el videotape, y le permite una edición menos costosa. Mas con el film usted no tiene una retroalimentación inmediata. Si alguien se equivocó, usted no lo sabrá hasta que el film sea procesado. Con el videotape, usted puede ver la cinta grabada inmediatamente y si hay algo equivocado, se puede repetir inmediatamente. No es necesario ningún proceso. Con respecto a cuál es mejor, no hay una respuesta correcta. Ambos pueden ser ideales, dependiendo de las circunstancias. Sin embargo, si usted está planeando hacer que la emisora le ayude con la producción, es mejor que planifique sobre videotape. Las emisoras normalmente no utilizan film para usted. No hay problema, los empresarios guerrilleros parecen optar por el videotape.

¿Qué hace que un comercial sea fantástico?

¿Qué es lo que hace que un comercial de televisión sea fantástico? Procter & Gamble, uno de los más sofisticados anunciantes de los EEUU, usa frecuentemente comerciales de "trozos de la vida real", los cuales son pequeños dramas cortos, del tipo que parecen ser aburridos y comunes. Sin embargo, con todo el dinero con el que P&G los apoya, funcionan extremadamente bien. Muchas compañías han hecho mucho dinero copiando este formato. Así que no lo deseche a un lado si está considerando la televisión como un medio de marketing. Usted puede aprender mucho de P&G. Yo ciertamente lo hice.

Existen algunas guías que le ayudarán sin importar el tipo de comercial que usted desea producir:

Recuerde que la televisión es un *medio visual realzado con audio*. Muchos anunciantes mal informados lo consideran en sentido contrario. Un ejecutivo de marketing de guerrilla sabe que un comercial de televisión excelente *comienza con una idea excelente*. Trate de expresar esa idea de manera visual, luego agregue las palabras, la música y los efectos de sonido para hacerlo más claro y con más fuerza. Trate de observar su comercial sin sonido. Si éste es un ganador, cumplirá su papel aún con sólo las imágenes.

Mencione el número de teléfono tres veces

Le repito, piense en cuñas de 30 segundos en vez de aquellas de 60 segundos; además, si está usando la televisión para respuesta directa, como por ejemplo para ordenar a partir de un número de llamada gratis, pruebe con cuñas de dos minutos. Son muy efectivas. Mencione ese número de teléfono por lo menos tres veces, y muéstrelo todo el tiempo que pueda.

Recuerde que, al igual que con la radio, usted tiene tres segundos para atraer la atención de los televidentes. Si usted no ha conseguido engancharlos directamente al comienzo, probablemente los ha perdido. Así que diga lo que tiene que decir de una manera cautivadora al comienzo. Dígalo de nuevo, con palabras diferentes, en la mitad de la cuña. Dígalo una última vez, con diferentes palabras (o hasta con las mismas), al final. No caiga en la trampa de hacer su comercial más interesante que su producto. No permita que alguien recuerde su comercial sin recordar su nombre. Existen toneladas de historias tristes acerca de comerciales que ganaron todo tipo de premios mientras los productos que patrocinaban sufrieron muertes terribles. Usted desea ventas y no premios, aplausos o risas.

Personas que odian la publicidad

Estos días, muchos comerciales de televisión, que yo recuerde, son creados por personas que odian la publicidad y están avergonzados de ella. Esto explica porqué tantas cuñas de televisión son visualmente impactantes pero no dan una pista de para quién están publicitando. Usted debe tener especial cuidado para ver quién debe comprar y los empresarios guerrilleros saben que las personas no otorgan mucha importancia a los comerciales de televisión. Mi esposa llama a esto la escuela de la publicidad "de paso", como en "permítanos entretenerlos, divertirlos, cautivarlos y encantarlos, y de paso, también estamos confiando que usted comprará nuestra cerveza".

Las cuñas de televisión, según nos dicen los investigadores, ofenden más que los anuncios impresos. Los estudios muestran que el 15 por ciento de las personas desaprueban la televisión y sólo el 7 por ciento censuran los impresos. Un amplio 41 por ciento dicen que los programas de entrevistas en la televisión son una amenaza para la sociedad y el 42 por ciento de los norteamericanos creen que la televisión les habla con altivez.

Comunique a los ojos de los televidentes

Cuando pueda, *muestre su producto o servicio en acción*. La memoria de las personas mejora un 68 por ciento cuando tienen un elemento visual al cual recordar. Así que diga lo que tiene que decir tanto visual como verbalmente, haciendo énfasis en lo visual.

El comercial de 30 segundos a continuación ganó el primer premio en el Festival de Películas y Televisión de Venecia. El anunciante tuvo que sacarlo del aire posteriormente ya que no pudo atender toda la demanda de su producto. La idea transmitida por el comercial, es que esta galleta en particular, conocida como "Sports" y fabricada por una compañía llamada

Carr´s, contiene más chocolate que cualquier galleta similar. ¿Suficientemente simple? He aquí el guión:

VIDEO	AUDIO
1. Se abre con dos sujetos de comedia encarando a la cámara. Uno es alto y el otro bajo. Habla el alto:	1. (Hombre alto) Buenas noches. Sydney y yo quisiéramos probar que Carr´s Sports tiene la mayor cantidad de chocolate, mostrándoles dos maneras de hacer galletas de chocolate.
2. El hombre bajo sonríe cuando se menciona su nombre, pero pierde la sonrisa cuando escucha que él es una galleta	2. Imagine que Sydney es una galleta.
3. El hombre alto alza un contenedor gigante con una etiqueta que dice "chocolate" y vierte chocolate líquido real sobre el hombre bajo.	3. Ahora tome su galleta. Cúbrala con chocolate.
4. La cámara se inclina hacia abajo para mostrar el charco de chocolate a los pies del hombre bajo.	4. Efectivo, pero no queda mucho sobre la galleta. Carr´s hace Sports de una mejor manera.
5. Corte a los dos hombres. El hombre alto carga ahora al hombre bajo, lo sostiene sobre una bañera marcada "chocolate". El hombre alto suelta al hombre bajo en la bañera.	5. Sumerja la galleta en el chocolate.
6. Corte de la cabeza del hombre bajo aflorando del chocolate. A medida que resurge, más chocolate es vertido sobre él.	6. Cúbralo, y cuando esté listo...
7. Disuelva hacia el hombre bajo, ahora embutido en chocolate. Está acostado. El hombre alto está parado orgullosamente sobre él.	7. Usted tiene su galleta con todo su chocolate sobre ella.
8. El hombre alto muestra un paquete de Carr´s sports mientras la cámara hace zoom para un closeup de él.	8. Así es como Carr´s hace Sports.
9. Unas manos colocan el paquete al lado del hombre bajo, que sigue embutido en chocolate. El hombre mira al paquete.	9. Carr´s Sports, la barra de chocolate con la galleta en el medio. ¿Correcto, Sydney?

Enuncie la premisa al principio

El comercial, cuya producción costó un total de US$1.500, enuncia la premisa completamente *al principio*. Al comienzo, los dos caracteres son extravagantes, por lo que atraen la atención del televidente. El comercial es muy gracioso. Sin embargo, el producto siempre es la estrella. Toda la conversación es acerca del producto. El tema es el chocolate. El televidente conecta claramente Carr´s Sports con el chocolate, lo cual fue la idea básica desde el comienzo. En el primer marco, a los televidentes se les dice que el producto es el que tiene más chocolate. En el marco siete, se hace énfasis de nuevo en el mismo punto. En el marco nueve se vuelve a mencionar. Aún cuando no hubieran palabras, los televidentes sabrían acerca de qué es el comercial y comprenderían la conexión entre Sports y el chocolate.

93 en vez de 65

El comercial no usa música, tiene 93 palabras en vez de las comunes 65 y emplea el humor para enfatizar su punto. El humor, muchas veces referido como el arma más peligrosa de la publicidad, ya que con frecuencia es usado erróneamente, funciona aquí muy bien, vendiendo un producto que se expendía en ese tiempo al detal por alrededor de 75 centavos. La cuña hace uso completamente de la habilidad de la televisión para demostrar las ventajas de un producto. Lo mejor de todo, el comercial es tan gracioso para ver que los televidentes pudieran observarlo varias veces sin aburrirse. También deben haberse acordado del nombre del producto, en vista de las ventas que resultaron.

Esto es para mostrar que usted no necesita un presupuesto inmenso y un "jingle" fantástico para hacer un comercial exitoso. Como hombre de marketing, estoy mucho más orgulloso de las ventas, que de los premios obtenidos por este comercial.

Debido a que tanta gente, estimada en este momento en un 93 por ciento, tienen controles remotos para tanto sus televisores como sus DVDs, existe una gran probabilidad (estimada en un 70 por ciento) que su comercial sea anulado ("zapped"), haciéndolo avanzar rápidamente, o bloqueando su sonido. ¿Se alejan de la televisión los empresarios guerrilleros debido a esto? Por supuesto que no.

Sobreponiéndose al "zapping"

En cambio, los emprendedores guerrilleros prestan atención a esta fea realidad trabajando con ella, no contra ella. Hacen sus comerciales de televisión a prueba de controles remotos narrando sus historias visualmente, utilizando palabras y música, mas sin requerirlas realmente ya que sus imágenes son quienes hacen el trabajo. Muestran sus nombres, con frecuencia a lo largo de todo el comercial, sobreponiéndolos en la esquina inferior de la pantalla, al estilo de CNN. Note cuántas cadenas de televisión han comenzado a hacer lo mismo, dándose cuenta finalmente de la visualidad de su medio.

Los empresarios guerrilleros de televisión muestran sus comerciales a sus audiencias objetivo, las veces suficientes, como para empezar a ver los resultados de este poderoso marketing de guerrilla después de algunos meses. ¿Algunos meses? ¿Por qué no inmediatamente? Porque la televisión, aún siendo de alta potencia, no consigue resultados inmediatos a menos que usted tenga una venta especial de tiempo limitado, esté haciendo una oferta de tiempo limitado o esté usando la televisión como un medio de respuesta directa, proveyendo a los televidentes con un número de llamada gratis y suficiente información para tomar la decisión de comprar.

Usted será un emprendedor guerrillero feliz si *baja sus expectativas para la televisión a corto plazo.* A medida que pase el tiempo, la televisión hará milagros para usted. Solo que no serán milagros. Serán el resultado de su paciencia combinada con su comprensión de que ningún medio hace tanto por vender su producto como la televisión. No piense que usted puede hacer que la televisión se pruebe a si misma para usted con fondos limitados. Tan poco costosa como puede resultar ser una cuña, usted sin embargo debe tener un baúl de guerra de tamaño decente para poder usarla. Un experto a quien yo respeto mucho aconseja a sus clientes que si no pueden resistir perder su inversión en la televisión, deben tratar de hacer algo diferente. Sin embargo, si usted puede probarla y hacer que le funcione, usted será un empresario guerrillero muy feliz.

Recuerde que usted debe tener un gran producto o servicio para que la televisión haga su trabajo por usted. El próximo siglo parece estarse perfilando como un siglo que responde mayormente a las cosas básicas. Lo que estará en boga será lo funcionalmente elegante, lo simple y sencillo, lo saludable y sensato, lo políticamente correcto, lo ambientalmente respon-**Lo que estará** sable, lo que sea bueno para el país y lo que esté sólidamente **en boga** posicionado como de precio medio.

Una vez que usted tenga productos o servicios que se adecúen a estas demandas de los consumidores, la televisión puede ser muy efectiva para usted, el empresario guerrillero. Entonces es cuando debe usar y no abusar de la televisión.

CAPÍTULO 20
PUBLICIDAD EXTERIOR: QUÉ PUEDE HACER Y QUÉ NO

La publicidad exterior consiste en vallas, anuncios en autobuses, avisos en taxis, paredes pintadas y avisos exteriores. Supongo que también incluye escribir en el cielo, ya que esto nunca ocurre en el interior. Sin embargo, ocupémonos primero de las vallas. Existen muy pocos casos donde el empresario pueda sobrevivir únicamente con vallas, aun cuando pudiera hacerse. Ya hemos hablado de los éxitos de Harold´s Club, Wall Drugs y Burma-Shave, aún cuando estas empresas realmente usaron avisos exteriores y no vallas. En general, la publicidad de vallas (si bien el término publicidad está ligeramente exagerado) es realmente publicidad de recordación. Funciona mejor combinada con publicidad a través de otros medios.

Un ingrediente importante

Cada año, un empresario en Iowa realiza una promoción en la radio y los periódicos de un céntimo por venta, con una duración de un mes. Igualmente, apoya la radio y la publicidad en prensa con vallas, durante un mes cada año. Sus ventas se elevan en un promedio del 18 por ciento. Solamente con las vallas, esto no ocurriría jamás. Sin embargo las vallas le agregan un ingrediente importante a su mezcla de marketing. Las usa solamente una vez al año para promocionar su negocio de muebles. Funcionan maravillosamente bien.

No es necesario que la publicidad de vallas deba ser una publicidad estrictamente recordatoria. En algunos casos puede conducirlo directamente a las ventas. En relación a esto, permítame decirle las dos palabras más importantes que usted puede usar en una valla. No son en lo absoluto palabras de alta motivación como las que discutimos algunas páginas atrás, ni son tan obvias. Las dos palabras mágicas que pueden provocarle éxito inmediato si se usan en una valla son: *próxima salida*. Si puede usarlas en su valla, pueden hacer un gran trabajo de

Dos palabras mágicas

marketing para usted. Por ejemplo, una nueva tienda en el área de la Bahía de San Francisco podía permitirse solamente una valla. Ésta, afortunadamente, fue capaz de exhibir las palabras: *próxima salida*. El éxito llegó rápidamente y en abundancia. Por supuesto, la tienda poseía todo lo demás requerido para tener éxito, y lo tuvo. Sin embargo, el crédito principal corresponde a la valla. Si usted no puede usar estas dos palabras, las próximas tres también funcionan bien: *a dos millas*.

La mayoría de las veces usted no puede alquilar únicamente una valla. Generalmente, debe alquilar diez o veinte a la vez. Algunas de ellas están excelentemente colocadas, otras tienen una ubicación terrible. Debe aceptar lo malo con lo bueno. Sin embargo, a través de una argumentación convincente o algún pretexto para evadir las políticas de la firma, usted pudiera ser capaz de alquilar solamente una valla, ubicada de la mejor manera posible. Si alguna vez lo consigue, hágalo; de otra manera, tenga cuidado. Considere usar vallas si tiene un restaurante, una atracción turística, un taller mecánico, una estación de servicio, un motel u hotel. Cuídese de la publicidad de vallas si su negocio no posee una atracción inmediata para los conductores. Si usted tiene un autolavado ubicado realmente en la próxima salida, una valla puede ser justo lo que necesita. Si lo que posee es un firma de enseñanza de la computación, olvídelo. Una valla puede, sin embargo, ayudarlo a mantener su identidad si ésta ya está establecida.

¿Cuándo utilizar las vallas?

Marlboro mantiene su identidad del vaquero con vallas. Las palabras no son necesarias. Si está pensando en utilizar vallas simplemente como recordatorios y no ha invertido mucho en crear su identidad, como lo ha hecho Marlboro, borre la idea de su plan de mercadeo.

Para cerciorarse de la posibilidad de que una valla le funcione, averigüe cuántos vehículos pasan al lado de la ubicación de la valla cada día. Esto se conoce en el negocio como el conteo de tráfico. Las firmas de vallas tienen los datos en las puntas de sus dedos. ¿Qué tipo de tráfico pasa al lado? Los camiones no estarán en capacidad de frecuentar su autolavado. Por otra parte, las personas que se dirigen a sus hogares en los suburbios de alto nivel social pueden estar interesados en su restaurante de comida para llevar.

Cuando esté planificando una valla, mantenga en mente las reglas para los avisos exteriores. Procure no usar más de seis palabras. Recuerde que las personas están probablemente

Seis palabras solamente

manejando a una velocidad de alrededor de cincuenta y cinco millas por hora o están lidiando con el tráfico cuando ojean su valla, si es que le dirigen un vistazo. Manténgala simple. Otórgueles un gran gráfico sobre el cual puedan concentrarse. Asegúrese que la letra sea clara y las palabras grandes. Si el conteo del tráfico se mantiene igual de noche, asegúrese que su valla esté iluminada. Esto cuesta más que una valla no iluminada pero puede valer la pena.

Las compañías de vallas están abiertas a negociaciones de precios, aún cuando pudieran no apreciar que yo revele este detalle. También son receptivos a negociaciones de ubicación. Yo necesité una vez una ubicación específica y me fue dicho que para conseguirla, debería alquilar otras nueve vallas, todas ellas en ubicaciones infames. Respondí que no estaba interesado. Un par de semanas más tarde, la valla me fue ofrecida junto con solamente cuatro otras, también muy mal ubicadas. De nuevo me negué. Finalmente, recibí una llamada de un representante de ventas quien me informó que podría tener solamente la valla que yo quería, aún cuando el precio sería significantemente más alto que el enunciado originalmente. Hubiera sido un buen arreglo y yo deseé poder aceptar. Sin embargo, para ese momento, el presupuesto de mi cliente ya había sido comprometido, por lo que perdimos todos. Lamentablemente el representante no llegó a hacerme la misma oferta desde el principio. Hubiera podido haber usado "próxima salida" en la valla y tener una historia de éxitos adicional para reportar aquí.

Tres otros aspectos donde funcionan las vallas

En ocasiones, además de atraer ventas directas, las vallas ayudan a los empresarios guerrilleros en otros tres aspectos: cuando usted está nuevo en un área y desea hacerse conocer, cuando usted desea agregar a una campaña o promoción de publicidad única y cuando usted tiene una idea que se traduce idealmente sobre una valla y puede alquilar una sola. Un ejemplo del tercer aspecto es una venta de sidra a la orilla de la carretera, que vende cidra de cerezas que crecen de los árboles que se ven desde la autopista. Un empresario con agallas pudiera exhibir una valla con la sección central completa cortada para que así los conductores pudieran ver a través de ella a los cerezos. Una simple línea de texto en la parte superior (o al pié) pudiera decir, Sidra de Cerezas de Estos Árboles: Próxima Salida. Estoy consciente de que el anuncio está compuesto por siete palabras, mas está bien romper las reglas en ocasiones, siempre que usted sepa cuándo y tenga una buena razón para hacerlo.

Uno de los aspectos más atractivos de la publicidad de vallas es que si usted aporta el diseño, la compañía le producirá la valla. Esto significa que la compañía se encargará de aumentar el arte hasta el tamaño adecuado para la valla. Los tamaños de éstas son medidos en pliegos, donde cada uno de ellos es aproximadamente del tamaño de un gran afiche. El tamaño normal para una valla es de 24 pliegos. Cualquier cosa que haga, asegúrese que su valla esté acorde con el resto de su campaña de publicidad. El hombre de Iowa fue capaz de presentar su mensaje con seis palabras, en su valla especialmente exitosa únicamente debido a que el mensaje ya había sido explicado más a fondo en otro lado. Un empresario guerrillero usa las vallas como si fueran dardos. El dice "próxima salida", "a dos millas" o "cinco minutos más adelante", enlaza su valla directamente con una fuerte campaña o utiliza una única valla con precisión quirúrgica. Ningún ejecutivo guerrillero usa una valla de "próxima salida" por el tiempo usual de uno o tres meses. Después de probar los méritos de una, el empresario guerrillero firma un contrato de un año, tres años o cinco años para una valla así. Un emprendedor guerrillero contrata a la compañía de vallas, para erigir una en una ubicación donde pueda utilizarse la frase "próxima salida", si todavía no hay ninguna allí. Igualmente, un empresario guerrillero sigue entendiendo que una gran valla no es más que un gran recordatorio.

Produciendo su valla

Quisiera sugerirle que evite el uso de vallas a menos que exista una fuerte razón para utilizarlas. Maneje alrededor de su comunidad y note las compañías locales que las utilizan. Luego converse con los dueños de esas compañías y averigüe si esas vallas funcionan. A menos que usted esté en un negocio que compita con el de ellos, probablemente conseguirá una respuesta directa.

Un ejecutivo guerrillero puede, frecuentemente, conseguir varios colegas guerrilleros para colaborar en una valla. Esto baja considerablemente el costo de la valla y la coloca dentro del rango de muchos empresarios. Si dos o tres compañías comparten una, el costo puede ser lo suficientemente bajo para permitir a cada uno utilizar la valla a tiempo completo, como parte de su plan de marketing global.

Bajando el costo de la valla

Llame a los representantes de vallas en su área y escuche sus propuestas de ventas. Quizás puedan darle pistas de algunas oportunidades especiales, nuevas vallas a ser construidas u oportunidades para compartir vallas con otras compañías. Es posible que usted no pueda ser persuadido para usar ni aún una pequeña valla en su plan de marketing. Sin embargo, no tiene nada que perder hablando con ellos. Así que hágalo. Más aún, escúchelos. Sin usted tiene un tema bien conocido, las vallas pueden ser para usted. Como con muchos otros medios de marketing, pudiera ser rentable el probar su eficacia. Diferentes pueblos responden de maneras diferentes a las vallas. Es posible que usted viva en un pueblo que se motive con ellas. Los Angeles parece ser la capital de las vallas en el universo, con una multitud de vallas móviles decoradas en ubicaciones de alto tráfico, cada una anunciando películas, estrellas, programas, mas nunca promocionando Preparación H. Es posible que usted esté ubicado cerca de una calle ideal para una valla. Si éste es el caso, le recomiendo hacer una prueba. Si usted hace una prueba con una valla por un mes o dos y no hay ningún cambio, usted no ha gastado tanto dinero. Sin embargo, si nunca la prueba, y luego su mayor competidor prueba las vallas y llega a la gloria con ellas, usted se golpeará la cabeza contra la pared.

Publicidad para el posicionamiento en la mente del consumidor

Casi sin excepciones, el marketing de vallas es publicidad para el posicionamiento en la mente del consumidor. Esta publicidad trata de obtener ventas implantando un pensamiento o estableciendo una identidad. Trata de ganar, para usted, un incremento constante de posicionamiento en las mentes de las personas de su área de marketing. Normalmente no resulta efectiva con mucha rapidez, no puede ser traducida a resultados y solamente a la larga es beneficiosa, si es que alguna vez lo es. En cambio, la publicidad para el posicionamiento en el mercado procura ganar ventas inmediatas. Trata de obtener, para usted, una participación cada vez mayor de cualquier mercado al que su producto o servicio pertenezca. La publicidad para el posicionamiento en el mercado es el tipo más efectivo de publicidad, la que más rápidamente se puede traducir en resultados y la más rentable a corto plazo. La mayoría de los empresarios están demasiado interesados en el dinero para estar preocupados acerca del posicionamiento en la mente del consumidor. Ellos desean participaciones de mercado incrementadas y las desean en este momento. Así que considere usar vallas, mas no espere atraer con ellas prospectos altamente motivados.

En general, usted puede esperar el mismo resultado, quizás un poco mejor, de los avisos en los autobuses, tanto internos como externos, al igual que los avisos internos o externos de los taxis. Estos pueden ser utilizados como parte de un plan de marketing que requiera el uso de avisos en áreas urbanas objetivo. Estos avisos móviles son vistos por muchas personas, muchas de las cuales pueden ser prospectos serios. Los avisos en los taxis son vistos por personas en toda el área metropolitana. Los avisos en los autobuses, generalmente son vistos por las mismas personas, o sea, los usuarios de los autobuses y las personas que viven a lo largo de las rutas. Por supuesto, los autobuses no siempre transitan en las mismas rutas que los taxis. Sin embargo esto debe ser tenido en mente si usted está pensando en usar tanto avisos en autobuses como en taxis.

Autobuses y taxis

Un cliente mío disfrutó un gran éxito atrayendo trabajadores temporales de oficina con avisos colocados dentro de los autobuses. El cliente era una agencia que proveía estos trabajadores a grandes empleadores y los avisos estaban diseñados para atraer tanto los trabajadores como los empleadores. Si su producto o servicio está localizado cerca de una línea de autobús, usted debe considerar colocar avisos en esa particular línea, en el exterior de los vehículos. Avisos como éste no le servirán como un plan de marketing completo, pero sin embargo, pueden ser una parte efectiva de él.

Si usted conoce dónde van sus prospectos, puede determinar mejor una buena ubicación para publicidad de exteriores, ya sea colocada en una valla, un autobús, una pared pintada o un aviso en un granero. Por ejemplo, si usted vende un nuevo tipo de aceite para broncear y está disponible una pared que se pueda pintar cerca de una playa frecuentada por personas que toman baños de sol, no la suelte. Si usted mercadea productos o servicios agrícolas y está disponible un techo para pintar en una carretera de campo muy frecuentada, alquile el espacio y píntela con su mensaje. Piense seriamente en colocar un aviso en el exterior de su lugar de negocios. Un buen aviso frecuentemente resulta en buen negocio. Un aviso pobre invita al desastre.

¿Qué hace que un aviso exterior sea deficiente? La falta de claridad. La falta de originalidad. Letras demasiado decoradas. Colores neutros. Letras muy pequeñas. Colocación poco apropiada. Poca conexión con el resto de su marketing. ¿Qué hace que un aviso exterior sea bueno? La fácil lectura. La calidez. La buena ubicación. La originalidad. Una identidad que combine con la de su negocio. La claridad desde lejos, desde vehículos en movimiento, en noches oscuras. Buenos colores. Una conexión clara y sin equivocaciones con sus otros

Una valla deficiente

medios de marketing. Asegúrese que su aviso comunique de qué trata su negocio. Por ejemplo, "Moore's" nos dice mucho menos que "Artículos de Escritorio Moore's". Para obtener aceptación en la comunidad, trate de hacer diseñar su aviso de tal manera que combine con el carácter de ésta. Los avisos extravagantes pueden ser fantásticos en algunas localidades y horribles en otras. En mi comunidad, un gran aviso de neón,

Un generador de dinero de neón

como el que usted verá en Las Vegas, solamente ayudará a obtener enemigos para el anunciante. Los avisos conservadores pueden ser justamente lo que necesita en algunas calles, aun cuando pudieran ser el boleto al desastre en otras. Sea sensitivo a los gustos de su comunidad.

Siempre esté a la búsqueda de ubicaciones potenciales para los avisos. Conozco un ejecutivo de marketing de guerrilla quien no pudo conseguir una valla cerca de su lugar de negocios. Sin embargo, fue capaz de persuadir al dueño de un autocine ubicado a una milla de su negocio para que le vendiera espacio en la parte posterior de su pantalla de cine. No es ningún accidente que ésta diera de frente a una autopista extremadamente frecuentada.

Si usted está utilizando algunas vallas en este momento, considere que cuando comience a publicitarse en otros medios, sus ventas deben elevarse entre un 25 a un 250 por ciento. De las compañías que complementaron sus vallas con otros medios de marketing, el 83 por ciento aseveró que la publicidad de medios elevó las ventas, mientras que el 79 por ciento dijo que el crédito debería ser concedido a las promociones.

Los ejecutivos de marketing de guerrilla exitosos me dicen que uno de las avisos más importantes que ellos tienen, aún cuando difícilmente llega a ser una valla, es un aviso de neón que dice ABIERTO. Algunos me recuerdan que el alto costo de los avisos de neón hace imposible que algunos dueños de negocios los utilicen, necesitando en cambio, el gasto eventual de un aviso de CIERRE DE NEGOCIO.

No permita estar limitado por falta de imaginación. Sin embargo, recuerde que la publicidad vista por conductores a alta velocidad tiene menos impacto que aquella vista por prospectos relajados, o sea, aquellos que pudieran tomarse el tiempo de leer correo directo enviado por usted.

CAPÍTULO 21

MARKETING DE CORREO DIRECTO: IDENTIFICANDO A SUS PROSPECTOS CON PRECISIÓN

¡Atención a todos los empresarios guerrilleros! El mercadeo directo es la clave. Es el nombre de su juego. Tiene un espejo empotrado que refleja la verdadera efectividad de su mensaje de publicidad. De todos los demás tipos de marketing se puede decir mucho, sin embargo, del mercadeo directo se puede hablar más aún. Todos los demás tipos de marketing pueden ayudarlo en gran medida, si bien el mercadeo directo le puede ayudar más.

Gallup reporta que el correo directo fue el medio de comunicación más común utilizado en los EEUU durante 1997, cifra con la que estuvieron de acuerdo el 66 por ciento de las compañías. El correo directo genera el 5 por ciento de los ingresos de las compañías norteamericanas. De todos los ingresos de ventas dedicados al marketing, el 22 por ciento se invierte en mercadeo directo.

El mercadeo directo se refiere al correo directo, a las órdenes por correo o la publicidad por cupones, al telemarketing, a la televisión de respuesta directa, a los "decks" de tarjetas postales, a los vendedores puerta a puerta, a los programas de televisión de compra desde el hogar, a las páginas Web o a cualquier método de marketing que intenta hacer una venta en este momento y en este lugar. No requiere de un mediador. No requiere de una tienda. Requiere únicamente de un comprador y un vendedor. Debido a esto, son removidos muchos niveles innecesarios del proceso de marketing, dejando en el tapete solamente resultados que pueden ser medidos. Permítame repetir esa palabra: *medidos*. Cuando usted coloca un comercial de radio o un anun- **La clave es que puedan ser medidos** cio en el periódico, hace todo lo que esté en sus manos para asegurarse de que funcione y sin embargo, usted realmente no sabe si lo hace. En cambio, cuando usted hace publicidad de correo directo, sabe claramente si sus envíos por correo funcionaron. Si es así, sabrá cuán bien funcionaron. Y si fallaron, sabrá cuán desconsoladoramente fallaron.

El correo directo no hace, en general, las ventas por si mismo, si bien obtiene ventajas cruciales que resultan en ventas. Un inmenso 89 por ciento de los directores de marketing lo usan para generar ventajas, mientras el 48 por ciento lo utilizan para generar ventas.

Junto con su muy importante posibilidad de medición, considere algunas de las otras ventajas del correo directo sobre los otros medios publicitarios:

Ventajas del correo directo

1. Puede alcanzar resultados, medidos con más precisión.
2. Puede ser tan extensivo o conciso como desee.
3. Puede apuntar directamente sobre cualquier audiencia objetivo.
4. Puede personalizar muchísimo su marketing.
5. Puede esperar las más altas tasas de respuesta.
6. Puede usar oportunidades ilimitadas para pruebas.
7. Puede disfrutar de ventas reiteradas a clientes experimentados.
8. Puede competir, incluso ganar, a los gigantes.

Junto con estas ocho ventajas, vienen ocho reglas básicas:

Ocho reglas básicas

1. El elemento más importante es la lista de direcciones adecuada.
2. Facilítele a quien reciba el correo la toma de acción.
3. Las cartas casi siempre atraen más que los paquetes de correo sin cartas.
4. Los mejores compradores son aquellos que han comprado por correo en el pasado, cuyo número se está incrementando rápidamente.
5. Haga cualquier cosa para conseguir que su sobre se abra (en este capítulo, más adelante, encontrará una lista de indicaciones para ello).
6. Es primordial mantener buenos registros.
7. Los testimoniales mejoran las tasas de respuesta.
8. Recuerde que *nada es tan simple como parece*.

Igualmente, de manera auténticamente guerrillera, le ofrezco ocho sugerencias para obtener la tasa de respuesta que usted desea a partir del correo directo:

¿Cómo consiguen los guerrilleros aumentar la tasa de respuesta?

1. Solicite la orden de compra en el encabezado de su folleto.
2. Siempre dígale a la persona qué hacer a continuación.
3. El azul es un color "secundario" atractivo, ya que el rojo con el blanco son generalmente la combinación para correo directo que más arrastre logra.
4. No exagere el uso del rojo. Utilícelo principalmente para destacar algunas frases.
5. Los expertos dicen que los cuatro elementos más importantes en el correo directo son la lista, la oferta, el texto y los gráficos. Los empresarios guerrilleros prestan mucha atención a todos ellos.
6. El segmento de la industria del correo directo en más rápido crecimiento es el de las compañías no tradicionales que están enviando correo, o sea, aquellos que no habían utilizado correo directo en el pasado.
7. El éxito del correo directo viene con el efecto acumulativo de envíos repetidos. Hágalos repetidos aunque diferentes entre sí.
8. El gasto de los consumidores estimulado por el correo directo se ha cuadruplicado desde 1980 quedándose ligeramente atrás, si bien, para el mercadeo directo, no hay fin a la vista. El correo directo no está creciendo con tanta velocidad como el telemarketing y la venta vía Internet. Estos están creciendo a pasos nunca visto.

Los empresarios guerrilleros entienden que cuando se trata de determinar el porcentaje normal de retorno en correo directo, *éste no existe*. Usted deberá determinar el suyo para luego tratar de mejorarlo (el nombre del juego en correo directo).

El porcentaje normal de retorno

En este momento, cerca del 40 por ciento del correo directo proviene de anunciantes nacionales, 25 por ciento de anunciantes locales, 20 por ciento de firmas de órdenes por correo. El hogar promedio en EEUU recibe una media de 104 piezas de correo directo cada semana. Para un empresario guerrillero, esto significa que la oportunidad el mucho menor que nunca antes para conseguir una alta tasa de respuesta y que hay una necesidad cada vez mayor de ser verdaderamente creativos en sus envíos. Se gasta más dinero en el correo directo que en las revistas, la radio o la televisión. Más de 112 millones de norteamericanos respondieron, en 1996, a las promociones de ventas de correo directo; uno de cada seis norteamericanos compraron seis artículos o más a través de este maximedio; las personas mayores desean menos correo, mientras que las más jóvenes desean más; las asociaciones civiles sin fines de lucro utilizan el correo directo para lograr hasta el 90 por ciento de sus fondos. Finalmente, recuerde que con el alza de las tarifas postales, los amateurs se han visto obligados a alejarse de este medio, dejando un universo nuevo y exuberante para los empresarios guerrilleros.

El método menos costoso

Estos mismos emprendedores guerrilleros agradecen que el correo directo sea el método de marketing menos costoso, respecto al resultado de venta. El costo global puede ser alto, mas si funciona para usted, será un marketing poco costoso. Existen muchos libros, muchos artículos, muchos capítulos dedicados a instruir, en los detalles del mercadeo de correo directo, a los ejecutivos de mercadotecnia. Léalos.

Probar, probar y probar

Para un emprendedor guerrillero, el marketing es tanto arte como ciencia. El correo directo es más ciencia que arte. Con lo anterior no se quiere disminuir la importancia del arte para crear un paquete de correo directo exitoso. Sin embargo, enfoquémonos en la ciencia, en los hechos que ya conocemos. Por ejemplo, sabemos que los tres factores más importantes para que pueda tener éxito en mercadeo directo son probar, probar y probar. Si usted está consciente de esto y lo hace, está ubicado en el camino correcto. Si está "tocando de oído" (tanteando), probablemente se caiga cuan largo es. El mercadeo directo está creciendo a más velocidad que cualquier otro tipo de marketing. Más y más personas confían en él. Más y más personas disfrutan la conveniencia de ser capaces de ir de compras y comprar por correo. Más y más personas desean ahorrarse la falta de sitios para estacionar, los altos costos de la gasolina, los dependientes de ventas irritables y las tiendas abarrotadas. Por este motivo, se dirigen a compañías que ponen a su disposición, a través del correo directo, sus productos o servicios. En 1996, el 96 por ciento de los norteamericanos compraron algún artículo a través del correo. Obviamente apreciaron la conveniencia y el ahorro del tiempo. Con correo, usted *tiene una buena oportunidad de llegar hasta la gente.* Los estudios revelan que el 60 por ciento de la gente, cuando hablan del correo directo dicen cosas como ésta: "yo generalmente lo leo o lo reviso por encima", el 31 por ciento dicen: "Yo leo algunos, no leo otros", el 9 por ciento dice: "No leo nada de eso." En conclusión, entonces, usted tiene una oportunidad para alcanzar el 91 por ciento de su audiencia. Este es un número considerable.

Los estimados actuales nos informan que la gente recibe 20 envíos de correo directo cada día. De igual manera, únicamente el 50 por ciento del correo directo llega hasta los jefes; el otro 50 por ciento es manejado por los asistentes: los que guardan las puertas de las industrias. Los empresarios gue-rrilleros están conscientes de cómo toman sus decisiones estos guardianes de las puertas. Estos protectores del tiempo del jefe desean saber si la oferta es creíble, si proviene de una firma creíble, si el tema es relevante para su jefe y la compañía y si el envío de correo es personal o de negocios.

Los guardianes de las puertas

Los empresarios guerrilleros saben cómo acortar su texto cuando escriben a ejecutivos de alto nivel (a lo sumo, dos a tres párrafos). También se aseguran que un ejecutivo de alto nivel firme cualquier carta dirigida a otros altos ejecutivos. El título "ejecutivo de cuentas" ya es lo suficientemente atrayente. Frecuentemente, envían su correo en una caja debido a que ésta es demasiado tentadora para ser ignorada. Igualmente, cuando consideran que es absolutamente necesario que su envío llegue a manos del destinatario, pagan el costo de Federal Express o UPS.

Dentro de la *Regla 60-30-10,* están integrados más detalles de la ciencia del correo directo. El sesenta por ciento de su programa de correo directo depende del uso de la lista adecuada de personas; el 30 por ciento depende de la formulación de la oferta correcta; el 10 por ciento depende de su empaque creativo. Usted puede hacerlo creativo si toma en consideración, con mucha seriedad, estos tres factores:

La regla del 60-30-10

- Los sobres en colores vibrantes llaman la atención. Aún cuando el rojo y el azul son colores utilizados desde siempre en el correo directo, en la década de los '90 se ha comprobado que el amarillo, el naranja y el rosado ameritan, igualmente, consideración. En todo caso, el blanco es una apuesta buena y segura.
- La dirección del destinatario en tamaño gigante estimula el placer inconsciente que las personas obtienen al ver su nombre impreso. Mientras más grande, mejor.

- Un sobre blanco #10 (tamaño estándar) con una estampilla de primera clase y sin dirección de remitente es especialmente seductor y obtiene altas tasas de respuesta. Averigüe un poco más acerca de esto. Para un empresario guerrillero, seria imperioso probarlo).

¿Por qué debería escribir cartas? Existen muchas razones para hacer correo directo. Cuando usted piense en enviar algo por correo, no necesariamente piense en envíos masivos. Los empresarios guerrilleros escriben cartas por las siguientes razones:

- Hacerle seguimiento a una visita de un vendedor.
- Fijar una cita.
- Disculparse por algo hecho incorrectamente.
- Felicitar a alguien por algo.
- Recordar un aniversario para casi cualquier cosa.
- Celebrar los días festivos: Navidad, Hanukkah, Día de Acción de Gracias, Día de San Valentín, Pascua hebrea, Pascua cristiana, Día de la Independencia y Yom Kippur, por ejemplo.
- Solidificar un contacto telefónico.
- Agradecer a alguien por ver su demostración o escuchar su presentación.
- Agradecer a alguien por haber hecho una compra.
- Agradecer a alguien por su tiempo aún cuando no aceptaron su oferta.
- Agradecer a alguien por conseguirle un referido.
- Darle la bienvenida a alguien a algo que le sea nuevo.
- Aplaudir a alguien por un trabajo bien hecho.
- Reiterar cuánto ha disfrutado trabajar con alguien.
- Felicitar a alguien por una promoción o un trabajo nuevo.
- Mencionar que usted vio a esa persona en las noticias (anexar el recorte).
- Felicitar a alguien por un logro especial.
- Agradecer a una persona por hacerle un favor.
- Agradecer a alguien por un servicio excepcional.
- Hacer saber a una persona su aprecio por su producto o servicio.
- Agradecer a alguien por su tiempo o esfuerzo.
- Expresar arrepentimiento si es merecido.
- Agradecer a alguien por invitarlo a algo.
- Decirle a alguien que usted espera que se mejore.

- Expresar condolencias.
- Felicitar a alguien por un nuevo bebé, un matrimonio o una nueva casa.
- Recordar el cumpleaños de una persona.
- Anunciar un nuevo producto o servicio.
- Dar por adelantado la noticia de un descuento.
- Vender algo. Si usted envía cartas acerca de los temas enumerados arriba, esta carta será recibida con más calidez.

La información transparente que resulta del marketing de correo directo es invalorable. Ya que éste puede ser medido con tanta facilidad, le permite saber si ha hecho un buen trabajo haciendo su oferta, fijando el precio de su mercancía, construyendo un buen paquete de correo, redactando su texto, escogiendo el momento oportuno para hacer sus envíos de correo, seleccionando su lista de correos. Poco después de haber hecho sus envíos por correo, usted sabrá si funcionaron o no. Esto es a lo que yo me refiero por medición. En los últimos años, me he dedicado cada vez más al área de la respuesta directa. Esto se debe a que las compañías se están moviendo ráp-idamente en la dirección del marketing de respuesta directa; les está siendo obvio, cuando emplean este vehículo de mercadeo, que la retroalimentación es inmediata y precisa.

Retroalimentación inmediata y precisa

Antes de estudiar los secretos impartidos en estas páginas, usted debe, honestamente, preguntarse a sí mismo si su producto o servicio se presta para el mercadeo directo. Si usted tiene un producto o servicio, está tratando de seleccionar un producto o servicio o está tratando de mercadear a través de correo directo o marketing por órdenes de correo, debe considerar los siguientes factores:

- ¿Se percibe una necesidad por el producto o servicio?
- ¿Es éste práctico?
- ¿Es éste único y diferente?
- ¿Es el precio adecuado para sus clientes o prospectos?
- ¿Es de buen valor?
- ¿El alza del precio es suficiente para asegurar una ganancia?
- ¿Es el mercado lo suficientemente grande?
- ¿Posee su producto o servicio una amplia atracción?
- ¿Existen segmentos de mercado específicos en su lista, que sienten un fuerte deseo por su producto o servicio?

Lista de verificación para los ejecutivos de mercadeo directo

- ¿Es nuevo? ¿Lo percibirán sus clientes como nuevo?
- ¿Puede ser fotografiado o ilustrado de manera interesante?
- ¿Posee suficientes características de venta inusuales para hacer que su texto llame la atención?
- ¿Es económico para enviar? ¿Es frágil? ¿Posee una forma extraña? ¿Es pesado? ¿Ocupa mucho espacio?
- ¿Puede ser personalizado?
- ¿Existen algunos problemas legales por solucionar?
- ¿Es seguro de usar?
- ¿ El proveedor es honorable?
- ¿Se podrá obtener mercancía de apoyo para envío rápido en nuevos pedidos?
- ¿Podrían ser muy grandes los rechazos?
- ¿Será práctica la renovación de mercancía rechazada?
- ¿Está, o pudiera estar empacado de manera atractiva?
- ¿Son claras las instrucciones de uso?
- ¿Cómo se compara con productos o servicios competitivos?
- ¿Tendrá exclusividad?
- ¿Se prestará para negocios repetidos?
- ¿Es consumible, por lo que habrán ordenes repetidas?
- ¿Es un producto de moda? ¿De vida corta?
- ¿Es demasiado estacional para venta por correo directo?
- ¿El agregar una característica al producto podrá hacerlo más distintivo y vendible?
- ¿Creará problemas el número de unidades en existencia, diferentes tamaños y colores?
- ¿Se presta para múltiples colocaciones de precio?
- ¿Se obtiene con demasiada facilidad en las tiendas?
- ¿Es como un artículo viejo de éxito, por lo que su venta está garantizada?
- ¿Está predestinado a ser un fracaso porque otros productos similares fracasaron?
- ¿Le gusta a su madre, esposa, hermano, esposo, novia, hermana o hijo?
- ¿Es el correo directo la manera para manejarlo?
- ¿Ocupa un nicho vacío en el mercado?

Estas preguntas fueron hechas por Len Carlson, quién por treinta años ha vendido cerca de 10.000 productos diferentes a partir de una compañía de mercadeo directo llamada Sunset

House. Fueron mencionados en *Advertising Age,* en un artículo escrito por Bob Stone, presidente de Stone and Adler, una firma de respuesta directa de Chicago.

Hágase usted mismo estas duras preguntas y llegue a respuestas que le sean agradables. Si no lo puede lograr, debe desechar la idea del correo directo para su producto o servicio en particular o debe hacer algunos cambios mayores en él. Si como mínimo cinco de sus respuestas a estas treinta y siete preguntas no son las adecuadas, usted probablemente se esté dirigiendo en la dirección incorrecta. Esta lista puede servirle como una útil guía para el éxito en mercadeo directo. Le ahorrará el gastar dinero imprudentemente.

Directo es diferente a indirecto

Únicamente después de que usted esté seguro de que sea conveniente proceder al mundo del mercadeo directo, debe tomar el próximo paso, el cual consiste en entender la relación de la publicidad de respuesta directa con la publicidad de la respuesta indirecta. Más que ofrecerle mis palabras acerca de esa relación, preferiría citar de un discurso hecho por David Ogilvy, la cabeza de una gran agencia de publicidad con oficinas a nivel mundial, para la Asociación de Correo y Mercadeo Directo en su 65va. Convención Anual. Tenga en mente que la agencia de David Ogilvy es una agencia estándar, no una agencia de respuesta directa, aún cuando ahora tiene un ramo nuevo llamado Ogilvy and Mather Direct. Estos son algunos de los enunciados del discurso del Sr. Ogilvy:

¿Qué dice David Ogilvy?

- "En la comunidad de la publicidad existen dos mundos. Su mundo de la publicidad de respuesta directa y aquel otro mundo: el mundo de la publicidad general. Estos dos mundos están en dirección de choque".
- "Su gente de respuesta directa sabe cuál tipo de publicidad funciona y cuál no. Usted lo sabe en dólares".
- "Usted sabe que los comerciales de dos minutos son más efectivos en costo que los de treinta y dos segundos".
- "Usted sabe que el tiempo adicional en televisión vende más que el tiempo principal. En la publicidad impresa, usted sabe que el texto largo vende más que el texto corto".
- "Usted sabe que los encabezados y el texto acerca del producto y sus beneficios venden más que encabezados bonitos y texto poético. Usted lo sabe en dólares".
- Los anunciantes generales y sus agencias no saben casi

nada a ciencia cierta, ya que no pueden medir los resultados de su publicidad. Ellos adoran en el altar de la creatividad. Esto significa: originalidad, la palabra más peligrosa del vocabulario de la publicidad".

- "Ellos opinan que los comerciales de treinta y dos segundos son más efectivos en costo que los comerciales de dos minutos. Usted sabe que están equivocados".
- "En la publicidad impresa ellos opinan que los textos cortos venden más que los largos. Usted sabe que están equivocados".
- "Ellos disfrutan en el entretenimiento. Usted sabe que están equivocados. Usted conoce los resultados en dólares. Ellos no".
- "A nadie le debería permitírsele crear publicidad hasta que haya hecho un entrenamiento en respuesta directa. Esta experiencia lo mantendrá con los pies en el suelo por el resto de su vida. El problema con muchos redactores de texto en agencias comunes es que no piensan en términos de ventas. Jamás han escrito para respuesta directa. Jamás han probado la sangre".
- "Hasta hace poco, respuesta directa era la Cenicienta del mundo de la publicidad. Luego vino el computador y la tarjeta de crédito. Explotó el mercadeo directo. Ustedes están llegando a lo suyo. Sus oportunidades son inmensas...".
- "Damas y caballeros, cómo los envidio. Su momento es perfecto. Ustedes han llegado al negocio de la respuesta directa en el momento adecuado. Están embarcados en algo bueno. Durante cuarenta años he sido una voz gritando en el desierto, tratando de que mis compañeros publicistas tomen la respuesta directa en serio. Hoy mi primer amor ha madurado. Ustedes están frente a un futuro glorioso".

El discurso de David Ogilvy fue considerado tan importante que fue el orador de orden aún cuando todo este discurso haya sido hecho en video tape. Esto para mostrarles que el contenido sí cuenta. Las palabras reveladas justo antes están cargadas de significado. Présteles mucha atención. Espero que entiendan la enormidad de la verdad del Sr. Ogilvy: si usted no conoce el marketing de respuesta directa, no sabe de marketing.

De acuerdo con los expertos técnicos en el campo, el mercadeo directo no es un término bonito usado para denominar órdenes por correo. Es un sistema interactivo de marketing que utiliza uno o más medios de publicidad para conseguir una respuesta que se pueda medir y/o una transacción en cualquier ubicación. Tenemos que agradecer a la revista *Direct Marketing* por esa definición.

La misma publicación nos recuerda que mercadeo es el conjunto de todas las actividades involucradas en mover bienes y servicios desde el vendedor hasta el comprador. Luego, *Direct Marketing* hace una distinción crucial. Establece que el mercadeo directo tiene la misma amplia función que el marketing estándar aún cuando adicionalamente requiere del mantenimiento de una base de datos. Ésta registra los nombres de los clientes, prospectos y antiguos clientes. Sirve como vehículo para almacenar y luego medir los resultados de la publicidad de respuesta directa. Igualmente, provee una manera para almacenar y luego medir el comportamiento de compra. Finalmente, es un camino hacia la comunicación directa continua por correo y/o teléfono.

Enfocando directamente a sus prospectos

Los anunciantes concientes de los riesgos están alejándose de los medios de marketing masivos, prefiriendo enfocarse directamente en sus prospectos. Estos anunciantes pudieran haber invertido 50 céntimos por persona para alcanzar la audiencia general en el pasado y sin embargo, en los 90, están invirtiendo US$1 por alguien cuyo perfil demográfico y económico indica que está predispuesto a hacer la compra. Desde el Programa Preferido de Lectores Waldenbooks (Waldenbooks Preferred Reader Program) hasta los computadores en las tiendas de Liz Claiborne, los programas Hyatt Hotels 'Gold Passport', la compra on-line de Prodigy´s y la gran cantidad de programas de viajeros frecuentes, los detallistas y publicistas están acumulando información de quiénes son exactamente sus clientes, qué compraron y qué comprarán con más probabilidad en el futuro.

Una gran cantidad de información extraída de "scanners", cupones y hasta una tarjeta de cobro de cheques, señala exactamente dónde vive una persona, de cuántos miembros se compone su grupo familiar, cuánto ganan, qué modelo de automóvil manejan, qué leen, qué comen y hasta qué tipo de papel sanitario usan. Cada empresario guerrillero pensante está construyendo una base de datos ya que actualmente existen muy pocos mercados crecientes. Las compañías están tratando desesperadamente de mantener sus clientes actuales.

Televisión interactiva

Mirando hacia el futuro, *Direct Marketing* nos sugiere considerar la televisión interactiva como un dispositivo de ventas muy prometedor. Ésta, ya en uso en mercados de prueba y en muchos programas de compra desde el hogar actualmente en la televisión, permite a los compradores ver los artículos en televisión y ordenarlos inmediatamente. Eventualmente, la televisión interactiva será un vehículo importante empleado por muchos usuarios del mercadeo directo, aún cuando el mayor será el Internet. Lo que sea que esté ofreciendo, aún si nunca llega a estar en el Internet, debería promoverlo también con mercadeo directo.

El valor para usted es potencialmente enorme: puede llegar a sus prospectos con una puntería extraordinaria. Puede ser selectivo con relación a la edad, raza, sexo, ocupación, hábitos de consumo, dinero invertido en compras anteriores por correo directo, educación, intereses especiales, composición familiar, religión, estatus marital y ubicación geográfica, clasificados por estados, distritos, pueblos, códigos postales hasta cuadras. ¿Costoso? Por supuesto. Sin embargo, es el costo real de construir una lealtad del cliente que dure toda la vida.

Cadenas de compra desde el hogar

El extraordinario crecimiento del comercio on-line prueba sin lugar a dudas que las personas comprarán felices desde sus butacas. Como usted ya habia vislumbrado en el capítulo sobre la televisión, las cadenas de compra por video ya están con nosotros. En 1996, las ventas de compra por video desde el hogar, sobrepasaron los US$3 miles de millones. Literalmente, cientos de millones de personas ven el Home Shopping Network, el Cable Value Network, QVC Network y muchos más. Estos números están creciendo junto con las listas de correo recogidas por las cadenas de compra desde el hogar.

Su lista de clientes para envíos de correo

Si usted tiene el alma de un empresario guerrillero, también debe haber estado recogiendo su propia lista de correos desde el día en que su negocio comenzó. La lista debe empezar naturalmente, con sus propios clientes. De allí, debe expandirla para incluir a las personas que recientemente se hayan mudado a su área o se hayan casado, divorciado o convertido en padres. Elimine las personas que se hayan mudado (un 21 por ciento de los norteamericanos, una proporción cercana a uno de cada cinco, se mudó en 1996).

Tal vez usted desee participar en un simple envío de correo directo de tarjetas postales a sus clientes, informándoles de una venta que usted tendrá la semana que viene. Ellos apreciarán el temprano aviso y pudieran mostrar su gratitud comprándole. También pudiera hacer correo directo a toda escala, utilizando lo que se conoce como el "paquete clásico", que consiste en un sobre exterior, una carta de correo directo, un folleto, una planilla de pedido, un sobre para enviar de regreso (quizás prepagado) y otros materiales de marketing.

Comienza el proceso

El proceso comienza cuando usted decide exactamente qué es lo que desea ofrecer. ¿Cómo estructurará su oferta? Luego debe seleccionar su lista de correos. Si no tiene los nombres de antemano, puede comprarlos a un corredor de listas (busque bajo "listas de correos" en sus Páginas Amarillas). Compre una lista fresca y limpia. El corredor (y el precio) puede proporcionarle claves para este propósito. Usted *debe* estar consciente de todos los costos que ésto acarrea: el envío postal, la impresión, la redacción de lo que se va a enviar, el trabajo de arte, el papel, la personalización (la individualización de cada carta con el nombre y la dirección, más que decir "Estimado amigo" o algo parecido), y los costos de correos subsiguientes. Sus ventas brutas, menos estos costos, su producción, manejo y costos de envío, constituirán sus ganancias. Asegúrese de hacer las proyecciones financieras necesarias y saber su punto de equilibrio. De acuerdo a Lynn Peterson, una antigua ejecutiva de correo directo de respuesta directa en una gran agencia de publicidad, los tres más grandes secretos que pueden ser revelados a un ejecutivo de mercadeo directo son:

Secretos y errores

1. Escoja su lista con el máximo cuidado.
2. Estructure su oferta de tal manera que sea extremadamente difícil de rehusar.
3. Planifique sus proyecciones para así obtener una ganancia.

A la Sra. Peterson también se le solicitó describir los tres mayores errores hechos por ejecutivos de mercadeo directo. Para no ser nunca inconsistente, dijo que eran los siguientes:

1. Fallas al escoger la lista o listas correctas.
2. Fallas al estructurar apropiadamente una oferta.
3. Fallas en la planificación de las proyecciones con suficiente previsión.

Gemas de correo directo para empresarios guerrilleros

Para enriquecer sus conocimientos de cómo convertir el correo directo en un productor de dinero para su compañía, yo le ofrezco estas gemas:

- Imprimir sus oraciones más importantes con un segundo color incrementará las ventas de tal manera que habrá valido la pena la inversión extra. Asegúrese de escoger un color brillante y agradable.
- Enuncie de nuevo su oferta principal en su planilla de respuesta. La repetición motivará al lector.
- Las ilustraciones o fotografías incorporadas a su carta también mejorarán su tasa de respuesta. Asegúrese que el elemento gráfico agregue algo positivo a la oferta o a la promesa.

Mejorando sus ofertas

- Los peores meses en los Estados Unidos para el correo directo son junio, marzo y mayo. Los mejores son enero, febrero y octubre. La mejor temporada para el negocio de correo directo es desde enero hasta marzo.
- Los empresarios guerrilleros mejoran sus ofertas (y sus tasas de respuesta) con regalos gratis para ordenar, una fotografía del regalo gratis en el sobre o una prueba gratis de su producto o servicio. Algo gratis siempre ayuda en el marketing.
- Si su lista de correos no ha sido actualizada en dos años, tiene que tomar en cuenta que probablemente el 20 por ciento de ella esté errada y obsoleta. Asuma que, al año, el 10 por ciento de las direcciones no sirven.
- Siempre dedique un par de horas intensivas para investigar, antes de escribir aún la primera palabra de su carta. Pregúntele a algunos clientes actuales qué les gusta acerca de hacer negocios con usted y comience su carta con esos beneficios.
- Encuentre una nueva y atractiva manera de agrupar sus productos o servicios. Ofrezca términos especiales de pago o una garantía única. Un empresario guerrillero ofrece una garantía de cinco años en un área donde los demás ofrecen garantías por un año. Esto se compensa muy bien con sus altas tasas de respuesta, lo que evita que llegue a arrepentirse de ello.

Palabras comunes para transmitir ideas extraordinarias

- Piense en términos de brevedad. Utilice palabras cortas, oraciones breves y párrafos cortos. James Michener, entre otros, dijo que el trabajo del escritor es usar palabras comunes para transmitir ideas extraordinarias. Las personas no leerán una carta que sea difícil de leer. La vida es suficientemente compleja sin que su carta tenga que contribuir a ello.

- Cuente el número de "usted" y "suyo" que aparece en su carta. Debe tener por lo menos el doble de "usted" y "suyo" a "yo" y "mío". Una proporción de cuatro a uno es aún mejor.
- En su carta, escriba sobre los sueños y los problemas de sus clientes. Enumere las soluciones que usted puede proveer a esos problemas y los beneficios que usted ofrece.
- No envíe su carta justo después de escribirla. Déjela reposar de uno a dos días. Luego escríbala de nuevo. Hágala más corta, simple, clara y atrayente. Muéstresela a sus clientes. Si ellos dicen "qué carta tan maravillosa", agradézcales con amabilidad. Si dicen "¿Dónde puedo conseguir una de éstas?" usted sabrá que tiene una carta ganadora.
- Sea brutalmente honesto con usted mismo al determinar si está enunciando de manera viva lo que está ofreciendo y cómo puede el lector aceptar la oferta. Algunos empresarios guerrilleros muestran su carta a un niño, ya que éstos pueden ver, con frecuencia, lo obvio antes que los adultos.
- Envíe un correo de prueba y mida los resultados. Algunas docenas y algunos cientos de cartas le darán una buena sensación de la respuesta que usted puede esperar. Usted lo conseguirá (o no lo conseguirá) con rapidez. Si el envío generó más beneficios para usted de lo que hubiera ganado si hubiera gastado su tiempo y dinero de otras maneras, sonría con amplitud y acepte mis felicitaciones.

No la envíe de una vez

Estos no son los días antiguos

En los días antiguos, una campaña de correo directo significaba una carta. Hoy en día, significa una carta, luego dos, tres o cinco cartas de seguimiento, quizás una llamada o dos de seguimiento y finalmente, una carta adicional de correo directo. Muchos empresarios generan envíos directos semanales o mensuales.

Existen una multitud de decisiones que usted debe tomar cuando se embarca en un proceso de envío, así que es crucial que usted tenga conocimiento de las preguntas correctas a hacer. Además de decidir acerca de su lista de correos, su oferta y sus proyecciones financieras, usted debe decidir si lo va a enviar por primera o tercera clase. ¿Personalizará sus envíos? ¿Tendrá un número de llamada gratis disponible para ordenar? ¿Qué tarjetas de crédito aceptará? ¿Necesitará modificar su precio debido a que lo está vendiendo directamente? Este tema, de apariencia simple, llega a ser más complejo en la medida en que usted aprende más de él.

El sobre para un envío de correo directo amerita un capítulo aparte. A los ejecutivos no se deberían enviar sobres con etiquetas de direcciones. Para una respuesta máxima, sus nombres deben ser escritos, sobre el sobre, a máquina. Para vender artículos de escritorio, productos femeninos, candidatos o causas políticas, un sobre escrito a mano provee un tono ma-ravillosamente personal. Los sobres pueden ser de tamaño estándar (#10) o tamaño grande (6 por 9 pulgadas), manila, cubiertos con hermoso arte, forrados con papel de aluminio o con una ventanilla. Pueden tener una dirección de remitente o, para picar la curiosidad, ésta puede ser omitida.

Una de las mejores estratagemas que usted puede utilizar en un sobre es una "frase intrigante" ("teaser"), una línea escrita que provoque, al que recibe la correspondencia, a abrir el sobre. Algunos ejemplos de frases intrigantes exitosas son: "¡GRATIS! ¡Una microcalculadora para usted!", "¿Desea tener en sus manos US$10.000 en dinero extra?" y "¡La oferta más increíble del año! ¡Detalles adentro!".

Como usted puede observar, existen millones de maneras para hacer que una persona abra un sobre. Este es el propósito del sobre: interesar a la persona que recibe el envío para que lo abra y lea su contenido.

Los empresarios guerrilleros están conscientes que lo primero que las personas leen es el nombre del destinatario, luego se dirigen al texto de intriga y finalmente averiguan quién lo envió. ¿Fue la Oficina o el Presidente? ¿El Comité de Premios? ¿La oficina de impuestos? Si tiene el nombre del banco de la persona, generalmente es abierto. En este caso no se necesita de ninguna frase intrigadora. Dudo que la oficina de impuestos necesite alguno también.

Conseguir que abran el sobre

Cuando esté planificando su sobre, determine las necesidades y los deseos de su audiencia objetivo. Recuerde que puede usar la parte posterior del sobre; el 75 por ciento de las personas que lo sostienen lo leerán. Imagine que tiene tres segundos para hacer que lo abran. Diga algo *atrayente para motivar* a esta acción. Por ejemplo:

- Regalo gratis anexo.
- Oferta para ahorrar dinero adentro.
- Los secretos para construir riquezas en esta década.

- Información confidencial sólo para sus ojos.
- ¿Sabe como duplicar sus beneficios?
- Lo que cada negocio como el suyo debe saber...
- Cómo agregar nuevos beneficios por sólo seis centavos al día.
- Vea dentro detalles emocionantes sobre (virtualmente cualquier cosa). **El texto intrigante**
- Lea lo que tenemos reservado para usted, ¡solamente esta semana!

La idea de un texto intrigante no es ser tierno, brillante ni coqueto. El trabajo es ser provocativo, atraer al destinatario a abrir el sobre. Si, es sólo un sobre. Sin embargo, los empresarios guerrilleros están concientes que es frecuentemente la llave para un envío exitoso o un fracaso.

Por supuesto, las personas son rápidas para abrir correo prioritario y express. Pero cuesta mucho enviarlo, a menos que sea usted un empresario guerrillero. Los sobres que *lucen* como prioritarios y express y que son aprobados por el Servicio Postal de EEUU se pueden enviar con tarifas de primera clase o como bulto. Para conseguir una muestra gratis, llame al Correo de Respuesta Express (Response Mail Express) al 800-795-2773. Si es importante para usted conseguir que su sobre sea abierto, llame a este número. **¿Qué decir en el sobre?**

¡Algunos emprendedores guerrilleros atraen la atención a sus envíos imprimiendo sobre ellos imágenes de piezas de madera, cajas de joyas, cajas de discos compactos, bolsas marrones, tarjetas de felicitación, piezas de plástico o latas de pintura! Otros incluyen algo abultado en sus sobres: una cinta de audio, una moneda, una pieza de chicle, una tarjeta de negocios magnética, un globo. Sin embargo, cuando todo ha sido dicho, hecho y enviado, usted debe obtener la orden de pedido con la carta que usted ha escrito, luego que su sobre sea abierto. **Siempre termine con una P.D.**

En su carta, incluya una P.D. Esta es leída con regularidad (con más frecuencia que el cuerpo del texto). Muchos envíos directos incluyen actualmente lo que se conoce como cartas de estímulo (pequeñas notas que pudieran decir algo similar a "Lea esto sólo si usted ha decidido no responder a esta oferta". Dentro hay un intento adicional par hacer la venta, probablemente un mensaje escrito a mano llamado el "buck slip", firmado por el presidente de la compañía.

Existen siete razones para agregar una P.D.:

1. *Para motivar al prospecto a tomar acción.* Haga todo lo que esté en sus manos para superar el retraso y conseguir que la persona coloque su orden en este mismo momento.
2. *Reforzar su oferta.* Haga la misma oferta que haya hecho en su carta, pero hágala de manera más convincente y urgente. Si usted tiene una oferta sólida, esta es la manera más segura de usar la P.D.
3. *Enfatice o introduzca un premio o bono.* Esto pudiera conseguir que las personas salten el muro y pasen a formar parte de su lista de clientes. A la gente les encanta los regalos gratis.
4. *Enfatice el precio en términos de su oferta.* Si su precio o planes de pago son el corazón de su oferta, dramatícelos en su P.D.
5. *Introduzca un beneficio sorpresa.* Esto puede ser justo lo que necesita para motivar a las personas de la apatía al entusiasmo. También es el lugar para volver a enunciar el beneficio principal de su oferta y por qué es tan importante.
6. *Haga hincapié en la deducción del impuesto de su compra.* A todos les gusta una buena deducción, así que si el costo de su producto o servicio es deducible legalmente, dígalo en la P.D.
7. *Haga énfasis en su garantía.* No la asuma como sobreentendido, sino preséntela con emoción y entusiasmo.

Garantice lo que vende

Garantice lo que está vendiendo, ya que usted no está "a la mano" de sus clientes como estaría con un producto o servicio obtenible en una tienda, y sus clientes necesitarán la seguridad de una garantía. Usted debe hacer todo lo que esté en sus manos para remover cualquier percepción posible de riesgo.

Los esfuerzos de correo directo más efectivos permiten a las personas comprar con tarjetas de crédito. De manera similar, "cóbreme" funciona bien, como regla. Un elemento de urgencia, como por ejemplo "la oferta expira en una semana", incrementa aún más la respuesta. Los empresarios guerrilleros siempre colocan un tiempo límite en sus ofertas de correo directo.

Permítales ordenar por teléfono

Cualquier cosa que haga, establezca claramente su oferta, repítala varias veces, mantenga su mensaje tan breve como sea posible y solicite la orden. No tantee alrededor. Solicite a las personas hacer exactamente lo que usted desea que hagan. Luego, vuelva a decírselos.

Igualmente recomiendo los números de llamada gratis, los cuales pueden triplicar o más la tasa de respuesta. ¡Cada día, tres cuartos de millón de norteamericanos ordenan US$225 *millones* de valor en mercancía por teléfono!

Cuando usted diseñe un anuncio de correo directo con un cupón, haga éste una versión en miniatura de su anuncio, completo, con encabezado, beneficio y oferta. Haga un breve resumen de su publicidad. Algunos profesionales de correo directo redactan sus cupones o dispositivos de respuesta antes de redactar sus anuncios. Esto es llamado "trabajar de atrás para adelante" y los empresarios guerrilleros se dan cuenta de la sabiduría en ello. Trabajar hacia atrás le ayuda inmensamente cuando escribe la carta o el folleto, ya que le ayuda a recordar qué es lo que usted desea que el destinatario haga.

No permita que ordenen lo que usted no puede enviar inmediatamente

Si usted está trabajando de lleno cono correo directo, conoce la importancia de entregar los pedidos a la semana de haber recibido la orden (y menos tiempo si fue por teléfono, fax u on-line). Responda a las indagaciones de sus clientes en una semana (nuevamente, con más rapidez si usaron una tecnología más veloz). Los emprendedores guerrilleros nunca ofrecen mercancía que no esté en existencia y a mano para entrega inmediata. Ellos desean beneficios, no enemigos. Igualmente tienen a mano la información que sus clientes necesitan. Cada orden es tratada como una orden urgente. La mayoría de los guerrilleros son capaces de manejar las llamadas sin poner a las personas en "hold" (en línea mientras se contesta otra llamada). Recibí recientemente una tarjeta postal informándome de un precio especial si me suscribía de nuevo a una revista. Llamé al número 800 para hacerlo y fui puesto en "hold". Boté la tarjeta postal y tranqué el teléfono.

¿Dónde debería aparecer su anuncio de órdenes por correo en una publicación? El mejor lugar, aún cuando es relativamente costoso, es la contraportada de un periódico o revista, donde la respuesta puede llegar a ser 150 por ciento mayor que aquella generada por el mismo aviso ubicado dentro de la publicación.

Insertando un volante

Cuando usted considere el mercadeo directo, siempre piense en insertar un volante con su factura. Las personas ciertamente abren las facturas, lo que significa que probablemente vean su circular. Usted obtendrá un envío gratis ya que la factura está pagando el costo del correo. Otro tipo de encartes

Más efectivo que una carta de correo directo

es el tipo aviso de ofertas, que aparece frecuentemente en los periódicos o revistas. Estos son *efectivos*. Revise con su representante de periódicos o revistas para averiguar sus servicios de inserciones.

¿Qué es aún más efectivo que una carta de correo directo? Una tarjeta postal de correo directo, ya que las personas no llegan a tener la opción de decidir si abrir o no el sobre y ya que usted puede hacer su oferta tan concisa que no llegan a tener la opción de decidir si leer o no el texto. Otras razones por las cuales a los empresarios guerrilleros les gustan las tarjetas postales son debido a que cuestan un tercio menos que los envíos de cartas y debido a que sus computadores pueden imprimirlos de manera tal que les luce como imprimir dinero. Son excelentes para agradecer, para recordar a los clientes su próxima cita, y para anunciar un descuento espectacular, nuevo producto o servicio valioso. Considere usar tarjetas postales de tamaño grande (seis por nueve pulgadas) así como tarjetas postales a todo color y de alto impacto. Deben transmitir su identidad y su actitud.

Puntos para consideración de los empresarios guerrilleros

Freedman Gosden, Jr., presidente de Smith-Hennings-Gosden en Los Angeles, ha diseñado una lista de revisión para los ejecutivos de marketing de correo directo. Ofrece los siguientes puntos a considerar:

- Vea el correo como lo haría su lector.
- Mantenga su objetivo principal en primer lugar.
- ¿Le golpea entre los ojos el beneficio número uno?
- ¿Le sigue de cerca el beneficio número dos?
- ¿Fluye el mensaje del paquete de correos?
- ¿El sobre exterior le motiva a abrirlo, en este momento?
- ¿Es la carta lo primero que ve cuando abre el sobre?
- ¿Discute la carta las necesidades del lector, los beneficios del producto, sus características, respaldos y maneras de responder?
- ¿La copia es apoyada por gráficos?

Veinte sugerencias que pueden ayudarle

- ¿La tarjeta de respuesta cuenta la oferta completa?
- ¿Hay alguna razón para actuar de inmediato?
- ¿Es fácil responder?
- ¿Respondería usted?

¿Me atrevería yo a agregar algunos puntos más para ayudarle a tener éxito? Tome nota de estos veinte puntos y observe la diferencia en su tasa de respuesta:

1. Decida exactamente a quién debe usted enviar correspondencia. Haga ésto primero y hágalo correctamente, ya que si se equivoca nada funcionará como usted desea.
2. Decida qué acción específica desea usted que su destinatario tome.
3. Diseñe un sobre exterior que será abierto.
4. Piense en una oferta que sus prospectos no puedan ignorar de ninguna manera.
5. Escriba una primera línea y una P.D. que inciten al prospecto a leer su carta.
6. Describa su oferta en los términos más incitadores que sea posible.
7. Explique los resultados que su oferta proveerá, enfocándose en el beneficio principal.
8. Explique por qué su oferta tiene tanto sentido para su prospecto.
9. Dé a su prospecto otros beneficios principales por aceptar su oferta.
10. Muestre que usted conoce quién es su prospecto.
11. Describa las características principales de lo que usted está ofreciendo.
12. Haga irresistible el tomar acción en este momento.
13. Dígale a sus prospectos exactamente qué pasos tomar.
14. Fije metas que pueda medir.
15. Haga un plan para su seguimiento, ya sea por correo o teléfono.
16. Revise sus resultados con precisión.
17. Mejore sus resultados incrementando lo que funciona y eliminando lo que no.
18. Considere apoyar su correo con mensajes de E-mail, fax o con correo nocturno.
19. Identifique nuevos mercados que usted pueda probar.
20. Incremente sus ventas y beneficios mejorando todos sus textos.

Ciertamente no estoy sugiriendo que usted le entregue a sus prospectos el número de teléfono de su hogar. Conozco a una empresaria guerrillera que incluyó el de ella en sus tarjetas de presentación. Ella anexa una tarjeta a cada pieza de correo que envía, es decir, una carta personal a 25 clientes cada semana

Los catálogos

268 EL MARKETING DE MAXIMEDIOS

y una carta de formato, cálida y amistosa, a 1.500 clientes cada mes.

Los catálogos son algo diferente, constituyen en parte correo directo, por supuesto, pero una parte muy diferente. A medida que crezca su negocio, usted quizás quiera enviar un catálogo para ayudar a su mercadeo directo. Cuando decida mercadear con un catálogo, asegúrese que éste tenga el posicionamiento correcto, la selección correcta de mercancía, los gráficos correctos, el adecuado uso del color, el tamaño correcto (como óptimo son consideradas treinta y dos páginas), los encabezados correctos, los correctos subencabezados, el texto correcto, los estimuladores de ventas correctos y las apropiadas planillas para ordenar. Formule sus proyecciones de manera correcta. Logrado todo esto, el mercadeo directo con catálogos es un paseo.

En 1996, los 10.000 catálogos generados en el país produjeron ventas de US$74,6 miles de millones, un aumento del 7 por ciento sobre 1995 aunque menor que los aumentos de dos dígitos correspondientes a principios de los 90. La disminución del rápido crecimiento se debió al alto costo del papel y las tarifas de correo, los cuales no se espera que disminuyan próximamente. Asegúrese de contabilizar todos los números cuando decida publicar y distribuir un catálogo.

Esté preparado para invertir

Si usted maneja un negocio de órdenes por correo, su catálogo será el corazón de su negocio, será un gran contribuyente a su razón de ser. El éxito de su catálogo de órdenes por correo dependerá de los clientes con los cuales usted ha tenido por lo menos una transacción satisfactoria. Estos clientes, cuando reciban su catálogo, confiarán en usted y tendrán confianza en su producto o servicio.

Esté preparado para invertir en su catálogo. Un amigo mío, quien manejaba una compañía exitosa de órdenes por correo (US$2 millones en ventas, con US$500.000 en gastos de marketing) invirtió el 50 por ciento de su presupuesto de marketing en correo directo, el 30 por ciento en catálogos y el 20 por ciento en anuncios de órdenes por correo. ¿Creía él en los catálogos? ¡Por supuesto! Cambió su presupuesto de marketing para poder invertir el 15 por ciento de éste en anuncios de órdenes de correo, 20 por ciento en correo directo y 65 por ciento en catálogos. Aprendió que sus catálogos constituían las herramientas para vender más valiosas que poseía. En efecto, él solía decir que estaba en el negocio de los catálogos más que en

¿Cómo pensar acerca de su catálogo?

el negocio de órdenes por correo. Mi amigo llegó a convertirse en un millonario en el negocio, así que preste atención.

Piense en su catálogo como una manera especializada de correo directo. Es una tienda en papel, una presentación completa de su mercancía. Los artículos dentro de su catálogo deben reflejar los intereses de su audiencia y ser de naturaleza similar.

Para imprimir un catálogo usted debe tener cerca de 25.000 clientes. Eso es bastante. Sin embargo, si usted desea ganar muchísimo, debe comenzar a desarrollar una lista de clientes que sea así de larga. El gran dinero, las cantidades realmente grandes, vendrán a usted cuando envíe su catálogo a esos clientes. ¿Qué sucede si no tiene 25.000 clientes? Diseñe un catálogo menos costoso, tal vez un minicatálogo de ocho páginas con fotografías en blanco y negro.

Una vez que haya sido diseñado, un catálogo puede ser impreso para 5.000 clientes o para 5 millones de clientes. Sin embargo, la cantidad de trabajo requerido para preparar el catálogo para la imprenta hace que no sea efectivo en costo a menos que usted imprima 25.000 copias. Es sólo una regla básica, pero es una buena regla. **Costos del catálogo**

Si su catálogo describe aproximadamente 100 artículos, el costo de su dirección de arte, redacción de textos, fotografía, letra, diseño gráfico y producción alcanzará alrededor de US$8.000. Su imprenta le cobrará cerca de US$2.000 como tarifa de preparación (preparación para imprimir). El costo de la impresión (en blanco y negro más un color adicional) para un formato estándar de 8 x 11 sobre papel estándar, dieciséis páginas, llegará a 20 centavos por catálogo. El correo le costará otros 20 centavos. Así que 25.000 catálogos le costarán cerca de US$20.000 cuando estén en el correo, cerca de 80 centavos cada uno. Asumiendo que usted obtenga un margen de ganancia bruta del 55 por ciento, debe vender cerca de US$1,25 de mercancía por catálogo enviado. Debe vender US$31.250 en valor de mercancía para el punto de equilibrio. Esto no es fácil. Sin embargo, si es su primer catálogo, es un buen punto de equilibrio. El negocio se está construyendo. El próximo año, cuando usted tenga 50.000 clientes, el trabajo de su catálogo estará completado en su mayoría. Podrá tomar la mayoría del trabajo de arte y los textos, de su primer catálogo y sus costos globales para poner el catálogo en el correo se verán sustancialmente reducidos. Con seguridad, debe producir una ganancia **Aumentando su lista de envíos de correo** impresionante en su catálogo el segundo año, más en el tercero, y aún más cada año sucesivo. Como con todos los demás tipos de marketing de guerrilla, usted debe ser paciente. Considere sus gastos como una inversión y permanezca comprometido a su programa de marketing de catálogos.

¿Qué sucede si usted desea aumentar su propia lista de clientes? Si compra listas externas, aún aquellas excepcionales, no se imagine un resultado que sea mayor al 85 por ciento del obtenido con su propia lista. Pruebe las otras listas *cuidadosamente* antes de usarlas. Cualquier cosa que haga, envíe su catálogo antes de navidad. En esa época, las personas desean comprar y usted habrá perdido una oportunidad estupenda si no lo envia. Todo el mundo envía sus catálogos en esa época, aunque lo hacen porque las personas están *comprando* antes de las fiestas. El infame ladrón de bancos Willie Sutton, cuando le preguntaron la razón por la que robaba bancos, dijo "porque es donde está el dinero". En temporada de fiestas es *cuando* está el dinero.

Detalles adicionales acerca de los catálogos para los empresarios guerrilleros

He aquí algunos detalles adicionales acerca de los catálogos. Trabaje con su imprenta para determinar el número de páginas óptimo, el tipo de papel, el formato y la corrida de la imprenta. Por supuesto, su imprenta debe tener experiencia en la producción de catálogos. Encuentre una que la tenga. Igualmente, tampoco produzca catálogos a todo color hasta que pueda enviar 200.000 o más. Utilice las portadas y contraportadas, junto con los formatos de solicitud, para vender mercancía. Son muy efectivos. Permanezca lejos de tomas de artículos en grupo, exhiba cada mercancía por separado. No trate de ser artístico, en cambio, sea claro. Si contrata modelos, se incrementarán sus costos. Si usted vende prendas de vestir, es casi imposible evitar usar modelos, aun cuando debería abstenerse de hacerlo cuando sea posible. También, no es buena idea mezclar fotografías con ilustraciones. Escoja entre las dos y permanezca con su selección.

Encarte un formato de orden

Su texto debe ser simple, directo y conciso. Provea los *hechos* y los *beneficios*. Describa las características. Es mejor responder cualquier pregunta que pudiera surgir, a ser dema-siado breve. Si usted mismo puede redactar el texto, hágalo.

Por supuesto, encarte un formato de solicitud de mercancia junto a su catálogo. Ofrezca alguna oferta en ese formato. Soborne a las personas para ordenar más de lo que normalmente harían. Por ejemplo, dígales que si ordenan US$25 o más, recibirán un regalo gratis. Si ordenan US$50 o más recibirán un mejor regalo gratis. Prometa que recibirán un espléndido regalo gratis si ordenan US$100 o más. Haga la prueba. A las personas les encanta recibir regalos gratis. ¿A usted no? En su formato de orden, igualmente incluya una breve carta a sus clientes. Hágala cálida, personal y no demasiado larga. Asegúrese de incluir su número de llamada gratis en todas y cada una de las páginas de su folleto.

La imagen de The Sharper Image es muy nítida

Richard Thalheimer de The Sharper Image hace un estupendo trabajo, no solo con su carta cálida y personal, sino también con el texto y los gráficos de su catálogo. Felizmente, mejora más cada año, así que Richard se está volviendo cada vez más sagaz y está delegando con más habilidad. El Almanac del Fortune está escrito hermosamente, al igual que otros más. Me vienen a la mente L.L. Bean, The J. Peterman Company, Hammacher Schlemmer y Seventh Generation.

¿Qué es lo que le gusta a la gente de los catálogos?

Los empresarios guerrilleros necesitan establecer un plan de marketing de órdenes por correo exitoso, y lo más importante *es darle a las personas lo que éstas desean.*

¿Qué le agrada a la gente de los catálogos?

1. El 36 por ciento dice que lo que más les gusta es la *conveniencia.*
2. El 19 por ciento aprueba la *mayor variedad.*
3. Al 17 por ciento le gusta los *precios bajos* (difíciles de conseguir en mi catálogo de Tiffany, aun cuando éste es muy exitoso y lo ha sido por muchos años).
4. El 6 por ciento dice que les gusta la alta calidad ofrecida.
5. El 22 por ciento nombra el inevitable "otros" o no dicen nada.

Después que el 78 por ciento, que son los que tienen cosas agradables que decir acerca de los catálogos, los terminan de leer u ordenar, ¿qué hacen con ellos? El cuarenta y dos por ciento los guarda, el 41 por ciento los bota, el 10 por ciento se los entrega a alguien más y el 7 por ciento dice "depende".

Consejos guerrilleros

Si usted está pensando en enviar un catálogo por correo, siga los siguientes consejos guerrilleros:

- Fije objetivos específicos acerca de qué es lo que un catálogo debe hacer por su negocio.
- Defina su audiencia para así saber quién recibirá su catálogo; esto ayuda en el momento de crearlo y producirlo.
- Planifique de antemano todos los elementos de su catál-

ogo antes de producirlo: los productos, los precios, su ejecución, etc.

- Tome todas las decisiones difíciles de una vez: qué productos incluir, cuáles excluir, cómo se manejará la producción.
- Si es posible, agrupe sus productos o servicios en grupos claramente definidos para que así el catálogo no resulte una mezcolanza.
- Haga un pequeño bosquejo de los contenidos de su catálogo, incluyendo todo lo que usted desea que esté en él, absolutamente todo.
- Determine el formato exacto que desea: tamaño, tipo de letra, color o blanco y negro, tipo de papel, encuadernación.
- Diseñe una disposición que sea organizada, lógica y agradable para la vista de su audiencia objetivo. Piense sólo en los ojos de ellos.
- Planifique, redacte y perfeccione el texto. Luego fíjese un cronograma y cúmplalo.

Excepcionalmente rentable si lo hace correctamente

Como puede ver, el negocio de producir y enviar catálogos por correo es complejo. Sin embargo, después del primer año, es excepcionalmente rentable, si lo hace correctamente. Si usted piensa que alguna vez vaya a ofrecer un catálogo, comience a colocar su nombre en todas las listas de envío de catálogos como sea posible. Así podrá esperar que su buzón de correos se llene con ejemplos informativos todos los días excepto los domingos. Al mío le ocurre así.

Tenga en mente que el número de norteamericanos que ordenan por lo menos un artículo de un catálogo se está aproximando rápidamente al 97 por ciento, y el porcentaje continúa creciendo. Debe existir una razón para ello.

Incursionando mercados globales con los catálogos

Las compañías de catálogos norteamericanas son asesoradas en este momento, que si sus catálogos atraen el 1 o el 2 por ciento en los EEUU, pueden atraer entre el 10 y el 20 por ciento en nuevos mercados donde la competencia entre catálogos no existe y la inundación de catálogos no es problema. Si esto le ayuda a pensar con más globalidad o considerar con más seriedad el colocar un catálogo en Internet, usted está pensando como un empresario guerrillero.

Aún cuando no sea práctico para usted el uso de catálogos, espero que pruebe el correo directo si es, de alguna manera, factible para su negocio. Si lo hace, obtendrá una ventaja utilizando el más importante método de marketing del futuro.

En un inicio, pruebe un pequeño número de envíos. Haga pruebas constantemente. Aprenda de cada prueba. En realidad, si usted está en el punto de equilibrio mientras está haciendo pruebas, está haciéndolo bien. La meta es llegar a una fórmula que pueda ser repetida y expandida. Si alguna vez obtiene una historia publicitaria acerca de su negocio, considere anexar reimpresiones de ella en los envíos de correo.

En mi propia experiencia como empresario y como especialista de respuesta directa, he encontrado que los sobres con frases de intriga obtienen una mejor respuesta que aquellos que no la tienen. He averiguado que las cartas breves funcionan mejor que las largas, que los folletos largos funcionan mejor que los cortos, que las tarjetas postales son frecuentemente envíos excelentes por sí mismos. He aprendido que vale la pena el tiempo utilizado para revisar muchas listas antes de escoger una y que la propia lista de clientes es una mina de oro cuando se trata de correo directo. Sé que un solo envío es mucho menos efectivo que hacer uno, dos o más envíos de seguimiento y que un envío con un seguimiento telefónico es frecuentemente el que mejor resultado produce.

Un empresario guerrillero se dará cuenta si el mercadeo directo no es el camino para proceder en su negocio o lo usará con inteligencia, leyendo libros acerca de él, hablando con profesionales del mercadeo directo y convirtiéndolo en su método de marketing más efectivo en costo. Por extraño que parezca, a la mayoría de las personas les gusta recibir correos de negocio, así que no se sienta mal y ponga al servicio postal a trabajar para usted.

Si tiene la sensación que todo el mercadeo directo será modificado por el Internet, usted está pensando de manera correcta. En efecto, para alertarlo con más información valiosa acerca del correo directo, le sugiero prestar atención a Direct Mail World en *www.dmworld.com* y al Direct Mail News en *dmnews.com*. Terminé mi alegato.

SECCION IV
MARKETING SIN USO DE MEDIOS

Ahora que sabe que puede mercadear sus productos y servicios a través de los minimedios y los maximedios, también debería saber que puede tener éxito sin usar ningún medio. **En absoluto** Puede invitar grupos de personas a su lugar de negocios para **sin medios** oír conferencias. Puede organizar programas para estos grupos si ellos no vienen a usted. Puede montar exhibiciones en ferias comerciales. Puede exhibir sus productos o servicios en hogares modelo o en salas de exhibiciones de automóviles, restaurantes u otros sitios que no pertenezcan a los medios, donde la gente los verá. Puede participar en reuniones organizadas por miembros de la comunidad, en las cuales dan la bienvenida a los nuevos habitantes de ésta y les presentan los productos y ser-vicios disponibles. Usted puede conversar con compañeros comerciantes y empresarios para organizar intercambios de información, asistencia e ideas cuando sea posible. Puede sostener sesiones de entrenamiento de ventas para su propio personal. Puede solicitar ayuda en el marketing, a los fabricantes que le abastecen. Puede desarrollar planes de incentivo para impulsar a su personal a un nivel mayor altura. Puede sostener fiestas y reuniones a "puerta abierta". Puede crear espectaculares exhibiciones de vidrieras.

A continuación tenemos maneras adicionales con las cuales los empresarios exitosos pueden promocionar sus negocios sin utilizar los medios, por lo menos no de manera directa. Algunos de estos métodos deben convertirse en parte de su plan de marketing si usted está seriamente apuntando al éxito. Son difíciles de desarrollar. Requieren de trabajo extremadamente detallado. Son mucho más complejos de lo que parecen. Sin embargo, vale la pena su inversión de tiempo y esfuerzo; para muchos emprendedores guerrilleros es una fuente de buenos beneficios.

¿Es posible ser exitoso utilizando solamente marketing sin uso de medios? Por supuesto. Sin embargo, es más fácil ser exitoso con una combinación de minimedios, maximedios y marketing fuera de los medios. Se encuentran disponibles para usted muchas más oportunidades de marketing fuera de los medios que en los medios. *Utilice tantos como pueda, apropiadamente.*

La manera de responder el teléfono tiene una poderosa influencia sobre cómo la gente se siente respecto a su empresa. Es posible que una voz no entrenada y poco amigable sea capaz de espantar a un cliente potencial, o peor aún, a un cliente actual; pudiera ser también, que una voz cálida y acogedora haga que la persona que llama desee hacer negocios con una compañía como la suya. ¿Pertenece esto a los medios? No. ¿Es esto marketing? Si. Lo mismo ocurre con el orden y la limpieza de sus instalaciones, las sonrisas que reciben los prospectos cuando entran, el respecto por su tiempo demostrado al momento de colocar una orden o hacer una solicitud. Si usted conoce el nombre de su cliente y lo utiliza, eso es marketing personalizado de persona a persona. Los empresarios guerrilleros están conscientes de la importancia del contacto visual en el marketing fuera de los medios, tales como las ferias comerciales y al saludar a las personas que visitan su negocio.

Un buen ejemplo
de marketing
fuera de los
medios

Permítame darle un buen ejemplo de marketing fuera de los medios, tan poco usual que no pertenece a ningún capítulo. Aún cuando es único y diferente, es el espíritu del sentido común. Esta técnica de marketing de guerrilla le ayuda a obte-ner los nombres de los prospectos principales, y además representa un esfuerzo noble. Para hacerlo, los empresarios guerrilleros invierten en estudiantes de secundaria con bicicletas. El empresario guerrillero que se dedica a techos, paga US$1 por la dirección de cada casa en la comunidad, cuyo techo necesite ser arreglado. El emprendedor guerrillero dedicado a jardines paga US$1 por la dirección de cada casa donde pudiera ser útil algún trabajo de jardinería de calidad. El ejecutivo guerrillero que tiene una empresa de pavimentación, paga por la dirección de cada casa donde el pavimento de la entrada al garaje necesite ser reparado.

Estos empresarios guerrilleros saben que conseguirán únicamente alrededor de treinta a cincuenta nuevas direcciones al mes, lo cual no es mucho. Sin embargo, en cada dirección hay por lo menos un ser humano que necesita un nuevo techo, un jardín cuidado o un camino particular bien pavimentado. A esta persona probablemente le agrade que usted represente un negocio local. Los empresarios guerrilleros consiguen los nombres de estas personas del directorio telefónico, luego les escriben una carta de una manera altamente personalizada, haciendo énfasis en el problema y ofreciendo una solución. La táctica de obtener estos nombres de prospectos reales no involucra a ningún medio. Posteriormente, los ejecutivos guerrilleros utilizan los minimedios o una carta personal para hacer que las cosas pasen (como sucede a menudo). Yo predigo que usted obtendrá mucho millaje de las armas de marketing sin uso de medios que utilice, en la forma de relaciones públicas, reimpresiones de communicaciones de relaciones públicas y una relación cálida y confortable con toda su comunidad, si no con todo el planeta.

El marketing fuera de los medios incorpora lo que pudiera ser el concepto más importante del marketing de guerrilla: la idea del *crecimiento geométrico*. La mayoría de las compañías procuran crecer de manera lineal, es decir, agregando nuevos clientes todo el tiempo. Esto es conveniente, pero es muy costoso. Para los empresarios guerrilleros, el crecimiento lineal no es lo suficientemente efectivo en costos.

El crecimiento lineal no es lo suficientemente efectivo

Por supuesto, ellos procuran agregar nuevos clientes constantemente, creciendo de manera lineal a medida que lo logran. Igualmente, generan negocios con una intensa devoción al *seguimiento*, ya que se dan cuenta de que el 68 por ciento del negocio perdido en EEUU se debe a la falta de seguimiento. Están conscientes de que cuesta sólo una sexta parte vender algo a un cliente existente, de lo que cuesta vender el mismo artículo a un cliente nuevo, por lo que hacen seguimiento de manera consciente y optimista. Este seguimiento les ayuda a crecer más que linealmente.

Además, *elevan el tamaño de sus transacciones*. Si una persona decide comprar un artículo vendido por ellos, los empresarios guerrilleros hacen atractivo el comprar tres en vez de uno, o quizás lo suficiente para todo un año. Esto incrementa sus utilidades una vez más, ya que el costo de mercadear estas compras extras es cercano a cero. Finalmente, los empresarios guerrilleros toman muy en serio obtener *referidos de clientes*. Están conscientes de que la mayor fuente de nuevos clientes son clientes viejos y todo lo que tienen que hacer es pedirles ayuda. Les hacen saber a los clientes actuales, cuán importantes son los referidos para su negocio, usualmente recompensando a sus clientes por nombres que terminan en la lista de clientes. Escriben dos cartas cada año

Incrementan el tamaño de sus transacciones

a los clientes actuales, solicitándoles nombres de personas que se pudieran beneficiar al ser agregadas a la lista de clientes. Debido a que únicamente solicitan tres, cuatro o cinco nombres, anexando un sobre prepagado y ya que cuidan muy bien a sus clientes, los nombres de clientes potenciales son dados de manera generosa. Conozco un quiropráctico que hace la siguiente pregunta cada vez que recibe una llamada para una cita: "¿Esta cita es para usted o para toda su familia?"

Existen muchas maneras para obtener nombres de referidos. Los empresarios guerrilleros emplean varias de ellas al mismo tiempo. Gracias a haber agregado nuevos clientes, hecho seguimiento a los clientes existentes, ampliado el tamaño de cada transacción y exprimido a los clientes actuales para obtener referidos, estos guerrilleros crecen geométricamente. Es una manera poco costosa de tener éxito con el marketing y sí se tiene éxito, cada vez.

Empresarios guerrilleros y no guerrilleros

De hecho, la diferencia principal entre un empresario guerrillero y alguien que no lo es, es que el segundo cree que el marketing ha concluido una vez que la venta se ha realizado. Sin embargo, el emprendedor guerrillero está conciente de que el marketing verdadero comienza después que la venta se haya completado. La idea consiste en tener relaciones a largo plazo con ese cliente y las personas que ese cliente conoce. Esto no sucederá si no sigue haciendo marketing una vez que la venta se haya hecho.

Ya que estoy consciente de que la mayoría del negocio perdido en EEUU se debe, no a la poca calidad o el mal servicio, sino a que los clientes son totalmente ignorados después de la venta, quisiera poner la importancia del crecimiento geométrico en términos numéricos para que así sea más obvia para usted.

Suponga que usted obtiene una utilidad de US$100 cada vez que hace una venta. Eso es maravilloso. Si usted no es un empresario guerrillero, usted se guarda en su bolsillo esos US$100 y el cliente se convierte en un recuerdo, una persona a la que usted nunca verá de nuevo. Así que cada cliente representa US$100 para usted.

Seguimiento guerrillero

Si usted es un empresario guerrillero, seguirá ganando los US$100, si bien le enviará al cliente una nota expresando las gracias por el negocio, dentro de las siguientes cuarenta y ocho horas. ¿Cuándo fue la última vez que usted recibió una nota de agradecimiento de un negocio en cuarenta y ocho horas? Quizás alguna vez (aunque probablemente nunca). Su cliente le recordará por esto. A los treinta días, usted le enviará otra nota, esta vez preguntando si tiene alguna duda y si está completamente satisfecho. Dése cuenta que usted no está tratando de hacer una venta. Su cliente lo notará igualmente y como resultado, usted estará en vías de hacer un amigo, lo cual es mucho mejor que un cliente.

A los noventa días, usted le enviará al cliente una correspondencia o le llamará por teléfono, informándole de un producto o servicio disponible en descuento, algo que pudiera estar relacionado a su compra anterior. Naturalmente, agregará el nombre del cliente a su lista de suscriptores de boletines de noticias y a los seis meses le enviará un cuestionario de cliente, haciendo muchas preguntas, para así convertirse en el principal experto de la nación, acerca de sus propios clientes. Ya que usted está tan pendiente de ellos, su cuestionario probablemente será completado, proveyéndole de información valiosa. A los nueve meses de esa primera venta, el cliente recibirá otra nota de un producto o servicio que sea nuevo o en descuento, algo que usted ofrece o quizás un producto o servicio de uno de sus socios de alianza de marketing. A los diez meses, el cliente recibirá una carta solicitando los nombres y direcciones de tres personas que pudieran apreciar ser agregadas a su lista de correos. Al año, el cliente recibirá una tarjeta de aniversario, conmemorando el aniversario de un año de ser su cliente.

Como resultado de este seguimiento cálido y poco costoso, en vez de hacerle al año una sola compra, el cliente hace tres. Además de otorgarle los nombres de clientes potenciales que usted le solicitó, su cliente refiere a su negocio a por lo menos cuatro personas durante el curso de un año. En vez de una transacción, una sola vez, su relación con su cliente y los clientes referidos, dura alrededor de veinte años. Este cliente representa cerca de US$400.000 en utilidades, si *usted entiende el poder del seguimiento*. Esta misma persona representa US$100 en utilidades si no lo entiende. Esta es una diferencia de US$399.900, la cual un empresario guerrillero no se permite a si mismo pasar por alto.

Una diferencia de US$399.900

El costo de este método de marketing sin medios (el crecimiento geométrico a través del seguimiento, ventas más grandes y negocio de referidos) es insignificante, comparado con el costo del marketing de maximedios masivos. Sin embargo la necesidad será grande si usted es un emprendedor gue-rrillero dirigido al éxito. Cuando las personas piensan en marketing, generalmente piensan en marketing de maximedios y algunas veces, en marketing de minimedios. Uno de mis propósitos en este planeta es conseguir que usted piense en marketing sin los medios y lo practique con devoción.

Sé que no debo decir esto, porque estoy seguro de que usted está conciente de ello en el fondo de su corazón; sin embargo, lo diré de todas maneras, ya que es tan importante: dos armas del marketing sin medios están al mismo nivel del seguimiento. Son las siguientes:

Dos armas especiales fuera de los medios

1. Servicio. Definido como "cualquier cosa que el cliente quiera que sea".
2. Atención a los detalles. Esto puede parecer insignificante para usted, sin embargo es crucial para los clientes y prospectos.

El marketing sin uso de medios también incluye sus propias actitudes. Su deseo de seguir los principios de marketing de guerrilla, indica el espíritu correcto de *competencia*. Su creencia en los beneficios de su producto o servicio se manifiesta en el *entusiasmo* que se transfiere de usted, a sus empleados y clientes. Estas actitudes son marketing fuera de los medios, porque influyen en la gente y sin embargo, no cuestan un centavo en inversiónde medios. Combínelos con medios y con marketing fuera de ellos y dispóngase a volar.

CAPÍTULO 22

MATERIALES PUBLICITARIOS Y MUESTRAS: SI LOS TIENE, ALARDEE CON ELLOS

Los materiales promocionales son artículos sobre los cuales aparece impreso el nombre del anunciante (algunas veces también la dirección, número de teléfono, página Web y "slogan"). Como ejemplos de materiales promocionales tenemos bolígrafos, blocs de notas, almohadillas para ratones, maletines, calendarios, llaveros, dispensadores de clips, gorras, franelas, pines, protectores de pantallas, naipes, bolsas de compra, hebillas de cinturón, calcomanías, estandartes, encendedores, tazones de café, marcos para placas, artículos de bromas, y mucho más.

Considere estos materiales como equivalentes a las vallas. Esto significa que son fantásticos como marketing de recordación. Generalmente no resultan como su único medio de marketing . Lo que sí hacen, sin embargo, es colocar su nombre delante de sus clientes potenciales. Sus prospectos ni siquiera tienen que abandonar su hogar o su oficina para verlos. Como parte de una mezcla de marketing , esto es muy conveniente. Como ya usted sabe, la familiaridad es una de las claves para el éxito. No hay duda que el material promocional genera un incremento de la conciencia de su empresa.

Sin embargo, esto es sólo el tope del iceberg de los materiales publicitarios. Esos regalos gratis (y esa es la idea, regalarlos) pueden ser utilizados para nivelar muchas ventas; en nuestro país abundan los millonarios que han entendido el poder de algo gratis. Como un representante de Fuller Brush mientras estudiaba en la universidad, me sorprendía ver cómo las muestras gratis funcionaban como magia para abrir puertas. Procter & Gamble es famosa por su generosidad con las muestras gratis.

A todo el mundo le gusta un regalo gratis

El material promocional hace que sus prospectos y clientes se sientan bien con respecto a usted, especialmente si los artículos son valiosos. Recuerdo que un amigo mío, hombre de negocios, estaba emocionado cuando recibió un bolígrafo/reloj digital. Habló con reverencia del proveedor quien se lo dio, y continúa mostrando su lealtad con la firma. Un material promocional con un alto valor percibido genera, con seguridad, una sensación de obligación inconsciente. Si usted puede comprar un producto de bajo costo que llegue a sus merecidos prospectos y *clientes*, por favor, considérelo seriamente. No existen industrias o negocios en particular que se beneficien más que otros con este medio de marketing . Sin embargo, si usted encuentra un artefacto de medir único y avanzado y sus principales prospectos son contratistas y carpinteros, le aconsejo que lo pruebe. Esté orgulloso de colocar su nombre en un regalo así. Los empresarios guerrilleros nunca colocan sus nombres en nada burdo, que se pueda partir fácilmente o que no les haga sentirse orgullosos de regalarlo.

Regale muestras

Siéntase orgulloso de usar también muestras, si usted sinceramente cree que al proveer exposición a su producto o servicio ganará clientes leales. Siempre prefiera muestras a material promocional, si es que hay que escoger. Ambos involucran regalar algo. Ambos obtienen amigos y crean asociaciones favorables. Sin embargo, las muestras consiguen otros factores, a través de regalos gratis, que son más pertinentes que los materiales promocionales, por muy valiosos que puedan ser.

Yo sugiero fuertemente que examine el uso de material promocional en el caso que éste pudiera prestarse a si mismo para su tipo de negocio. Si por ejemplo, usted es un mecánico de automóviles, es una buena idea entregarle llaveros a sus clientes y prospectos (para las llaves de sus vehículos) con su nombre y número de teléfono encima. Por otro lado, si usted es un consultor de computación, entregar llaveros no tiene sentido de ninguna manera. Sin embargo, entregar pequeñas guías para el uso de cierto software tiene mucho sentido, lo mismo las almohadillas para ratones y los protectores de pantalla.

Seleccionando el mejor material promocional

Usted puede obtener un mundo de información a partir de la táctica siguiente. Considere su línea de mercancía o servicios muy cuidadosamente, luego busque en las Páginas Amarillas bajo "Material Promocional" y escoja el mejor anuncio, juzgando por la cantidad de información que proporciona y su credibilidad. Llame al representante listado en ese anuncio y solicítele que lo visite. Mientras todavía está en el teléfono, dígale al representante quién es su audiencia objetivo y que le recomiende material que haya funcionado para otros en su línea. Pregúntele igualmente acerca de material promocional nuevo que usted no haya probado todavía, especialmente productos high-tech que provienen de fabricantes asiáticos. Cada año, una multitud de nuevos artículos llegan al mercado y un buen representante regularmente avisa a sus clientes de ellos. Cuando el representante le visite, tómese el tiempo para revi-sar su agradablemente pesado catálogo de material publicitario y quizás obtenga diez ideas que no se le hayan ocurrido a él.

Usted pudiera solicitar al representante que le hable acerca del material promocional que está por venir, ideas para regalos y material que usted pueda recomendar a sus clientes. Pudiera decidir que ninguno de los materiales promocionales es para usted. Por lo menos, sabrá mucho más acerca de qué hay disponible, cuánto cuestan algunos materiales determinados y qué usos tienen otras compañías para este método de márketing fuera de los medios. Quizás usted no querrá usar el material promocional en este momento, sin embargo lo querrá utilizar en algún momento en el futuro.

¿Las personas realmente prestan atención a todos esos artículos repartidos como material publicitario? Depende del tipo de artículos. Por ejemplo, los calendarios, que están entre los primeros en la lista de los artículos gratis. Un impresionante 72 por ciento de las personas miran al calendario cinco o más veces al día. Esto suma hasta 1.800 consultas al calendario al año. Sin embargo, los empresarios guerrilleros saben que 1.800 es un pequeño número comparado con el número de exposiciones publicitarias obtenidas por el 40 por ciento de las personas que miran al calendario *diez veces al día*.

Tengo que reconocer que tengo una predisposición hacia los calendarios como material publicitario. No estoy hablando de calendarios comunes. Me refiero a los estupendos calendarios que la mayoría de nosotros colgaríamos felizmente en nuestros hogares u oficinas y a los que miraríamos cada día. Tengo un calendario como ése en mi casa y soy cliente de las compañías que me lo entregaron (no estoy realmente seguro si mi negocio fue instigado por los calendarios, probablemente no, sin embargo uno no puede estar demasiado seguro de los

Mercadeando diariamente con calendarios

procesos de pensamiento inconscientes de uno mismo). Yo he recomendado a mis clientes, el uso de los calendarios hermosos. Ellos los han utilizado y han continuado utilizándolos.

Una de las razones por las cuales me gustan los calendarios como material promocional es debido a que las personas tienden a dirigir frecuentemente su mirada hacia ellos, como ya usted sabe. Una de las razones por las que a mi no me gustan, digamos, los naipes, es debido a que las personas tienden a no mirarlos con frecuencia, y cuando lo hacen, los miran del lado donde no están colocados su nombre y su logo.

Coloque su nombre en su bloc de notas

Si usted decide distribuir calendarios, tiene que tomar esa decisión en el verano a más tardar, para que así estén en sus manos en el momento correcto, los calendarios correctos, con las inscripciones correctas (probablemente a principios de noviembre).

Igualmente, podría considerar los blocs de notas. Me han dicho que estos blocs de notas impresos se han convertido en ayudas muy efectivas para los vendedores. Lo que debe hacer es pagar a una imprenta para que coloque una fotografía, su nombre, dirección, número de teléfono y slogan en una hoja de papel y luego imprima muchas hojas para convertirlas en un bloc de notas o "Post-it" (cada hoja de papel del bloc es un anuncio para usted). Luego, distribuya esos blocs gratis, por supuesto, a sus prospectos. Puede entregarlos a mano o enviarlos por correo. Las personas tienden a guardar blocs de este tipo al lado de sus teléfonos y en sus escritorios. Los utilizan para escribir notas a sí mismos. Cada vez que miran a uno de esos trozos de papel, ven el nombre de su producto o servicio. Por supuesto, aún la mejor oferta no les motivará a tomar el teléfono y ordenar lo que sea que usted esté vendiendo a menos que lo necesiten. Mas cuando sí necesiten lo que usted está

La clave es la repetición

ofreciendo, es muy probable que su nombre sea el primero que les venga en mente. Esto es una gran ayuda para cualquier empresario guerrillero.

Como con otros tipos de marketing , la clave aquí es la repetición. Ya que toma tiempo llegar a hacerse conocido en su comunidad, es importante mantener circulando nuevos blocs de notas.

Conozco a un vendedor de bienes raíces en el sur de California, quien considera que gana entre US$15.000 y US$20.000 en comisiones al año, a partir de listas generadas por sus blocs de notas. Él obviamente persigue sus prospectos de ventas como loco, por lo que suena como un verdadero empresario guerrillero, traduciéndolas luego en dinero.

No existen ningunas reglas claras y concisas acerca de cómo utilizar el material promocional, cuándo se debe utilizar o la mejor manera para utilizarlo. Sin embargo, su representante probablemente tiene muchas sugerencias para usted. Debería tomar en cuenta material promocional como por ejemplo los calendarios, las reglas, los bolígrafos o los blocs de notas.

El costo del material promocional individual es muy bajo. Sin embargo, el volumen mínimo que usted debe ordenar para cada material no es pequeño. Una vez repartí marcadores para un negocio que estaba manejando. El costo de cada marcador fue menos de un dólar. Sin embargo, tuve que encargar 300 marcadores antes de que los fabricantes quisieran poner mi nombre en ellos. En ese momento, US$300 sonaba a mucho dinero.

Un cliente mío, muy exitoso en la recaudación de fondos para escuelas públicas, reparte plumas con su nombre, el nombre de la compañía y el número de teléfono. Sus costos son aún más bajos de lo que fueron los míos, ya que encarga una gran cantidad de plumas. Éstos no son realmente bolígrafos ni marcadores. Ya que es un verdadero empresario guerrillero, él reparte un nuevo tipo de pluma. Las personas lo perciben como un producto nuevo y lo asocian con innovación.

Regalos gratis para abrir las puertas

Su compañía ha obtenido una rentabilidad extraordinaria utilizando material promocional como el ingrediente clave para su mezcla de marketing . A los prospectos se les envió una carta o tarjeta postal con una fotografía a color de un regalo gratis, como por ejemplo, una microcalculadora o un reloj de cuarzo de escritorio (ambos obtenibles por menos de US$2). La frase de intriga decía: "¡Un regalo gratis para usted!" La persona que recibía la carta, perteneciendo a la raza humana, abría el sobre y averiguaba que simplemente, al solicitar más información, le sería entregado el regalo, sin obligación. A partir de ese momento, la compañía entregaba el regalo, hacía una visita personal, hacía telemarketing , enviaba otra carta, hacía una, dos o tres llamadas telefónicas y prosperaba para convertirse en una de las cien compañías con mayor tasa de crecimiento en EEUU. ¿Se debió todo al material promocional? Por supuesto que no. Pero, lo que este material sí consiguió hacer, es el difícil trabajo de conseguir que las puertas se abran.

Con relación al texto de su material promocional, no cometa el error de dejarlo completamente fuera. Sugiero que incluya su nombre, dirección y número de teléfono, página Web, slogan y cuanto texto pueda caber, con buen gusto, en el objeto. No cabrá mucho en un llavero o una pluma. Cabrá un poco más en un calendario. Sin embargo, utilice moderación y recuerde que las personas no colgarán un calendario si parece un anuncio. Sin embargo es posible transmitir más información que el nombre y la dirección usuales. Un empresario guerrillero hace marketing en cada oportunidad. De todas maneras, le sugiero utilizar buen gusto más que ser muy agresivo tratando de vender.

Una última sugerencia: converse con personas cuyas compañías entregan material promocional. Pregúnteles si lo consi-deran efectivo. Solicíteles que le recomienden un buen representante de ventas. Averigüe sobre la efectividad en costo y por cuanto tiempo han estado utilizando material promocional.

Estoy impresionado con la cantidad de nuevos productos utilizados como material promocional cada año. Algunos de ellos son invenciones emocionantes y económicas. Plumas que son relojes, calculadoras solares, relojes solares de muñeca, relojes de escritorio de cuarzo enmarcados en Lucite, todo por muy bajo precio (no permita que ningún ganador le pase de largo). Si existe alguna razón potencial para que usted invierta en este método de marketing de bajo costo, preocúpese en averiguar cada año acerca de los nuevos materiales promocionales. Éstos no le ayudarán completamente, por sí mismos, más tampoco le perjudicarán, a menos que se descompongan el primer día.

Si está considerando utilizar material promocional como una herramienta de marketing de guerrilla, debe tener una idea de qué desearía su mercado meta como regalo gratis. La revista *Business and Incentive Strategies* (Estrategias de Negocios e Incentivos) reportó los resultados de una encuesta conducida **La calidad de** para averiguar qué tipo de artículos de incentivo, preferiría una **su producto** persona recibir de sus patrones, como premio por un desempeño **o servicio** especial. Puede decir lo que desee acerca de los estereotipos y sin embargo, cuando fueron ofrecidos los incentivos en mercancía, los hombres prefirieron dispositivos eléctricos, mientras que las mujeres escogieron prendas de vestir. Como incentivos en mercancía con un valor sobre los US$1.000, los hombres escogieron televisores con grandes pantallas, mientras las mujeres preferían nuevos vestuarios. En incentivos de viajes, las principales preferencias de las mujeres para actividades de vacaciones eran: descanso, visitas a lugares de interés y cultura. Los hombres escogieron: descanso, actividades deportivas/al aire libre y visitas a lugares de interés. Como destinos a viajes al exterior, tanto los hombres como las mujeres escogieron Australia y Nueva Zelanda como destinos preferidos. Para viajes nacionales, las mujeres deseaban visitar el Noroeste del Pacífico mientras que los hombres eran atraídos por los campos de golf y las playas del Suroeste. El incentivo favorito tanto para los hombres como las mujeres (como si usted no lo supiera) fue el dinero, preferido por el 51 por ciento de los hombres y el 56 por ciento de las mujeres. Un detalle acerca del dinero constante y sonante: no hay necesidad de cuestionar su calidad.

Mientras más piense en su material promocional, probará ser mejor y de más valor para usted. Como usted probablemente sabe, en las ferias comerciales se reparte mucha información, además de una gran cantidad de regalos gratis, en bolsas suministradas por las compañías presentes. La mayoría de éstos se colocan en la bolsa "oficial"de la feria, cuya factura puede llegar a ascender a US$50.000. Debido a esto, algunas compañías, como por ejemplo Iomega Corporation, exhiben en las ferias comerciales y entregan bolsas mejores y más grandes, dentro de las cuales se pueden colocar todas las demás bolsas de la feria. Por una fracción del costo de la bolsa "oficial", una compañía saca el máximo provecho de la estupenda oportunidad de conversar con los prospectos que se encuentran de ánimo para comprar.

Algunas verdades de los incentivos

Si usted está entregando muestras gratis, la calidad de su producto es todavía más importante que en el caso del regalo gratis. El entregar muestras puede ayudarlo por sí mismo si está presente la calidad. Igualmente, podrá aniquilarlo si su producto o servicio es burdo. El marketing de guerrilla puede apurar el fracaso de su negocio, permitiendo que más gente averigüe con más rapidez, las fallas de su producto.

El método de marketing más efectivo

Considero el repartir muestras como el más efectivo medio de marketing . Por supuesto, estoy asumiendo que usted tiene un excelente producto o servicio. Si su producto es maravilloso, entregar muestras de él ayudará a que despegue con mucha rapidez. Usted debe tener la habilidad para prestar asistencia a las personas a las que vende, además de ofrecer verdadera calidad. Sin embargo, si lo hace, las muestras hacen maravillas. Con seguridad han influenciado el mundo de los programas de computación, al igual que al mercado de los curiosos del computador.

Uno de mis ídolos del marketing , Procter & Gamble, invierte una fortuna en muestras. Lo mismo hacen otras empresas de marketing grandes, exitosas y sofisticadas. Esto no excluye a los empresarios guerrilleros. En efecto, antes de que este capítulo finalice, usted conocerá seis ejemplos donde las muestras ayudaron a las personas de negocios a conseguir unos saludables beneficios.

Una prueba de manejo es una muestra

Deberá examinar su producto o servicio para ver si se presta para ser utilizado como muestra. Esto es posible con la mayoría de ellos. Lo primero que me viene a la mente es un automóvil. Usted por supuesto no querrá entregar un vehículo como muestra. Sin embargo, casi todas las ventas de automóviles ofrecen pruebas de manejo gratis. Eso es una muestra. Tiene éxito. Generalmente y en especial cuando está ofreciendo un servicio, su muestra debe ser ofrecida a una persona por vez. Ahora, si usted está ofreciendo un producto, es posible que pueda repartir varios de sus artículos como muestras gratis.

En mi dirección actual, he recibido en mi buzón de correos muestras gratis de pasta de dientes, detergente, champú, cigarrillos y goma de mascar. Sigo utilizando la pasta de dientes. Igualmente, compramos el nuevo detergente. Dudo que algún otro medio de marketing hubiera podido persuadirme de cambiar de marca con tanta rapidez. Probablemente más adelante, más muestras me alejarán de las marcas que uso normalmente. Al igual que la mayoría de los norteamericanos, no soy un consumidor muy constante, aún cuando manejé mi Buick GS-400 convertible por 338.000 millas con el mismo motor y la misma transmisión; cuando tenía 300.000 millas le tomé una fotografía con su nueva pintura dorada y se la envíe a Buick, junto con una carta agradeciéndoles por hacer un carro tan estupendo, un mes más tarde recibí un formato de carta de agradecimiento de dos líneas firmada por una máquina. Me avergüenzo de una respuesta tan poco guerrillera de la ciudad donde nací.

¡He ahí el espíritu!

Por supuesto, entregar muestras gratis es costoso. Sin embargo, si usted puede asumir ese costo como una inversión cautelosa, pudiera estar tentado en repartir muestras más que en publicitarse en radio. Vale la pena pensar en ello. No puedo pensar en un método de marketing con mayor espíritu guerrillero. Es la esencia de la honestidad, ya que le fuerza a ofrecer calidad y las personas le apreciarán por ello. Lo que es más, su competencia probablemente no se dedique a ésto. Es un óptimo vehículo de marketing para empresarios guerrilleros, aunque no es para los flojos o los faltos de imaginación.

Ejemplos de muestras

He aquí ahora los seis ejemplos que le prometí anteriormente acerca de cómo funciona el repartir muestras: en los primeros días de las camas de agua, las personas las consideraban como una moda pasajera, un simple retoño de la contracultura. Para sobreponerse a la resistencia a las ventas del nuevo producto, un detallista ofreció como prueba usarlas y dormir durante treinta días gratis en ellas: entregaba e instalaba las camas y luego hacía una llamada telefónica treinta días más tarde para ver si sus prospectos deseaban que retirara las camas o estaban dispuestos a pagar por ellas. El noventa y tres por ciento de las personas estuvieron dispuestas a pagar por las camas. Valió la pena la muestra.

Otro empresario estaba lanzando un boletín de noticias. Lo publicitó en revistas. Envió correo directo. Ambos medios obtuvieron resultados mediocres. Luego envió copias de muestra gratis a los prospectos. Fue un éxito inmediato. Por su intento obtuvo US$7.000 en ganancias.

Un tercer empresario guerrillero estaba mercadeando un equipo de televisión de pantalla gigante de su propio diseño. Muy pocas personas se tomaban el tiempo de visitar la sala de exhibición donde se estaba mostrando. Por lo tanto, colocó anuncios ofreciendo pruebas gratis en los hogares. La respuesta fue tan grande que muy pronto tuvo que descontinuar los anuncios. Aún mejor que la respuesta a su oferta de prueba, fue el hecho que el 90 por ciento de las personas que respondieron al anuncio le compraron después de probar la muestra. Esa es la idea primordial, usted lo sabe.

Un cuarto guerrillero, una gerente de oficina que horneaba galletas con chispas de chocolate y las vendía en mercados de pulgas los fines de semana (ganando más con esta actividad que lo que representaba su salario como gerente de oficina), se dedicó a repartir muestras. Ella horneaba dos tamaños de galletas. Las pequeñas eran muestras gratis; las grandes costaban US$1 cada una. Repartía las pequeñas, una por cliente. Más de la mitad de los clientes eran entonces tentados, por el fantástico sabor y las bondades crujientes de la muestra, para comprar una o más del tamaño de US$1. Un ejemplo más de que las muestras funcionaron.

Hasta aquí, le he comentado acerca de dos muestras de mercancía que fueron prestadas más que regaladas (las camas de agua y los televisores de pantalla gigante) y dos muestras que fueron regaladas (boletines de noticias y galletas). Lo que usted puede aprender acerca de esto es que no se necesita una compañía gigante para repartir muestras y esta estrategia puede ser empleada aún si su producto es demasiado grande o costoso para regalar. Las muestras gratis le pueden proveer de resultados inmediatos no obtenibles a través de ningún otro método de marketing .

Permita que prueben sus muestras, si puede

Si es posible de alguna manera repartir a sus prospectos, muestras de su producto o servicio, hágalo. ¿Es usted un consultor? Ofrezca una consulta gratis de una hora, una muestra de su trabajo. Conversaremos acerca de consultas gratis en el próximo capítulo. El empresario de los televisores de pantalla gigante tuvo que inyectarle vida a sus muestras a través de la publicidad. Sus anuncios llamaron la atención hacia sus muestras. Algunos métodos de muestras dependen de otros métodos de márke-ting, y otros funcionan por sí mismos.

Mi quinto emprendedor guerrillero dedicado a las muestras es una persona que lavaba ventanas para establecimientos comerciales y frecuentemente lavaba gratis las ventanas de sus prospectos. Esto demostraba su eficiencia, velocidad, su manera de trabajar. Igualmente, le consiguió varios grandes clientes y no requería de ninguna publicidad para comenzar.

Algunas veces veo anuncios en publicaciones de marketing para escritores que ofrecen escribir gratis, para probar cuán buenos son. Si son realmente buenos, esta combinación de publicidad y luego muestra, ayuda a obtenerles bastante negocio. Difícilmente alguien va a rechazar algo que es ofrecido gratis. Me parece que estos días veo cada vez más anuncios de este tipo. Pudiera ser que la economía está difícil, aunque también pudiera ser que las personas están entendiendo la efectividad de este método de marketing .

El ejemplo seis trata acerca de una persona que ofrecía un servicio. Proponía venir hasta mi residencia una vez a la semana y lavar mi automóvil, prometiendo lavarlo esa noche gratis, para mostrar cuán bueno podía ser. Yo podría ver los resultados de su trabajo al día siguiente, entender la con-veniencia de su servicio y cuando él regresara, llegar a un acuerdo con él. ¿Estuve alguna vez tentado a negarme a su oferta? Por supuesto que no. De hecho, hizo que fuera casi imposible negarse. A la mañana siguiente, mi carro estaba brillando. A la tarde siguiente, tocó mi puerta y preguntó si deseaba el mismo servicio cada semana.

¿Por qué mi carro está tan limpio?

Ese hombre se ganó un cliente estable con una muestra gratis. Probablemente le haya tomado quince minutos lavar mi carro. Sin embargo, me demostró cuán bueno era, cuán conveniente y cuán agradable era como persona. El que su precio definitivamente no era competitivo ni siquiera se me pasó por la cabeza.

Al darme una muestra de su gran servicio, el lavador de carros hizo que pensara positivamente acerca de su oferta. Por lo tanto, me conquistó fácilmente. Me pregunto si él habría podido obtener mi negocio de otra manera. Veamos. Él pudiera haberme convencido en comprarle a través de una visita personal. De alguna manera, su contacto inicial fue una visita personal. También pudiera haberme convencido a través del telemarketing , pero no estoy seguro que yo hubiera aceptado. Con seguridad no hubiera sido una venta tan fácil como con la muestra, ya que no pudiera haber probado su valor a través del teléfono. Una carta personal me hubiera impresionado, más no hubiera podido obtener la oportunidad de dar y recibir, que sí logró el contacto personal. Igualmente no hubiera podido probar su argumento. Yo pudiera haber leído su volante o folleto con interés. Sin embargo, como yo jamás había tenido un lavador de carros que hiciera visitas a las casas, quizás ni siquiera hubiera pensado mucho en ello. Igualmente un aviso, un anuncio clasificado o estar listado en las Páginas Amarillas no hubiera, con seguridad, haber ganado mi negocio.

Ninguno de los métodos de marketing de maximedios hubiera funcionado tan bien. Los periódicos, las revistas, la radio, la televisión, las vallas, el correo directo; yo dudo que alguno de ellos me hubiera convencido inmediatamente para ser un cliente. Ciertamente, si hubiera puesto su nombre en algún material promocional, yo no hubiera llegado a un acuerdo con él tan fácilmente. Sin embargo, la muestra funcionó. Pudiera funcionar con usted también, de manera rápida.

Este tipo de muestras de servicio es muy costoso si usted coloca una etiqueta de precio a su tiempo y cree aquella mentira terrible acerca de que el tiempo es oro (el tiempo es mucho más valioso que el oro, no se engañe). Sin embargo es muy poco costoso si usted piensa que solamente incurrió en gastos de dia a dia, de su bolsillo. Repartir muestras es totalmente diferente a cualquier otro método de marketing , incluyendo el material promocional, ya que no depende de la repetición. Una gran muestra lo hará todo. Antes de que usted comprara este libro, quizás lo hojeó a través de algunas páginas. Tal vez miró su tabla de contenido. Si es así, estaba probando muestras en la parte de la librería. Funcionó. Le apuesto que repartir muestras funcionará para usted también. Utilice este método si de alguna manera le es posible.

Una gran muestra lo hará todo

CAPÍTULO 23

SEMINARIOS GRATIS, CONSULTAS Y DEMOSTRACIONES: MUESTRE Y VENDA

Yo recomiendo los seminarios gratis, las consultas y las demostraciones. ¡Como usted puede ver, los empresarios gue-rrilleros regalan cosas! Regalar y recibir son las dos caras de una misma moneda.

Dos caras de la misma moneda

Esta moneda se llama negocio. Los emprendedores guerrilleros han aprendido (aún cuando es posible que siempre lo hayan sospechado) que mientras más regalan, más reciben. Son extremadamente imaginativos con lo que pueden dar, siendo cada vez más generosos y mirando el mundo a través de los ojos de sus clientes. Allí es donde debe comenzar cuando esté decidiendo qué regalar.

Los regalos consisten en artículos de escritorio y detalles de computación y personales. Los empresarios guerrilleros también son rápidos en otorgar servicio extra, atención extra, valor extra. Ya que estamos en medio de la era de la información, podemos regalar información.

La información que ellos proveen beneficiará a sus clientes, ayudándoles a tener éxito en cualquier cosa que estén empeñados en lograr. La información hará más inteligente a su mercado meta y por lo tanto, más rico y feliz.

Regalando información

Los emprendedores guerrilleros regalan su información de varias maneras. Algunos dan charlas en clubes y organizaciones locales; otros imparten seminarios y clínicas gratis. Otros más, otorgan consultas y demostraciones gratis, algunos mantienen conferencias on-line. Otros ejecutivos guerrilleros dan, a los clientes satisfechos, tours de sus instalaciones. Otros más, colocan datos valiosos en forma de columnas o artículos en publicaciones leídas por su audiencia objetivo.

Muchos empresarios guerrilleros agregan fuerza a su generosidad mediante la tecnología. Utilizan ésta para ayudarse en su búsqueda, para edificar, educar e instruir a sus prospectos y clientes. Escriben artículos para el Internet y son capaces de localizar muchos operadores de páginas Web encantados de conseguir información tan valiosa sin costo. Crean páginas Web repletas de contenido importante, atrayendo de regreso a los prospectos por más.

Estos tipos de empresarios guerrilleros patrocinan foros, sostienen conferencias, patrocinan sesiones de chat para sus prospectos y clientes. Producen diskettes y CD-ROMs, audios y videos para ayudar a sus prospectos a entender. Ya que están conscientes en cómo la tecnología puede ayudarles a diseminar información y que esa información es un aliado de marketing poderoso, ellos permiten que sus mentes vaguen libremente entre las posibilidades disponibles.

Ayudan a sus prospectos a entender

Pueden producir, con regularidad, boletines de noticias. Pueden crear folletos cargados de información. Pueden repartir información en la forma de folletos y panfletos publicados por ellos mismos, catálogos y boletines, aún por comunicados de E-mail diarios y almohadillas para ratones y protectores de pantalla (tales como aquellos ofrecidos en la página Web en *www.gmarketing.com*).

Cuando una torre de apartamentos fue erigida en un vecindario de Los Angeles donde ya existían muchas torres de apartamentos similares, los dueños sabían que tenían que ser creativos en su generosidad para alquilar sus apartamentos. Después de todo, la tasa de ocupación promedio en el vecindario era un escuálido 71 por ciento.

En menos de un año, su tasa de ocupación llegó al 100 por ciento y ha permanecido así desde entonces. ¿Cómo lo hicieron? Ofreciendo "limpieza de automóviles gratis". ¿Qué significa eso exactamente? Le respondo diciendo que le pagaban a un sujeto para lavar los carros de los inquilinos una vez a la semana. El salario que ellos le pagaban se cubría fácilmente con la enorme diferencia entre el 71 y el 100 por ciento de ocupación.

Limpieza de automóviles gratis

Le cuento esto no para hacer que usted lave los vehículos de sus prospectos sino para rogarle que sea creativo en su generosidad. Pregúntese a si mismo qué es lo que sus prospectos pudieran desear. En muchos casos, lo que desean y lo que necesitan (lo que los separa del éxito) es información. Usted

Sea creativo con su generosidad

puede proveer esa información. ¿Tiene usted la única compañía que puede proveerla? ¡En este caso, magnífico!

Determine la mejor manera para participar esa información. Quizás debería hacerlo con una reunión en la cual usted enliste los corazones y las mentes de sus prospectos con tecnología, una presentación de multimedia.

Asistí a una presentación que causó tal impacto que casi un tercio de la audiencia llegó a acuerdos para invertir. Parecía una obra de teatro, sin embargo fue un programa de ventas ¡diseñado para lucir como una extravagancia de entretenimiento! Es asombroso que la música y los excitantes gráficos pudieran ser combinados con el contenido, gracias a la tecnología de la computación.

Sin duda que la declaración de su misión está enfocada a lo que pueda conseguir y lo que pueda ganar. Si usted es un empresario guerrillero, incluirá, de igual manera, lo que puede dar. Hoy en día, usted puede dar mucho.

Tengo un cliente cuyo negocio es la educación de la computación. Sus clases son únicas, efectivas e impresionantes. Sin embargo, los métodos de marketing estándar no conseguían atraer muchos clientes, por lo que decidió dictar un seminario gratis en computadores, para personas que no supieran nada acerca de ellos. Colocó un anuncio y más de quinientas personas se aparecieron para el seminario.

Si él hubiera unido fuerzas con un gran vendedor, pudiera haber vendido su programa hasta a un 50 por ciento de las personas que asistieron. Sin embargo, jamás soñó que tantas personas estarían presentes, por lo que el número a las que vendió su paquete de lecciones estuvo cerca del 5 por ciento. La próxima vez que dicte un seminario gratis, estará mejor preparado para cerrar ventas. En efecto, quizás hasta contrate a un vendedor profesional.

Muchas personas quienes dictan seminarios o cursos pagados por los asistentes, como profesión, publicitan con anuncios sus seminarios gratis en las secciones de negocios de los periódicos. Una escuela donde se enseña a leer a alta velocidad publicitó sus seminarios gratis con comerciales de televisión. Un experto en impuestos mercadea sus seminarios gratis narrando historias de la publicidad junto con comerciales de radio en estaciones orientadas a entrevistas. Muchos empresarios ganan una gran cantidad de dinero con los seminarios y cursos pagados por el asistente. Sin embargo, no pueden atraer

Parecía una obra de teatro, mas era un programa de ventas

gran número de personas a los seminarios y cursos pagados simplemente a través de anuncios en los periódicos, por lo que deciden atraerlos con seminarios gratis, convirtiéndolos después en clientes.

Atrayendo y luego convirtiendo

Yo le recomiendo sinceramente, de empresario guerrillero a empresario guerrillero, la misma táctica a usted. Si es pertinente para su tipo de producto o servicio, usted se debe publicitar en el periódico anunciando que va a dictar un seminario gratis en algún tópico relacionado con su producto. Consiga cuantos clientes pueda para que asistan a su seminario gratis. Ellos pueden comprar sus productos o pueden llegar a un acuerdo para obtener su servicio. Si usted dicta un seminario decente, lo harán.

Cuando hablo de seminarios, me refiero realmente a conferencias. Transmítale a su audiencia información valiosa y demuestre su experiencia o la eficacia de su producto durante, digamos, los primeros cuarenta y cinco minutos, si es posible utilizando soporte visual. Estos días es más fácil que nunca realizar presentaciones multimedia. Luego invierta los próximos quince minutos vendiendo lo que sea que usted desee vender. Estoy hablando acerca de un comercial directo del corazón, con una duración de quince minutos, transmitido por usted o por alguien que usted haya contratado. El proceso completo le tomará una hora. Luego, cierre las ventas. A diferencia de los líderes de los seminarios profesionales, usted probablemente no estará anotándolos para un seminario costeado por el asistente (a menos que su negocio consista en vender información). Sin embargo, usted estará permitiéndoles comprar su producto o servicio. Ellos los desearán, ya que su mensaje, demostración, entusiasmo y experiencia comprobada habrán creado en ellos un deseo de comprarle a usted.

Cuarenta y cinco más quince

No existe ninguna duda de que un comercial en persona es mejor que un comercial de radio o televisión. Ciertamente, una oportunidad de ventas de quince minutos funcionará mejor que una oportunidad de ventas de treinta y dos segundos. Por esto, para mercadear productos o servicios, los seminarios y las demostraciones son utilizados cada vez más.

Una conferencia, una consulta, o una demostración, se parecen mucho a una muestra. Sus prospectos llegan a ver por sí mismos lo que usted tiene para ofrecer. Si es un producto, probablemente lleguen a tocarlo; harán preguntas, ya sea un producto o un servicio. De esta manera, adquieren más conocimiento acerca de su producto o servicio que por métodos de marketing estándar. De la misma manera como las muestras convencen a muchas personas, de que deberían comprar un buen producto, así puede hacerlo su seminario o demostración.

Un seminario es una muestra

Antes de que yo escriba una palabra más, debería enfatizar que los seminarios/consultas/demostraciones gratis equivalen a hacer marketing en el vacío, a menos que estén presentes dos factores adicionales. Primero, la información impartida de manera gratuita debe ser promocionada para que así usted obtenga un gran número de prospectos. Anúnciese en el periódico, en la radio o en la televisión. Utilice el correo directo y el telemarketing . Coloque avisos. Apunte a la publicidad gratis fácilmente obtenible cuando usted está ofreciendo un seminario gratis. Diga la verdad en sus anuncios acerca del contenido de su seminario y procure atraer a prospectos reales, no simplemente seres vivos. Segundo, asegúrese que usted o su compañero puedan vender su producto o servicio a estos prospectos después de terminar el seminario. Mi cliente era un orador brillante. Las personas escuchaban atentamente cada palabra. Disfrutaban mirándolo y oyéndolo. Como un orador, era excelente. Como un vendedor, en cambio, no era nada bueno: no tenía la menor idea de cómo cerrar una venta. No tenía ningún instinto de cazador. No tenía una personalidad que pudiera haberle ayudado a tomar ventaja del momentum generado por su conferencia. Desdichadamente vendió su producto a sólo el 5 por ciento de la audiencia en vez de cosechar su 50 por ciento potencial.

Dos factores claves

Si es posible, en su seminario, demuestre su producto o servicio. Aún cuando su oferta sea gratis, las personas le *están* concediendo su tiempo; están viajando para atender su seminario. Tienen expectativas generadas por su anuncio. Usted debe proporcionarles algo valioso a cambio. Debe estar por encima de sus expectativas y llegar más allá. Debe tratarlos como si hubieran pagado para escucharle. Debería asegurarse de que aún cuando no compren, igualmente sientan que su tiempo estuvo bien invertido. Quizás compren en una próxima oportunidad.

¿Dónde dictar su seminario?

¿Dónde debe dictar su seminario? Si es posible, en su lugar de negocios. Simplemente alquile las sillas que necesite. Quizás desee dictarlo al aire libre, si está demostrando habilidades de jardinería o algo similar. Es posible que lo quiera dictar en un gimnasio, si desea demostrar y vender equipos para hacer ejercicios. Eventualmente, podrá conducirlo en las instalaciones de un "socio" con quien tiene un acuerdo de alianza de marketing: una colaboración de talento de marketing , dinero e ideas (lea más acerca de este fascinante tema de alianzas estratégicas en *Excelencia de Marketing   de Guerrilla (Guerrilla Marketing Excellence)*. La mayoría de los seminarios se imparten en moteles u hoteles donde hay facilidades disponibles para dictarlos. Muchas de estas instalaciones proveen un atril, un micrófono, un pizarrón, sillas, café, agua y baños. También es aconsejable ofrecer estacionamiento gratis. Si usted tiene una tienda, dicte allí los seminarios gratis, es lo que funcionará mejor. Sus prospectos pueden conocer donde está y qué es lo que vende. Por ejemplo, un seminario de decoración en su sala de exhibición de muebles, es algo lógico.

Las personas aprecian la información útil. La aprecian aún más si es gratis. Cuando usted dicte un seminario o taller, cuando esté impartiendo una conferencia, cuando esté demostrando un producto o servicio, cuando usted consulta con un prospecto acerca del negocio de esa persona, usted confirma su pericia. Se establece como una autoridad. Gana credibilidad. Aún si las personas no le compran en ese momento y en ese lugar, pueden probablemente comprar posteriormente.

Usted es la autoridad

Existe una táctica que muchos negocios muy exitosos (y de alta presión) utilizan para lograr que el número máximo de personas compren en el mismo momento y lugar del seminario. Establecen tres "puntos de ventas" en el camino hacia la salida. Al final de la charla gratis, el orador le dice a los clientes que pueden cancelar su inscripción para el seminario en esa mesa en particular o con representantes específicos localizados por todo el salón. Cuatro representantes están normalmente presentes para trabajar con los clientes potenciales. Los prospectos que no compren, deben pasar los tres puntos de ventas antes de abandonar el salón. En cada uno reciben diferentes argumentos de ventas, cada uno más fuerte que el anterior. Algunas personas se inscriben en el salón principal, otros lo hacen en el primer punto de ventas y todavía otros más lo hacen en el segundo. Otro grupo se anota en el tercer punto de ventas. Solamente un pequeño grupo, poseedores de una gran resistencia a las ventas, abandonan el edificio sin haber puesto sus manos en sus carteras. Suena a mucha presión para este autor guerrillero.

Esta práctica era común entre ciertos grupos creadores de conciencia. Es el tipo de ventas donde más presión se ejerce y no es muy fácil de resistir. Como usted puede ver, se necesitan varios representantes para convertir el seminario en un éxito. Sin embargo, funciona. Si a usted le interesan los beneficios más que lo que le interesa lo apropiado socialmente, pudiera emplearlo. Tenga en mente, sin embargo, que los empresarios guerrilleros sí tienen una conciencia social.

Los seminarios gratis, aún sin cierres de tres equipos, pueden ser una bonanza para usted y si es posible, debe probar mercadear con ellos. Pudiera ser que su negocio sencillamente no se presta para los seminarios. Si usted opera un negocio de lavado de ventanas, un autolavado o un negocio de publicaciones por correo, quizás los seminarios no sean para usted. Mas si usted maneja un negocio de preparación para impuestos, de instrucción o de venta de muebles al detal, quizás sí sean para usted.

Piense en el campo donde usted opera. ¿Puede usted dictar una conferencia por cuarenta y cinco minutos de algún aspecto de él? ¿Cuál aspecto? ¿Cómo se enlazará éste con su producto o servicio? ¿Tiene la teatralidad suficiente para dictar una conferencia de cuarenta y cinco minutos y mantener la atención de su audiencia o debería usted delegar este trabajo a alguien más? ¿Tiene la habilidad necesaria para cerrar las ventas en ese mismo momento y lugar o debe también eso ser el trabajo de un compañero? ¿Qué estará usted vendiendo en el seminario? ¿Serán productos? ¿Servicios? ¿Libros? ¿Clases? ¿Un seminario a ser cancelado por el asistente? ¿Serán productos o servicios de un socio de alianza de marketing ?

Costos del seminario

Al igual que con las muestras, es posible tratar de ofrecer un seminario gratis para mercadear su negocio. Puede ser muy divertido. Puede ser extremadamente rentable, con un costo por venta más bajo, que anunciándose en cualquier periódico o estación de radio. Le proporcionará a usted tanto beneficios inmediatos, como a largo plazo. Podrá mencionar, haciendo marketing en el futuro, que usted ha dictado conferencias en su campo, ha impartido seminarios en su área de experiencia.

Diversión y ganancias

Dictar seminarios gratis es una manera muy innovadora de mercadear.

Dictar un seminario en un sitio diferente a su lugar de negocios le costará entre US$50 y US$200 por la sala, más el precio por comprar café o jugos para sus invitados. Si usted los mantendrá allí durante solamente una hora, no necesita poner refrigerios, aunque si está planeando durar más, es buena idea tenerlos. Algunos seminarios en las mañanas también ofrecen donas gratis. ¡Aún las donas son armas en el arsenal de un practicante de marketing de guerrilla! Los empresarios guerrilleros están conscientes del poder dinámico de los pequeños detalles.

Al costo del salón y los refrigerios, debe agregar el precio de los anuncios que usted habrá colocado y cualquier material del seminario que usted esté entregando. Después de que su seminario y sus argumentos de ventas hayan sido hechos, usted puede sumar todos los pedidos, para que entre este divida entre el costo total del salón, los anuncios, los refrigerios y los materiales. Esto le dará a usted su costo por venta. Si es lo suficientemente bajo, continúe mercadeándolo de esta manera. De hecho, no necesariamente tiene que ser bajo. Aún si usted vende a diez personas un producto de US$1.000, cuyo precio para usted es de US$100 y su habitación, anuncios y material repartido le costaron US$1.000, habrá ganado US$10.000, gastando US$2.000, lo que equivale a un costo por venta de US$80. Este es un costo alto, sin embargo es mínimo cuando se compara con su beneficio de US$900 sobre un producto de US$1.000. A esto se debe que sean ofrecidos tantos seminarios gratis estos días. Igualmente, usted desea la oportunidad de conversar con prospectos verdaderos, personas que ya han demostrado que invertirán tiempo y esfuerzo para aprender más acerca de su campo.

Demostraciones

Las demostraciones pueden ser dadas no solo en seminarios, sino en casas, en reuniones sociales (asegúrese de considerar el plan de marketing de reuniones sociales para su negocio), en tiendas, ferias y exposiciones, parques, playas o en casi cualquier lado. Las personas son atraídas por pequeñas multitudes y una demostración gratis con toda seguridad atraerá a una pequeña multitud. En una demostración gratis, la cual será mucho más corta que un seminario (no mas de cinco minutos), prepárese para vender y tomar órdenes inmediatamente después. Las personas que organizan seminarios y demostraciones muchas veces tienen ayudantes preparados para aceptar las tarjetas de crédito de los clientes, los cheques y el dinero en efectivo. La persona que esté dictando la demostración o el seminario usualmente está demasiado ocupada respondiendo las preguntas para tomar las órdenes, así que tenga en cuenta este detalle.

Una demostración gratis no necesita ser mercadeada de la misma manera como un seminario; se pudiera obtener buenos resultados simplemente apareciéndose en una ubicación de alto tráfico o colocando unos avisos bien concebidos. Por supuesto, puede anunciarse y distribuir volantes, aún cuando ellos quizás no sean necesarios. Lo que *será* necesario es proveer la teatralidad y la habilidad para vender.

¿Puede usted demostrar su producto o servicio con efectividad? Responda con honestidad. Si su respuesta fue afirmativa, le ruego que haga su mejor esfuerzo. Muy pocas veces le será dada una oportunidad así.

Hace algunos momentos mencioné la idea de dictar su seminario o demostración en una situación de reunión social. Cada vez más artículos son mercadeados a través de planes de marketing de reuniones. He aquí como funciona: una persona llega a ser un representante de planes de reuniones sociales para una empresa. Digamos que es una galería de arte, ya que tantas de ellas se involucran en cosas como estas. No, espere, digamos que es su negocio. Usted arma su reunión para todos sus amigos y conocidos, igual que los planificadores de reuniones para Tupperware han hecho por décadas, y con mucho éxito.

En la fiesta, sirva café y pastelitos o quizás pequeños sandwiches. Igualmente deles una charla de ventas bien planificada acerca de lo que está vendiendo. Ofrezca ejemplos, dicte un breve seminario, distribuya muestras o dé una demostración a la multitud reunida. El juego de luces debe ser óptimo. Pudiera estar sonando en el fondo, la música seleccionada especialmente para la ocasión. Su entusiasmo es efervescente y contagioso. Obviamente está orgulloso de su producto o servicio. A sus amigos comienza a gustarles también. ¿Y los precios? Suenan tan bajos. Comienza una locura de compra. Quince de sus productos son vendidos. Cada uno se vende por un promedio de US$100. Usted los compró a su proveedor por US$25 cada uno, incluyendo todo.

Cada venta de US$100 resulta en una ganancia de US$75. Usted debería sentirse orgulloso de sí mismo. Ha ganado US$1.125 en una noche y gastado solamente US$50 en los refrigerios, una ganancia de US$1.075. Esto es solo el comienzo. Ahora usted le dirá a sus amigos que pueden hacer lo mismo. Se riega la voz. Las reuniones se esparcen. Muy pronto se rea-lizan en varios pueblos. Naturalmente, usted obtiene la parte del león en las ventas de las reuniones realizadas por las personas con las que ha llegado a un acuerdo. Está ganando dinero en abundancia. Sus amigos, junto con los extraños que se han entusiasmado con lo que usted está vendiendo, también están ganando mucho dinero. A sus proveedores les está yendo muy bien, muchas gracias. Usted está muy, pero muy contento de haber comenzado un plan de marketing de reuniones sociales.

¿Lo puede hacer? He aquí los tipos de compañías que ya lo hacen: compañías de máquinas de hacer ejercicios, galerías de arte, compañías de equipos de cocina (por ejemplo Tupperware), fabricantes de prendas de vestir para damas, fabricantes de vitaminas, compañías de productos censurados (la siempre creciente industria del "placer"), fabricantes de cosméticos, compañías de computación y fabricantes de ropa interior. La lista no se está encogiendo.

Reuniones como éstas son lugares ideales para las demostraciones. Las personas que asisten ya están *condicionadas* para comprar. Si usted es un emprendedor guerrillero practicante, sabe que esta es una situación inmejorable. De todos los sitios donde pueden ser organizados los seminarios gratis o las demostraciones, las reuniones sociales están clasificadas cerca del tope.

La desventaja primordial de los seminarios gratis, las consultas y las demostraciones (excepto las reuniones sociales) es que usted debe viajar. No puede siempre organizar demostraciones gratis y seminarios en la misma área una y otra vez. Debe viajar y conversar con prospectos frescos. Sin embargo, usted puede hacer que estas sesiones gratis sean parte de su plan de marketing y dar uno o dos por año. Un empresario guerrillero encontraría alguna manera para utilizarlos ¿ Lo hará usted?

Sé que usted deseará abrir la puerta a las relaciones largas y duraderas. Es por eso que deseo que conozca uno de los mejores abridores de puertas del mundo. Es la consulta gratis. Cuando usted la ofrece (por carta, teléfono, anuncios o la página Web) no conlleva presión y requiere de poco tiempo. "¿Desea una presentación de ventas gratis?" "Oh, no gracias". "¿Desea una consulta gratis de treinta minutos?" "Oh, eso suena bien. ¿Para cuándo podemos fijarla?"

Una consulta gratis se parece mucho a una muestra gratis ya que es una muestra de lo bueno que es usted. Igualmente se parece a un seminario gratis, en el cual usted consigue desarrollar una relación personal, de persona a persona. Hasta es similar a una demostración, ya que le permite demostrar cómo puede

A los empresarios guerrilleros les encantan las reuniones sociales

¿Quién organiza reuniones sociales hoy en día?

Si quiere seminarios tiene que viajar

Abriendo la puerta a relaciones duraderas

Las consultas gratis son muestras

ayudar a sus prospectos. La oferta de una consulta gratis es fácil de aceptar y las reglas que los empresarios guerrilleros siguen, son sólo cinco:

1. No se le permite hacer una presentación de ventas. Usted ofreció una consulta gratis y eso es lo que hará.
2. Usted debe ofrecer partir después de treinta minutos si lo que ofreció fue una consulta de treinta minutos. Su prospecto pudiera solicitarle que se quede y continúe su consulta y si lo desea, bien. Sin embargo, está obligado moralmente a ofrecer irse cuando dijo que lo haría. Usted prueba, en una consulta, su profesionalismo, su habilidad para escuchar, su habilidad para ayudar a su prospecto, su dependencia, su entusiasmo y su madurez en una relación potencial de comprador y vendedor.
3. Su trabajo en una consulta gratis es probar cuán valioso puede ser para su cliente. Hágalo con ayuda sincera y valiosa. No se preocupe acerca de regalar cosas, esa es la idea principal.
4. Haga preguntas y escuche con cuidado las respuestas, respondiendo a ellas de la mejor manera posible. La idea es no cohibirse, sino hablar libremente. Si lo que usted da es lo suficientemente valioso, será ampliamente pagado.
5. Haga seguimiento a las cuarenta y ocho horas. Sé que usted está ocupado y puede que tenga otras consultas a las que tenga que asistir, sin embargo, sin importar lo demás, usted debe agradecer a la persona por su tiempo y volver a enunciar los puntos más importantes de la consulta. Si no está dispuesto a hacer seguimiento, pudiera estar perdiendo su tiempo durante la consulta.

Si usted puede hacer una demostración mientras hace la consulta, como un diseñador de páginas Web que conozco, quien utiliza su computador "laptop" para mostrar a los prospectos que no saben nada de computación, lo simple que es para ellos tener una página Web en el Internet, puede llegar a muchísimos acuerdos con clientes. Ellos están aprendiendo y viendo al mismo tiempo, en la seguridad y confort de su propia oficina.

Piense en su negocio como una tienda de helados y su consulta, demostración o seminario como una muestra gratis de su helado. Si es verdaderamente delicioso, su prospecto deseará más y lo deseará rápidamente.

CAPÍTULO 24

FERIAS COMERCIALES, EXHIBICIONES, EXPOSICIONES: CONVIRTIÉNDOSE EN ESPECTÁCULO PÚBLICO

Algunos empresarios muy exitosos utilizan únicamente un método de marketing muy importante: exhiben y venden su mercancía en ferias comerciales, exhibiciones y exposiciones. Están conscientes de que muchos prospectos serios atenderán estos encuentros, así que realizan su mejor esfuerzo en exhibir y vender su mercancía (usualmente venden productos más que servicios). Esto no quiere decir que sus puestos en las ferias son su único medio de marketing. Sin embargo, son su medio principal. En algunas instancias, esta es la única manera en la que una persona necesita mercadear. No me gusta decir esto por miedo de motivarlos a una actitud laxa, sin embargo, es la verdad.

El plan de marketing de muchos empresarios guerrilleros consiste en apariciones en cuatro de las más importantes ferias o exposiciones, además de circulares o folletos para ser distribuidos en ellas. Nada más. No se necesita nada más.

Solamente ferias comerciales y circulares

Una vez asistí, con un cliente dueño de una cadena de tiendas de muebles, a una gran feria comercial a nivel nacional de los mismos. Él estaba deseoso ser una de las primeras personas que pasara a través de las puertas en ese evento de tres días. Cuando le pregunté por qué, me dijo que primero iba a hacer un recorrido rápido por la feria, tomando notas y mirando todas las exhibiciones. Luego regresaría rápidamente a las exhibiciones que le habían llamado la atención para encargar artículos para un año, asegurándose de conseguir acuerdos donde se especificara que él sería el vendedor exclusivo para cada uno de ellos.

Por supuesto, le tomó (conmigo corriendo detrás de él) únicamente treinta minutos recorrer las millas de pasillos. Luego invirtió las próximas dos horas en regatear con los fabricantes o distribuidores que llamaron su atención. Al final de dos horas y media había llegado a acuerdos por compras para un año, todas con arreglos especiales; estaba encantado. Igual de contentos, quizás aún más, estaban los empresarios que habían atraído su atención con su mercancía, exhibiciones, habilidad para vender y la disposición para hacer concesiones. Recuerdo bien la expresión del rostro de un hombre cuando se dio cuenta de que en sólo diez minutos había vendido medio millón de

El minuto de US$50.000 dólares en mercancías. Cincuenta mil por minuto es una tasa de ventas muy apetecible.

Sugiero que hojee a través de la *Guía de Convenciones y Ferias Comerciales (Tradeshow and Convention Guide)* en su biblioteca o solicite una copia de Budd Publications, P.O. Box 7, New York, NY 10004, para averiguar acerca de una gran cantidad de ferias donde usted pudiera exponer sus productos. Las ferias valen su tiempo.

Si usted opta por este método de marketing , no sólo le voy a sugerir sino que le urgiré que lea *Las Ventas en las Ferias Comerciales al Estilo Guerrillero: Nuevas Armas No convencionales y Tácticas para Conocer Más Personas, Obtener Más Prospectos y Cerrar Más Ventas (Guerrilla Trade Show Selling: New Unconventional Weapons and Tactics to meet More People, Get More Leads and Close More Sales)*, escrito por Mark S. A. Smith, Orvel Ray Wilson y el suscrito.

Dos maneras de exhibir Existen varias maneras de exhibir en las ferias comerciales, lo que usted vende. Una manera, la manera estándar, es alquilar un puesto por algunos cientos de dólares, montar una exhibición y hacer su mejor esfuerzo. Otra manera, más relacionada con el carácter del empresario guerrillero y que constituye un buen método para probar la eficacia de las ferias comerciales, como un medio de marketing fuera de los medios, es visitar una feria comercial, encontrar un puesto que ofrezca mercancía compatible con la suya y llegar a un acuerdo con el exhibidor, mediante el cual usted comparte una porción del próximo puesto que el exhibidor alquile. Esto significa que usted paga parte de la tarifa de alquiler, asume parte de la responsabilidad de ventas y permite que sus artículos sean exhibidos y vendidos junto con aquellos de su nuevo compatriota.

Cuando usted visite una o dos ferias comerciales, aprenderá cuales productos compiten o complementan a los suyos. También descubrirá productos que le impresionarán, productos con los cuales a usted le encantaría estar asociado y posiblemente pueda hacerlo, como un socio de alianza de marketing . Aprenderá la manera correcta y la manera errónea de exhibir los artículos. Recogerá algunas buenas ideas para folletos, avisos y demostraciones. Aprenderá muchísimo de los errores de los demás: las personas que tienen una mercancía excelente pero que no saben como mercadearla. También conocerá personas que pueden ayudarle a distribuir lo que usted vende.

Sea un visitante

Veamos un ejemplo. Un equipo de marido y mujer, quienes estaban mercadeando tarjetas de felicitación por sí mismos visitando las tiendas de artículos de escritorio, pronto se enteraron de la existencia de ferias de artículos de escritorio, donde se exhiben tarjetas de felicitación. Les dijeron que allí podrían exhibir sus propias tarjetas y hacer ventas, asociarse con otros fabricantes de tarjetas y mejor aún, conocer distribuidores, quienes distribuirían sus tarjetas a lo largo y ancho del país. Los dos empresarios principiantes fueron a la feria, miraron las tarjetas y exhibiciones de los demás y conocieron algunos representantes, quienes se ofrecieron para distribuir sus tarjetas. Ya que eran muy novatos en el negocio, aceptaron y firmaron contratos con varios de ellos.

Su negocio creció al año siguiente. Sin embargo, conversando con algunos compañeros vendedores de tarjetas, se dieron cuenta que existen dos tipos de representantes que uno conoce en esas ferias: los representantes comunes y los representantes Rolls-Royce. Los representantes comunes manejan una cantidad normal de actividad de ventas y obtienen una distribución normal en tiendas normales. Estos, lamentablemente, fueron el tipo de representantes con los que la pareja había llegado a un acuerdo. Los representantes Rolls-Royce, sin embargo, pueden mover números prodigiosos de tarjetas de felicitación distribuyéndolas solamente en tiendas de alto volumen, derrochando una gran cantidad de energía de ventas.

Dos tipos de representantes

Al año siguiente, el matrimonio asistió a las ferias de artículos de escritorios y firmó acuerdos únicamente con representantes Rolls-Royce. Haciendo esto, la pareja incrementó cinco veces sus ventas sobre las del año anterior, disparándose a un maravilloso mayor nivel de impuestos. Si usted está buscando a alguien para que distribuya sus artículos a nivel nacional, busque a los representantes Rolls-Royce en las ferias comerciales más importantes.

Mientras esté exhibiendo sus productos en su propio puesto, y mientras comienza a recibir grandes órdenes, puede dedicarse, a la misma vez, a otras cuatro maneras de mercadear:

Mercadee con algo más que solo su exhibidor

1. Reparta circulares. Le sugiero que contrate a alguien, preferiblemente a una mujer espectacular (o a un hombre espectacular, si sus prospectos principales son las mujeres) para distribuir sus circulares mientras caminan a través de la feria. El costo de contratar a la persona estará en el orden de los US$75; por ese dinero, ella o él entregarán hasta 5.000 circulares, invitando a las personas a visitar su puesto. Si hace esto, obtendrá una ventaja sobre la mayoría de los demás exhibidores, ya que ellos no estarán practicando este tipo de táctica guerrillera. De la misma manera, usted atraerá a más prospectos.

2. Entregue folletos. Ya que los folletos son más costosos que las circulares, usted no deseará entregar demasiados. Sin embargo, al repartirlos únicamente en su quiosco, será capaz de enfocar la distribución solamente hacia prospectos serios. Sus folletos harán el trabajo pesado para usted. Muchas personas visitan las ferias y las exhibiciones únicamente para coleccionar folletos. Luego los estudian y colocan sus órdenes sobre la base de la información recogida. Así que ésta es una oportunidad para convertir su folleto en una poderosa arma de marketing. Simplemente pídales su tarjeta.

3. Demuestre sus artículos a prospectos verdaderos quienes estén de ánimo para comprar. Puede demostrar su mercancía a grandes grupos de personas. Ya que sus competidores probablemente estarán igualmente en la feria, usted tendrá una buena oportunidad para mostrar las ventajas de su producto.

4. Ofrezca muestras gratis. Muy rara vez tendrá la oportunidad de entregar muestras a tantos clientes potenciales. Si es posible permitir que la gente pruebe su mercancía, una feria o exhibición es el sitio para hacerlo.

Las ferias comerciales están en el tope de la lista

Los empresarios se aprovechan de las oportunidades que ofrecen las ferias con un esfuerzo del 100 por ciento. Concentran sus energías y su dinero de marketing en las ferias comerciales.

De todas las fuentes de información de compras que las personas de negocios califican como "extremadamente útiles", las ferias comerciales están en el tope de la lista, mencionadas por el 91 por ciento de las personas que respondieron. Igualmente, las ferias comerciales ayudan y apoyan a sus otros esfuerzos de marketing . Una típica campaña de correo directo obtiene un resultado cercano al 13 por ciento de lectura y un 2 por ciento de tasa de respuesta, lo cual es considerado como bueno para los emprendedores no guerrilleros. La misma campaña de correo directo, si se basa en contactos hechos en una feria comercial, genera un 45 por ciento de lectura y un 20 por ciento de tasa de respuesta, lo cual es considerado bastante aceptable por los empresarios guerrilleros.

¿Por qué exhiben los empresarios guerrilleros en las ferias comerciales? Nuestros libros de *Vendiendo en Ferias Comerciales al estilo Guerrillero (Guerrilla Trade Show Selling)* enumeran quince razones:

1. Para vender a los visitantes lo que usted ofrece.
2. Para vender a los otros exhibidores lo que usted ofrece.
3. Para obtener prospectos que su fuerza de ventas siga.
4. Para conversar con otros profesionales y enterarse de las novedades y los problemas.
5. Para establecer el posicionamiento de su industria.
6. Para encontrarse con clientes existentes.
7. Para encontrarse con personas a quienes de otra manera no vería.
8. Para introducir nuevos productos al mercado.
9. Para hacer investigación de mercado.
10. Para encontrar nuevos comerciantes, representantes y distribuidores.
11. Para encontrar nuevos empleados.
12. Para participar en reuniones de negocios.
13. Para observar la competencia.
14. Para conseguir nuevas ideas.
15. Para obtener exposición ante los medios.

¿Por qué exhiben los guerrilleros en las ferias comerciales?

He aquí otras diez razones:

1. Para generar miles de prospectos calificados.
2. Para construir un buen entendimiento con clientes y prospectos.
3. Para incrementar el reconocimiento de su nombre.

4. Para penetrar nuevos mercados en poco tiempo.
5. Para presentar su negocio desde una nueva perspectiva.
6. Para incrementar el contacto con sus proveedores.
7. Para encontrar nombres para su lista de correos.
8. Para hacer amigos.
9. Para sumergirse en su propia industria.
10. Para separarse de la competencia.

La feria comieza antes de que las puertas se abran

Los empresarios guerrilleros están muy conscientes de que una feria comercial comienza mucho antes de que se abran las puertas. Comienzan la promoción para la feria comercial, identificando y contactando a sus prospectos claves e invitándolos, junto con los buenos clientes, a su puesto en la feria. Los empresarios guerrilleros envían tanto las invitaciones suministradas por los organizadores de ésta, como invitaciones personalizadas. Los guerrilleros están muy conscientes de la fuerza de la personalización.

Ellos promueven su asistencia a las ferias con anuncios en las revistas comerciales, faxes, E-mail, cartas personales y llamadas telefónicas. Ya que son ejecutivos guerrilleros, averiguan los hoteles donde estarán hospedándose las personas que asisten a la feria y colocan volantes e invitaciones debajo de las puertas de sus habitaciones.

El seguimiento

Un secreto guerrillero importante para una exitosa feria comercial, es el seguimiento. Si bien las ferias comerciales son interactivas, la interactividad más importante generalmente tiene lugar después de que hayan terminado: el seguimiento conduce al éxito.

Hoy en día, el 75 por ciento de las personas que asisten a las ferias comerciales, saben exactamente lo que desean ver, a quién desean ver y cuanto tiempo estarán en la exhibición. Odio decirle esto, sin embargo el 90 por ciento de la literatura que ellos recogen en la feria termina en una papelera antes de que el asistente llegue a la casa. Otra parte de la literatura termina en la papelera de la casa. Debido a esto, muchos empresarios guerrilleros envían su literatura después de la feria.

Envíe la literatura después de la feria comercial

Preste cuidadosa atención al próximo secreto guerrillero. Frecuentemente significa la diferencia entre un éxito impresionante y un fracaso estrepitoso. Permítame hacerlo obvio aquí y ahora: su principal razón para tener un puesto en una feria comercial, exposición o exhibición, es *para vender su producto*.

Si, es importante exhibir, demostrar, educar, conseguir nombres para su lista de correos. Sin embargo, lo que usted realmente desea es *vender*. En su puesto, usted necesita tomar órdenes. Debe tener una persona allí, dedicada a vender. Debería tratar de obtener un gran volumen de ventas en la feria misma, a pesar de los folletos que distribuirá. No olvide al empresario de la tienda de muebles de quién escribí anteriormente: él visitó las ferias comerciales para ver y posteriormente, para comprar. No le interesaron los folletos. Lo que deseaba era colocar sus órdenes en la feria.

Si usted no consigue vender las cantidades planificadas en la feria comercial, pudiera haber fallado en este esfuerzo de marketing . Si no ha vendido un gran volumen, no ha aprovechado la gloriosa oportunidad proporcionada por este tipo de ferias. Recuerdo a dos competidores en una feria nacional. Ambos contaban con exhibiciones atractivas, ambos daban demostraciones imaginativas y ambos entregaban unos folletos incitadores. Sin embargo, la primera compañía asumió que la feria era un sitio para exhibir y no realizó ninguna venta. La segunda compañía, una sociedad pequeña y joven, se imaginó que la feria era un sitio para vender, así que generó US$4,5 millones en ventas en un período de tres días. Dije lo que tenía que decir.

Dos tácticas guerrilleras. Reconozca que existen prospectos y que existen prospectos grandes e importantes. Si usted ha hecho su tarea crucial antes de la feria, ha estudiado las revistas comerciales y ha conversado con las personas de la industria, usted sabrá quién es el mejor cliente. Estos prospectos importantes merecen ser invitados a la suite del hotel, donde usted se dedica a las relaciones públicas, cerca de la feria comercial. Allí, intensifique su lazo personal con estas personas. No venda. Trabaje en forjar una amistad más cercana.

La segunda táctica es obligatoria para compañías que no tuvieron mucho éxito vendiendo en la feria. *Haga seguimiento a los diez días a los prospectos que conoció. Mejor aún, hágalo a los cinco días.* Escríbales, llámeles y mantenga frescos en la memoria de ellos sus productos o servicios. Sin un seguimiento, probablemente usted esté simplemente perdiendo su tiempo en una feria comercial ya que las personas se olvidan de ellas con mucha rapidez. Usted sabe cuán importante es su tiempo, mucho más importante que el dinero. Si usted se queda sin dinero, cualquier empresario guerrillero puede conseguir alguna manera para generar más. Si usted se queda sin tiempo, ninguna táctica de guerrilla puede alterar esa realidad.

Haga seguimiento a los diez días

Muchos artesanos venden sus piezas en una o dos ferias anuales. Invierten la mayoría del año produciendo sus artículos, luego utilizan algunas semanas, en dos ferias de tres semanas, para venderlos. Con frecuencia, no necesitan ningún otro tipo de marketing . Generalmente, para tener éxito al mercadear en una feria, exhibición o exposición, usted necesita una combinación de herramientas de marketing : un exhibidor de apariencia profesional y llamativa, una cantidad de folletos informativos, una cantidad mayor de circulares atrayentes para ser repartidas en la feria, un método para demostrar, repartir muestras o exhibir sus mercancías, y por lo menos dos vendedores con mucha energía. Si usted cuenta con todo lo anterior, usted es un empresario guerrillero preparado para tener éxito.

Su exhibición en la feria comercial debe ser tan profesional como usted pueda permitirse. La nueva tecnología en presentaciones audiovisuales hace que sea posible para usted, montar un espectáculo multimedia continuo, incluyendo diapositivas, filme, videotape y música. La iluminación puede ser combinada con esta exhibición en multimedia para destacar sus productos mientras son presentados en su espectáculo.

Imágenes visuales danzantes

Mientras las imágenes visuales danzan delante de la vista de sus prospectos y la música tranquiliza sus mentes conscientes y accede al inconsciente, la voz grabada de un motivador maestro le dice a su audiencia que deben comprarle, que deben confiar en usted, que deben entregarle su dinero. Ahí debe estar usted, con el bloc de órdenes en la mano, listo para tomar pedidos, sellar y entregar.

El mejor escenario posible

Este es el mejor escenario posible para una exhibición de una feria comercial. Si usted no puede costearla, trabaje hacia abajo, paso por paso, incluyendo tanto como sea posible.

En la mayoría de los directorios de las Páginas Amarillas de las grandes ciudades se encuentran varias columnas con "Diseñadores y Productores de Exhibidores". Estos negocios ofrecen artículos como por ejemplo sistemas de exhibición modulares. Se lo pueden construir o se lo pueden alquilar; de igual manera pueden almacenar su exhibidor mientras usted no lo esté utilizando. Construirán un modelo de su exhibidor en miniatura para que usted lo apruebe antes de hacer el verdadero, o los diez verdaderos. Construyen hermosas piezas a partir de madera, plástico, cartón piedra o metal y los pueden hacer en cualquier tamaño, cableados y listos para ser montados.

El almacén de exhibidores

Siempre me impresiona y aprendo algo nuevo cuando camino a través de un almacén de exhibidores. Descubro grandes ideas para exhibidores futuros. Obtengo una buena idea de los precios actuales, tanto para alquilar como para comprar. Es buena idea hacer una visita anual a una de las compañías de exhibidores más grandes de su área, ya que la tecnología se está moviendo con tanta velocidad. Solicite que le muestren lo mejor que tengan. Recuerde: usted puede ser capaz de costearlo si se asocia con algunas otras compañías compatibles. He aquí un caso como ejemplo: En una feria comercial de ventas de juegos de dormitorio, la mejor exhibición fue una de multimedia, utilizando hologramas y tecnología láser. Tres compañías diferentes pagaron por ella, donde cada una fabricaba un componente de una cama. Cada uno de las tres compañías compatibles obtuvo una reputación de primera por el 33 por ciento del costo.

Por supuesto, usted puede construir su propio exhibidor si tiene el tiempo, el talento y el equipo. Sin embargo, hágame un favor: antes de proceder a hacerlo, revise lo que está disponible para usted en este momento. Eso es lo que sus competidores probablemente utilizarán. ¿Puede usted hacer algo mejor? ¿Puede usted mantenerse a la par de los nuevos desarrollos?

Tan importante como un exhibidor fantástico son las personas que manejan su puesto durante el momento de la feria comercial. Ellos deben ser talentosos en varias áreas. He aquí algunas sugerencias:

Sugerencias para el éxito en las ferias comerciales

1. Contrate *suficientes* personas para su puesto. No hacerlo puede resultar fatal. Recuerdo un puesto en una feria comercial atendido por dos maravillosos representantes de la compañía. Estaban apoyados por una exhibición hermosa. En algún momento, uno de los representantes se encontraba almorzando y el otro estaba visitando otro puesto. La única persona que se encontraba en el puesto en cuestión era un individuo absolutamente indiferente, quien realmente no entendía el negocio de la compañía y había sido contratado como un auxiliar. Por supuesto, ese fue el momento cuando dos de los clientes más grandes de la industria visitaron el puesto. No pudieron obtener respuestas para sus preguntas, ni explicaciones de un nuevo producto que estaba siendo introducido en el momento, así que siguieron y le otorgaron su negocio a alguien más. No arruine sus oportunidades. Asegúrese que una persona de primera siempre esté en el puesto. Para hacer esto probablemente se requieran dos, y si usted lo puede organizar, hasta tres personas capacitadas para

atender la feria y atender la exhibición. Una de estas personas siempre tiene que estar a mano para responder a las preguntas y tomar las órdenes.

2. Asegúrese de que las personas que estén en su puesto sean agradables, extrovertidas y amistosas. Usted no querrá un genio introvertido. Algunas personas sirven mejor desde el sagrado interior de la compañía. A otras les va mejor en la calle. La verdad que usted debe saber, es que el 85 por ciento de su éxito vendrá de las habilidades de su personal en la feria comercial. Ellos deben comprender exactamente que es lo que usted espera conseguir, y *no* deben tener miedo al rechazo.

Agradable, extrovertido y amistoso

3. Haga lo que sea necesario para emplear para su puesto a vendedores con los conocimientos adecuados. Su personal debe reunir personas dinámicas que comprenden la preciosa naturaleza del tiempo, que saben cómo dar y recibir información y que saben cómo obtener compromisos. Por supuesto, deben ser unos excepcionales oyentes y calificadores ultradinámicos.

4. Contrate personas con un *alto nivel de energía*, y que no se vayan a quemar. Las ferias comerciales son extenuantes. Para el personal, son increíblemente intensas. Es difícil estar allí, parado, siendo brillante y agradable durante un día completo, mucho menos tres días seguidos. Otórguele a su personal recesos frecuentes para ayudarles a mantener su nivel de energía. Se ha estimado que el ser humano promedio está completamente consciente el 2 por ciento del tiempo y en un estado de semiconsciencia el 98 por ciento restante. El personal de las ferias comerciales debe estar plenamente consciente todo el tiempo, esto requiere de una energía inagotable.

5. Seleccione cuidadosamente a las personas con *modales sociales apropiados* para que lo representen en las ferias comerciales. Estas ferias invariablemente involucran reuniones sociales. He visto suficientes personas vergonzosamente pasadas de tragos en reuniones como esas para darme cuenta que sus energías en el piso de la exhibición quedaron arruinadas por sus modales en el piso dieciséis.

Permanezca relativamente sobrio

En las ferias comerciales, pueden ocurrir sucesos gloriosos para su compañía. Es posible (y yo conozco por lo menos tres ejemplos donde sí ocurrió), hacer un contacto que colocará una

Órdenes gigantes

orden tan grande que resolverá sus problemas por lo menos durante un año. Una mujer, quien inventó un dispensador de toallas de papel, imprimió sus circulares en toallas de papel, luego las repartió en su puesto, dispensadas del dispensador que ella había creado. Un comprador le colocó una orden por 250.000 unidades. ¿Se debió esto a su manera diferente y única de suplir información? Quizás sí, quizás no. Sin embargo, ella no hubiera hecho una venta de ese tamaño si no hubiera estado en la feria. Igualmente no hubiera llamado la atención si no hubiera desarrollado una manera tan diferente de repartir muestras, demostrando y proveyendo información.

Hoy en día existen más ferias comerciales que nunca antes. Esto significa que usted debe saber a cuál asistir, en cuál exhibir qué cosa. Excepto por las grandes ferias comerciales de nivel nacional, la mayoría de las personas que atienden una feria provienen de un radio de 100 millas. Vienen a comprar, ver lo que hay de nuevo, investigar la competencia, detectar modas y encontrar nuevas herramientas y servicios que puedan ayudar a sus compañías a obtener beneficios. Cuando usted asista a una feria comercial, siga los siguientes consejos:

- Sepa qué es lo que usted desea lograr.
- Visite todas las exhibiciones. Los beneficios se esconden en lugares esotéricos; las pequeñas compañías con productos excitantes frecuentemente están ubicadas en lugares no costosos en las zonas periféricas a la exhibición. **¿Cómo asistir a una feria comercial?**
- Visite en primer lugar las exhibiciones importantes.
- Traiga un envase liviano donde poner todos los materiales de la feria.
- Utilice zapatos confortables y tome recesos para aliviar su carga. Una feria comercial no es tan extenuante como un partido de básquetbol a cancha completa, mas muchos visitantes le pueden decir que se le acerca mucho.

He aquí algunas estadísticas iluminadoras acerca de las ferias comerciales: el 80 por ciento de los visitantes son los que realmente toman las decisiones; el 90 por ciento de los visitantes no ha sido visitado por su fuerza de ventas durante el año pasado; el 90 por ciento de los visitantes planean hacer una compra el próximo año.

Si es usted un exhibidor, reconozca que la feria comienza mucho antes de la fecha real. La promoción antes de la feria es **Promoción antes de la feria** una vital arma de marketing . Su trabajo es conseguir la atención de su prospecto y explicarle cómo éste obtendrá beneficios. He aquí algunas verdades acerca de las ferias comerciales:

- Seleccione las ferias adecuadas, guiando su selección con experiencias pasadas, la calidad de los patrocinantes de las ferias pasadas, quién es la audiencia y quienes son los otros exhibidores.
- Una regla básica de guerrilla para la selección de una feria comercial: mientras más valiosa sea la feria para sus prospectos, más valiosa será para usted.
- Los criterios importantes para considerar son la ubicación, el momento, el centro de convenciones, los servicios en el sitio y su exhibición.
- ¡A los empresarios guerrilleros definitivamente les encantan las fiestas! Conseguirán la mayor cantidad de ventas con una reunión social, para prospectos emocionados, en la suite donde atienden a sus clientes.

Los guerrilleros juegan a favoritos

- Juegue a favoritos invitando a sus clientes y clientes potenciales con mucha probabilidad, a su suite; ésta es una suite de oportunidades doradas donde puede hacer amistades. Recuerde que los amigos son fácilmente transformados en clientes. Los empresarios guerrilleros *no* hacen amistades simplemente para conseguir una venta, lo cual es demasiado insensato y la vida es demasiado corta para ser desperdiciada en amistades no reales. A menos que exista química verdadera entre usted y su prospecto, es mejor no invitar a esa persona a su suite.
- Sepa con certeza si usted desea penetrar un mercado existente o expandirse en uno nuevo; sepa si usted está dirigiéndose a las ventas o a posibles ventas futuras.
- No envíe a ningún representante de la feria comercial que desee regresar a su casa para hacer trabajo "real". El trabajo real es en la *feria*.
- Esté absolutamente seguro que su puesto refleje su identidad de marketing y su tema de marketing actual.
- Las personas no gustan de entrar a un puesto si se sienten atrapadas. Asegúrese que éste transmita una sensación de amplitud.

Permítales tocar cosas

- Incluya una demostración que se pueda tocar o algo que se pueda manipular. Los estudios demuestran que a las personas les encanta tocas cosas.

- Los estudios demuestran que la ubicación tiene poco que ver con la cantidad de tráfico en su puesto. Créalo.
- Mantenga todo fácil de comprender; algunas ilustraciones grandes son mejores que muchas pequeñas. Es muy importante que el nombre de su compañía esté muy a la vista.
- Esté consciente de todos sus costos. Estos incluyen el alquiler, las exhibiciones, la electricidad, las alfombras, muebles, transporte, alojamiento, comida, entretenimiento (eso puede llegar a sumar una gran cantidad). Lleve registros de todo o usted puede terminar engañándose a sí mismo.
- Los beneficios obtenidos en una feria comercial son determinados principalmente por la calidad de su personal y cómo trabajan el puesto. Asegúrese de que tomen recesos cada cuatro horas y vean la feria completa lo más pronto posible para obtener una idea de la competencia. **¿Qué determina sus beneficios?**
- Separe rápidamente los prospectos serios de los curiosos. No malgaste demasiado tiempo aún con los prospectos serios; hay muchos otros por conocer.
- No tenga sillas en el puesto. Los visitantes no molestarán al personal sentado. Si debe tener un arreglo con una silla y una mesa, colóquelos en una esquina tranquila. No regale demasiada literatura. Las personas llegan a estar sobrecargadas. Guarde sus mejores armas para los prospectos más importantes durante el seguimiento. Con prospectos calificados y notas tomadas en la feria, el seguimiento puede ser efectivo. Comience con una nota de agradecimiento a la semana, o usted puede llegar a ser olvidado completamente. ¡Qué malgasto de tiempo, energía y dinero! No permita que eso ocurra. **No se siente**

Algunas tácticas de guerrilla que han funcionado para otros antes de la feria comercial pueden igualmente funcionarle a usted. Como de costumbre, requieren de generosidad, una de las características imprescindibles de un empresario guerrillero:

- Envíe a sus prospectos un pequeño paquete de sales Epson para relajarse en el baño y ofrézcales almohadillas para los pies para ser recogidas, en su puesto, en la feria. **Sales Epson y almohadillas para los pies**
- Envíe una invitación para recoger una muestra gratis de su producto en su puesto.
- Envíe una fotografía o dibujo de su puesto para que sus visitantes puedan ubicarlo con facilidad.

- Envíe un mapa de la sala de exhibición marcado para mostrar la ubicación de su quiosco, los baños, los puestos de comida, los teléfonos y las salidas.
- Envíe un formato para un concurso a ser realizado en su puesto.
- Envíe un cronograma de la feria comercial con un tiempo para visitar su exhibición.

Su negocio puede que simplemente no sea apropiado para este tipo de encuentros públicos. Sin embargo, si es de alguna manera posible usar esta herramienta de marketing , hágalo. En este tipo de eventos es más una virtud que un vicio convertirse en un espectáculo público.

CAPÍTULO 25

HERRAMIENTAS MISCELÁNEAS DE MARKETING: SERVICIOS, REFLECTORES, CONCURSOS, BOLETINES DE NOTICIAS, MARKETING ON-LINE Y OTROS MEDIOS GUERRILLEROS

Cada par de meses son desarrolladas nuevas armas de marketing. Algunas son ingeniosas; otras son ridículas; otras más, pueden cambiar la vida de una persona. Todas merecen ser examinadas. Simplemente porque un dispositivo de marketing sea nuevo, no quiere decir que no se deba considerar. Uno de los más interesantes momentos en mi carrera en grandes agencias de publicidad, ocurrió cuando estaba trabajando en Inglaterra. Habíamos persuadido a un fabricante de productos contra el acné (el más grande del país), a experimentar con publicidad en televisión. Estoy hablando de 1968, no precisamente la Edad de las Cavernas.

Después de una prueba de tres meses, durante la cual las ventas subieron al techo, preparamos un plan donde utilizábamos la televisión durante todo el año. Cuando se lo presentamos al cliente, nos dijo que no estaba contemplando utilizar la televisión en su programa de marketing. Le preguntamos sus razones, ya que nuestra prueba había sido extraordinariamente exitosa: "Porque sinceramente, caballeros, no estoy convencido de que la televisión esté aquí para quedarse". Me temo que algunas personas sienten lo mismo acerca del Internet.

Supongo que usted puede asumir la misma actitud cuando esté examinando nuevos métodos de marketing. Sin embargo, aún cuando un método funcione fantásticamente bien, sólo

Tenga precaución con las modas, pero no demasiado

durante un año, un empresario guerrillero debería utilizarlo durante ese año, para asistir a su negocio. No necesariamente tiene que "estar aquí para quedarse" para poder beneficiarlo. Cualquier ayuda que usted pueda conseguir debería ser aceptada con gratitud.

marketing con "mopeds"

Quizás haya oído hablar acerca de un nuevo medio de marketing: la publicidad con "mopeds" (motonetas). Para este tipo de marketing, usted le paga a una compañía y les provee de un aviso que publicite su producto o servicio. Posteriormente uno de sus empleados, generalmente vestidos en bikini, maneja el "moped" en áreas de alto tráfico, donde su aviso puede ser visto por un gran número de personas. Si usted está mercadeando lentes de sol, bronceador o refrescos, puede tener sentido emplear este medio en las playas. Los "mopeds" pueden ir donde los autobuses y los carros no pueden, puede ir a parques, juegos de pelota y desfiles, o donde sea que se congreguen muchas personas. No sé si este tipo de publicidad estará aquí para quedarse, mas sí es cierto que está bien presente en las playas del sur del Estado de California.

Existen otras herramientas de marketing menos obvias. Los fósforos, por ejemplo. También están los paquetes insertados, aunque estos generalmente forman parte del mercadeo directo. Los reflectores se usan exitosamente por muchos detallistas. Aunque si usted vive en una comunidad donde el uso de ellos no es visto con agrado, quizás sea conveniente que se aparte de ellos. La publicidad en los bancos de los parques es una opción en varios pueblos (aunque no en muchos). ¿Pudiera ser adecuada para usted? ¿Qué tal funcionaría la publicidad en camisetas? Muchos pequeños negocios ven resultados impresionantes a partir de comerciales colocados en cines y autocines. El costo es muy bajo. ¿Influenciará este medio a sus prospectos? Si les gusta ir al cine, quizás sea así.

Calcomanías, dirigibles y chapas

Además de estas herramientas de marketing, usted puede utilizar, para anunciar su mensaje, etiquetas engomadas para los parachoques. Las gorras de béisbol con el nombre del anunciante son omnipresentes en los EEUU, sin mencionar otros países. Quizás desee mercadear con chapas, como lo hacen muchos candidatos políticos (aún cuando la mitad de ellos pierde). Igualmente, están las calcomanías, viseras impresas o la escritura en el cielo. Puede utilizar estandartes llevados por aviones. No olvidemos los dirigibles, alguna vez utilizados ampliamente por Goodyear, ahora volando alto para muchos otros ejecutivos de marketing. Menos popular es el uso de las pancartas en A, (pancartas tipo sandwich u hombres pancarta). Son utilizadas por personas desfilando delante de grupos de gente, exhibiendo los beneficios de su producto o anunciando ofertas especiales. Como empresario guerrillero, usted tiene la obligación de considerar seriamente estos dispositivos de marketing diferentes y considerar igualmente el marketing on-line.

Existen igualmente varias empresas que mercadearán sus servicios con publicidad de pancartas (piquetes). Una de ellas se llama Rent-a-Picket; otra tiene por nombre Positive Picketing. Usted les paga una cantidad establecida y los empleados desfilan delante de su lugar de negocios con avisos tipo pancarta que dicen cosas maravillosos acerca de usted. Es completamente diferente, por supuesto y puede que esté aquí para quedarse. Pudiera ser provechoso. Como empresario guerrillero practicante, pudiera montar este evento de marketing usted mismo, haciéndolo con sus propios empleados. Si utiliza algún marketing de pancartas, asegúrese de contactar a los medios. Ya que el método llama tanto la atención, estoy seguro que puede conseguir que los medios cubran su noticia gratis en los periódicos y posiblemente en la televisión.

"Rent-a-picket"

Este tipo de métodos de publicidad: reflectores, escritura en los cielos, pancartas, diskettes de computador, etc., son similares al concepto de la publicidad de vallas. Se trata de publicidad de recordación. Mantienen su nombre a la luz pública y llaman la atención sobre sus atributos principales. Probablemente no pueden hacer el trabajo por sí mismos, sin embargo uno o más ayudarán a un plan de marketing inteligente. Igualmente, los diskettes de computador pueden hacer una gran cantidad de ventas para usted, como ya han hecho para otros.

La tecnología ha llegado al escenario del marketing, beneficiando a los empresarios guerrilleros, por lo menos, en veinticinco áreas. Los empresarios guerrilleros pueden, mediante la tecnología, hacer lo siguiente:

1. Generar listas de correos de clientes frescas y al momento.
2. Crear listas de clientes extensivas y detalladas.
3. Obtener acceso a información competitiva importante.
4. Editar boletines de noticias y catálogos con el "desktop publishing".

¿Cómo ayuda la tecnología a los guerrilleros?

5. Crear volantes y folletos de manera poco costosa.
6. Utilizar automatización adecuada en envíos por correo directo.
7. Utilizar gráficos de computadora para impresión y video.
8. Entrar en servicios de información on-line.
9. Dedicarse a una investigación rápida y valiosa.
10. Crear un video acerca de su producto o servicio.
11. Activar una campaña de publicidad electrónica.
12. Hacer una presentación con un CD-ROM.
13. Preparar una presentación multimedia.
14. Crear una propuesta muy profesional.
15. Utilizar programas de computación de respuesta automática para un servicio más rápido.
16. Utilizar videoconferencias con clientes a larga distancia.
17. Obtener acceso a millones de secciones clasificadas on-line.
18. Utilizar correo de voz.
19. Lograr terminar multitudes de trabajos utilizando un teléfono a manos libres sin cable.
20. Ofrecer "fax-on-demand" (software utilizado para enviar automáticamente faxes a un listado de números deseados) cuando lo soliciten los clientes conscientes del tiempo.
21. Crear una página Web interactiva.
22. Dedicarse a envíos por fax.
23. Utilizar E-mail
24. Crear un sistema de rastreo de órdenes computarizado.
25. Estimular a los empleados a telecomunicarse.

Todas estas tecnologías y muchas más están descritas en detalle en *marketing de Guerrilla con Tecnología*: *Cómo Liberar Todo el Potencial de su Pequeña Empresa* (*Guerrilla marketingwith Tecnology: Unleashing the Full Potential of Your Small Business*), el cual publiqué en 1997. Odio sonar como un comercial viviente, sin embargo odiaría aún más si usted no llegara a entender que la tecnología puede fortalecer de gran manera su marketing.

Usted puede esperar que la tecnología influencie en gran medida al marketing de guerrilla, en el nuevo siglo de alta tecnología. Aprenderá, con cierta regularidad, acerca de tecnología nueva y fortalecida. Un artículo de periódico, de fecha **Teléfono inteli-** reciente, describió un "teléfono inteligente": una unidad con **gente** un teléfono celular, una pantalla de computador y un tablero. Puede ser utilizado para hacer llamadas telefónicas, enviar y recibir E-mail, navegar en la Web, y grabar direcciones, fechas y otra información de calendario. Hoy en día se vende por US$999 con una tarifa de usuario de US$24,95. Para el momento que usted lea esto, estará relativamente pasado de moda y los costos serán más bajos. Puede contar con eso.

Si la tecnología le asusta (y el miedo a la tecnología puede ser fatal para un negocio) tenga presente que muchos genios de la tecnología comparten su miedo y confusión. Por ejemplo, Marc Andreessen, uno de los socios fundadores de Netscape, admitió recientemente en un programa de entrevistas por televisión, que la computadora personal en su hogar se descompone regularmente, no consigue que su impresora o su unidad de CD-ROM funcionen y que todavía no ha entendido cómo programar su reproductor de videos.

No todas las armas de marketing misceláneas son de alta tecnología. Si usted tiene un lugar de negocios donde puede organizar promociones de manera ocasional, un reflector para atraer la atención hacia una venta especial realizada tarde en la noche puede funcionar para usted. Conozco un detallista de camas de agua, quien una vez llenó un colchón de agua con helio y lo ató a una cuerda. Luego dejó que flotara sobre su tienda, donde podía ser visto desde millas a la redonda. Muchos conductores reducían la velocidad y se fijaban en la tienda. El dueño dice que el truco le permitió vender su volumen promedio mensual en un solo día y duplicarlo en una semana. Parece locura, pero funcionó.

La baja tecnología también puede ser divertida

El concepto de precio único es otra de las armas de marketing de guerrilla. Los últimos estudios indican que el precio es una consideración muy importante para un segmento entre el 15 y el 35 por ciento de la población: esto significa que entre el 65 y el 85 por ciento se concentran en otros factores diferentes al precio. Muchas compañías actúan como si el 100 por ciento de la población estuviera obsesionada por el precio. Esta falsa idea influye de manera negativa en los beneficios y atrae sólo los clientes menos leales.

Sin embargo, los precios inusuales sí llaman la atención. No estoy hablando acerca de ventas de un centavo o ventas de dos por uno, sino promociones de precios creativas tales como aquel dentista que ofreció a sus clientes y prospectos un examen dental básico completo y la limpieza por "lo que usted crea que valga". La mayoría de los pacientes pagaron la tarifa regular. Algunos pagaron menos que eso. Como resultado de esta

Precios inusuales

promoción, muchas personas, quienes habían evitado un examen dental, hicieron una cita y luego se convirtieron en pacientes leales. El consultorio del dentista estuvo completamente copado durante y después de esta promoción mientras se construía un poderoso marketing boca a boca.

La publicidad de boca en boca llegará a las compañías de manera automática, si utilizan un surtido amplio de armas de marketing durante un largo período de tiempo. Sin embargo, algunos empresarios guerrilleros, aún siendo pacientes, procuran interrumpir el proceso de obtener un resultado positivo con la publicidad boca en boca. Una manera de hacer esto, es distribuyendo folletos impresos específicamente para las personas que compran por primera vez. Un fenómeno llamado "el momento de la satisfacción máxima", es el período de treinta días que sigue a la fecha de compra. Durante este tiempo, es más probable que un comprador riegue la voz acerca de su compra, transmitiendo su entusiasmo y el suyo a cuantos le oigan. Si usted le entrega a una persona así su folleto de nuevo

Acelerando la publicidad boca a boca comprador, *usted está colocando las palabras adecuadas, en las bocas adecuadas, en el momento adecuado.* No es de extrañar entonces, que la publicidad boca a boca funcione.

La pregunta para hacer Otra manera de obtener un marketing de boca en boca saludable, es haciendo la siguiente pregunta: ¿Qué otra tienda frecuentan sus clientes? Luego, hágale un favor a esas personas. Ejemplo: un restaurante abrió en mi comunidad e hizo esa pregunta. La respuesta resultó ser los salones de belleza. El restaurante distribuyó cupones para dos cenas gratis para todos los dueños de las peluquerías dentro de un radio de dos millas del local. Los dueños de los salones de belleza comían en el restaurante y luego comentaban acerca del restaurante en sus peluquerías, generando montañas de negocios para el local. Reconociendo que el salón de belleza era el centro nervioso de la comunidad, el restaurante fue capaz de tener éxito sin gastar un centavo para su publicidad.

Beneficiándose de su pequeño tamaño Lo mismo ocurre con muchos métodos de marketing poco usuales. Como un pequeño empresario, usted puede arriesgarse más que muchas grandes compañías ya establecidas. Aproveche su tamaño pequeño. Experimente. Invente sus propios implementos de marketing. Si usted hace diez avisos, puede contratar diez estudiantes de bachillerato y colocar esos avisos en sus bicicletas y luego manejarlas en lugares donde pudieran estar sus prospectos. ¿Funcionaría eso para usted?

Quizás pudiera organizar que un camión con altavoces conduzca a través de vecindarios, alertando a la comunidad de sus productos o servicios. Lo hacen las empresas de helados. Lo hacen los candidatos políticos. Vale la pena si usted piensa que puede funcionar y si no molesta a los vecinos.

Muchos empresarios utilizan su correo de voz para mercadear sus servicios. Cuando las personas llaman en las horas cuando los negocios están cerrados, reciben nueva información acerca de productos y servicios o las últimas rebajas. Otros emprendedores dueños de negocios ofrecen crear manteles individuales para restaurantes, resaltando el nombre y la dirección del negocio del empresario guerrillero, junto con un texto conciso.

El tiempo extra es una de las armas de marketing misceláneas más valiosas. Los guerrilleros lo utilizan para escribir notas de agradecimiento para clientes, enviar tarjetas de saludo, recortar artículos de interés para los clientes claves para luego enviárselos, llamar a los exclientes para ver porqué se marcharon, avisar a buenos clientes acerca de ventas y promociones y prestar atención a pequeños detalles que son cualquier cosa menos pequeños para los clientes, tales como enviarles una nota felicitándoles acerca de sus logros o los de sus familias. Un amigo mío recibió una nota de agradecimiento de Cristal Fresh Bottled Water. Estaba firmada por Jeannette, Lee, Joyce, Diane, Jered, Nancy, Chet, Time, Walk, Raye, Shelly y Dan. Difícil de olvidar una tarjeta como esa. Obviamente, las personas en Cristal Fresh Bottled Water no malgastan su tiempo libre. **El tiempo extra como arma de marketing**

La pulcritud también es una herramienta de marketing, ya que si su local está limpio, los clientes asumen que esa es la manera en la que maneja su negocio y si el local está desordenado, las personas se imaginarán que usted trata a sus clientes igual. De igual manera, la apariencia externa de una tienda al detal ejerce una influencia poderosa. En efecto, el 40 por ciento de la identidad global del negocio del detal reside en esa apariencia. Por cada 200 personas que pasan en su automóvil o caminan al lado de la tienda al mes, cinco a ocho realmente llegan a entrar. Esto significa que cerca de 195 a 200 personas se llevarán la impresión de una tienda basados solamente en lo que ven cuando pasan al lado. Igualmente se acentúa la importancia de las señales, las exhibiciones en las vitrinas, la arquitectura y los trabajos de pintura exterior. **La pulcritud cuenta**

Existen miles de maneras diferentes de mercadear, todas esperando ser descubiertas por usted. Una panadería imprime **Maneras diferentes de mercadear** su boletín de noticias en la parte posterior de sus etiquetas de pan, las cuales son insertadas junto con éste, dentro de la bolsa plástica. Una tienda de artefactos eléctricos ofrece una garantía de cinco años para productos confiables, costando esto casi nada y elevando las ventas de manera apreciable. Una cadena de cafeterías mejoró sus beneficios con un programa de "café del mes" al mismo tiempo que una compañía de flores de venta por correo reportó recibir el 40 por ciento de sus ingresos a partir de su programa de "flor del mes". Ideas como ésas ayudan a nivelar los altibajos de las diferentes épocas del año de muchos negocios. Una tienda de comida gourmet vio como sus beneficios se elevaban drásticamente después de ofrecer clases de cocina. Las clases, con un costo individual de US$20, alcanzaron el punto de equilibrio, si bien atrajeron US$600 por cliente en ventas después de clase. Una compañía de muebles envió tickets de lotería en sus correos directos, imprimiendo "Ticket de Lotería Anexo" en el sobre. El mensaje dentro prometía una llamada de seguimiento y el número ganador. Un 70 por ciento de las personas que recibieron las llamadas escucharon el argumento de ventas. Una tienda de muebles y accesorios para el hogar envía una fotografía Polaroid de los artículos más grandes. ¿El resultado? El promedio de los cierres se ha elevado un 25 por ciento.

Hablando de fotografías como una arma de marketing, una fábrica de cerveza envió fotografías digitales a color a 370 periódicos, junto con una nota de prensa. El costo fue de US$275, pero la fotografía y la historia fueron publicadas por 36 periódicos. Esto pagó por el costo de la circulación.

El año próximo y cada año después, serán inventados dos o tres fascinantes anuncios para vehículos. Me vienen a la mente las interconexiones de la televisión por cable para el horario estelar a bajo costo. Lo mismo ocurre con monitores de video en los carritos de supermercado, canales de televisión con publicidad clasificada, secciones de anuncios clasificados on-line y la omnipresencia de las cadenas de compras desde el hogar. Mercadear a las personas con teléfonos en espera fue alguna vez, una idea innovadora y hoy en día es estándar para muchas compañías guerrilleras. Para ver cómo funciona, solicite un folleto gratis y una cinta de demostración llamando al 1-800-466-4653. Mantenga sus ojos abiertos. Si usted honestamente siente que un nuevo vehículo publicitario puede ayudarle, no como una artimaña sino como una herramienta de ventas, pruébelo.

Mantenga los ojos abiertos para conseguir nuevas armas

Por ejemplo, si usted está mercadeando un concierto de rock y sabe de una playa donde siempre se encuentran muchos de los potenciales asistentes al concierto, mercadee su concierto con un pendón halado por un avión. No debe ser demasiado difícil conseguir a un dueño de avión que ofrezca este tipo de servicios.

Publique un reporte anual, especialmente si usted no es una compañía pública. Es una manera única y hasta maravillosa de comunicarse con sus clientes y prospectos. Le traerá una tasa de lectura poco común ya que las pequeñas compañías no publican reportes anuales (eso lo sabe todo el mundo). O por lo menos era así hasta que el marketing de guerrilla se convirtió en tan necesario.

Los reportes anuales no son sólo para las compañías grandes

Mercadee proveyendo servicios extra, tales como guarderías infantiles y servicios de cuidado de niños. Algunos centros de ejercicio físico por ejemplo, han incrementado su clientela al ofrecer servicios bien supervisados sin costo adicional.

Un folleto en video disminuirá el costo de una llamada de ventas. La tasa de respuesta del 7 por ciento al marketing por video es bastante atractiva comparada con el 2 por ciento esperado de la mayoría de los envíos de correo directo.

Usted pudiera planificar la publicación regular de un boletín de noticias, como hacen muchas compañías. He aquí algunas sugerencias para publicar un boletín exitoso:

- Recuerde que los boletines de noticias deben motivar a los prospectos a comprar mientras les ayudan en general.
- Provea información valiosa, corta y a tiempo.
- Haga que su boletín de noticias sea fácil de leer y fácil de mirar.
- Provea de montones de ideas fabulosas; sea conocido como una fuente importante.
- Permita a un diseñador profesional crear, para su boletín de noticias, un formato hermoso o utilice los nuevos programas de computación para hacerlo usted mismo.
- No permita a su diseñador crear un formato costoso y elaborado.
- No publique de manera aleatoria. Usted desea que su boletín forme hábitos.
- No se lo envíe a personas que nunca responden ninguna de sus ofertas.
- No ofrezca información caduca, a destiempo o complicada.

Sugerencias para boletines de noticias exitosos

- No haga su boletín de noticias demasiado largo. Ellos son populares ya que no se invierte mucho tiempo en leerlos.
- No olvide que las personas compran *soluciones a sus problemas*. Los boletines de noticias, gracias a la edición de "desktop publishing" y comprensión de la importancia del tiempo, son más fáciles y más razonables para agregar a su arsenal, que nunca antes.

Mercadeando con un número 900

¿Debe usted mercadear con un número 900? Ante todo, debe comprender que actualmente, la mayoría de las personas asocian el número 900 con estafas y pornografía. También saben que serán golpeados con una tarifa por marcar el número y realmente no están interesados en pagarla. Por ello, algunas compañías miran con desdén los números 900. Sin embargo, Procter & Gamble realizó un concurso con un número 900, costando 75 centavos la llamada. Del cuarto de millón de personas que participaron, solamente 24.000 utilizaron este número, y P&G no tiene planes inmediatos para utilizarlo para su próxima promoción. Sin embargo, si usted desea mercadear de esta manera, conozca estos nueve detalles:

1. Las personas que llamen a un número 900 serán menos que las que utilicen un número 800 gratis, aunque serán más calificadas.
2. Un número 900 es terrible para obtener potenciales candidatos, si bien es maravilloso para generar prospectos serios.
3. Un número 900 puede ayudar a construir una base calificada de prospectos si usted ofrece algo más además de su producto o servicio principal. Ejemplo dado por un gran guerrillero: Kimbery-Clark ofreció a los padres un número 900 que tocaba una canción de cuna personalizada. Ahora obtienen los ingresos de más de 100.000 llamadas que recibieron.
4. Las personas que llaman a su número 900 pueden ser ubicadas en cuarenta categorías diferentes según sus características demográficas y psicográficas. El servicio 900 que ofrece esta información es llamado "Prizm 900". Pregunte acerca de éste, a su compañía local de teléfonos.
5. Cuando esté suministrando datos a sus prospectos, ofrezca enviar éstos por fax a los que llamen usando el número 900. Muchos, necesitando sus datos en ese mismo instante, gustosamente pagarán la tarifa de US$5 por la llamada.

6. Un número 900 puede generar ingresos sin ventas cuando se utiliza para otorgar a las personas una ventaja en una rifa y un incentivo extra, como un descuento especial, por comprar. Note que dije *ingresos sin ventas*.

7. Las muestras pueden ser distribuidas a personas muy calificadas si las solicitan únicamente llamando a su número 900.

8. Las cuotas de ingreso a un club, etc. y las subscripciones pueden venderse fácilmente a través de un número 900.

9. Los recaudadores de fondos obtienen dinero de pequeños contribuyentes utilizando un número 900.

Igualmente tome en cuenta los concursos y las rifas. Estos definitivamente atraen a las personas, aún cuando puede que no sean atraídas por su producto principal. Aquellos quienes participan se involucran con usted y este involucramiento puede conducir a ventas. Simplemente recuerde que los propósitos de los concursos y las rifas son: (1) conseguir nombres para su lista de correos, (2) separarlo de los rangos de no conocidos y (3) atraer a las personas para que entren a su tienda para poder participar en el concurso. Asegúrese de colocar las cajas para participar en el fondo de la tienda para que así los participantes puedan ojear sus otros productos mientras tratan de ganar ese viaje gratis a Hawaii. **Concursos y rifas**

Con seguridad ha visto anuncios o recibido correo que gritan "Usted ha sido seleccionado", "Rifas Fabulosas", "Usted quizás ya se haya ganado US$1.000.000" o "Sea un ganador". Algunos expertos en rifas creen que aún cuando las personas no tengan dinero para la comida, sí lo tienen para las rifas. En efecto, los expertos dicen: "Cuando los tiempos son malos, las rifas son buenas".

Los patrocinadores invierten cientos de millones en premios, más aún más en anunciar las rifas. El número de concursos y rifas en EEUU está creciendo paulatinamente cerca de un 33 por ciento cada año. Los concursos y las rifas no eran permitidos con anterioridad, por ser considerados dudosos legal y moralmente. Sin embargo, en este momento se han convertido en el soporte principal del marketing norteamericano. Debido a esta razón, vale la pena considerarlos. Si llega a estar involucrado, asegúrese de hacer todo de manera completamente legal. Consulte con su abogado para asegurarse de no estar conduciendo una lotería ilegal solicitando que las personas adivinen el número de monedas en una botella. **Una vez prohibidos pero ahora sostén del marketing**

Si usted desea atraer el tráfico pedestre a una ubicación en particular, organice un concurso que requiera a las personas venir a su sitio de negocios para participar y regresar para averiguar si llegaron a ganar. Los ejecutivos de marketing inteligentes saben que todos deben ganar algo. Cualquier cosa que sea, debe ser suficientemente substancial para que no lo resientan y asocien su producto con la pérdida de ellos. El mejor premio de todos, más que cruceros, automóviles convertibles y viajes alrededor del mundo, es el dinero. ¡Esto no es ninguna sorpresa!.

El instinto del juego
A las personas les agrada participar en juegos de azar; aún los institutos de beneficencia están ofreciendo concursos. Haga correr su imaginación. Conozco al dueño de una tienda quien llenó un envase gigantesco con peces dorados ("goldfish"). Luego anunció su concurso: "¡Adivine el número de peces en el envase y gane US$1.000!" El número de personas que pasaron por su tienda (y sus ventas) se elevó tan dramáticamente que el premio de US$1.000 no hizo la menor mella en su presupuesto. Ya que él era un empresario guerrillero, entregó plantas de veinticinco centavos a todos los que participaron (después de que el ganador fuera anunciado). Nuevamente, las personas llegaron a recoger sus premios y mientras estaban ahí, bueno, compraron algo más. ¿Está sorprendido?

Las diferentes comunidades tienen diferentes leyes con relación a los concursos. Estoy seguro que usted ha visto el anuncio "Nulo donde esté prohibido por la ley" anexado a muchos formatos de participación para concursos. Así que no salte en este tipo de marketing sin consultar primero a las autoridades locales.

Los concursos siempre llaman la atención. Lo que usted desea hacer es atraer la atención de prospectos, no solamente de personas. Ya que las personas desean no sólo hacer dinero sino también ahorrar, trate de mercadear con cupones donde ofrezca descuentos. Si usted es un detallista, utilice etiquetas creativas en su mercancía. Quizás cada etiqueta pueda ofrecer un porcentaje de descuento diferente. Luego usted puede anunciar una "Venta de la Etiqueta Misteriosa". No es una idea completamente nueva, solamente es una variación de una idea antigua. Sin embargo, puede funcionar y lo hace.

Otorgar incentivos o comisiones extra a los vendedores que sobrepasan una meta particular o venden un artículo específico, es también un método de marketing efectivo. ¿Puede usted hacerlo funcionar para incrementar sus propias ventas?

Las exhibiciones en las vitrinas, excitantes y siempre cambiantes también pueden ser efectivas. Usted tiene suerte si las puede utilizar. Aún cuando usted no tenga sus propias vitrinas, usted puede llegar a un acuerdo con alguien que sí las tenga, otra persona de su siempre creciente lista de socios de alianzas de marketing. Sólo imagine la diferencia entre una tienda con una exhibición en la vitrina y otra que no la tenga. ¡Enorme diferencia!

¿Cuánto costará ese perrito en la vitrina?

Conozco de un salón de belleza sofisticado que tenía un afiche en su vitrina anunciando una boutique de prendas de vestir en las cercanías. La boutique exhibía un afiche del salón de belleza. Ambas obtuvieron como resultado, ventas adicionales. ¿El costo? Ninguno. El único precio fue los pocos segundos que le tomó a alguien pensar en la idea. Como usted sabe, los empresarios guerrilleros están siempre felices invirtiendo tiempo en vez de dinero cuando se trata de marketing.

Quizás usted pueda hacer marketing y *ahorrar* dinero. ¿Quién hace eso? Pues los usuarios de los teléfonos celulares. ¿Significa esto que todos los empresarios guerrilleros necesitan uno? He aquí una prueba para ayudarle a responder esa pregunta:

¿Necesita un teléfono celular?

- Incluyendo los viajes diarios desde el hogar hacia el trabajo y viceversa, ¿invierte por el trabajo dos o más horas al día en su vehículo?
- ¿Maneja usted por lo menos un 20 por ciento de su negocio por teléfono?
- ¿Tiene usted frecuentemente tiempo improductivo en la carretera?
- ¿Se encuentra frecuentemente en sitios donde no es posible ser contactado por teléfono por otras personas?
- ¿Hace paradas frecuentes para hacer llamadas en teléfonos públicos durante el día y algunas veces debe buscar un teléfono público?
- ¿Ha perdido alguna vez negocios debido a no haber escuchado los mensajes telefónicos a tiempo o no haberlos respondido con suficiente rapidez?
- ¿Requiere su negocio que los clientes sean capaces de conseguir información de usted cada vez que sea necesario?
- ¿Necesita modificar las citas o informar a las personas que está llegando tarde con frecuencia?
- ¿Maneja usted frecuentemente solo y pudiera beneficiar a su firma el que usted tuviera una cita en un automóvil con alguien?

- ¿Se le ocurren ideas alguna vez mientras maneja, las cuales quisiera hacer efectivas inmediatamente?

Si ha respondido afirmativamente a dos de estas preguntas, usted debe conseguir un teléfono para el automóvil. Si ha respondido afirmativamente a cuatro o más de las preguntas, los expertos dicen que su teléfono en el automóvil pudiera pagarse a sí mismo. Yo me resistí a comprar un teléfono para el vehículo durante años. En este momento me asombro de cómo pude sobrevivir sin él.

Todos los métodos de marketing misceláneos son valiosos para un empresario o para otro. Frecuentemente marcan la diferencia entre una ganancia y una pérdida. Sin embargo, muy raras veces pueden servir como la base de un programa de marketing. Deben ser utilizados como adjuntos a un sólido programa de medios masivos. Usted debe prevenir que su público se vuelva insensible a su mercadeo y estas herramientas de marketing misceláneo ayudan a esto.

Aún cuando muchas herramientas misceláneas de marketing permanecen misceláneas para siempre o sea, nunca entran en la corriente principal del marketing, no deben ser ignoradas.

Los empresarios guerrilleros buscan debajo de cada piedra

Los empresarios guerrilleros buscan debajo de cada piedra, se asoman alrededor de cada esquina, examinan cada oportunidad. Usted nunca puede saber cúando pudiera obtener una racha de ventas a partir de un aviso de motoneta (moped) exhibido delante de miles de prospectos, en un parque en un día soleado.

Paquetes de tarjetas postales

Hace una década, nadie había oído hablar de los paquetes de tarjetas postales, aquellos paquetes de veinte o treinta tarjetas en una caja de plástico transparente, dirigidos al mismo tema: negocios, sicología, niñez, lo que sea, y enviadas a una audiencia meta específica. Recibo paquetes de tarjetas postales dedicadas a productos y servicios de negocios. Mi esposa los recibe enfocados en productos de sicología: libros, cintas, seminarios y directorios. Cada tarjeta postal tiene el nombre de un anunciante diferente en un lado y espacio para una estampilla (no necesita hacerlos prepagados). El otro lado tiene una oferta por tiempo limitado: un descuento, algo gratis o un acuerdo de dos por uno. Los paquetes de tarjetas postales están ubicados, en la actualidad, como la herramienta de marketing en segundo lugar en velocidad de crecimiento (únicamente el marketing on-line está creciendo con mayor rapidez). El costo es muy bajo y la tasa de respuesta está en el orden del 20 por ciento. En 1997, más del 75 por ciento de los anunciantes quienes usaron los paquetes de tarjetas postales, repitieron esa táctica. Usted puede estar seguro que no lo hubieran probado una segunda vez si no hubiera funcionado en la primera ocasión. Los paquetes de tarjetas postales generan estupendamente el momentum de ventas. Para conocer más acerca de ellos llame al 800-323-2751.

Siempre mantenga sus ojos y su mente, abiertos a nuevos medios, estudiando las publicaciones de marketing. Mi favorita es *Adweek*; le recomiendo que se suscriba. Llame al 800-722-6658.

Los mejores productos y mercados

¿Cuáles son los mejores nuevos productos de la actualidad? Quizás usted pueda convertirlos en una herramienta de marketing u ofrecerlos como un incentivo o un regalo. En los 90, los mejores artículos y mercados son los siguientes:

Bienes de bosques tropicales
Personas sufriendo de depresión
Televisores de pantallas gigantes
Teléfonos portátiles
Jubilados a temprana edad
Artefactos eléctricos de línea blanca
Cuidado diario para perros
Artículos que no dañan el medio ambiente
Voleibol de playa
Paraguas de playa
Niñeras
Librerías gigantes
Bebidas deportivas
Sombreros para caballeros
Condones
Personas vegetarianas
Familias del ejercito
Familias con padres divorciados

Catálogos/Compradores por catálogos
Usuarios de Internet/el Internet
Microtelevisores
Minivans
Bicicletas de montaña
Vehículos tracción 4 ruedas para familias
Tabla de esquí sobre nieve
Pérdida de cabello
Discos compactos
Patines de ruedas
Niños solos en los hogares, con llave
Tecnologías sin cables
Bolsas neumáticas activadas al momento de la colisión "Airbags"
Deseos de Vivir
Dietas líquidas
Comida lenta

Otros nuevos productos pueden atraer su atención con regularidad con una suscripción a *Product Alert,* una recopilación de información bimensual sobre nuevos bienes empaquetados o sus publicaciones compañeras, *International Product Alert, Lookout Nonfoods y Category Report,* cubriendo cinco categorías de productos. Puede obtener mas detalles contactando a marketingIntelligence Service Ltd., en su número de llamada gratis 800-836-5710. Le aviso que algunas de las tarifas de suscripción llegan a costar US$1.000.

De la misma manera como estas publicaciones le ponen al tanto de nuevos productos, *Adweek, Advertising Age, Inc., Entrepreneur,* el *Wall Street Journal* y quizás aún su periódico local le informan regularmente de nuevos medios, desde anuncios en ascensores hasta carteleras electrónicas de noticias a los que puede accesar desde su computador.

Los medios guerrilleros

Tenga presente el hecho de que alguna vez los periódicos, las revistas, la radio y el correo directo se consideraban medios misceláneos.

Para empresarios guerrilleros con profundo conocimiento en computación, pero con bolsillos poco profundos, los medios tecnológicos digitales ofrecen opciones efectivas en costo. Estas excitantes nuevas herramientas de marketing le permiten apoyar su mensaje básico, enfocar con más puntería sus nichos de mercado, abrir las puertas a nuevos mercados y alcanzar porcentajes más altos de su base de clientes ya existente. Con estos medios, usted puede crear materiales de marketing excepcionales con los más finos valores de producción.

Lou CasaBianca, presidente de New Media (415-456-1914) y líder en el campo de los nuevos medios guerrilleros, ha incentivado desde hace tiempo a los empresarios, para que utilicen sus computadores para diseñar e imprimir sus tarjetas de presentación, artículos de escritorio, paquetes, folletos, circulares, envíos de correo directo, boletines de noticias y anuncios de los medios. Los programas de computación, de acceso para cualquiera, pueden poner estas herramientas a su disposición. Igualmente, el software de base de datos puede ayudar a su monitor y responder a tendencias y cambios en su base de clientes.

Los dispositivos de correo de voz controlados por el computador pueden ayudarlo a obtener el máximo provecho de los medios de telemarketing tales como los servicios telefónicos 800 y 900. Pueden también ser muy valiosos combinados con demostraciones de productos, seminarios, exhibiciones en ferias comerciales y medios más avanzados como por ejemplo, los discos de video, la televisión por cable, la edición de textos "desktop publishing", las presentaciones de multimedia y los infomerciales. La proliferación de los reproductores de audio y video hacen que estos nuevos medios estén a la disposición de virtualmente cualquier cliente potencial y el número creciente del uso de los computadores amplía su audiencia.

Pruébelo, pero no se ahogue

Yo le sugiero a los empresarios guerrilleros obtener alguna experiencia en el área de producción basada en el computador, aún cuando les advierto que tengan cuidado en esta área. La producción guerrillera puede ser compleja y técnicamente exigente. Usted deberá crearla en su empresa, contratar a un consultor o a una compañía para manejar este trabajo por usted. Esté prevenido de las compañías que utilizan equipos y tecnología anticuados. Usted será capaz de producir la mayoría de los materiales de marketing con el equipo y la experiencia correctos, en su propia compañía, obteniendo una mayor eficiencia en costos que pagando a un vendedor externo.

¿Cómo comenzar con estas nuevas tecnologías? Conversando con un buen consultor, quien eliminará el misterio de las nuevas opciones de medios para usted y le aconsejará en la combinación *apropiada* de medios guerrilleros para su compañía. Note la palabra en cursiva. No es *necesario* el *exceso*. Usted no necesita componentes de medios complicados o de tecnología extremadamente alta, simplemente requerirá de aquellos que puedan hacer el trabajo correcto para usted por la menor cantidad de dinero posible, logrando el cambio de posición con la mayor rapidez.

Las compañías más nuevas y pequeñas pueden explotar al máximo, ciertamente, las técnicas de medios de guerrilla. Recuerde, sin embargo, que estas armas son medios para llegar a un fin, no un fin en ellos mismos. Su meta consiste en establecer un sistema de comunicación de marketing más productivo.

Un sistema de comunicación de marketing productivo

Los empresarios guerrilleros aprovechan las opciones tecnológicas que están en este momento a su alcance o que están aproximándose rápidamente. Estas tecnologías incluyen a los computadores personales, los módems, las máquinas de fax, las carteleras electrónicas y los discos compactos interactivos. Los empresarios tecnófobos serán abandonados en el polvo del camino de los ejecutivos guerrilleros con conocimientos de computación. Ayer las personas *preguntaban* si usted poseía una máquina de fax. Hoy *asumen* que es así. Los costos de estos dispositivos de medios guerrilleros son minúsculos comparados al retorno potencial. En poco tiempo usted se dará cuenta que han incrementado su productividad personal, sin mencionar la utilidad de su compañía.

Para obtener más conocimientos de medios guerrilleros, usted puede suscribirse a *marketingwith Technology News* (teléfono 212-222-1765, fax: 212-678-6357). Este boletín de noticias es publicado mensualmente por fax. Cubre la difusión de faxes, "fax-on-demand", textos de video, transporte de datos por FM,

marketing por fax comunicaciones celulares, textos de audio y los últimos descubrimientos de tecnología de mercadeo, incluyendo un catálogo de recursos para los ejecutivos de mercadotecnia.

El marketing por fax está basado en la idea de que menos es más. Las personas son inundadas con información y tienen tiempo solamente para ojearla y mientras más rápido llegue, mejor. La velocidad es omnipotente. El mercadeo por fax también ayuda a los empresarios guerrilleros a combatir el alza de las tarifas postales, alineando a los ejecutivos de mercadotecnia, con tarifas telefónicas cada vez menos costosas. Sin embargo, yo no recomiendo el envío de faxes no solicitados o "faxes basura", como los ha bautizado el público, que no los adora.

Correo de voz guerrillero Ahora que hemos abierto su mente al marketing con máquinas de fax, ábrala aún más para considerar el correo de voz como un arma de su mercadeo de guerrilla. Para obtener información específica acerca del correo de voz en su parte del mundo, contacte su compañía de teléfonos. Mi compañía de teléfonos en California, ofrece un paquete de correo de voz que incluye adelantar llamadas, un indicador de mensajes en espera y un tono dial especial que le dice cuando tiene un mensaje y la capacidad de recibir mensajes las veinticuatro horas del día, siete días a la semana. Las personas que llaman son transferidas automáticamente al correo de voz cuando el teléfono está ocupado o no contesta y reciben un saludo personal con su propia voz (o la de cualquiera, para el efecto). Pueden dejar un mensaje detallado para usted, para revisar en cualquier momento y recuperarlo, de virtualmente cualquier teléfono de tono. Usted puede utilizar el sistema para enviar un mensaje a una persona o a un grupo de personas con una sola llamada telefónica. Igualmente puede agregar una notificación para llamarlo y la transferencia de llamadas a un asistente.

La compañía telefónica manejará su sistema de correo de voz y se ocupará de todas las adiciones, eliminaciones y opciones del buzón de mensajes: el largo del mensaje, el número de mensajes, mensajes para guardar, el largo del saludo y la notificación para llamarlo. Usted puede tener un solo buzón de correos (un centro de mensajes personal) o varios buzones, uno para cada persona que emplee, si así lo desea.

Los costos de este medio guerrillero son más bajos que lo que usted se imagina y la compañía de teléfonos es dueña del equipo. Usted no tiene que comprar nada, simplemente paga una tarifa mensual.

Sus prospectos y clientes están acostumbrándose al correo de voz y aprecian su habilidad para conseguir comunicarse con usted aún cuando no está a la mano. Al igual que con muchas nuevas tecnologías, cuando fue introducido el correo de voz, las personas parecían resentirlo. Hoy en día, a las personas ya no les importa mucho. Los dueños de pequeños negocios se preguntan cómo pudieron haber funcionado sin él.

Los emprendedores guerrilleros de hoy en día están convirtiendo sus computadores, de herramientas pasivas a asistentes proactivos. Las selecciones de su computador, el software y los medios periféricos se encontrarán entre las decisiones más importantes que usted podrá hacer al construir su capacidad de medios guerrilleros. La tecnología de todos estos componentes mejorará con el tiempo. Los precios bajarán. El poder se incrementará. El diseño llegará a ser más hermoso. Si usted no actúa ahora, no podrá disfrutar el ingreso que ellos pudieran proveer. *Esperar no es una buena idea.* Yo compré mi computador y sus aditamentos hace quince años. Si hubiera esperado hasta que bajaran los precios y mejorara la tecnología, hubiera hecho mi compra ayer y hubiera perdido la gran cantidad de dinero que mi computador me permitió obtener durante esta década. Compre ahora y mejórelo después. Todos los profesionales le dirán lo mismo.

De pasivo a proactivo

Los medios de guerrilla emergentes que menciono aquí pueden atestarle el golpe de una compañía de *Fortune 500*, pueden enfocar su mensaje en un amplio espectro de medios y pueden alcanzar una diversidad de mercados. En este momento, éstos son referidos como medios nuevos. Sin embargo, yo recuerdo cuando la música en estéreo, los hornos microondas, los teléfonos inalámbricos y los relojes de cuarzo eran considerados nuevos. Los empresarios guerrilleros tienen facilidad

Sobreponiéndose a su tecnofobia

para detectar las necesidades entre las novedades que pasan a su lado. Debemos sobreponernos a cualquier signo engañoso de tecnofobia para asegurar el éxito de nuestras compañías.

Ahora le hablaré acerca del marketingon-line. Esperé hasta este momento porque el campo está cambiando tan rápidamente. De hecho, ya he colocado lo que sé entre las carátulas de dos libros de los que fui coautor, junto a Charles Rubin: *marketing de Guerrilla On-line: Segunda Edición—La Guía del Emprendedor para Obtener Beneficios en Internet (Guerrilla marketing Online: Second Edition—The Entrepreneur´s Guide to earning Profits on the Internet)* y *Armas Online para el Marketing de Guerrilla: 100 Armas de Bajo Costo y Alto Impacto para beneficios y Prosperidad On-line (Guerrilla Marketing Online Weapons: 100 Low-cost, High-Impact Weapons for Online Profits and Prosperity)*, ambas publicadas por Houghton Mifflin, están llenas de información importante acerca del marketing on-line.

Existen muchas estadísticas acerca del estado actual del marketing on-line y muchas más predicciones acerca del futuro del mercadeo on-line. Tanto las estadísticas como las predicciones son figurativas ya que el Internet está cambiando de manera muy rápida. Se parece a describir una nube de humo. En un momento es una cosa y al siguiente es algo completamente diferente. Sin embargo, mencionaré para usted aquellos detalles que probablemente nunca se modificarán.

El Internet es un medio de marketing. Es uno de los muchos y difícilmente el único que usted debería estar utilizando. No es un medio y un fin por sí mismo, sino simplemente otra arma de marketing. Es un arma de alta potencia, interactiva, comprensiva y cada vez más popular.

Realidades de Internet
Para comprender la popularidad del Internet, considere estos números, los cuales atestiguan la influencia del Internet en los negocios para 1997:

- El porcentaje de los patronos que piensan que la "Web" ha incrementado la popularidad: 48.
- Número aproximado de visitas a páginas en Yahoo, uno de los muchos motores de búsqueda del Internet, expresado en millones por día: 38.
- Porcentaje de las escuelas públicas en EEUJU conectadas al Internet en 1996: 65.

- Número total de patentes emitidas en EEUU que mencionan la palabra "Internet": 170.
- Porcentaje de páginas Web comerciales que atraen ingresos de publicidad: 16.
- Porcentaje de personas que recuerdan un anuncio de banner de una página Web: 12.
- Porcentaje de personas que recuerdan un comercial de televisión: 10.
- Porcentaje de Directores de Informática (Chief Information Officers) que planean incrementar el gasto de Internet de sus compañías de manera significativa en 1998: 31
- Número de proveedores de servicio de Internet en los Estados Unidos y Canadá listados en febrero de 1996: 1.447. Número listado en agosto de 1997: 4.133.
- Número de usuarios de Internet a nivel mundial al final de 1997: 100 millones.
- Número de usuarios esperados para el final del 2000: 200 millones.
- Porcentaje de incremento en la venta de computadores personales desde Navidad del 1996 a Navidad de 1997: 100.
- Número de documentos on-line al final de 1997, en millones: 100.
- Número de documentos que se espera estén on-line al final del 2000, en millones: 800. No es probable que los sistemas de información existentes sean capaces de manejar inteligentemente este volumen de información, así que se esperan grandes cambios.
- La cantidad de inversión de capital empresario en compañías de Internet durante el segundo trimestre de 1997, expresado en millones de dólares: US$561,5.
- Número de compañías que reciben todo ese dinero: 111.
- Número de norteamericanos quienes en este momento consideran el Internet como indispensable, expresado en millones: 20.
- Para el año 2000, el porcentaje estimado del comercio de Internet relacionado con los viajes: 41.
- Número de mensajes de E-mail enviados en 1997, expresado en billones: 2,7.
- Número de mensajes de E-mail que serán enviados en el 2000, en billones: 6,9.
- Número de personas suscritas a servicios on-line al final de noviembre de 1997, en millones: 25.3. El mayor servi-

cio on-line: America Online (con más de 10 millones de suscriptores en este momento).

- Porcentaje de personas on-line que utilizan el Internet: 80; porcentaje de los que lo utilizan para el comercio: 8.
- Ventas de navidad on-line para la época de fiestas de 1997: US$1,1 miles de millones (se había predicho el doble en enero de 1997).
- Total de ventas on-line para 1997: US$2,6 miles de millones, lo cual fue bastante, más fue solo un mero 1 por ciento del total de las ventas al detal.
- Primer año en el cual las ventas por computadora sobrepasaron las ventas por televisión: 1996.
- Frecuencia en la que una nueva persona entra a la comunidad del Internet: cada 1,89 segundos.
- Número de páginas Web activas para abril de 1996: 1.002.612.
- Número de nuevas páginas Web agregadas cada día: 400.
- Cantidad invertida en la publicidad por Internet en 1995: US$40 millones.
- Cantidad que será invertida en el 2000: US$4,5 miles de millones.
- Cantidad predicha que será gastada on-line en el 2001: US$220 miles de millones.
- Segmento de la población de Internet con mayor velocidad de crecimiento: grupo etáreo de 55 años y mayores.
- Porcentaje de mujeres on-line: 48.
- Porcentaje de personas graduadas en la universidad: 48.
- Porcentaje de los que están casados, con hijos: 41.
- Número de hogares on-line en Norteamérica para el año 2000: 38,2. En Europa: 16,5 millones. En Asia: 10 millones. Los países escandinavos y los Países Bajos tienen una proporción actual de hogares on-line más alta que los Estados Unidos.

Podría seguir indefinidamente. En cambio, lo dirigiré hacia una rica fuente de hechos en Internet. Visite encuestas de Internet de Nua (Nua´s Internet Surveys) al *www.nua.ie/choice*. Lo dirigiré, igualmente, a una valiosa fuente de fuentes. Visite Internet InfoScavenger *www.infoscavenger.com*. La dirección de e-mail es *scavenger@mailback.com*. Sería negligente de mi parte si no lo dirigiera a nuestra propia página Web, la cual ofrece varios cientos de páginas de información valiosa de marketing de guerrilla: la página de Guerrilla marketingOnline está localizada en *www.gmarketing.com*.

Deseo que usted sepa qué es lo que los empresarios guerrilleros quieren decir cuando hablan acerca de mercadear on-line. Utilizan siete vías de marketing:

Siete vías de marketing on-line

1. Envíe E-mail a las personas que deseen recibirlos. Muchos desean recibirlos. Los empresarios guerrilleros no se dedican a enviar E-mail basura, conocido como "spamming" ya que sienten que ensucian el ciberespacio y se entremeten en un medio no diseñado para ello. Los empresarios guerrilleros tienen programas de computación denominados "auto responders" los cuales les permiten enviar automáticamente E-mail a las personas que lo solicitan. El uso más popular del Internet en la actualidad es el E-mail. Al comienzo del año 2000, habrá 140 millones de norteamericanos utilizando E-mail; esto es solamente en los EEUU, el cual no es el país más poblado del mundo. Compare el costo de una estampilla de correos con el costo de un E-mail, el cual está ya a punto de ser gratis. Compare el tiempo que le toma poner una carta en un buzón con el tiempo empleado para chasquear el ratón del computador. El E-mail se está esparciendo de negocios a familias, amigos y compañeros on-line. *La incapacidad de mecanografiar en el siglo veinte es equivalente a la incapacidad de leer en el siglo veinte.*

2. Organice sesiones de "chat" con personas interesadas en el tópico de su negocio. Puede obtener retroalimentación, probar su autoridad y credibilidad y lo más importante, puede establecer relaciones con personas alrededor del mundo y aquellos en su propia comunidad.

3. Participe en foros on-line y grupos de noticias, donde usted puede colocar mensajes, responder preguntas y sin ser demasiado obvio, anunciar su compañía como una fuente de productos y/o información excelente.

4. Coloque anuncios clasificados en las muchas secciones donde pueda hacerlo sin costo o a muy bajo costo. Pudiera combinar audio y video con su verbosidad on-line. Revise *www.classifind.com* para que verifique por sí mismo. Si usted escoge este camino, coloque sus anuncios *diariamente*. Los anuncios más nuevos aparecen en el tope de los listados.

5. Escriba artículos. Estos son publicados en muchos servicios on-line. Pruebe su experiencia e incluya su número de

teléfono y dirección de E-mail. Mientras más generoso sea on-line, más recibirá.

6. Organice conferencias on-line, otra vez, utilizando un servicio on-line. Aquí, usted participará en conversaciones interactivas con grandes grupos de personas, todos los cuales concurren a la conferencia para aprender lo que usted enseñe. No haga su mensaje demasiado comercial o se irán. La comunicación de ratón a ratón se esparce de manera increíblemente rápida.

7. Aproveche el World Wide Web. Muchas personas piensan que el Web es el único medio para mercadear on-line y yo estoy aquí para decir que es uno de muchos. Es maravi-llosamente interactivo y un sitio donde las personas vienen a aprender acerca de usted, donde lo pueden contactar y darle sus nombres.

Algunos expertos en marketing creen que la influencia más profunda de la venta al detal por la Web, es el rompimiento de un principio fundamental de los bienes raíces: *la ubicación*. Los detallistas deben adaptarse a los consumidores, quienes ya no están confinados a los códigos de correo ni a las áreas comerciales. Los expertos predicen que los consumidores usarán la Web al principio para hacer reservaciones en líneas aéreas, hoteles y automóviles, luego harán compras de vehículos y posteriormente curiosearán bienes raíces. Al cierre o cremallera (de las prendas de vestir) le tomó cuarenta años ser reconocido después de haber sido inventado, patentado y demostrado. ¡El Internet está convirtiéndose rápidamente en un componente de nuestras vidas diarias, con mucha más influencia y cobertura que la cremallera!

El Internet es conveniente   El costo actual de una transacción al detal es de US$15,00 en una tienda, US$5,00 en un número de llamada gratis y US$0,35 utilizando el Internet. En 1995 solamente el 10 por ciento de los usuarios de la Web compraron artículos en ella. En 1996, el 39 por ciento hizo compras en la Web.

Otra razón para la afluencia del Internet es la conveniencia. Los compradores on-line van on-line en sus pijamas. A finales de 1997, las cifras de America Online demostraron que el 40 por ciento de las compras on-line ocurre entre las 10:00 p.m. y las 10:00 a.m., cuando las tiendas están típicamente cerradas. Obviamente, los compradores están dirigiéndose, cada vez más, hacia el Internet como una alternativa relajante al caminar de tienda en tienda.

En 1997, el marketing en la Web, de acuerdo con *Advertising Age*, fue manejado, en un 54 por ciento del tiempo, por un especialista en la Web, un 27 por ciento por personal interno, un 18 por ciento por una agencia de publicidad interactiva, un 17 por ciento por una agencia de relaciones públicas y un 12 por ciento por una agencia de mercadeo directo. Mi sugerencia: solicite un folleto gratis de una empresa que se especialice en conseguir pequeñas compañías on-line a bajo costo. Una compañía así es SupportWorks: teléfono 800-318-2558, página Web *www.support-works.com*. Su dirección de E-mail es *info@supportworks.com*

Cuando deciden incursionar on-line, los empresarios guerrilleros siguen la *regla de los tercios*, la cual dicta que deben invertir un tercio de su presupuesto on-line para diseñar y colocar su página, un tercio para atraer a las personas a su página y un tercio en mejorar su página una vez que hayan tenido experiencia en el ciberespacio. Igualmente están completamente conscientes de *la regla de los dobles*, la cual dicta que para permanecer realmente competitivo on-line, les costará el doble del precio predicho, a medida que las tecnologías avanzan y se desarrollan.

Consejos de Internet

Permítame resumir mi consejo de Internet a tres poderosos puntos:

- Usted debe saber de marketing para poder mercadear on-line con éxito.
- Las claves para el éxito son el contenido, la velocidad, el cambio y la personalización.
- El momento en que usted decida mercadear on-line, determine un plan para promocionar su página Web tanto fuera como on-line.

Establezca una página Web

Antes de seguir avanzando en espacio real, le daré un curso veloz de ciberespacio, cortesía de Roger Parker, autor de *Contenido y Diseño en la Web (Web Content and Design)*. Él afirma y yo estoy de acuerdo, que usted debe poner el mismo énfasis en ocho elementos para establecer una página Web exitosa:

1. *Planificación*. ¿Qué desea que su página haga por usted? ¿Cómo alcanzará esa meta?
2. *Contenido*. Las personas visitarán su página y regresarán con regularidad si su contenido es inteligente, organizado y bien presentado.

3. *Diseño*. Esto se refiere al aspecto de su página. ¿Las personas estarán encantadas o disgustadas por sus gráficos?
4. *Involucramiento*. Se refiere a la interactividad. ¿Qué es lo que desea usted que la gente haga mientras estén visitando su página y después de visitarla?
5. *Producción*. ¿Cómo será creada y colocada su página en la Net?
6. *Seguimiento*. Usted no puede ignorar a las personas y hacerlas esperar después que ellas le hayan contactado.
7. *Promoción*. Permita que las personas sepan, on-line y fuera, acerca de su página. Aprenda a moverse alrededor de los motores de búsqueda.
8. *Mantenimiento*. A diferencia de una cuña de televisión, la cual puede ser finalizada, una página Web es un trabajo en progreso y debe ser nutrida de la misma manera que un bebé.

La navegación semanal

Usted debe mercadear on-line. En efecto, es tan intrigante e instructivo el hecho que muchos empresarios guerrilleros invierten por lo menos una hora en su navegación semanal (navegan la Net para averiguar acerca de ideas fabulosas y errores horrendos). El mercadeo on-line funciona maravillosamente bien para aquellos que lo hacen parte de un programa de marketing de guerrilla bien diseñado. Ahora, seguiré una importante regla del marketing on-line (sea conciso) y cerraré este capítulo urgiéndole que se decida a intentarlo lo más rápido posible. El Internet está llegando como una oleada monstruosa y si usted está en una canoa, está enfrentándose a un problema gigantesco.

CAPÍTULO 26
RELACIONES PÚBLICAS: CREDIBILIDAD INSTANTÁNEA

Las relaciones públicas (RRPP) significan eso exactamente. Sin embargo, es acertado agregar que se refiere, de igual manera, a publicidad institucional: noticias gratis acerca de usted y/o su compañía, en los periódicos, las revistas, los boletines de noticias y los aparatos de la casa, en la radio y la televisión y en cualquier otro tipo de medios.

He aquí el aspecto positivo de la publicidad institucional: es gratis. Es creíble. Le proporciona, a usted y a su compañía, credibilidad e importancia. Ayuda a establecer la identidad de su negocio. Le proporciona autoridad. Es leída por un gran número de personas. Es recordada.

¿Qué es lo bueno acerca de las RRPP?

Muchos empresarios piensan que no existe la mala publicidad como tal, que mientras usted consiga colocar su nombre a la vista del público, está bien. Sin embargo, los empresarios guerrilleros saben que la mala publicidad conduce a un marketing boca a boca negativo, el cual se esparce con más rapidez que un fuego en un bosque. La mala publicidad es mala. La buena publicidad es fantástica.

Existen hasta algunos detalles desfavorables acerca de la buena publicidad, aún cuando únicamente me refiero al término "desfavorable" en un sentido relativo. Usted no tiene control sobre la publicidad institucional. No tiene poder de decisión acerca de cuándo debe ser colocada. No tiene control sobre cómo es presentada. Raramente es repetida. No puede comprarla. No puede asegurar su exactitud.

¿Qué es lo malo acerca de las RRPP?

En resumen, sin embargo, la publicidad institucional es un arma excelente en cualquier arsenal de mercadeo bien equipado. De igual manera, cualquier plan de mercadeo que no incluya algún esfuerzo de relaciones públicas es un plan de marketing que no funcionará como debe ser.

Las relaciones públicas ofrecen, como un beneficio valioso aunque no declarado, décadas de poder afianzado. Las reimpresiones de publicidad institucional positiva pueden ser enmarcadas, convertidas en partes de folletos, incluidas en anuncios, colocadas sobre materiales de portafolio y utilizadas como apoyo para una credibilidad muy apreciada. El día en que la noticia aparece, el corazón se enternece, sin embargo el poder del marketing se incrementa en los siguientes años. Trate de utilizar reimpresiones de la historia para agregar fuerza a su marketing.

Cuando estaba publicitando mi libro autopublicado *Ganando Dinero sin un Trabajo (Earning Money Without a Job)* en varias revistas y periódicos de nivel nacional, invertí cerca de US$1.000 por anuncio. Cada uno de ellos generó aproximadamente US$3.000 en ventas. El libro no estaba disponible en las librerías y únicamente podía ser comprado a través de mi anuncio de venta por correo. Luego, un reportero del *San Francisco Chronicle* compró una copia de mi libro. Debido a que yo vivía en las cercanías y porque le gustó el libro, me llamó para preguntarme si podía venir a mi casa para entrevistarme y si podía traer consigo a un fotógrafo. Yo extendí una cálida bienvenida tanto para él como para su compañero portacámara.

La entrevista duró cerca de una hora e incluyó una breve sesión fotográfica. Pocos días después, apareció un artículo acerca de mí y de mi libro en la sección principal de noticias del periódico. Lo acompañaba una fotografía de mí persona. En el artículo aparecía la dirección donde podía ser enviado el dinero del precio de compra de US$10 (en este momento es menos). ¡A la semana, recibí órdenes por un valor cercano a US$10.000! El artículo no solicitaba órdenes, en realidad no trataba de vender el libro y mencionaba la dirección y el precio de venta en un lugar donde solamente los lectores serios del artículo lo encontrarían. Más de US$10.000 en ventas y el marketing no me costó ni un centavo.

Si bien me sentí maravillosamente bien con lo resultados, igualmente me sentí frustrado al no poder repetir el proceso. Envié el artículo a otro periódicos, haciéndoles saber que estaba disponible para entrevistas. Continué anunciando el libro, logrando un nivel de éxito decente. Sin embargo, nunca más fui capaz de ganar tanto dinero con tan poco esfuerzo. Sí hice reimpresiones del artículo y los incluí en los envíos de correo y los paquetes para la prensa. Aún cuando conozco historias similares y he organizado y tomado parte en ellas, el valor de las RRPP nunca fue tan dulce.

Debido a que mi libro proporcionaba información honesta acerca de cómo ganarse una buena vida sin tener un trabajo fijo a mano, el reportero creyó que mi libro era de interés periodístico. Este es probablemente, el factor más importante para obtener publicidad gratis: proporcionar noticias que valga la pena publicar.

Una P.D. fascinante a mi historia de RRPP está basada en el reportero que me entrevistó, Mel Ziegler. Tomó a pecho los conceptos de mi libro, renunció a su trabajo en el *Chronicle* y abrió una tienda, la primera de un imperio llamado Banana Republic. Su negocio tuvo un éxito inmenso con su línea de prendas de vestir tipo safari (en aquel momento un precursor de la moda). El Sr. Ziegler contrató escritores profesionales para describir sus productos en un catálogo, bellamente redactado y diseñado. Sin embargo, lamentablemente, lo que pareció ser una moda fue en cambio un capricho y Banana Republic descontinuó su mercancía orientada al estilo safari, agregó líneas de prendas de vestir menos extremas y posteriormente fue comprada por the Gap, el gigante de prendas de vestir de tendencias moderadas. The Gap está sintonizado con relación a estilos, precios, marketing y selección. Debido a su demostrado genio mercadeando exactamente lo que desea su audiencia objetivo, yo predigo para Banana Republic, cosas más grandes y mejores, aún cuando menos exóticas. No creo que a Mel Ziegler le importe mucho.

Nace Banana Republic

Antes de que usted lea una palabra más, entienda ésto: *los medios necesitan de usted más de lo que usted los necesita a ellos.* Necesitan noticias. Están hambrientos de noticias. Lo que los motiva es su insaciable sed de noticias. Si tiene alguna noticia o puede crearla, usted es exactamente lo que los medios están buscando.

Marcia Yudkin, quien sabe uno que otro detalle acerca de la publicidad institucional, los ha puesto en un excelente libro: *6 Pasos para una Publicidad Gratis (6 Steps to Free Publicity)*. Es uno de los intentos más ambiciosos del sistema solar para simplificar en pasos el sentido común. A continuación le alerto sobre ellos:

1. Consiga un ángulo noticioso para su encabezado.
2. Presente los hechos básicos según el ángulo de su encabezado en el primer párrafo de su comunicado para la prensa.
3. Elabore o cree una narración viva y fascinante que explique en detalle los hechos básicos, en el segundo párrafo de su comunicado.

Seis pasos para la publicidad institucional gratuita

4. Extienda aún más los hechos básicos en su tercer párrafo.
5. Termine su comunicado con los detalles más substanciales acerca de precios, direcciones, fechas, números de teléfonos, datos de registro si aplica, etc. Reúna esto en un solo párrafo.
6. Envíelo o entréguelo en la mano a sus amigos que trabajan para los medios. Ayuda en gran medida si hay algún editor o productor a quien usted pueda llamar por su nombre. Su biblioteca tiene varios directorios con los nombres que usted desea. Lo mismo ocurre con el libro de Marcia.

¿Cómo generar noticias?

¿Cómo genera usted algo noticioso para los medios de noticias? Anuncie algo nuevo acerca de su negocio o grupo. Describa lo único e inusual de su negocio. Hable de un evento venidero. Escriba acerca de la conexión entre su producto y lo que está en las noticias en este momento. Anuncie los resultados de una encuesta o investigación que usted haya realizado o hasta una que usted haya leído. Partícipele a la comunidad quién ganó su concurso de ensayos literarios. Únalo a una fiesta o aniversario, especialmente a un acontecimiento de la ciudad. Escriba acerca de la conexión entre su negocio y una tendencia actual. Haga una afirmación controversial o, por lo menos, una afirmación sorprendente. Haga un anuncio gracioso. Redacte un encabezado llamativo y usted se encontrará en el camino de la publicidad institucional gratis, apariciones en programas de entrevistas, buenas ganancias por una inversión mínima.

Si lo desea, puede pagar por sus relaciones públicas. Puede contratar a una persona de RRPP, pagarle una tarifa mensual o por proyecto (el pago oscila entre US$500 y US$25.000 al mes) y permitir que esa persona haga lo que sea necesario para asegurarle publicidad institucional gratuita. Las personas de PPRR son expertas en ello: tienen los contactos, la experiencia, la perspicacia. Han cometido todos los errores, aprendido de todos ellos y generalmente bien valen lo que cobran. Sin embargo, debido a que usted es un empresario guerrillero, deseo que sepa saber cómo hacer lo que las personas de RRPP hacen. Así usted mismo puede conseguir la publicidad institucional y no necesitará pagarle a nadie ni un centavo.

La clave es tener contactos de publicidad institucional

El momento de la verdad: la manera de tener éxito en relaciones publicas es tener *contactos de publicidad institucional* (gente en los medios a quienes conoce de manera personal). Una cosa es enviar por correo un paquete de prensa apropiado al editor apropiado a cargo de la publicación. Otra cosa completamente diferente, es llamar a Nancy en el periódico y decirle: "Nancy, almorcemos mañana. Tengo una información que definitivamente interesará a tus lectores y deseo que tú la tengas primero. Me apareceré al mediodía".

Nancy, que disfruta de almuerzos gratis, y que principalmente lo conoce y le tiene confianza, almuerza con usted. Nunca olvide cuán hambrientos están los medios de noticias. Si tiene noticias reales, le escucharán. Así que Nancy le oye. Al día siguiente, aparece una noticia acerca de su producto, servicio o compañía en su periódico. Cuando usted le paga a un profesional de RRPP una elevada tarifa, está pagando por muchas Nancys y esos contactos de publicidad institucional generalmente bien valen el precio.

No cometa errores: un profesional de relaciones públicas trabaja muy duro y de manera inteligente. Así que usted deberá aportar también el mismo tipo de esfuerzo e inteligencia. Para obtener publicidad institucional gratis, usted debe tener tres cosas: la imaginación para generar noticias reales que valga la pena publicar, los contactos influyentes a quienes usted puede ofrecer sus noticias para publicar o transmitir y la persistencia para completar su objetivo y conseguir la cobertura deseada.

Créame, fui muy afortunado cuando recibí la publicidad institucional gratis para mi libro. No había hecho nada para conseguirla, no utilicé mucha imaginación, no tenía contactos ni fui persistente. Sin embargo, obtuve una buena recompensa. Desdichadamente, la vida generalmente no funciona de esta manera. Usted debe esforzarse mucho para conseguir la publicidad institucional "gratis" que ayuda a tantas compañías. En vez de pagar por la publicidad con dinero, usted la paga con trabajo: llamadas telefónicas, redacción de cartas, tiempo y determinación. Sin embargo, todo ese esfuerzo habrá valido la pena. Las personas que lo han hecho dicen que RRPP realmente significa ganancias[1].

Si usted hace algo valioso, debe obtener reconocimiento por ello públicamente. Si usted contribuye con dinero para una organización de caridad, eso es excelente (y es la base para las RRPP). Si usted dona mercancía, eso igualmente puede resultar en una historia publicitaria. Asegúrese de permitir que los **Buenas RRPP**

---

[1]Nota del traductor: Relaciones públicas (RRPP) en inglés es public relations (PR). Ganancias es profits (que comienza con PR). Ahí el juego de palabras.

medios locales sepan de su altruismo. Encuentre maneras noticiosas de ser altruista.

Una de las armas de relaciones públicas más importantes es el reporte anual. Como regla, los empresarios no lo publican. ¿Por qué? No necesita ser igual al reporte anual estándar enviado a los accionistas. No necesita hablar de dinero. Puede ser un reporte que contenga información valiosa para sus clientes. Cuando usted publique un reporte anual como éste, envíe copias a los medios. Permítales disfrutar de su creatividad. Empújeles para que le proporcionen a su creatividad algo de "tinta". Por supuesto, envíe su reporte anual a sus prospectos.

El reporte anual guerrillero

Cuando usted esté dictando una conferencia de un tópico relacionado con su negocio (yo recomiendo que las dicte cada vez que pueda), asegúrese de que la prensa esté cubriendo el evento. Después de todo, usted está dictando la conferencia debido a que es una autoridad en el tema. Si el público se entera, posiblemente le recompensen su experticia visitándole en su lugar de negocios.

Recientemente fui a comer a un restaurante que estaba completamente abarrotado. No había visto ningún anuncio del local, así que le pregunté a unos amigos que se encontraban allí, cómo habían oído hablar de él. Me contaron que habían sido invitados a una fiesta durante la semana de la inauguración del local, donde se suministraba toda la comida que era posible comer. En esa semana, el dueño del restaurante debe haber perdido hasta su camisa. Sin embargo, la consiguió de nuevo (con un guardarropa para combinar y mucho más) durante las semanas siguientes. Probablemente, restó la comida gratis como un gasto de marketing (lo que en realidad era).

Reuniones de prensa

Los miembros de la prensa son frecuentemente invitados a "reuniones de prensa". En estas reuniones, se sirven cocteles o tragos y una comida o pasapalos y frecuentemente se hace una presentación. Ésta es corta, más efectiva y con impacto para vender. El propósito es atraer a la prensa, ofrecerles vino, cenar con ellos y conquistarlos con una presentación dramática de los hechos. Naturalmente, éstos tratan acerca de un nuevo negocio o una nueva sucursal para un negocio antiguo. No resulta sorprendente que la cobertura dada por la prensa después de estas reuniones sea tremenda. Los empresarios guerrilleros organizan estas reuniones para la prensa en ubicaciones únicas como ferrys, vagones de tren viajando a destinos interesantes, penthouses, casas embrujadas, parques, campos de béisbol y galerías de arte.

Si usted tiene un anuncio para hacer que sea relativamente importante, organice una conferencia de prensa. Atraiga a la prensa haciéndole saber que anunciará algo noticioso. Asegúrese, sin embargo, que realmente sea así. Deberá responder preguntas difíciles.

Conferencias de prensa

Cuando se produzca una crisis en su comunidad, haga lo que pueda para aliviar el problema y obtener publicidad institucional gratis al mismo tiempo. Cuando el área donde yo vivo se inundó, un hombre de negocios emprendedor proporcionó hamburguesas gratis a los trabajadores voluntarios que prestaron ayuda. Debe haber regalado una seiscientas hamburguesas. Sin embargo, comentaron acerca de su negocio en cinco periódicos, fue mencionado en tres estaciones de radio y mostrado en la televisión. Las 600 hamburguesas bien valieron la pena. Esto no significa aprovecharse de una situación desagradable sino estar "consciente de la publicidad institucional". Un empresario guerrillero huele las oportunidades a cada momento. Otro ejemplo: un accidente en una tormenta de nieve cerró el paso (Vail Pass) en el estado de Colorado, y el tráfico estuvo detenido por muchas tormentosas millas. Los conductores detenidos por la nieve se sorprendieron cuando un repartidor de una tienda de pizzas Domino´s local, llevó pizzas calientes a sus vehículos. ¿Resultó ésto en nuevos clientes y publicidad gratis? ¡Por supuesto!

Hamburguesas gratis

Estar conciente de la publicidad institucional

Un profesional de grandes ligas de RRPP me mencionó una vez que cerca del 80 por ciento de las noticias son "plantadas" (enviadas a los medios por agencias de publicidad y grupos políticos que trabajan para conseguir la aprobación de algún proyecto de ley). Algunas veces, las noticias plantadas tratan de temas políticos, otras veces, de temas industriales y algunas otras, de productos o personas. Ese profesional de RRPP repitió lo que las personas en el medio saben: los periódicos están hambrientos de noticias verdaderas. Si usted puede proporcionarles una, la publicarán gustosamente. Sin embargo, informarle a un periódico que usted tiene una venta especial, no es noticia. Informar a una estación de radio que usted ha comenzado un negocio, tampoco es noticia. La noticia necesita un sesgo, un gancho que interesará a la gente. Si yo escribiera un comunicado de publicidad institucional comentando que he escrito un nuevo libro llamado *Ganando dinero sin un Trabajo (Earning Money without a Job)*, eso no seria realmente una noticia. Sin embargo, si mi comunicado de prensa manifiesta que a partir de ahora existe una nueva manera para combatir el desempleo, eso pudiera ser noticia. Eso pudiera ser una razón para que el periódico escriba acerca de mi libro.

Redactando un comunicado para la prensa

Usted hace saber sus noticias redactando un comunicado de publicidad institucional. Dirija éste de la manera más específica posible: departamento de Deportes, Entretenimiento, Negocios, Comida o Tecnología, utilizando el nombre del editor de ese departamento. Si su noticia es realmente importante, envíela al editor de noticias o al editor de la ciudad. Si su noticia no es tan trascendental, envíela al editor de artículos especiales. Elabore su comunicado de publicidad institucional a la medida de la personalidad del medio para el cual se pretende. Un comunicado para el periódico puede ser mas largo y detallado que un comunicado para una estación de radio o televisión (este último generalmente requiere brevedad y chispa).

Cuando esté redactando un comunicado de publicidad institucional para cualquier medio, utilice el formato que generalmente es seguido y apreciado por la mayoría de los medios. Coloque la fecha en la esquina superior derecha. Mecanografíe el nombre de la persona a contactar para mayor información (probablemente usted mismo). Asegúrese de incluir su número de teléfono. A continuación, escriba la fecha en la que debería publicarse. El artículo pudiera ser para divulgación inmediata, en cuyo caso usted debería notificarlo, utilizando estas palabras exactas: *Para divulgación inmediata.* Si es para ser divulgado después del 19 de septiembre de 1999, manifiéstelo así. Luego, usted tiene la opción de proveer un titular. Recomiendo que lo haga. Si no lo hace, el periódico lo hará. Si usted aporta un titular, el periódico pudiera modificarlo.

Posteriormente, mecanografíe su comunicado. Hágalo a doble espacio. Utilice papel de tamaño 8 × 11 pulgadas y deje márgenes amplios. Comience a un tercio de la página desde el borde superior. Cuando llegue a la segunda página, identifique su historia en la parte superior de la página, en la esquina izquierda. Escriba en oraciones cortas y claras. No utilice palabras largas ni adjetivos. No suministre opiniones. Establezca los hechos. Para indicar el final de su comunicado, mecanografíe ##, *** o -30- centrado, debajo de la última línea.

¿Qué es lo que se debe decir en el comunicado? Mencione de quién se trata, de qué se trata, dónde está, cuando será, por qué será y cómo llegó a ser. Mencione todo ésto en su primer párrafo, si es posible. Lea su periódico local y note la diestra manera en la cual los reporteros incluyen los datos de quién, qué, dónde, cuándo, por qué y cómo en el comienzo de la mayoría de los artículos.

Ayuda de sobremanera si su comunicado está acompañado por una nota bien corta. Es adecuado si su nota está escrita a mano. En ella, explique en tan pocas palabras como sea posible, por qué está enviando el comunicado. Cuando pueda y cuando sea apropiado, incluya una fotografía brillante en blanco y negro de 8 × 10. La fotografía debe ser interesante, los periódicos desean ser lo más interesantes posible. Puede ayudar si mecanografía un corto texto en una hoja de papel en blanco y lo anexa a la fotografía. Para resaltar aún más, coloque sus materiales en una carpeta atractiva, incluyendo los antecedentes de la compañía, de manera comprensiva y actualizada, junto con una tarjeta de presentación. Ha completado su paquete para la prensa.

¿Qué hacen los empresarios guerrilleros para aumentar sus paquetes de prensa? Incluyen fotografías o diapositivas extras. ¿Está usted anunciando un producto, una nueva ubicación, un cambio de personal importante o algún otro evento que pudiera ser realzado con fotografías? Si desea incluir fotografías a color, utilice diapositivas, ya que proveen una calidad superior y flexibilidad para procesar.

El paquete de prensa

Los empresarios guerrilleros incluyen igualmente folletos y reimpresiones y los utilizan cuando envían los paquetes a los miembros de la prensa que pudieran no conocer a la compañía. Frecuentemente incluyen diagramas de competencia. Debe estar anexa a los antecedentes de la compañía, una visión global del mercado. Un análisis competitivo ilustra sus puntos fuertes cuando se compara con sus competidores. Los empresarios guerrilleros se aseguran que cada paquete para la prensa esté acompañado por una guía de prensa. Este documento anticipa las preguntas claves que un reportero pudiera hacer acerca de la compañía o su anuncio y luego las responde. Finalmente, muchos empresarios anexan referencias. Cuando esté anunciando un producto o servicio, incluya referencias de algunos de sus clientes más satisfechos, de uno o más analistas de la industria comentando favorablemente sobre su compañía y quizás hasta nombres y contactos claves de sus competidores más importantes. Esto requiere de valor. Esto atrae la atención.

A los empresarios guerrilleros les encanta la cobertura de prensa gratis que obtienen de los grandes periódicos, aún

No descuide a los periódicos pequeños

cuando difícilmente descuidan a los pequeños. Existen muchos de ellos y en general, todos cuentan. Nunca envían más de un comunicado a la vez y son rápidos en entender la gran cantidad de oportunidades de RRPP que se pueden obtener on-line, discutidas en *Marketing de Guerrilla Online, Segunda Edición (Guerrilla Marketing Online, Second Edition)*. Vuelvo a lo mismo, haciendo sonar mi cuerno, ayudándole a conseguir beneficios. Los empresarios guerrilleros están encantados de entregar su comunicado de prensa a una persona real; sin embargo, también saben que enviar éstas por fax, es aceptable en la actualidad.

Cuando usted está armado con un comunicado perfecto y lo envía por correo a la persona adecuada, de todas maneras existe una buena posibilidad de que sea ignorado. Si usted se lo entrega en la mano a la persona adecuada, hay menos oportunidad de que suceda. Si se lo da a la persona adecuada en un almuerzo, es aún mejor. Si se lo entrega a la persona adecuada en un almuerzo y esa persona es un antiguo amigo suyo, es la mejor manera, aún cuando no haya ninguna garantía de publicación. Debido a esto, son tan importantes los contactos de publicidad institucional. Si usted carece de esos contactos y el tiempo para almorzar con todos los editores y las personas que seleccionan las noticias de los diversos medios, usted tendrá que seguir llamando por teléfono a la persona a quien envió su comunicado, hasta que llegue a ser publicado. Aquí es donde es importante la persistencia. No olvide, existen muchas personas tratando de que sus historias lleguen a publicarse. ¡Las ruedas chirriantes consiguen su aceite... o la tinta!

Las ruedas chirriantes obtienen la tinta

Envíe su comunicado alrededor de diez días antes de la fecha en que usted desee que aparezca. Esto le proporciona tiempo para llamar por teléfono al editor y sugerir que el periódico u otro medio cubran su noticia y usted puede hacer sugerencias para otras posibilidades de fotografías. Le permite tiempo, al periódico o a la estación, para conseguir donde colocar la noticia, incrementando de esta manera su posibilidad de ser utilizada. Igualmente, usted estará absolutamente seguro de que su comunicado sea entregado a tiempo.

¿Cómo consiguió Super Handyman RRPP gratis?

Suponga que usted es Super Handyman. Desea publicidad institucional gratis. Decide que sería noticioso construir una parrillera única y diferente en el parque local. Consigue los permisos y redacta el comunicado. Lo acompaña con una fotografía en papel brillante de 8 x 10 en blanco y negro donde aparece usted trabajando en un proyecto del cual está muy orgulloso.

Incluye un resumen o pequeño texto pegado (no utilice clips) en la parte inferior de la fotografía, doblado por la mitad, donde se lee: "patio ganador de premio, construido por el diseñador de patios Marvin Reskin, dueño de Super Handyman, Ave. Clancy". El comunicado que le acompaña dice así:

15 de abril de 1998

Contacto: Marvin Reskin (510) 555-3463
SUPER HANDYMAN, PATROCINANTE
115 Clancy Avenue
Berkley, CA 91554

PARA PUBLICACIÓN INMEDIATA

DISE—ADOR CONSTRUYE PARRILLERA COMO REGALO A LA CIUDAD

Marvin Reskin, de Super Handyman, una firma contratista local, construirá una parrillera de su propio diseño en Glenn Park el viernes, 28 de abril, como regalo a la ciudad.

Reskin, cuyos patios, terrazas solares y parrilleras han obtenido premios por excelencia de diseños, dijo: "He realizado un diseño que encajará perfectamente con la personalidad de la ciudad. No creo que haya una parrillera en Norteamérica similar a ésta".

El regalo para la ciudad, a ser construido en el tercer aniversario de Super Handyman, ha sido aprobado por la comisión de planificación de la ciudad. "Las personas aquí han sido muy receptivas a mis diseños", dijo Reskin. "Siento que es hora de expresar mi gratitud".

Reskin cocinará y servirá hamburguesas en su parrillera de nuevo diseño cuando esté finalizada en la tarde del viernes. El publico está invitado a contemplar la nueva adición al Parque Glenn y disfrutar de las hamburguesas (mientras queden).

* * *

Lo mejor que pudiera suceder sería que los periódicos publicaran el comunicado de la misma manera como fue enviado, posteriormente hicieran un reportaje de seguimiento para la celebración después de la culminación de la parrillera, completándolo con una fotografía de Super Handyman y su creación. Quizás usted no pueda construir una parrillera para su ciudad, sin embargo puede obtener publicidad gratis de todas maneras, si por ejemplo dicta clases en su área de experiencia, publica un boletín de noticias sobre ella (una herramienta de marketing

Lo mejor que le pudiera ocurrir

excelente por sí misma), escribe una columna o unos artículos. Todo esto le ayudará a establecerse como una autoridad. Debido a la cobertura gratis de los medios que usted obtendrá por su trabajo, los comentarios acerca de su experiencia se difundirán y se hundirán en las mentes de sus prospectos.

Los mejores planes de mercadeo generalmente requieren una combinación de publicidad y relaciones públicas. Ambos van de la mano. Uno es altamente creíble, si bien no le proporciona el control. El otro tiene menos credibilidad, aunque le otorga un control completo. Juntos, suministran la mayoría de las piezas del rompecabezas del marketing.

Sea noticioso
Aún si usted posee el mejor de los contactos y la más obstinada de las actitudes, el hecho es que usted de todas maneras debe proveer noticias para obtener una historia publicitaria o una entrevista gratis. Si un marciano aterriza encima del techo de su tienda, usted habrá sido noticia aún sin esforzarse. Sin embargo, generalmente usted deberá generar la noticia, como lo hizo Super Handyman cuando construyó la parrillera para la ciudad.

Existen nueve maneras mediante las cuales los empresarios guerrilleros pueden crear noticias por sí mismos. Probablemente, usted pueda conseguir publicidad institucional gratis utilizando por lo menos uno de ellos.

Nueve maneras para crear noticias
1. Enlace su marketing con las noticias del día. Si usted es un instructor de computación, si puede enseñar a las personas cómo operar un computador, puede dar declaraciones referentes a las noticias acerca de computadores. Posiciónese como un experto. Organice un evento (una feria de computación o un seminario de computación gratis) durante el cual usted le mostrará al público cómo funcionan los computadores. Cuando el norte del estado de California sufrió enormes inundaciones, la Ford Motor Credit Company actuó enviando cartas que decían lo siguiente: "Esperamos que usted no haya sido afectado por las inundaciones en su área. Sin embargo, si ese fuera el caso, le rogamos aceptar nuestra simpatía y preocupación. Ford Credit entiende que usted pueda experimentar problemas financieros temporales debido a condiciones fuera de su control. Estamos aquí listos para ayudarle si así lo requiriera. Le podemos ofrecer extensiones de pago permitiéndole omitir el próximo o los dos próximos pagos mensuales.

Simplemente llame a nuestro Centro de Servicio al Cliente a nuestro número de llamada gratis". Esto demuestra buenas relaciones con los consumidores, buenas RRPP y buena humanidad, todo envuelto en una gran corporación que actuó como un pequeño negocio guerrillero.

2. Haga un comunicado con información útil. En su copiosa lectura, quizás haya llegado a encontrarse con algún detalle en el cual esté interesada su comunidad. Inclúyalo en su comunicado a la prensa. Puede obtener datos de negocios útiles como ésos a partir de directorios como los publicados por los Directorios Americanos de Negocios (American Business Directories). Llámelos al 402-593-4600 y solicite un folleto gratis.

3. Forme un comité para estudiar cómo los computadores pueden ayudar a la comunidad, por ejemplo, disminuyendo los impuestos. No necesita ser exactamente eso, sin embargo, consiga algo parecido.

4. Entregue un premio o una beca cada año. A las personas les encantan los premios y quizás usted pueda inventar uno que se relacione con la educación de computación.

5. Haga una predicción utilizando su computador. Si es lo suficientemente impactante y con probabilidad sea cierto, será noticia y aumentará su reputación como un experto.

Feliz aniversario para usted

6. Celebre el aniversario de su propio negocio proveyendo cursos de computación gratis por una semana. Es el mismo principio que la donación de Super Handyman de una parrillera.

7. Haga algo increíble. Quizás pueda tener un loro parlante en el lugar donde dicta sus clases de computación. El loro, por supuesto, debería hablar en términos de computación ("Polly quiere un E-mail"). Quizás pudiera casarse en su salón de clases de computación. Quizás pudiera pintar un mural de un computador en el exterior de su local. Mantenga el buen gusto, pero hágalo increíble.

Haga algo increíble

8. Sorprenda a sus prospectos y a los medios, proporcionando algo gratis como por ejemplo una beca para un curso de computación, un premio para niños que utilicen el computador, la aparición de una celebridad local, una demostración pública de tecnología de computación.

9. Ubique un portavoz memorable quien le servirá como un arma de marketing que respira y vive. Pudiera ser un empresario local exitoso, una estrella del deporte local que utilice

un computador, una persona reconocible y poco costosa que aparezca en sus demostraciones y ferias comerciales, quizás hasta en sus otras armas de marketing. Algunos de mis clientes han contratado los servicios de un entrenador del equipo de fútbol profesional. Los entrenadores reciben poca, si es que alguna publicidad y frecuentemente estarán encantados de ser su portavoz por poca compensación además de la fama. Si su producto tiene algo que ver con la buena condición física, el entrenador es ideal.

Para no abandonarlo en medio del camino, en su búsqueda para ser su propio profesional de RRPP, he aquí diez sugerencias que le ayudarán a obtener la cobertura que usted desea:

Sugerencias para obtener cubertura

1. Determine exactamente qué es lo que aparta a su producto o servicio de la competencia. Los medios no están buscando noticias triviales.
2. Practique comunicar su mensaje. De hecho, ensaye lo que le va a decir a los medios. Póngalo por escrito. Dígalo en voz alta. Manténgalo claro, preciso y conciso.
3. Conviértase en un nombre familiar en los clubes, organizaciones y asociaciones locales que posiblemente apoyen su esfuerzo. Será conveniente hacer una buena investigación.
4. Preséntese a sí mismo a los profesionales de los periódicos, revistas, televisión y radio. Usted está consciente de la importancia de los contactos.
5. Encuentre personas importantes de los medios en reuniones sociales, convenciones locales y eventos que posiblemente les atraigan, tales como recaudaciones de fondos. Afíliese a sus clubes y frecuente los lugares donde gustan estar. Esto incluye sus bares y restaurantes.
6. Estudie todas sus opciones: revistas, periódicos, radio, televisión, circulares de supermercados, revistas especializadas de comercio, listas de eventos gratis, publicaciones nuevas, anuncios de servicio público en estaciones de radio locales, aún radio y televisión pública.
7. Observe y escuche los programas de entrevistas. Si usted tiene un tópico adecuado para un programa como ése, llame al anfitrión. Si no lo tiene, desarrolle un tópico interesante. Los buenos invitados son difíciles de conseguir.
8. Llame a las estaciones de radio y solicite un paquete de medios gratis. Esto le proporcionará ideas de cómo prepa-

rar el suyo propio.

9. Esté consciente de que los medios siempre necesitan *noticias de impacto*, de interés para sus lectores. Si usted tiene alguna, hágaselos saber.

10. Considere montar sus propios eventos especiales para atraer a los prospectos, vender a los clientes y generar atención de los medios. Esto es frecuentemente, un boleto fácil de adquirir hacia las RRPP.

Otro aspecto de las relaciones públicas es la participación en clubes cívicos y organizaciones comunales. Esta puede ser su herramienta de marketing más importante. Aún cuando usted estará cumpliendo con su deber como miembro de la comunidad, igualmente estará haciendo muchos contactos con personas que pueden proporcionarle negocios y con aquellas que se los referirán. Espero que no decida participar simplemente para obtenerlos. De hecho, si lo hace, su verdadera motivación puede ser descubierta, causándole perder negocios. Sin embargo, si participa para ayudar al prójimo, lo más probable es que termine con contactos importantes. Si trabaja duro y de manera diligente para su comunidad, las personas asumirán que usted maneja su compañía de la misma manera y querrán hacer negocios con usted.

La herramienta de marketing más efectiva puede ser participar en organizaciones (el único marketing que hacen muchos empresarios exitosos es afiliarse a tantos clubes como sea posible). Estoy seguro de que habrá escuchado que muchos negocios son conducidos en los campos de golf. La misma cantidad de ellos es conducida en reuniones, almuerzos, salas de vapor, en cenas y cocteles con compañeros miembros de un club.

Participe

Un verdadero empresario guerrillero pone cuanto esfuerzo sea posible en las relaciones públicas. Para un guerrillero, cualquier cosa que uno haga públicamente se considera realmente relaciones públicas. Esto incluye el patrocinio de eventos, equipos, carrozas, torneos, etc. Obtendrá ventas con más lentitud patrocinando un equipo de béisbol infantil, un equipo de bowling o una carroza de un desfile escolar, que lo que hará con otros métodos de marketing; sin embargo, los empresarios reportan que el patrocinio de eventos ayuda a que otros métodos de marketing hagan efecto con más rapidez. No hay duda que usted hará ventas. Ganará credibilidad mientras apoya a su comunidad. Conseguirá que las personas se sientan bien con respecto a usted. No subestime el poder de una asociación favorable. Algunos anunciantes importantes, quienes gastan millones en comerciales de televisión, los prueban sólo para averiguar si éstos han conseguido que el producto de la compañía obtenga una asociación más favorable en la mente de los televidentes. Así que es verdad que patrocinar eventos causará una asociación pública más favorable con mucha rapidez. ¿Sin embargo, rapidez en ventas? De ninguna manera.

¿Quién debería considerar patrocinar?

De todas maneras, si usted desea establecerse como parte de su comunidad, considere patrocinar eventos. Patrocine una carrera de pavos para el Día de Acción de Gracias, una recolección de juguetes para las personas sin hogar para Navidad, equipos de béisbol infantil durante el verano y equipos de bowling durante el invierno. Esto le beneficiará enormemente, sin embargo no le ganará ventas instantáneas. Debido a que usted es un empresario guerrillero, sin embargo, usted obtendrá todas esas ventas a través de otros métodos de marketing. Ya que éste es el caso, quizás debería saltar sobre un patrocinio. No cuesta mucho (algunos cientos de dólares, en la mayoría de los casos).

Patrocine algo

Lo que no le compra en rápidas ganancias se lo compra en buena voluntad.

Entre aquellos que deben considerar el patrocinio son los nuevos negocios que necesitan establecer su identidad, compañías que venden artículos pensados para las audiencias de los eventos a patrocinar, por ejemplo, tiendas de equipos deportivos patrocinando cualquier tipo de equipo atlético y compañías que sienten que deben involucrarse más con la comunidad. Algunas veces, el involucramiento en la comunidad es beneficioso por razones políticas.

Considere su propio negocio. Si no existiera una buena razón para patrocinar equipos o eventos, usted probablemente no lo haría. No lo haga solamente por el ego y no lo haga por que su hijo se lo solicitó. Sin embargo, hágalo si puede, ya que un verdadero empresario guerrillero utiliza cuantas herramientas de marketing pueda emplear apropiadamente. No se necesita demasiado dinero para emplear esta herramienta con propiedad. Sin embargo, eso significa que usted debe aparecerse en los juegos, aún si su equipo haya tenido hasta el momento una victoria y diez derrotas. Tal dedicación por un equipo de la comunidad se traducirá correctamente como un tratamiento dedicado a sus clientes.

De hecho, hacerlo por su hijo no siempre es un mal marketing. Si su compañía ha estado ganando dinero por muchos años dentro de la comunidad, no existe nada negativo en regresar, a la comunidad, algunos de esos beneficios. Si usted patrocina un equipo de béisbol infantil y se ocupa en vestir al equipo en flamantes uniformes que anuncien el nombre de su compañía, usted está haciendo una contribución de caridad y marketing al mismo tiempo. ¡No hay nada malo en eso!

Sinceramente, muchos equipos y eventos son patrocinados por el beneficio del ego del patrocinante. Si usted desea masajearse de la misma manera, asegúrese de saber por qué lo está haciendo.

Puede ser que usted pueda aprovechar el momento de ciertos eventos. Por ejemplo, si un desfile de secundaria, con carrozas, reinas y bancas marciales, se puede enlazar con una promoción específica que usted tenga en ese momento, participe. Algunas veces puede colaborar con un compañero empresario y patrocinar una carroza entre ambos.

Haciéndolo por su hijo y por su comunidad

Muchas personas astutas creen que usted no debe involucrarse en relaciones comunitarias, con el beneficio como única motivación. Creen que si usted patrocina equipos o eventos por el bien de la comunidad, usted prosperará, mas si el único propósito para patrocinar es ganar dinero extra, no lo conseguirá. Piense un poco en ello. Yo creo que es cierto. Muy en el fondo, pienso que usted le debe algo a la comunidad si está teniendo éxito.

No solamente por ganancias

Los patrocinios lubrican las ruedas del marketing que ya le están girando. Las personas no van a comprar debido a que vieron su nombre en un uniforme, sin embargo, pueden comprar si vieron su anuncio en el periódico y su nombre en un uniforme.

Existe aún otra razón por la cual las compañías patrocinan eventos: no desean que la comunidad los resienta. Si usted opera en un pequeño pueblo donde la mayoría de los negocios patrocina equipos, usted deberá pagar esas deudas cívicas, o correr el riesgo de ofender a los miembros de la comunidad. Es cierto que el éxito de su negocio puede depender de la salud y la estabilidad de su comunidad. Si usted patrocina un evento o un equipo, usted contribuye a esa salud. Esto le ayuda de dos maneras: ayuda a su región y ayuda a su negocio. Sin duda, el patrocinio de eventos, equipos, causas o carrozas lo hacen ser reconocido como un ciudadano sólido, un amable, generoso y amistoso ser humano, un pilar de la comunidad. Esto ayuda a su negocio, sin importar su intención. Los empresarios guerrilleros también pueden ser filántropos. No existe ninguna ley en contra de eso.

El costo del patrocinio será, además de dinero, tiempo. No demasiado de cada uno, sin embargo algo de ambos. Usted no puede patrocinar un equipo y no estar presente en los juegos. Usted no puede apoyar un evento y luego divorciarse de él completamente. Se comentará que usted está participando solamente por el dinero y eso provocará que usted pierda más ventas de las que gane.

Creando un evento

En algunas ciudades no hay eventos o equipos para patrocinar. Aún cuando usted desee hacerlo, puede que no sea capaz de agregar esta arma a su arsenal de marketing. Si este fuera el caso, quizás pudiera crear un evento. Piense en hacer algo así si tiene la oportunidad. Si su comunidad está creciendo, su iniciativa, la cual cuesta muy poco hoy en día, valdrá muchísimo posteriormente. Usted se habrá posicionado de la manera correcta, en el lugar correcto y en el tiempo correcto. Quizás usted no tenga esta oportunidad nunca más. Quizás uno de sus competidores comience una causa, una liga o un evento y asuma una posición de liderazgo. No permita que eso ocurra. Como un empresario guerrillero, usted debe tomar la posición de líder.

El resultado

Un cliente mío patrocinó una carrera de 10 kilómetros y donó el dinero recaudado a la obra de caridad favorita del pueblo. Cada uno de los participantes recibió una camiseta gratis con el nombre del evento en el frente y el nombre del patrocinante en la espalda. La carrera se realiza una vez al año. Las camisetas se usan *durante* todo el año.

El resultado de los patrocinios diferirá de aquel conectado con otras herramientas de marketing. Sin embargo, no menosprecie este resultado. Pudiera ser una sensación de calidez hacia su negocio por la comunidad en general. Pudiera ser también un nuevo contacto, un nuevo cliente, una nueva fuente de ingresos para su negocio. Quizás en una reunión de béisbol usted conozca a alguien que pueda dirigir cincuenta nuevos clientes hacia usted. Quizás sea premiado con una venta gigante siete años después de haber patrocinado el evento. Esto no es tan poco común.

Al patrocinar eventos, usted crea la oportunidad de conocer nuevas personas, hacer nuevos amigos. Debido a que su negocio, más que usted, está haciendo el patrocinio, probablemente éste sea el benefactor de la gratitud. Puede ser objeto de pequeños favores políticos, tales como una mejor ubicación para sus anuncios en el periódico local, mejor tiempo para sus comerciales en la estación de radio local, nuevos contratos que se dirigen hacia usted. Nada de esto se podrá medir, en el sentido clásico, pero sin embargo, poco de esto será accidental. Su patrocinio será la causa. El efecto será el aumento en los beneficios. ¿Funcionará esto siempre de esta manera? No siempre, mas sí de vez en cuando. Ahora que usted conoce el valor del patrocinio, estúdielo un poco más.

El elefante y el guerrillero

En su fascinante libro *The Zen of Hype*, Raleigh Pinsky explica las diferencias exactas entre la publicidad, la promoción de ventas, la publicidad institucional y las RRPP de guerrilla. Cuando un circo viene al pueblo y usted coloca un aviso, se trata de publicidad. Si usted coloca ese aviso en la parte posterior del elefante y lo hace caminar a través del pueblo, se trata de una promoción de ventas. Si el elefante, con el aviso en su espalda, pisa el jardín de flores del alcalde y el periódico lo reporta, eso es publicidad institucional. Si usted puede conseguir que el alcalde se ría acerca de eso, perdone al elefante y luego lo monte durante el show de circo sin resentimiento, entonces usted comprende realmente las RRPP de guerrilla.

La astuta Sra. Pinsky nos recuerda que la publicidad es el método más costoso para conseguir que hablen de uno. El mercadeo directo es el siguiente método más costoso. El marketing on-line está ubicado en el tercer lugar cuando se trata de costos. Las RRPP es el menos costoso, pero es el que consume más tiempo.

Una verdad para recordar mientras abandonamos un siglo para entrar en el próximo, es que los presidentes, reyes y gerentes generales no manejan realmente el mundo; esa responsabilidad la tienen sus firmas de RRPP.

¿Qué es lo que a los medios no les agrada?

Si usted conoce las RRPP, debe saber lo que a los medios no les agrada. Es una lista bastante obvia: andar con rodeos, tiempo desperdiciado, preguntas frívolas, oraciones incompletas, mala redacción, personas que no aceptan una negativa, personas que no creen realmente en lo que están escribiendo o para lo que están llamando, persistencia malsana, naturaleza exigente, malos oyentes, personas que interrumpen constantemente, falta de sentido común e intentos obvios para anunciarse bajo el disfraz de noticias reales.

¿Por qué fallan las RRPP bien intencionadas? Por la misma razón por la cual fallan los negocios, falla el marketing y falla la publicidad: *falta de seguimiento*. Si usted está demasiado ocupado para hacer un promedio de cuatro llamadas telefónicas por cada negocio de medios que haya contactado, entregue sus RRPP a un profesional que tenga el tiempo y la experiencia que usted no posee.

Si usted posee una tienda de yogurt y envía un comunicado diciendo "el mejor yogurt del pueblo", puede ser saludado por un gran ho-hum. Sin embargo, si usted patrocina una obra de caridad, coloca una exhibición y un aviso frente a su tienda, reparte muestras de su yogurt a las personas que pasan delante de ella, se asocia con una celebridad local y luego invita a los medios a investigar su negocio para una noticia, ellos tendrán una razón válida para hacer una historia acerca de su tienda de yogurt. ¿Dije que era fácil? Nunca. ¿Dije que ayudaba a su negocio? Ciertamente, lo digo en este momento.

Ejemplos de ideas de RRPP

He aquí algunos ejemplos de buenas ideas para una campaña de RRPP:

- Si es dueño de un salón de belleza, ofrezca lecciones para el cuidado del cabello para los ancianos.
- Si es dueño de una tienda de mascotas, lleve algunos animales a visitar un orfanato.
- Si maneja un vivero, ofrezca retoños a los niños y haga que la ciudad les permita plantar éstos en propiedad pública.
- Si usted posee una tienda de video, organice una biblioteca gratis o a bajo costo para un orfanato o hogar para ancianos.
- Si es usted un carpintero, haga lo que hizo Super Handyman: hacerle un regalo a la ciudad.
- Si usted toca un instrumento, ofrezca lecciones gratis a los incapacitados.
- Si usted posee una tienda de libros, patrocine un concurso anual de ensayos literarios.

Todavía ni siquiera he mencionado la gran cantidad de relaciones públicas y oportunidades de patrocinio disponibles en este momento por el Internet. Las oportunidades abundan para esparcir reconocimientos y recomendaciones acerca de usted mismo en el ciberespacio, como descubrirá pronto, en su navegación semanal. Patrocine páginas visitadas por sus prospectos. Al igual que las RRPP fuera de línea, la mayoría de las RRPP on-line son gratis. Requieren de investigación sin descanso de su parte, mas bien valen el esfuerzo.

Existen muchas fuentes on-line para construir su propia lista de medios. No se apoye totalmente en los recursos gratuitos para sus esfuerzos de publicidad. Típicamente no están actualizados con la suficiente frecuencia para ser totalmente exactos o completos. Una buena manera para recoger nombres de medios actualizados: averigüe los nombres de los escritores y la información de contacto, cuando esté leyendo revistas comerciales. Los servicios de noticias personalizados pueden enviarle artículos acerca de su industria y usted debe peinar aquellos artículos buscando los nombres de los escritores. Muchas listas de medios gratis tienen "links" solamente a las páginas Web de las publicaciones o a otras salidas de medios. Posteriormente deberá visitar cada página y reunir la información que necesita para enviar un comunicado. El nombre del escritor específico que usted necesita contactar sin embargo, pudiera no estar listado.

Construyendo su propia lista de medios

Con MediaINFO Links de Editor & Publisher, usted puede buscar medios por categoría, frecuencia y ubicación geográfica. Contacte a esas páginas desde aquí. Usted deberá investigar más allá para localizar un contacto para su comunicado de prensa. Vaya a http://www.mediainfo.com/emedia/.

Parrot Media Network es un servicio que ofrece bases de datos en disco, directorios impresos y servicios de transmisión de faxes (basados en una tarifa). Están incluidos los contactos con estaciones de televisión y radio, sistema de cable y periódicos. Puede encontrarlos en http://www.parrotmedia.com/guidebar.html.

Los guerrilleros visitan las páginas Web

El Directorio de E-Mail de Todos los Medios en EEUU (US All Media E-Mail Directory) tiene como producto principal listas categorizadas de medios vía E-mail y transmisión de faxes a contactos de medios en revistas, diarios y periódicos semanales, servicios de noticias, sindicatos y estaciones de radio y televisión. Están en http://www.owt.com/dircon/.

Gebbie Press le permite contactar editores de estaciones de radio y televisión de EEUU, diarios y periódicos semanales, revistas de comercio y consumo a través de etiquetas de correo o discos. Pruebe http://www.gebbieinc.com/index1.htm.

Bacon´s Media Lists le permite adecuar su lista de medios a sus requerimientos en los periódicos y revistas, radio, televisión y cable. Solicite la lista en etiquetas, archivos ASCII, o E-mail. Bacon también manejará la distribución para usted.

Esta empresa es bien conocida en el mundo de las RRPP. Están en http://www.baconsinfo.com/e/index.htm.

"Mr. Smith E-mails The Media" (El Sr. Smith envia a los medios E-mail) es una página que provee una interfase de usuario gráfica para enviar E-mail a miembros de los medios. Usted selecciona la categoría de medios, la salida de medios específica a partir de una lista que ellos proveen, entra su comunicado y lo envía. Este servicio es gratis. Lo encontrará en http:/www.mrsmith.com/.

Media Online Yellow Pages (Páginas Amarillas On-line de Medios) es un servicio que lo une (a través de links) con páginas Web de estaciones de televisión, páginas de noticias, revistas comerciales y asociaciones. Es conveniente si usted está desarrollando una lista para un área geográfica altamente especializada e incluye recursos europeos y asiáticos. Es fácil de conseguir en el ciberespacio en http://www.webcom.com/~nlnnet/yellowp.html.

También está el Media UK Internet Directory (Directorio de Internet de Medios en el Reino Unido), un link a estaciones de radio, periódicos nacionales y locales on-line, estaciones de televisión y revistas on-line de negocios y consumo masivo en el Reino Unido. En la Net, está en http://www.mediauk.com/directory/. ¿Es un trabajo difícil encontrar todas estas fuentes?. Lo es. Sin embargo, recuerde lo que dicen los más inteligentes profesionales de las relaciones públicas: sin publicidad, sucede algo terrible: nada.

CAPÍTULO 27
MARKETING PROFESIONAL

Es posible tener un producto o servicio excelente, un plan de marketing bien concebido, un posicionamiento brillante, una estrategia creativa genial, una ubicación de negocios inmejorable, un empaque impactante, un nombre ideal, un slogan memorable, y sin embargo fallar en el negocio. No solamente es posible, sino que además, es común. ¿Por qué? Sus materiales de marketing lucen horribles. Sus palabras suenan mal. Su publicidad no motiva a nadie. Usted ha hundido todo su dinero en los medios y ha economizado en la producción. Este es un error que ningún empresario guerrillero cometería jamás. Un verdadero practicante de marketing de guerrilla sabe que éste tiene una calidad intangible que desafía los números, desafía la lógica. Es la manera en que el marketing "se siente". Esa "sensación" está determinada por el aspecto y el sonido del marketing. Si es defectuoso, usted no puede ocultarlo. Tampoco podrá ocultarlo si es bueno, más en ese caso, no querrá hacerlo.

Los ejecutivos no guerrilleros miden la publicidad estrictamente en CPM. Esto significa "costo por mil" y se refiere a la inversión en dólares en medios, para llegar a mil personas. Si un comercial de radio cuesta US$100 y alcanza a diez mil personas, su costo por mil (su CPM) será US$10. Esta cifra es considerada como un CPM relativamente alto. Algunos CPM llegan a ser tan bajos como US$4, como es el caso de programas de televisión ampliamente vistos. US$4 no es un alto precio a pagar para alcanzar mil personas.

Sin embargo, los verdaderos guerrilleros miran más allá del CPM. En primer lugar, están concientes de que el *costo por prospecto* es más importante que el costo por mil. Segundo, los empresarios guerrilleros son altamente sensitivos al *metamensaje* de su marketing. El metamensaje es la parte del proceso de marketing, de la que no se habla. Es el verdadero impacto emocional de la publicidad, el cual no puede ser realmente medido. Como usted puede sentir, es la "sensación" de su marketing.

Más allá del CPM

Su metamensaje

El metamensaje de su marketing alcanza no solamente la mente consciente de sus prospectos sino también el inconsciente. Debido a esto es que es tan difícil de medir. Yo supongo que puede ser evaluado sólo por los resultados de ventas durante un largo período de tiempo. Algo que sí es cierto: *usted tiene un control completo sobre él*. Ése es el aspecto positivo. He aquí un aspecto todavía más positivo: solía ser muy costoso transmitir un metamensaje positivo. Era costoso producir materiales de marketing profesionales. La tecnología (el desktop publishing) ha modificado lo anterior. De la misma manera, cuesta poco producir materiales de marketing poco profesionales. En efecto, cuesta tan poco que muchos empresarios que quisieran ser guerrilleros son alejados del éxito por la tentación de ahorrar algo en la producción.

Reflexionando acerca de mi propia experiencia con los clientes a través de los años, me doy cuenta que el 40 por ciento de ellos, usualmente los más grandes, invertían demasiado en producción. Esto hacía maravillas para sus egos, pero no para sus ventas. Confundían a sus clientes potenciales con demasiado estilo e insuficiente sustancia. Su marketing electrónico (la radio y la televisión) humeaban de tanto adorno y decorado innecesario, que el mensaje llegaba a estar turbio. Otro 40 por ciento de mis clientes, generalmente los más pequeños, gastaban demasiado poco en producción. Invertían en publicidad de medios mas no en trabajo de arte y producción. Compraban mucho tiempo y espacio aunque no mucho talento. Decidían que podían redactar el texto ellos mismos y que sus amigos podían hacer el trabajo de arte. Permitían a las estaciones de radio redactar sus cuñas radiales. Permitían a los periódicos diagramar sus anuncios en los diarios. El resultado generalmente consistía en un marketing de apariencia chocante que parecía haber sido hecho por un aficionado. Producían marketing como tacaños y se notaba. Esto significa que *solamente el 20 por ciento de mis clientes invertían la cantidad adecuada en producción*.

Invertir en exceso y en defecto

Tenga en mente que es muy fácil gastar de más y aún más fácil gastar de menos. Será aconsejado de invertir mucho más de lo que debiera, posiblemente por un amigo o compañero de trabajo, frecuentemente por una compañía de producción, quizás por una agencia de publicidad. De igual manera le aconsejarán invertir menos de lo que debiera, probablemente un representante de medios, deseoso del dinero extra, generado por la comisión de compras de medios extra hecha por usted. Todos esos son malos consejos. No permita que arruinen un buen esfuerzo de marketing. Un contador y algunos empleados también pudieran aconsejarle gastar menos dinero. Quizás desee oírlos, aunque sin embargo, yo sugiero aceptar ese consejo con reservas.

He aquí un *buen* consejo: reserve alrededor del *10 por ciento de su presupuesto de marketing para la producción de los materiales de marketing*. Esto significa que usted debe apartar bastante dinero para crear anuncios y comerciales de aspecto profesional, hermosos avisos y folletos y mensajes motivadores. Es muy probable que usted necesite invertir mucho de ese presupuesto de producción al comienzo. Así es como generalmente funciona. Usted puede amortizar esos fondos durante un largo período de tiempo. Digamos que planea invertir US$36.000 durante un año para mercadear su producto. Eso resulta en US$3.000 por mes. Eso significa que usted debe invertir US$3.600 para producir anuncios y materiales de marketing.

El 10 por ciento será suficiente

Si usted posee una compañía nueva, o una compañía antigua que por fin entiende lo que debe hacer, es posible que desee invertir en un logotipo o logo. Esto es su símbolo, una representación visual de su compañía, como por ejemplo los arcos dorados de McDonald´s o las estaciones de servicio Shell. Debe incluir su nombre, aún cuando las de Shell carecen de él y realmente no lo necesitan, después de cerca de un siglo de exposición. El logo "swoosh" de Nike no necesita el nombre Nike para su identificación y la empresa no necesitó mucho tiempo para implantarlo en nuestra conciencia colectiva ya que su inversión financiera fue muy grande. Su logo aparecerá en sus avisos, anuncios, tarjetas de presentación, material de escritorio, folletos y en todos sus materiales. Se le asociará con usted. Para producir un logo, un buen director de arte le puede cobrar entre US$250 y US$50.000. Usted estará invirtiendo en exceso si se decide por la vía de los US$50.000, aún cuando las grandes corporaciones han invertido más del doble de eso y estará invirtiendo demasiado poco, si contrata a un estudiante de arte por US$50, a menos que sea un estudiante con muchísimo talento, destinado a la grandeza del marketing. Sí existen y los puede encontrar en las escuelas de arte.

Su símbolo

Ya que usted lo estará utilizando por un largo período de tiempo y en muchas aplicaciones diferentes, invierta en un buen logo. Si eso significa escribir un cheque por US$500 a US$1.500,

Un buen logo

por adelantado, usted puede amortizar ese gasto en el trancurso del tiempo en que usted esté en el negocio. A la larga, se puede convertir en solamente un par de dólares al mes. La verdad es que usted no debería siquiera considerar el dinero que invierta por el logo como parte de su presupuesto de producción. Está por encima y por debajo de ese presupuesto.

Digamos que le cotizaron la producción de un anuncio por US$500. Parece mucho. Sin embargo, si usted coloca el anuncio durante cuatro meses, llegará a costar solamente US$125 por mes, una pequeña suma de producción. Esa cantidad de dinero debería permitirle comprar un anuncio muy hermoso. Por supuesto, usted no querrá invertir mucho dinero en un anuncio que colocará solamente una vez, sin embargo, recuerde que los empresarios guerrilleros colocan sus anuncios más de una vez. Los insertan hasta que dejan de atraer negocio. Si usted permite que el periódico diseñe su anuncio y redacte su texto, puede costarle solo US$50 producir uno, mas quizás nunca atraiga ningún negocio, así que realmente no es tanto ahorro para usted. Me asombra cuando una persona firma un contrato por un horario de televisión de US$10.000 y luego desea colocar un comercial de US$150. Me parece que es un ahorro en el área de los US$150 y un malgasto en el área de los US$10.000. No permita que le suceda a usted.

Tres maneras para producir anuncios

Los ejecutivos de marketing de guerrilla pueden producir anuncios o comerciales de tres maneras diferentes. Una de ellas es *hacerlo usted mismo*. Se encarga de los gráficos, la redacción y la producción del anuncio. Si es un genio creativo y tiene experiencia en la producción de anuncios, ésto le ahorrará mucho dinero. Pudiera afectar el tiempo que usted debería dedicar a manejar su negocio, mas sin embargo, si usted es la persona más apropiada para redactar su texto y crear su boceto (esto ocurre muy poco, en mi experiencia), hágalo.

Una segunda manera para producir su publicidad es *entregar el trabajo a una agencia de publicidad*. Para muchos empresarios, eso es una gran alternativa. Las agencias de publicidad ganan el 15 por ciento del presupuesto de marketing de sus clientes. En efecto, sin embargo, usted puede obtener sus servicios gratis. Si usted compra tiempo de radio por un valor de US$10.000, le costará US$10.000. Si usted utiliza una agencia de publicidad, seguirá costándole US$10.000, aun cuando le costará a la agencia solamente US$8.500 (las agencias de publicidad acreditadas reciben un 15 por ciento de descuento de los medios). De esta manera usted consigue la experiencia de la agencia de publicidad, su habilidad de planificación, el tiempo que invierte colocando la publicidad para usted y aún sus talentos de redacción, y no paga nada por los servicios prestados. Usted solamente paga por la letra, las ilustraciones y un anuncio listo para la cámara. Sin embargo, estos días, la mayoría de las agencias de publicidad estándar cobran una tarifa base, dependiendo de la cantidad de trabajo y el tiempo dedicado a su cuenta.

Ventajas de las agencias de publicidad

Como un empresario guerrillero, usted pudiera crear su propia agencia de publicidad interna para así ganar el descuento del 15 por ciento, y hacer su propio trabajo. Es una gran cantidad de trabajo, más puede ahorrarle una cantidad de dinero interesante.

Si usted cuenta con un presupuesto muy reducido, la mayoría de las agencias de publicidad no le prestaran mucha atención. Sin embargo, si éste es considerable, las agencias de publicidad pueden ahorrarle mucho tiempo y esfuerzo. Pueden proporcionarle una gran cantidad de experiencia muy necesitada. Una advertencia: aún cuando sus contactos iniciales hayan sido hechos con altos gerentes, si su presupuesto es reducido, su cuenta de publicidad será asignada a empleados sin mucha experiencia. Esto no siempre es malo, pero es una gentil sugerencia de que si usted va a utilizar una agencia de publicidad, es preferible contratar a una pequeña que tratará a su pequeña compañía como un cliente importante.

La mayoría de los empresarios, sin embargo, producen sus materiales de marketing de una tercera manera. *Utilizan contratistas independientes para mejorar* sus planes de marketing. Un empresario orientado al éxito contratará a un consultor de marketing inteligente para ayudarle a crear un plan de marketing y una estrategia creativa. El consultor cobra unos honorarios (una vez). Éstos cubren, ya sea varios proyectos o cualquier cosa entre uno a tres meses. Si necesita la asistencia de éste más adelante, entonces le cobrará otra cantidad por honorarios. Usted pudiera desear mantener un consultor, estableciendo un contrato con pagos mensuales para consultas continuadas.

¿Cómo producir materiales de marketing?

Un empresario inteligente pudiera igualmente mantener una relación con un director de arte. Esta persona diseña el logo, los anuncios, los folletos, las circulares, los anuncios de las Páginas Amarillas, las piezas para enviar por correo, los avisos, todo lo que necesite ser diseñado. El director de arte cobra por hora, por el anuncio o por el proyecto. En general, cobra por hora. Si usted tiene una necesidad regular de realizar trabajo de arte, quizás pueda establecer un contrato con un pago mensual.

Usted pudiera, de igual manera, contratar un redactor de textos publicitarios, quien cobra por hora o por anuncio. También pudiera emplear un servicio de compra de medios para insertar todos sus anuncios, con un cargo de entre el 3 y el 10 por ciento del costo de colocar los anuncios. Ya que un servicio de compra de medios puede ahorrarle el 15 por ciento, el 10 por ciento que le cobra se convierte en un ahorro para usted del 5 por ciento. En ocasiones, usted pudiera también desear contratar una firma de investigación de mercados profesional, la cual cobra por proyecto. Tal vez necesite los servicios de un fotógrafo o un ilustrador. Asegúrese de que todos sigan su plan de marketing y trabajen en la misma dirección.

A medida que el marketing emerge desde su infancia y las compañías entienden cada vez más sus requerimientos, buscan nuevas ideas en una amplia variedad de fuentes. Un estudio de 1997 reveló que el 59 por ciento de las empresas apuntó a pensamientos innovadores de sus equipos internos, mientras que el 21 por ciento se dirigió a las agencias de publicidad. Otro 16 por ciento utilizó consultores y un 9 por ciento reclutó la ayuda de boutiques creativas. La inequívoca tendencia es hacia la contratación de personal externo, con el 48 por ciento de las empresas afirmando que los utilizan para suplir pensamiento estratégico y el 42 por ciento afirmando que utilizan más fuentes exteriores que nunca antes.

Así como le he aconsejado en varias oportunidades, y seguiré haciendo, ya que es tan importante, usted debe utilizar cuantos métodos de marketing sea posible, de manera *apropiada*. Lo mismo es cierto para la producción de marketing. Haga usted mismo apropiadamente, cuanto pueda. Recuerde que puede hacer más con la tecnología actual que en cualquier otro momento de la historia. Entregue el resto del trabajo a profesionales talentosos. Muy probablemente, usted es un profesional en su negocio. Debe utilizar personas profesionales en el negocio de la producción publicitaria. Esta combinación de profesionales y profesionales es difícil de vencer.

Una pieza impresa efectiva, ya sea un anuncio, un folleto, una circular o un aviso de POP, requiere experiencia en por lo menos seis diferentes áreas.

La primera área es la idea. *No olvide que todo gran marketing comienza con una gran idea.* No es importante que usted sea la persona a quien se le ocurra ésta. Es muy importante ser capaz de juzgar la idea. Si usted no puede distinguir una buena idea de una mala, encuentre a alguien que sí pueda. Éste es el aspecto más importante del marketing.

Seis áreas de experiencia

La segunda área es *la redacción de los textos publicitarios.* Para empezar, alguien debe aportar un encabezado ganador. Para ser exitoso, el encabezado debe, ya sea enunciar la idea de manera resumida o interesar a las personas de tal manera que deseen leer el texto. El redactor de textos publicitarios debe tener la habilidad de redactar textos fluidos y motivadores. No existe un estilo particular correcto o incorrecto. Sin embargo en general, la redacción de textos debe ser clara, fácil de seguir, precisa y creíble. Muchas personas creen que debido a que saben escribir, saben redactar textos publicitarios. Si ese fuera el caso, no hubiera tantos redactores que estén ganando sobre los US$250.000 al año por su prosa dorada. Existe una gran diferencia entre redactar bien en idioma español y redactar textos publicitarios diseñados para crear un deseo de comprar. Ernest Hemingway fue rápido en admitir que la redacción de textos publicitarios era mucho mas difícil que redactar ficción ya que los primeros requerían que las personas actuaran en vez de sentir.

Lo que Hemingway dijo acerca de redacción publicitaria

La tercera área son *los gráficos.* Los aspectos más importantes de los gráficos son el diseño y el boceto. Un director de arte debe tomar las palabras y los dibujos para colocarlos de tal manera que el ojo del lector fluya de un elemento al próximo, de manera libre y fácil. No debe existir ninguna posibilidad de confusión. El anuncio debe lucir atrayente y, por su aspecto, invitar a la lectura. No es fácil crear anuncios como éstos. Esa es la razón por la cual algunos directores de arte cobran altos salarios, igualmente sobre los US$250.000 al año, para hacer bosquejos de anuncios publicitarios. Ellos poseen un sentido gráfico, que combina la estética con la motivación, el arte con la sicología. Están conscientes que los lectores recorren la página siguiendo un patrón como la letra C, comenzando en la esquina superior derecha, luego moviéndose hacia la esquina inferior izquierda y luego a la esquina inferior derecha. Usted necesita un *fabricante de anuncios* para diseñar anuncios, no simplemente un diseñador. Un anuncio que simplemente luce bien, es un mal anuncio. Éste debe lucir bien y también comunicar exactamente lo que usted desea comunicar.

Patrón como las Letra C

La cuarta área son *las ilustraciones*. Las ilustraciones pueden ser dibujos o fotografías, en blanco y negro o a color, pequeñas o grandes, una o muchas. La decisión corresponde al director de arte. El ilustrador o fotógrafo se encarga luego de dibujar o tomar fotografías que ayuden a traer a la vida el plan de marketing. Tengo clientes que pagan US$12.500 por una sola sesión fotográfica y sienten que las tomas bien valen la pena. También he tenido clientes que invierten US$150 por una sesión fotográfica. No fueron cautivados tanto como los grandes gastadores, pero los US$150 les ayudaron a crecer y a convertirse en una compañía que pudiera costear la cifra más alta. Si usted es un genio con la cámara o puede hacer excelentes dibujos, quizás pueda manejar la parte de la ilustración de su publicidad. Es posible que, sin embargo, sea mejor contratar a un profesional. Afortunadamente, la mayoría de las personas reconocen su falta de talento artístico. Desdichadamente, la mayoría no llegan a reconocer su falta de talento en la redacción.

La quinta área es la *tipografía*. Existe una gran cantidad de libros acerca de los diferentes tipos de letras que usted puede elegir. Con una selección tan amplia, ¿cual será el tipo adecuado de letra para su publicidad? Su programa de procesamiento de palabras del computador probablemente le suministre un universo de tipos de letras. ¿Debería la suya ser "serif" (¿letras con pequeñas colas y volutas?) ¿O debería ser "sans serif" (¿letras limpias y perfiladas?) ¿Debería usar "italic"? ¿Boldface? ¿Colocar todo en mayúsculas? ¿Cuál es el tamaño correcto de letra para un encabezado? ¿Para un subencabezado? ¿Para el cuerpo del anuncio? ¿El slogan? Un experto en tipo de letra o un director de arte debe ser capaz de contestar todas estas preguntas y hacerlo correctamente. Si no es el caso, una gran cantidad de dinero puede irse por el desagüe. He visto muchos anuncios que tenían todo correcto a excepción de la letra, la cual no se podía leer (ya sea porque fuera poco clara o demasiado pequeña). Un anuncio con una letra ilegible es un terrible malgasto de dinero, espacio, tiempo y energía. Diariamente veo tipos de letras que me producen dolor de cabeza.

La sexta área es la *producción*. Hoy en día, la mayoría de la producción se consigue con un computador, y la habilidad para manejar éste, es imprescindible. Los empresarios guerrilleros utilizan programas de computación y un scanner para crear un bosquejo final que consiste en el tipo de letra definido, el encabezado, el dibujo o fotografía, el logo, el borde y cual-

¿Cuál es el tipo de letra adecuado para usted?

quier otro elemento que pertenezca al anuncio o cualquier otro elemento de marketing que usted esté produciendo.

El empresario guerrillero que posea habilidad en todas las seis áreas es muy poco frecuente. Aún los más diestros fabricantes de anuncios son muy pocos. Generalmente, una persona crea y redacta el anuncio, una segunda persona funciona como director de arte y una tercera maneja la producción. Así se trabaja *en general* (más del 50 por ciento del tiempo). En muchas situaciones, sin embargo, el director de arte crea el anuncio. En otros, una persona se encarga de la redacción, una segunda maneja los gráficos y las responsabilidades de producción y cualquiera de los dos crea la idea del anuncio. ¡Una buena idea puede provenir de cualquiera!

El empresario guerrillero poco frecuente

Su trabajo, como empresario guerrillero, es utilizar un sentido crítico para todas estas áreas. No necesita ser capaz de hacer alguno de estos trabajos, mas debe ser capaz de distinguir lo bueno de lo malo en todas las seis áreas.

El criterio lo es todo

Uno de los empresarios más exitoso que he conocido jamás, Mike Lavin (un verdadero guerrillero en el completo sentido de la palabra, dueño de European Mattress Works, una sala de exhibición en Berkeley que se convirtió en un punto de referencia local debido a su marketing) no poseía talento en ninguna de las seis áreas, más tenía un sentido crítico excepcional y mucho ingenio. Su criterio le ayudó a reconocer sus propias limitaciones, a distinguir un buen anuncio de uno malo, un buen comercial de uno defectuoso, un buen texto de uno deficiente. Su ingenio le llevó a las personas que podían suministrar el talento que él necesitaba para conseguir anuncios de calidad. Aún cuando él no contribuyó con ni una sola palabra para su texto, nunca colocó un mal anuncio. Su éxito, tanto financiero como personal, era sorprendente. Construyó una compañía que utilizaba todos los medios (y me refiero a *todos*). Primero vendió camas de agua. Luego agregó otro tipo de camas; posteriormente comenzó también a vender futones; luego inventó un diseño innovador para colchones; más tarde, agregó mobiliario para ahorrar espacio y muebles infantiles (cambiando con los tiempos y las necesidades de su mercado). Respondiendo a las necesidades de su mercado particular, comenzó a especializarse en camas de Europa y América. No existía ninguna herramienta de marketing importante que él no usara. Sin embargo, no poseía ningún talento de marketing innato, simplemente tenía un criterio e instintos de marketing brillantes. Eso es todo lo que usted necesita para ser un empresario guerrillero. A esto debe agregar la paciencia y la agresividad.

Obviamente, le costará dinero asegurar talento en las seis áreas requeridas. Recuerde, no estoy hablando solamente de materiales de marketing impresos. Usted necesitará otros talentos para el marketing televisivo. De la misma manera, la publicidad en la radio requiere de profesionalismo en seis áreas: la idea, la redacción, la expresión oral, la música, los efectos especiales y la mezcla. Al igual que con la publicidad impresa, usted mismo no necesita tener talento en todas estas áreas, simplemente debe poseer un buen criterio. Usted debe saber cómo localizar estudios de producción expertos.

Resultados sobre premios

Así como con el coñac, usted generalmente, aunque no siempre, obtiene lo que paga cuando se trata de producción de marketing. Averigüe lo que deberá invertir revisando los portafolios de los profesionales que planea seleccionar. Sea cauteloso con aquellos que hablan de premios. Déjese atraer por aquellos que hablan de resultados.

Por supuesto, déjese atraer por la tecnología cuando se trate de la producción de los materiales de marketing. No me gusta utilizar la nueva expresión *tener el poder* acuñada por la "nueva era" (new age), sin embargo es la expresión perfecta para describir lo que la tecnología puede hacer por usted cuando se trata de marketing. Le permite ahorrar una fortuna en producción ya que convierte a ésta, en un asunto de chasquear el ratón más que hacer un dibujo. Convierte a la producción en un asunto de seleccionar a partir de diseños existentes, más que comenzar desde la nada, para crear el suyo propio. La tecnología de la computación le permite (sí, *a usted*, sin ninguna ayuda) crear un arma de marketing en media hora, que solía tomar ocho horas para crear y costaba cinco veces lo que cuesta ahora.

Usted tiene ahora el poder

Hasta hace algunos años, la tecnología no estaba muy asociada con el marketing de pequeños negocios. Quizás estaba conectada con bases de datos o control de inventarios, tal vez con hojas de cálculo electrónicas y procesamiento de palabras. Sin embargo, era complicado y costoso y su efecto en los pequeños negocios no llegaba a la arena del marketing. Más los tiempos, especialmente estos tiempos, cambian.

La tecnología ha estado revolucionando recientemente a los pequeños negocios, permitiendo a muchos dueños de éstos, soñar nuevos sueños y luego conseguirlos en períodos de tiempo sorprendentemente cortos. Por supuesto, la tecnología asiste a todos los negocios, mas sin embargo, asiste a los pequeños negocios de las maneras más grandes. La tecnología le otorga a éstos una ventaja evidentemente no muy justa, ya que les permite lucir y actuar como los grandes, sin tener que gastar como ellos. El precio de la credibilidad ha descendido de gran manera, mientras el logro de ella se ha vuelto más precioso. La tecnología provee a los dueños de pequeños negocios con los tickets de entrada para la credibilidad, que son de hecho, tickets para toda la vida. Hasta ahora, las ventajas con las cuales los pequeños negocios podían vanagloriarse sobre los grandes, eran el servicio más personalizado, la flexibilidad extra y la velocidad. Hoy en día, los dueños de los negocios guerrilleros cuentan con un arma secreta.

Su ventaja injusta

El arma secreta es la tecnología. Esta es más simple que nunca antes, tan simple que la alta tecnología se está convirtiendo en la fácil tecnología. Igualmente se está convirtiendo en tan poco costosa que en 1998 usted podía invertir una suma de cuatro cifras bajas para comprar lo que en 1982 requería de una suma de seis cifras medias.

La tecnología ha nivelado el campo de juego, removiendo el techo del tope y abriendo el mundo entero al empresario. Ese practicante de la libre empresa puede, on-line, conectarse con aliados y clientes en cualquier lado de la comunidad y del planeta. Ese dueño de pequeño negocio ha aprendido que virtual es un estado de la mente que significa realmente "conectado", ya que la tecnología hace que el trabajo en equipo sea más fácil que nunca antes.

El campo de juego está ahora nivelado

Para muchos ejecutivos de marketing de guerrilla, la tecnología debe ser alabada ya que los ha colocado on-line, otorgándoles acceso a la velocidad del E-mail, el poder de la información fresca, el calor de personas conectadas de manera cercana y la fuerza del marketing del World Wide Web. Para otros, la tecnología es el héroe ya que les permite prosperar en un negocio con sede en el hogar. Los nuevos programas de computación, fáciles de usar, le permiten crear sus propios materiales de marketing de primera calidad, otorgándole una identidad de marketing Rolls-Royce por el costo de una barra de chocolate.

Lo que significa realmente "virtual"

Costos de una barra de chocolate

Considerando las áreas donde la tecnología agrega potencia al marketing, diez de ellas son especialmente intrigantes si usted disfruta seriamente de beneficios consistentes y sabe cómo encender un computador. Usted puede producir cada una de estas armas mientras trabaja en su "desktop publishing" a una fracción de lo que hubiera costado cuando fue publicada la edición original de este libro en 1984.

Diez armas que usted mismo puede producir

1. *Páginas Web.* Un computador le puede ayudar a diseñar y colocar una página Web. Solo recuerde, esto no le podrá ayudar a menos que usted sepa de marketing. El Internet es un medio de marketing, quizás el mejor y el más comprensivo de todos, sin embargo usted debe ser un buen ejecutivo de marketing para mercadear con éxito on-line.
2. *Boletines de Noticias.* Los buenos son enviados por correo a los clientes y prospectos regularmente y siguen la norma del 75 por ciento a ser regalados y 25 por ciento vendidos.
3. *Volantes.* Distribúyalos de varias maneras, como avisos, en órdenes, para socios de alianzas de marketing con el fin de ser distribuidos de la misma manera que usted distribuye los de ellos.
4. *Tarjetas Postales.* Eliminan el inconveniente de tener que abrir el sobre. Su computador puede hacerlos de manera muy llamativa.
5. *Folletos.* Son foros perfectos para incluir todos los detalles; deben ser ofrecidos gratis en sus otras herramientas de marketing y enviadas on-line.
6. *Catálogos.* Usted puede incrementar los ingresos a través de catálogos, en este momento fáciles y poco costosos para diseñar y producir, un centro de beneficios potencialmente grande.
7. *Certificados de Regalo.* Las personas están a la búsqueda de ideas para regalos y un certificado de regalo puede ser la idea perfecta. Menciónelo en avisos, folletos y anuncios.
8. *Cupones.* Ofrezca descuentos, mercancía gratis, servicios, cualquier cosa para intensificar el deseo del prospecto por su producto. Los cupones son versátiles.
9. *Avisos.* Los empresarios guerrilleros los utilizan en carteleras de noticias comunales, en POP y en ferias comerciales. Transforman algunos avisos en afiches.
10. *Propuestas Diseñadas con el Computador.* Agregan credibilidad, visibilidad y excitabilidad mientras inspiran confianza en usted más allá de cualquier etiqueta de precios.

Por supuesto, existen muchas más que apenas diez armas de marketing en este momento a su disposición, a un costo ínfimo. La tecnología le permite a los pequeños negocios ganar credibilidad y economía, mientras provee velocidad y poder en una era donde la credibilidad es vital, la economía es una necesidad, la velocidad es adorada y el poder proviene de ser parte de un equipo. La credibilidad es obtenida mediante la creación de materiales de marketing de apariencia profesional, siendo económico hacerlo en su propio computador. La velocidad viene con el teléfono celular, el teléfono inalámbrico, el buscapersonas, el fax, el E-mail, y la tecnología del correo de voz. El poder es obtenido a partir de sistemas de redes y compartir tecnología.

Credibilidad, economía, velocidad y poder

Si usted es un empresario guerrillero haciendo marketing con tecnología, usted está dirigido en la dirección correcta. Si es usted un guerrillero mercadeando sin tecnología, usted no está haciendo, en absoluto, marketing de guerrilla.

En la mayor parte del país, los seminarios de mercadeo frecuentemente son presentados por empresarios. Muchos son dirigidos a enseñarle cómo producir sus propios materiales de marketing con computadores. Si tales seminarios llegan a su área (averigüe con la universidad comunal local, con la cámara de comercio o la división de extensión de una universidad local), anótese para participar en uno. Participe en más de uno si le emociona crear materiales de marketing. Aún si es el caso, pregúntese: ¿"Es éste el mejor uso de mi tiempo para el negocio?"

Ahora que usted está tomando en serio el proceso de marketing, comience desarrollando un radar para el buen mercadeo y el marketing deficiente. A su alrededor hay ejemplos de ambos tipos. Mientras más observe, más aprenderá y mientras más aprenda, con más capacidad podrá mercadear.

Con todas mis recomendaciones para que maneje mucho del marketing usted mismo, le animo a contratar a un profesional para crear sus materiales de mercadeo *al principio*. A menos que sea algo en lo que usted realmente destaque, generalmente es mejor consultar a un profesional (o a varios). Para encontrarlos, simplemente aparte algunos días para visitar firmas de arte gráfico y ver el trabajo hecho por otros. Visite redactores y directores de arte y observe los anuncios que han diseñado. Oiga las cuñas de radio que hayan escrito y producido; vea los comerciales de televisión que hayan creado. Al hacerlo, usted obtendrá una visión del mercado. Cuando mire el trabajo de

Contrate a un profesional al principio

estas personas, haga dos preguntas: (1) ¿Cuánto costó producir

Dos preguntas para hacer a un profesional

esto? (2) ¿Cuáles fueron los resultados de ventas? Interésese más en la respuesta a la segunda pregunta que a la de la primera pregunta. Usted encontrará que *Adweek* es una rica fuente de talento de marketing local. Encontrará otra fuente cuando su computador se asocie con la persona leyendo estas palabras.

Usted puede ahorrar mucho dinero y obtener anuncios, comerciales, folletos y avisos hermosamente producidos, si hace uso de la publicidad co-op. Si usted es un fabricante, puede ganar mucho en ventas locales, integrándose a un buen programa de co-op. Si es usted un detallista o distribuidor,

Fondos co-op para quien los solicite

puede ganar fondos bienvenidos para su presupuesto de marketing, obteniendo dinero co-op. Los fondos y materiales co-op están disponibles para los empresarios por las grandes compañías. Si usted tiene relación con alguna, pregunte por su programa de publicidad co-op. Si no lo tienen, solicíteles crear uno para usted. Nunca daña el preguntar. Para obtener ayuda de marketing de primera categoría, ya sea dinero, anuncios, etc., la publicidad co-op es un área que bien vale la pena explorar.

Solamente después que usted haya reunido las ayudas de marketing apropiadas, será capaz de combinar el mensaje mejor enunciado con el mejor metamensaje. Es la combinación de los dos, lo que va generar el éxito. Sencillamente, la una sin la otra, no funcionará.

Cuando esté pensando acerca del mercadeo (una actividad a la cual usted debería dedicarse cada vez más) piense

¿Cómo pensar acerca del marketing?

a largo plazo y a corto plazo. No dirija su mirada solamente hacia la semana venidera. Mire igualmente hacia los meses y años. Sus esfuerzos de marketing se sumarán. Su identidad no vendrá de manera fácil o rápida, mas será construida sobre el tiempo. Todo lo que usted haga relacionado con el marketing, contribuirá a esa identidad. Si usted entiende que quizás deba invertir US$ 1.000 para producir una pieza de publicidad, piense en otras maneras para aprovechar esa pieza. Quizás pueda ser convertida en un aviso. Tal vez pueda servir como un volante para ser repartido a los clientes. Posiblemente pueda ser la base para un folleto. Quizás pueda ser utilizado con encabezados intercambiables y convertido en dos anuncios. Tal vez pueda ser una parte importante de un envío de correo. Quizás pueda utilizarlo durante cinco o más años. Obteniendo el mayor millaje posible de sus materiales de marketing, usted ahorrará mucho dinero. De repente, esa cifra de US$1.000 tiene una apariencia mucho más razonable. Quizás con suficiente pensamiento profundo de su parte, pudiera hasta parecer poco costosa.

Además de obtener tanto millaje como sea posible de su marketing, haga todo lo que pueda para crear marcas para sus productos. Las personas confían en las marcas. Confían en que un artículo de marca funcione mejor que un artículo sin marca. No cometa el error de pensar que las marcas pertenecen sólo al ámbito de las grandes empresas. Las marcas pueden ser utilizadas por cualquiera que desee crearlas. La gente de mercadeo inteligentes, grandes y pequeñas, desean hacerlo.

Convertirse en una marca

De acuerdo al *Harvard Business Review*, los empresarios van a tener que comenzar a desarrollar sus propias marcas. Existe un nuevo ambiente de ventas. Las personas desean artículos únicos, nombres en los que puedan confiar. El crear una marca proporciona a la gente lo que ellas desean y le otorga a usted lo que usted desea: la confianza del cliente. Una buena tentativa es *proporcionarle a sus clientes más de lo que vale el dinero de ellos*. Si usted sinceramente trata de hacer eso y recorre la distancia adicional, provee el servicio adicional y proporciona la calidad adicional, usted será capaz de transmitir esa actitud en su marketing. Será un mejor ejecutivo de mercadeo si piensa de esa manera. También, se regará la noticia.

Nordstrom es famoso por su servicio al cliente (su nombre es sinónimo de servicio superlativo). Un día, la tienda recibió una llamada. El cliente había comprado un artículo que se había roto y el cliente deseaba repararlo, rápidamente. Ese día, Nordstrom envió a un vendedor a la casa de la persona para hacer la reparación. El artículo roto no provenía de Nordstrom después de todo, sino de otra tienda de departamentos. El representante de Nordstrom de todas maneras lo arregló, no cobró nada y contribuyó con otra leyenda más, para la colección de tesoros de historias de servicio que han hecho de Nordstrom un nombre en el cual le gente sabe que pueden confiar. Haga eso también para su compañía.

No existe ningún misterio en el marketing. Es bastante fácil de disectar. Sin embargo, el marketing es difícil de hacer apropiadamente. Nunca olvide que no importa lo que venda, *las personas tendrán una opinión de ello, según cómo lo represente su marketing*. Si usted coloca anuncios de apariencia barata, las personas pensarán en su producto o servicio como barato. No crea a las personas que le dicen que nunca irán a la quiebra subestimando la inteligencia del público norteamericano. En cambio, imagine que el público norteamericano es tan inteligente como su madre. Usted sabe que ella no se dejará engañar. En realidad, es una buena representante del público. No será convencida por artimañas y efectos especiales.

Involucre a sus empleados

Si usted tiene empleados, asegúrese de que estén completamente conscientes de su programa de marketing. Deben reflejar todo lo que se transmita en él. Después de todo, las personas vendrán a usted debido a su despliegue de mercadeo y esperarán ciertas cosas de usted. Sus vendedores o representantes deben tener actitudes consistentes con los mensajes que haya estado circulando. Los empresarios guerrilleros no solamente hacen que sus empleados y compañeros lean sus planes de marketing sino que también insisten en que todos los empleados lean todos los anuncios y escuchen todos los comerciales. Al hacerlo, serán capaces de relacionarse mucho mejor con los clientes y sabrán lo que los clientes están buscando. Tendrán conocimiento de lo que se está comunicando en la publicidad y serán capaces de ayudar al negocio a que esté a la altura de su mercadeo.

La paciencia es uno de los atributos más importantes que un empresario guerrillero puede tener. Espere a que el mercado se sostenga. Manténgase con él. Si usted lo ha pensado bien, le pagará ricos dividendos. Si usted espera resultados inmediatos, su plan nunca tendrá una oportunidad de brillar, motivar o vender. Apóyese en sus materiales de mercadeo tanto como pueda. Coloque sus anuncios en la puerta, en su vitrina, en sus paredes. Esté orgulloso de ellos. Cree cada anuncio con el cuidado que usted emplearía si fuera su único anuncio.

Hágase la idea de que es su único anuncio

Usted probablemente está leyendo este libro porque posee un negocio propio o porque está considerando poseerlo. Dudo que muchas personas inviertan dinero y tiempo en un libro de marketing a menos que estén involucrados en ese proceso. Pudiera ser que usted esté en un departamento de mercadotecnia de una compañía. Sin embargo, es más probable que tenga su propia compañía. Simplemente al comprar o tomarse el tiempo para leer este libro, usted ha probado que ya conoce la importancia vital del marketing. En nuestra sociedad competitiva es más importante ahora que nunca. Ya que usted compró un libro que trata de marketing de guerrilla, usted es una persona que desea mercadear con más efectividad que sus competidores. Está equipado en este momento para poner a funcionar un mejor marketing para usted.

La revista *Entrepreneur*, una publicación valiosa para cualquier persona que se considere un emprendedor, publica un credo del empresario en cada edición. Ya que sospecho que usted es un microempresario deseando convertirse en un gran empresario y ya que creo que es usted un emprendedor, repetiré el credo por el cual usted quizás ya vive: **El credo**

No escojo ser un hombre común. Es mi derecho ser dife- **guerrillero** rente, si puedo. Busco la oportunidad, no la seguridad. No deseo ser un ciudadano mantenido, humillado y opacado, por encargarse de mí el Estado.

Deseo tomar el riesgo calculado, soñar y construir, fallar y tener éxito.

Me niego a intercambiar incentivos por limosnas; prefiero los retos de la vida a una existencia garantizada; la emoción del cumplimiento a la rancia afirmación de la utopía.

No cambiaré la libertad por la beneficencia o mi dignidad por un regalo de segunda mano. Nunca me agacharé ante ningún amo o inclinaré ante alguna amenaza.

Está en mi herencia el estar erguido, orgulloso y sin miedo, para pensar y actuar por mí mismo, para disfrutar el beneficio de mis creaciones y para enfrentar el mundo osadamente y decir: "Esto... yo lo he hecho". Todo esto es lo que significa ser un empresario.

Ahora, usted se ha elevado encima del nivel del empresario. El guerrillero ha avanzado más allá de aquel, siendo un poco más trabajador, un poco más agudo, más explorador y frecuentemente, más exitoso. A medida en que la edad del emprendedor y de las empresas individuales toman la vanguardia en EEUU, los recursos del ejecutivo guerrillero son más importantes. Ser un empresario guerrillero requiere de un ataque.

SECCION V
LANZANDO SU ATAQUE DE MARKETING DE GUERRILLA

Un ejercito bien equipado, comandado por un buen general, en posesión de un plan de batalla bien concebido no ganará batallas, a menos que esas sean lanzadas. En la vida real, el ejercito puede, simplemente con su presencia, asegurar una paz bendecida. Sin embargo, el marketing no es tan simple como la vida real.

Usted está constantemente bajo ataque de sus competidores (todos rivalizando por ese ingreso limitado, disponible para ser invertido, de sus prospectos). Su presencia, su plan y su general no llegan a conquistar una colina de "Rice Krispies" si simplemente están sentados allí, haciendo "snap, crackle" y "pop". Usted deberá lanzar su propio ataque. Para algunas personas, ésta es una situación lastimosa. No tienen el ingenio, el estómago ni la imaginación para lanzar un ataque y mucho menos tener éxito.

Sin embargo, usted sí. Usted lo tiene todo: los datos, la motivación, la perspicacia y el arsenal de armas para atacar un territorio y obtener su justa parte y aún más. Usted será capaz de lograr sus metas ya que sabe cuáles son. Están claramente deletreadas en su plan de marketing.

Usted tiene lo que se necesita

De la misma manera, debe tener en cuenta que si no ataca, perderá la batalla. Otros se están abriendo camino por cientos y miles y están apuntando a la victoria. Usted será picadillo a menos que actúe. Así es que debe hacer algo. Tiene que hacerlo con la astucia de un guerrillero y aun cuando debe actuar con paciencia, debe actuar ahora, justo después de completar el libro, sin titubear.

El gusto por la acción es una de las marcas de contraste del emprendedor guerrillero. Cuando escuchan que se aproxima una batalla, planifican, anticipan, visualizan y comprenden cómo lograr la victoria. Toman las acciones que toman los

Una marca de contraste para el guerrillero

ganadores y mantienen el ataque permanentemente, siempre concientes de lo que está sucediendo (información de la que carecen la mayoría de los dueños de pequeños negocios).

Estas personas han aprendido que el marketing no es un evento sino un proceso. Comienza en una habitación donde trazan un mapa con su plan de batalla. Luego lo llevan a las calles en la forma de minimedios, maximedios y marketing fuera de los medios, utilizando sus armas con pericia. Armados con una comprensión de cómo y porqué funciona el marketing, recuerdan su credo de trece palabras: compromiso, inversión, consistencia, confianza, paciencia, surtido, subsecuente, comodidad, asombro, medición, identificación, dependencia y armamento. Están listos para tomar los pasos reales para lanzar el ataque.

No todo a la vez

¿Lanzarán el ataque con todas sus armas a la vez? Por supuesto que no. Eso consumiría tiempo, confundiría, intimidaría y sería costoso. Los ataques de marketing de guerrilla son precisos, fáciles de controlar, poco costosos e intimidantes sólo para la competencia. El éxito requiere del conocimiento de aspectos específicos de la ciencia de la sicología, además de un imparable deseo interior de ganar. El conocimiento y el deseo generalmente no se pueden encontrar entre las cubiertas de un libro. Sin embargo, están en este manual para emprendedores guerrilleros y están por llegar en un momento.

Dé un paso hacia atrás y mire

Primero, dé un paso hacia atrás y eche una mirada al marketing en el contexto del negocio, en el contexto suyo. Utilice esa perspectiva para una autoevaluación honesta. Le pido que haga esto ya que en un estudio para determinar por qué tantos productos fallan, la respuesta resultó ser dolorosamente obvia: el jefe.

La razón principal para el fracaso del producto

Una Encuesta Innovadora del Group EFO Limited mostró que la razón principal para el fracaso de producto no era la competencia, el comercio, la recesión, el fracaso de la creatividad o la falta de ideas. Es el jefe, el mandamás. Un sorprendente 63 por ciento de los gerentes de nuevos productos reportan que la alta gerencia en sus compañías no tiene una clara visión estratégica del rol de los nuevos productos. El factor más importante en el fracaso de nuevos productos es la "Falta de dirección estratégica". La ausencia del compromiso de la gerencia, compite en segundo lugar con factores tales como la relación precio/valor, la entrega del producto y el punto de diferencia. El marketing de guerrilla no puede salvar compañías que tienen baja puntuación en esas áreas.

La gerencia para el siglo veintiuno debe dominar nuevas habilidades y ser capaz de llenar roles gerenciales viejos y nuevos, además de manejar su programa de marketing. Como gerente, deberá ser su propio asesor guerrillero. Deberá hacer lo siguiente:

- Lograr economías de escala.
- Ofrecer velocidad y flexibilidad.
- Entender el procesamiento de datos.
- Familiarizarse con el mundo on-line.
- Conocer el Internet.
- Explorar una base de datos para obtener beneficios.
- Crear de manera inteligente.
- Saber exactamente cómo posicionarse.
- Conocer cómo maximizar los beneficios.
- Conocer cómo responder a los cambios con la velocidad de la luz.
- Saber cómo crear valor.
- Refinar constantemente su operación.
- Reexaminar su estrategia de manera consistente.

¿Cómo ser su propio guerrillero?

¿Cómo podrá hacer todas estas cosas? Siendo un verdadero empresario y no un implementador, desarrollando el entrenamiento y no solamente controlando la habilidad, identificando y cuidando a los empleados con las actitudes correctas y sobre todo, entendiendo a sus clientes por adentro y por fuera, de frente y espalda, por encima y por debajo.

Usted puede pensar que está en el negocio de programas de computación, sin embargo, eso no es todo. Usted puede pensar que está en el negocio del detal, sin embargo se trata de algo más que eso. Puede considerar estar en el negocio de fabricación, pero usted es más que un fabricante.

No importa en qué negocio está usted según su tarjeta de presentación, usted realmente se encuentra en tres: su negocio principal, su negocio de marketing y el negocio de entender a la gente.

Los tres negocios en los que usted se encuentra

Cada negocio sobre la tierra debe, eventualmente, vender lo que está ofreciendo. Cuando eso sucede, usted está en el negocio del marketing. Si usted no había entendido eso hasta ahora, véalo con claridad a partir de hoy. Usted debe mercadear lo que vende a sus empleados, a sus vendedores, a sus distribuidores y proveedores y también a sus clientes. Todas estas personas pueden ayudar a mover el negocio hacia delante.

Enfóquese cuanto sea posible en su negocio principal: creando calidad, valor y deseo. En vez de pensar en expandir

El error de no enfocarse es costoso

y diversificarse, piense en la excelencia. Concéntrese en sus fuerzas. No permita que el éxito lo guíe equivocadamente a pensar que usted tiene el éxito asegurado en áreas más allá de su especialidad.

Cuando el fabricante de comidas infantiles Gerber colocó su nombre sobre otros artículos creados para bebés, no relacionados con comida, pensaron que el nombre Gerber estaría asociado con bebés y que podían tener éxito en cualquier área relacionada con ellos. Les costó varios millones de dólares en pérdidas, entender que Gerber´s estaba relacionado solamente con comida de bebés y no con bebés. Su fracaso en el enfoque fue un error extremadamente costoso para ellos. Coca-Cola pensó que conocía de bebidas, así que compró una vinatería. Craso error. Luego de eso, la empresa vendió la vinatería ya que entendió rápidamente que ellos estaban en el negocio de las bebidas refrescantes y que eso no les hacia ser expertos en otros negocios de bebidas.

Cada negocio merece un enfoque completo. En vez de diluirlo, un negocio debería afilar sus habilidades tanto de marketing como de comprender a la gente.

Así como usted está siempre de alguna manera en el negocio del marketing, también lo está en el negocio de las personas. Usted pudiera afanarse trabajando en un laboratorio, en una fábrica o en una oficina. Sin embargo, la llanta se encontrará con la carretera cuando usted emerja de su sitio de trabajo y se fraccione en sus distintos aspectos y componentes como ser humano.

Sus empleados deben sentir su pasión y entusiasmo. Sus vendedores deben compartir su visión. Sus distribuidores deben estar ubicados es la misma longitud de onda. Luego, los seres humanos deben estar concientes de por qué deben comprar lo que usted está vendiendo. Si usted carece de las habilidades cruciales para relacionarse con otras personas, su

Sepa qué motiva a la gente

esfuerzo habrá sido en vano, ya que es gente real la que vendrá a comprar (o a no comprar) lo que usted ofrece. Si usted no sabe lo que les interesa, está dirigiéndose hacia un viaje desastroso.

Cuando usted se enfoca en su propio negocio, enfóquese en mercadear su servicio o producto. Debe convertirse en un experto en marketing de la misma manera en que es un experto en su propio campo. Le imploro ir on-line y conseguirse una página Web, mas sin embargo, también sé que usted se caerá de bruces y estrellará su cybercabeza si no comprende de marketing. Usted debe saber de él y de la necesidad del rápido tiempo de respuesta, atención individual y una continua presencia fresca on-line.

También debería entender que es importante conocer a las personas. Las personas hacen su producto. Le prestan su servicio. Compran su producto. Recomiendan su producto a otras personas. No importa lo que produzca o haga, eventualmente todo se trata de personas. Si usted no comprende que está en un negocio de personas, las consecuencias pueden ser fatales.

Todo se trata de personas

El empresario guerrillero conoce su negocio como nadie más en la tierra. Sin embargo, es también un mago cuando se trata de marketing y está consciente de que deberá mercadear mejor que la competencia. Por último, entiende a los seres humanos y lo que los motiva, por qué compran, qué les emociona, qué les molesta, qué les hace ser felices. Si usted no está consciente de que realmente está en el negocio de comprender a las personas, usted probablemente aprenda muy pronto lo que significa estar fuera de negocio.

Existe ahora una relación más directa que nunca antes entre los ejecutivos de mercadeo y los individuos, en la medida en que nos dirigimos a lo que se ha denominado "futuro de uno en uno". ¿Cuántos buscapersonas fabrica Motorola? Adivine. ¿Uno? ¿Tres? ¿Cinco? Trate 20 millones, cada uno hecho a la medida de las necesidades de cada cliente.

20 millones de buscapersonas

El periódico Dallas Morning News inserta cupones de comida para perros en diarios entregados a dueños de perros, cupones de comida para gatos en periódicos entregados a dueños de gatos.

El nombre del juego ya no es marketing de masas. En cambio, es marketing individual. Este nombre es una clara indicación de que además de estar en su negocio principal, usted está en el negocio de marketing y en el negocio de personas. Mientras más pronto dirija los tres negocios y se enfoque en los tres, más pronto sus beneficios se incrementarán a niveles nunca vistos.

Sus clientes abarcan el grupo minoritario más especial en la Tierra. Mientras más conozca acerca de lo que está en las mentes de sus clientes, mejor podrá hacer énfasis en lo que les motiva, ganar negocios recurrentes de ellos, obtener recomendaciones de boca en boca, disfrutar sus referidos, y crear el tipo de producto y servicios que ellos desean. Todo esto requiere de un conocimiento del comportamiento humano, el cual usted obtendrá cuando voltee la página.

El grupo minoritario más especial en la Tierra

CAPÍTULO 28
CÓMO UTILIZAN LA SICOLOGÍA LOS EMPRESARIOS GUERRILLEROS

Desde la época cuando yo me estaba graduando en sicología en la Universidad de Colorado, este campo ha sufrido una transformación importante. Recuerdo cuán alterado me sentí después de oír, cuando nos estábamos acercando a la graduación, que en la sicología no existían leyes establecidas, sino únicamente teorías.

Aquí había invertido cerca de cuatro años de mi vida, aprendiendo teorías (y esquiando) en vez de hechos claros y tangibles. No es de asombrar que tantas personas se graduaran en ingeniería, donde los números se suman de una manera establecida, o en literatura inglesa, donde las palabras están impresas sin discusión en el texto. ¿Más la sicología y las teorías? No sonaba muy sólido, aún cuando ciertamente era fascinante.

Desde mis años universitarios, la sicología ha cambiando aún más de lo que he cambiado yo. Muchas de las teorías han sido descartadas después de probarse sin valor o falsas. Han emergido otras y los empresarios guerrilleros han aprendido cómo algunos de estos aspectos del comportamiento humano pueden ser aplicados al marketing.

El mejor ejemplo de ello (y el que usted debe recordar todo el tiempo mientras esté mercadeando) es que *las decisiones de compra son hechas en el subconsciente.* Usted no escoge, de manera conciente, una marca en particular para comprar, como pudo haber pensado. En cambio, su inconsciente, esa porción interior, más profunda quéw abarca cerca del 90 por ciento del poder de su mente, decide que marca debe comprar y luego envía el mensaje a su conciente. Allí, donde son pronunciadas las palabras, usted solicita o escoge una marca específica. Usted pensó haber hecho una decisión consciente, más su mente consciente fue simplemente una herramienta de su inconsciente.

¿Dónde son hechas las decisiones de compra?

Esta información resulta bastante impactante, diferente a la sabiduría convencional. Sin embargo, los genios del marketing no consideran esta ley por sí misma. Igualmente están fascinados por la ley que les dice *cómo acceder a la mente inconsciente.* Cuando yo estaba estudiando acerca de las mentes en la universidad, no sabíamos cómo hacerlo. Suponíamos que quizás se pudiera hacer mediante la hipnosis, más no estábamos completamente seguros. *Hoy en día estamos seguros de que se puede acceder la mente inconsciente a través de la repetición.* Los líderes de la publicidad, desde Roser Reeves hasta Leo Burnett han afirmado lo mismo con frecuencia.

¿Cómo acceder al inconsciente?

Así que sume dos más dos y usted verá que mediante la repetición de su mensaje, puede entrar a ese sagrado lugar donde se toman las decisiones de compra. Armado con este simple hecho, usted comienza a comprender por qué el marketing funciona de la manera en que lo hace. De igual manera decide aplicar esta nueva conciencia a todo su marketing futuro. Se manifestará a sí mismo en la repetición. Ésto será uno de los "secretos" de sus ganancias.

Cuando yo estaba estudiando, ninguno de los profesores hablaba acerca de las personas cuyo hemisferio derecho o izquierdo domina al cerebro. Actualmente, todavía no muchos publicistas, ni siquiera los grandes, actúan sobre la base de la enorme economía que este descubrimiento representa a los empresarios perspicaces.

Personas con hemisferio derecho dominante y personas con hemisferio izquierdo dominante

Los estudios revelan que para el 45 por ciento de los norteamericanos, el hemisferio izquierdo domina el cerebro y reaccionan a argumentos lógicos, ignorando la atracción emocional. Para otro 45 por ciento, el cerebro es dominado por el hemisferio derecho y son estimulados por atracciones emocionales, desdeñando en general, a la lógica. El 10 por ciento restante de nosotros son balanceados. Ya que la mayoría del marketing es creado sin tomar en cuenta esta realidad sicológica, cerca de la mitad del marketing de masas es malgastado. Muchas campañas de marketing se enfocan en la dirección opuesta a cerca del 50 por ciento de la audiencia potencial. Como un empresario guerrillero, usted puede apuntar al 100 por ciento de las personas a quienes mercadea, si dirige su marketing tanto para las personas cuyo cerebro es dominado por el hemisferio derecho como aquellas dominadas por el izquierdo.

A las personas cuyo hemisferio izquierdo domina el cerebro, les encanta el razonamiento lógico y secuencial. Usted les ofrece un folleto con diez razones para comprar y leerán cada palabra. ¿Es esto positivo? No necesariamente. Ya que para la mitad de la población, el cerebro es dominado por el hemisferio izquierdo y para la otra mitad, el cerebro es dominado por el hemisferio derecho, usted está dirigiendo su marketing hacia sólo una mitad de su mercado. Aquellas personas cuyo hemisferio derecho domina el cerebro, que pueden ser influenciadas por atracciones emocionales y estéticas, no tienen ningún interés en sus diez razones para comprar. Por lo tanto, usted crea un folleto con hermosos gráficos y palabras que tocan su corazón. ¿Es eso positivo? No necesariamente, ya que un folleto así omitiría todas esas personas cuyo cerebro es dominado por el hemisferio izquierdo y no les interesan unos dibujos hermosos y unas palabras tiernas.

Apunte a dos objetivos
Por lo tanto, los empresarios guerrilleros son muy cuidadosos en dirigir sus materiales tanto para las personas cuyo cerebro es dominado por el hemisferio izquierdo como aquellas dominadas por el hemisferio derecho. Están conscientes que su audiencia objetivo pertenece tanto a aquellas personas con el hemisferio izquierdo dominante como aquellas donde domina el hemisferio derecho. Debido a esto, ellos emplean argumentos lógicos, combinados con razones emocionales.

Nadie es pasado por alto. En sus folletos aparecen tanto las diez razones para comprar como los detalles atrayentes que llegan directo al corazón. Esto no pareciera ser gran cosa, sin embargo las pérdidas sufridas por la ignorancia de este aspecto del comportamiento humano pueden ser grandes.

Existen excepciones al objetivo, que yo le sugiero que siga, de personas dominadas por el hemisferio izquierdo y aquellas dominadas por el derecho. Si su audiencia son científicos de computación, probablemente estén dominados por su hemisferio izquierdo, así que su marketing puede ser el propio modelo de la lógica.

Sin embargo, si su audiencia son artistas, lo más probable es que estén dominados por el hemisferio derecho y serán motivados a comprar a través de sus emociones. Usted debe entender, que excepto las almas más analíticas, casi todos pueden ser influenciados apelando a las emociones básicas. Para agregar fuerza a su marketing, proporcionándole a sus prospectos una motivación para comprar, usted se puede apoyar en algunas de las siguientes atracciones emocionales:

- Logro
- Orgullo de propiedad
- Seguridad
- Autosuperación
- Estatus
- Estilo
- Conformidad y presión grupal
- Ambición
- Poder
- Amor

Las atracciones básicas

Su trabajo consiste en averiguar cuales de estas emociones conseguirán impulsar a sus clientes y prospectos con más efectividad, o conseguir otras que funcionen mejor.

Así como usted se puede beneficiar apelando a las emociones, quizás usted se encuentre en un negocio donde también puede apelar a los sentidos. Hágalo cuando pueda y considérese afortunado por poder tener esa oportunidad. Los empresarios guerrilleros hacen todo lo que pueden, conversando y observando para aprender cuáles sentidos motivan más a sus prospectos. Estos ejemplos le demuestran cómo aplican sus resultados reclutando a los sentidos como aliados:

Sienta sus sentidos

> *Vista:* "Eso luce fantástico en ti".
> *Oído:* "¿Escuchas el masivo poder de ese motor?"
> *Tacto:* "Siente la riqueza de estas telas".
> *Olfato:* "El limpio, fresco aroma es pura satisfacción".
> *Gusto:* "Estos tomates están espectacularmente deliciosos".

Como usted puede resumir, los empresarios guerrilleros son tanto emocionales como lógicos. Esta sensibilidad se manifiesta en la comprensión de la necesidad de crear lazos fuertes.

El negocio recurrente ocurre debido a los lazos. El empresario guerrillero sabe que los nexos más fuertes están tejidos con la fuerza de un vínculo humano. Él comienza por generar este nexo humano, para luego seguir con el nexo de negocios. A medida que pasan los años, ambos vínculos se intensifican, refuerzan y hacen permanentes. Esto no significa que el empresario guerrillero invierte mucho tiempo socializando con sus clientes. En cambio, significa que en todas las interacciones, la persona es tratada primero como un ser humano, con una familia, un negocio, pasatiempos, intereses, opiniones y luego como un cliente. Cuando el lazo humano es poderoso, el nexo

El lazo humano

de negocios es duradero. Si el vínculo de negocios existe sin el vínculo humano, su existencia es frágil.

Los sicólogos han afirmado que una de las necesidades más poderosas del ser humano es la identidad. Una manera de satisfacer esta necesidad es formar un club y convertir al cliente en "miembro" de su "club de clientes". Los privilegios de socio pudieran incluir una tarjeta de membresía, un certificado que pueda ser enmarcado, un boletín de noticias, descuentos especiales, anuncios de eventos o ventas especiales por anticipado, regalos gratis, calcomanías para los vidrios del vehículo, imanes para la nevera, una tarjeta de saludo o un regalo en la época navideña, quizás hasta una tarjeta de cumpleaños. Algunas veces incluye un regalo personalizado con los nombres, tanto del empresario guerrillero como del cliente. Ésto refuerza más aún el sentido de la identidad individual con su negocio.

Permanezca en contacto con sus miembros, ofreciéndoles nuevos productos, nuevos servicios y servicios de sus socios de alianzas de marketing. Por supuesto, éstos beneficiarán a sus clientes, por lo que la vida será estupenda, a medida que su cliente se beneficie primero y luego, como resultado directo, se beneficie usted.

Para agregar más poder a su nexo humano mientras incrementa el sentido de identificación de sus clientes con su compañía, edúquelos en cómo tener más éxito en sus propios negocios. **Eduque a sus clientes** Algunas veces ésto significará comprarle a usted, otras significará comprarle a otros (o no comprar en lo absoluto). El marketing educacional es efectivo, potente, raro y justo la clave para un empresario guerrillero. Ayudando a su cliente (aún si no exista un beneficio inmediato para usted) obtendrá una ganancia eventual que hará que la espera bien valga la pena.

El concepto de "eventualmente" toma un significado especial para los emprendedores guerrilleros que saben que la mayoría de las personas, aunque no todas, responden a la determinación (otra de las leyes del comportamiento humano).

Un amigo, Dennis Holt, quien es dueño de lo que pudiera ser el servicio de compra de medios más grande del mundo, cuenta esta historia acerca de sí mismo: mientras estaba en medio de una presentación de ventas de su compañía para un ejecutivo de publicidad, éste, con su rostro sólo a pulgadas del de Holt, gruñó: "Usted no me gusta. No me gusta lo que hace. No quiero verlo nunca más. Me insulta que haya venido a mi agencia para tratar de vender. Fuera de aquí." Holt se irguió, extrajo un papel y un lápiz y dijo: "Lo voy a anotar como un firme quizás."

Holt nunca se dió por vencido. Llamaba al ejecutivo una vez a la semana. Durante los cuatro primeros años, el jefe de la agencia rehusó contestar sus llamadas. Al quinto año, finalmente tomó el teléfono sólo para suplicarle a Holt que no siguiera llamando. Trece años después de su primer encuentro, el mismo ejecutivo contrató a la compañía de Holt, y más específicamente a Dennis Holt, para manejar su compra de medios. La razón por la que el pequeño servicio de compra de medios ahora compra miles de millones de dólares en valor de medios cada año, se debe a la determinación de Holt, junto al hecho de que *es siempre grato estar con él*, lo cual es una táctica de guerrilla crucial. La determinación por sí sola no hubiera podido tener resultado. El carisma fue parte de la receta. También lo fue el coraje.

Trece años para el éxito

En las visitas personales y en las presentaciones de ventas, no piense estar limitado a únicamente las 250.000 palabras aproximadamente, comúnmente utilizadas en el idioma inglés. Los empresarios guerrilleros no están limitados por números tan miserables como esos. Han aprendido de los últimos descubrimientos del mundo de la sicología y están conscientes de que existen unos 600.000 gestos no verbales que pueden utilizar. *Las personas responden más a claves noverbales que a las verbales.* Los empresarios guerrilleros aprenden la postura apropiada, la expresión facial adecuada, cuándo sonreír, cuándo alzar la ceja y qué significan los brazos cruzados y el ceño fruncido. La comunicación no verbal, o sea, el lenguaje corporal, es parte de la comunicación y por lo tanto, es parte del marketing.

600.000 gestos no verbales

Los colores que usted utiliza en sus armas de marketing: artículos de escritorio, avisos, decoración de la oficina, folletos, tarjetas de presentación, juegan un papel importante en la motivación de las personas. Los colores hablan de manera fuerte y clara acerca de su negocio. Sin embargo, transmiten mensajes mixtos. Los guerrilleros conocen bien el mensaje escondido de los colores y saben que los colores hablan de manera más fuerte que las palabras. Los colores estimulan las emociones, excitan, impresionan, entretienen y persuaden. Si usted no los entiende, generan reacciones negativas. Las impresiones perdurables son hechas en 90 segundos y al color se le atribuye el 60 por ciento de la aceptación o el rechazo. Por lo tanto, usted debe considerar el significado del color. He aquí lo que los colores significan para la gente en sus emociones y en un contexto de negocios:

El idioma de los colores

- El rojo evoca la agresividad, la pasión, la fuerza, la vitalidad. En los negocios es fantástico para acentuar y ser osado, para estimular apetitos; está asociado con deudas.
- El rosado evoca la feminidad, la inocencia, la suavidad, la salud. En los negocios, asegúrese de estar consciente de sus implicaciones y asociaciones femeninas.
- El naranja evoca la diversión, la animación, una cálida exuberancia. En los negocios, es conveniente utilizar el naranja para resaltar información en los gráficos y cuadros.
- El amarillo evoca el positivismo, la luz del sol y también la cobardía. En los negocios, apela a los intelectuales y es excelente para acentuar los detalles. Demasiado amarillo llega a ser desconcertante.
- El verde evoca la tranquilidad, la salud, la frescura. En los negocios, sus tonos oscuros transmiten estatus y riqueza, sus tonos pálidos son tranquilizadores.
- El azul evoca la autoridad, la dignidad, la seguridad, la fidelidad. En los negocios implica la responsabilidad fiscal y la seguridad. El azul es universalmente popular.
- El morado evoca la sofisticación, la espiritualidad, lo costoso, la realeza y el misterio. En los negocios es adecuado para audiencias sofisticadas y artísticas.
- El marrón evoca la utilidad, lo práctico, lo boscoso y una riqueza sutil. En los negocios, significa los aspectos menos importantes en los documentos.
- El blanco evoca la pureza, la sinceridad, ser contemporáneo y refinado. En los negocios, alegra los colores oscuros y puede ser refrescante o estéril.
- El gris evoca un aspecto sombrío, la autoridad, la practicidad y la mentalidad corporativa. En los negocios, siempre es adecuado para audiencias conservadoras.
- El negro evoca la seriedad, la distinción, la audacia y el ser clásico. En los negocios, crea drama y frecuentemente es un buen color de fondo.

Un entrenami-eto de ventas sofisticado

Aprender a hablar el lenguaje de los colores es un aspecto de la maduración del empresario guerrillero. Otro aspecto es aprender el poder de las técnicas de entrenamiento de ventas sofisticadas. Hoy en día, los empresarios guerrilleros graban en video a sus vendedores estrellas, luego muestran este video a su otro personal de ventas (señalando los gestos no verbales que conducen a las ventas). Una argumentación de ventas de quince minutos, disectada, pudiera tener quinientos gestos no verbales, más sutiles, muchos muy efectivos. Cuando usted entiende, que en la mayoría de las organizaciones, el 20 por ciento de las personas logran el 80 por ciento de las ventas, debe entender que ese 20 por ciento utiliza mucha comunicación no verbal, a menos que estén en telemarketing. En ese caso, sus inflexiones de voz, el volumen y el argumento de ventas generan tantas ventas como las palabras que utilizan. ¿Entienden ellos la ciencia de hablar con efectividad? Por supuesto. El éxito difícilmente sucede por accidente.

Los empresarios guerrilleros prestan cuidadosa atención a otra máxima crítica del marketing, que se enfoca en la sicología del ser humano: *haga que cada cliente y prospecto se sienta único.*

Haga que cada prospecto se sienta único

Esta táctica guerrillera conduce directamente a la bóveda, sin embargo es muy poco usual verla en práctica. Describe la mejor manera en la cual su cliente o prospecto se pueda sentir, después de un encuentro con usted, ya sea por teléfono o en persona. Es casi como solicitarle ser un sicólogo.

Reconozco que es difícil hacer que las personas se sientan de esta manera sin parecer falso. También es difícil ya que requiere de trabajo arduo y no puede ser conseguido simplemente con una sonrisa cálida o un apretón de manos firme.

Sin embargo, usted debe hacer que cada cliente y prospecto se sientan únicos e importantes, no como un cliente, no como un miembro de un grupo demográfico, ni siquiera como un cliente bien tratado. En cambio, cada uno debe sentirse como el individuo especial que es, con sentimientos, creencias, valores, problemas y rasgos personales individuales diferentes a los de cualquier otro ser humano sobre la Tierra. Si usted transmite un conocimiento de la persona a través de sus observaciones, acciones y servicio, habrá avanzado un largo camino hacia hacer sentir como única a esa persona. Esto no es fácil de hacer. Sin embargo, si lo hace, obtendrá un cliente de por vida, *ya que difícilmente alguna otra compañía haga lo mismo.* Aún si conocen la importancia de hacer sentir única a una persona, no tienen la habilidad, los datos o la información para conseguirlo. Como un empresario guerrillero, usted tiene el adecuado tamaño pequeño para hacerlo con cada uno de sus clientes.

Hágase la siguiente pregunta: ¿Cuándo fue la última vez que algún dueño de negocio me hizo sentir único, como una persona diferente y extraordinaria? Quizás uno o dos veces, probablemente nunca. Esto se debe a que es demasiado difícil recolectar la información y recordarla cuando esté tratando con la persona. Sin embargo, resulta muy fácil para un empresario guerrillero, ya que éste ha convertido la deferencia a los clientes en parte de su propia esencia. Este es su trabajo.

Los empresarios guerrilleros se alejan de estrategias de marketing basadas únicamente en el bajo precio. Están conscientes de que los precios bajos atraen el peor tipo de clientes: la variedad desleal, quienes son alejados de usted por precios aún más bajos en algún otro lado. Los precios bajos no conducen a relaciones a largo plazo. Son menos importantes de lo que usted piensa.

Los bajos precios atraen a clientes desleales

La revista *Adweek* hizo la siguiente pregunta: "¿Qué le importa más: conseguir una buena rebaja o comprar lo mejor?" En total, el 32 por ciento de las personas contestó que una buena oferta, mientras que el 61,5 por ciento dijo que comprar lo mejor. Sólo el 22 por ciento de los hombres optó por la buena oferta, mientras que el 42 por ciento de las mujeres se inclinó hacia ella. Tenga en mente que de todos los líderes de productos en los EEUU, ninguno es aquel con el precio más bajo.

Los expertos reportan que el precio es la principal consideración para entre 15 y el 35 por ciento de los clientes, aún cuando muchas compañías actúan como si el 100 por ciento de ellos estuvieran obsesionados por el precio.

Si está buscando razones para que las personas de compren, permítales ayudarle en una causa social. Si frecuentan su negocio, obtendrán todos los beneficios que usted ofrece y *además*, pueden ayudar a salvar el medio ambiente, detener el paso del SIDA, curar la esclerosis múltiple o salvar a las ballenas. Quizás le comprarán sencillamente porque es norteamericano y están preocupados del estado de la economía en los EEUU, así que frecuentan negocios norteamericanos.

Ayude al mundo en la medida que ayuda a su compañía

Si usted se alinea con una causa noble, puede dedicarse al *marketing relacionado con la causa*, una manera de sobreponer el "sentimiento de culpa por la compra" que sienten muchos clientes. Si usted los anima a sentir que han ayudado al mundo mientras están comprando su producto, está haciéndoles un favor a ellos, a usted y al mundo. El marketing relacionado con la causa es un acto de filantropía de su parte y el mundo lo necesita y lo aprecia. Existen muchas personas enfermas, sin hogar, destituidas e incapacitadas, quienes necesitan toda la ayuda que puedan conseguir. Si su negocio puede destinar aún un pequeño porcentaje de sus ganancias o mejor aún, de sus ventas, a una causa noble, existe una buena posibilidad de que emerjan muchos ganadores.

Los años 80 fueron una década de "codicia", los años 90 son una década "verde", con más conciencia acerca de productos dañinos o seguros para el medio ambiente que nunca antes en la historia. Cada año nos estamos volviendo más verdes. Una encuesta Roper reveló que los consumidores dijeron estar dispuestos a pagar un 5.5 por ciento de sobreprecio por productos verdes. El reciclaje de periódicos, vidrio y latas es popular en cualquier lado del país y es obligatorio en muchas comunidades. El setenta por ciento de los consumidores están en contra de posponer estándares de emisión más fuertes para la industria del automóvil. El mundo está en un perenne cambio.

Primero codicia, luego verde

En estos días, mientras usted busca el estímulo sicológico que pueda hacer ganar o perder una venta, muchas veces se escucha y obedece un llamado al patriotismo. La atracción por comprar productos norteamericanos es fuerte. El porcentaje de las personas, que creen que cuando compran artículos importados son responsables de dejar cesantes a ciudadanos norteamericanos, se ha incrementado dramáticamente. Los detallistas reportan, que las promociones de "hecho en América" de prendas de vestir fabricadas en EEUU, han incrementado sus ventas de un 25 a un 50 por ciento. Wal-Mart, el más grande detallista en EEUU en el momento de escribir esto, ha declarado estar profundamente comprometido con las fuentes norteamericanas. La compañía afirma haber repatriado 130.000 empleos con base a esa decisión.

Compre americano

El aspecto negativo de este marketing patriótico es el hecho de que pudiera parecer estar nutriendo el odio y los instintos de miedo en la gente. Si usted decide adoptar un marketing relacionado con una causa, en especial la del tipo rojo, blanco y azul, asegúrese de no hacerlo a expensas de otras personas y grupos étnicos. Los empresarios guerrilleros nunca se enemistan con clientes potenciales.

Otra frase de moda actualmente es el *marketing relacional*, el título de un libro escrito por Regis McKenna. Los autores Don Peppers y Martha Rogers lo explicaron bien en su propio libro acerca del marketing uno a uno. Un artículo en una edición del *Harvard Business Review* de 1998, discutió su boletín de noticias: *Dentro 1:1(Inside 1:1)*, en el cual escribieron acerca del marketing relacional aparente, el cual ellos denominan "marketing relacional falso" ("faux relationship marketing").

Marketing relacional

En el boletín de noticias preguntaron en voz alta si el marketing relacional estaba en peligro de sufrir una muerte prematura. Su respuesta fue: "Desdichadamente, una mirada cercana sugiere que las relaciones entre las compañías y los consumidores, en el mejor de los casos, presentan problemas". El artículo hacía énfasis en que los consumidores estaban siendo sobrecargados con una andanada de mensajes de marketing y solicitudes de información personal. Son abrumados con la proliferación de las decisiones a tomar en las repisas de la tienda y sus buzones de correo. Su calidad de vida está sufriendo.

Pepper y Rogers escribieron: "No estamos en desacuerdo con esos puntos, sin embargo, retamos la premisa subyacente. Muy pocas de las prácticas que los autores documentan como irritantes a los consumidores realmente provienen de la disciplina del marketing relacional. Son, sin embargo, excelentes ejemplo de "marketing relacional falso", lo que parece un marketing relacional, cuando es implementado según los principios del marketing tradicional".

"El marketing relacional no es sinónimo de correo basura o telemarketing. Tampoco involucra la sobreexaminación de los clientes, las extensiones de líneas de producto, o la compra de nuevos clientes con rebajas y acuerdos especiales. En cambio, estos son los síntomas clásicos de una disciplina de marketing tradicional sobre la velocidad. Es lo que sucede cuando los medios interactivos y dirigibles, así como las bases de datos de alta capacidad de clientes son utilizados para el marketing tradicional, orientado al producto, sin prestar atención al modelo de negocios orientado al cliente, completamente diferente, representado por un marketing relacional genuino, uno a uno."

¿Sobre qué están basadas las relaciones?

"Una relación genuina con el cliente, al igual que una relación con un amigo, debe estar basada en detalles como la confianza, el apoyo emocional, la protección de la privacidad y la tolerancia hacia otras relaciones. Mas el aspecto más importante de cualquier relación genuina es su individualidad inherente. Usted pudiera tener relaciones con muchos amigos, sin embargo, no tiene la "misma" relación con "todos" sus amigos. El ejecutivo de marketing uno a uno reconoce que cada relación es diferente, que está basada en los aportes de "ambas" partes y que su contexto continúa construyéndose y transformándose a través del tiempo. Un ejecutivo de marketing relacional nunca debe hacerle la misma pregunta a un cliente dos veces, de la misma manera que usted nunca le preguntaría a su pareja cómo le gusta el café."

Nunca haga la misma pregunta dos veces

"Entonces, un banco que envía requerimientos por correo para "localizar" clientes que ya tiene, no está practicando un marketing relacional. Tampoco lo está haciendo una compañía de tarjetas de crédito que otorga tasas preferenciales sólo a los nuevos clientes. Estos son solamente ejemplos del uso de computadores para practicar el marketing tradicional de una manera más enfocada".

"Probablemente, ninguna de las dos empresas anteriores tiene la menor idea de quiénes son sus mejores clientes. Estos están cansándose del marketing de masas, el marketing meta, y el marketing relacional falso. El marketing tradicional está desahuciado. Sin embargo, como lo demuestra consistentemente el entusiasmo por la lectura de nuestro boletín de noticias, un verdadero marketing relacional uno a uno está recién comenzando a lo que promete ser una larga y exitosa vida".

Tome estas palabras a pecho. El marketing de guerrilla es más que una colección de un zumbido de palabras y de frases. En cambio es una manera de pensar, conectar y comunicar, lo que no puede ser encapsulado de manera acertada por un zumbido de palabra. Es un conocimiento del comportamiento humano y acción basado sobre esas perspicacias psicológicas.

El zumbido de palabras no corresponde al marketing de guerrilla

Para obtener el nexo psicológico más cercano con sus prospectos y clientes, asegúrese de saber lo más posible acerca de ellos, para luego calzar esa información a la comprensión que usted posee de su propio producto o servicio. ¿Exactamente cuál es su identidad? ¿Qué simboliza en su mercado? ¿Cuáles son sus atracciones emocionales inherentes? ¿Cuáles son sus atracciones lógicas? ¿Atracciones culturales? A medida de que sea difícil obtener una verdadera diferenciación del producto y todavía más difícil mantenerla, las asociaciones de percepción jugarán un papel más importante en el distan-ciamiento entre los productos y servicios.

Un gran número de gente de negocios (el 71 por ciento para el momento en que escribo esto) se sienten agobiados por el número de mensajes que reciben. Estamos hablando de E-mail, correo de voz, buscapersonas, faxes, teléfonos celulares, teléfonos en los vehículos, servicios expresos de correo y correo lento. Esta tormenta de comunicaciones disminuye el tiempo de pensamiento de calidad, forzando a las personas a trabajar los fines de semana y durante las noches. Luchan, no respondiendo, contra comunicadores demasiado agresivos.

Abrumados por las comunicaciones

Persistentes pero no molestos

Los empresarios guerrilleros están conscientes de que existe una delgada línea entre el ser persistente y el ser molestoso. Tratan de no cruzarla y son capaces de hacerlo, teniendo no una política, sino una sensibilidad para cada prospecto y cliente.

El nuevo sueño americano

El Sueño Americano está en cambio constante. En 1996, un estudio reportó que lo más importante para nosotros era la seguridad financiera, seguida por el poseer una casa, tener una familia, un trabajo seguro y la felicidad. Conocer lo que la gente desea le ayuda a servirles. Cuando se les preguntó a los "baby boomers" qué representa el Sueño Americano para ellos, el 97 por ciento respondió el "mantenerse fiel a sí mismo y no venderse"; el 96 por ciento dijo "sentirse en control de su propia vida", "estar satisfecho consigo mismo", "producir suficiente dinero para asegurar un futuro confortable" y "un trabajo que proporcione satisfacción personal". Únicamente el 42 por ciento respondió "ser rico".

¿Puedo sobreestimar el poder de los pequeños detalles? En el contexto del marketing de guerrilla, no puedo. Recordando o notando pequeños detalles tales como lo que un cliente dijo durante su última conversación, especialmente acerca de temas no relacionados con el negocio, lo conecta más cerca de su cliente. Si es algo que usted hace sin pensar, usted puede ser un guerrillero innato.

Los diferentes grupos etáreos responden de manera diferente a la publicidad. Las personas en los veinte son más propensas a especificar, recomendar o comprar un producto debido a la publicidad; en efecto, el 63 por ciento de ellos reportan ser influenciados. De aquellos en los treinta, el 55 por ciento dicen lo mismo, y el 57 por ciento de las personas en los cuarenta y cincuenta dicen que son motivados por los anuncios y comerciales. Las personas más jóvenes son menos leales a las marcas y más dispuestos a experimentar. Por ello, es tan crucial entender *precisamente* qué representa su negocio en las mentes de su audiencia objetivo. Eso puede revelárselo la investigación. De manera ideal, es lo que usted desea que represente. Si no es así, deberá hacer cambios. Siempre debe

Véase a sí mismo como lo ven los demás

procurar entender lo que su producto o servicio significa para su mercado. Debe estar consciente de que la percepción pública de su producto o servicio probablemente cambiará con el paso del tiempo, necesitando una investigación continua a través de cuestionarios.

Los empresarios guerrilleros conocen los estudios que indican en quién confían los clientes de hoy. Un 87 por ciento confía en la familia, un 80 por ciento en los amigos, un 79 por ciento en las organizaciones ambientales, un 75 por ciento en los médicos, un 59 por ciento en los científicos, un 28 por ciento en los sindicatos, un 22 por ciento en las organizaciones religiosas, un 15 por ciento en los medios, un 12 por ciento en las compañías mismas y un 8 por ciento en el gobierno. ¿Usted piensa que se le presenta una batalla difícil? Piense en lo que deben enfrentar en Washington.

¿En quién confían los clientes?

Las personas que compran en tiendas han cambiado sus hábitos de compra. Nueve de cada diez compradores que se dirigen a la tienda por artículos comprados frecuentemente van armados y listos con una estrategia específica de compra en mente, para ahorrar dinero. Estos compradores han sido ubicados en cinco categorías básicas:

- *Los prácticos leales.* El 29 por ciento de los compradores buscan maneras para ahorrar en marcas que compran de todas maneras. La confianza que tienen en esas marcas no puede ser sacudida simplemente por un bajo precio.

La sicología de los compradores

- *Los compradores del precio más barato.* El 26 por ciento de todos los compradores compran el artículo marcado al menor precio con poca consideración de la marca. Este número ha subido del 14 por ciento de mediados de 1980.
- *Los cambiadores de oportunidad.* El 24 por ciento de los compradores utilizan cupones o rebajas para decidir entre las marcas y los productos ubicados dentro de un grupo preseleccionado mentalmente.
- *Los cazadores de oportunidades.* El 13 por ciento de los compradores buscan la mejor "ganga" y no son leales a las marcas. Entienda que "ganga" se refiere más al valor que al precio.
- *Los no estrategas.* Solamente el 8 por ciento de los compradores no invierten tiempo y esfuerzo para planificar su compra.

Como usted pudiera esperar, una recesión económica fue responsable en gran medida de este cambio fundamental en el comportamiento del consumidor, sin embargo, se espera que éste continúe, aún con una completa recuperación económica. Aún cuando la confianza reinará suprema como el motivador inconsciente para seleccionar una marca o negocio sobre otra, las recesiones generan que los consumidores recorten cupones, reduzcan gastos, compren por bultos y frecuenten almacenes y clubes de precio.

La nueva raza de clientes

En los 90, los consumidores aprendieron a ser compradores inteligentes, decidiendo las compras sobre la base de beneficio puro y relaciones de precio. Aún cuando el mayor grupo de ellos son fieles a sus marcas, se incrementa cada vez más el número de los que son leales a sus dificultades financieras y son forzados a abandonar sus lealtades de larga duración. Los empresarios guerrilleros hacen todo lo que está en sus manos para mantener sus clientes actuales, mientras atraen a la nueva raza de clientes sofisticados aunque orientados al ahorro.

Mantienen un ojo avizor hacia las nuevas tendencias en las vidas de sus clientes y sus prospectos. Aún cuando suceden incontables cambios en el mundo al mismo tiempo y en este momento más que nunca antes, los empresarios guerrilleros tratan de mantenerse a la par con los más importantes para poder ajustar su marketing y su mezcla de productos o servicios. Hoy en día, existen diez tendencias que están cambiando la manera de vivir de los norteamericanos:

Las tendencias actuales

1. Están incrementando su conocimiento electrónicamente. No necesito mencionarle que ésto significa que saben desenvolverse alrededor del Internet.
2. Están optando por más experiencias visuales. Las obtienen a través del entretenimiento, incrementándose la cantidad de entretenimiento interactivo.
3. Están conectándose más a personas que a sitios. Comprenden que las personas no necesitan ser vistas para contribuir unas con otras.
4. Están mudando su lugar de trabajo a sus casas. El resultado es una mayor eficiencia de trabajo y una libertad personal aunada a costos mas bajos y menos tráfico.
5. Están aprendiendo a paso acelerado. El crédito de ésto se puede atribuir a los materiales de autosuperación, oportunidades de desarrollo de destrezas y cybertutores.
6. Están creando un estilo de vida centrado en el hogar. Esto es posible gracias al nuevo entretenimiento electrónico, artefactos y comercio on-line.
7. Están convirtiéndose en parte de la comunidad global, gracias al Internet.

8. Están dirigiéndose hacia el comercio proactivo. Se dedican a él, más ahora que nunca, mediante el mercadeo directo y el mercadeo interactivo.
9. Están reduciendo su miedo, incertidumbre y duda. Las nuevas herramientas para garantizar la seguridad en el sitio de trabajo y en las casas, están generando mayor tranquilidad.
10. Están colocando más valor sobre productos creados por humanos. En la medida en que más máquinas crean productos, aquellos fabricados por personas son más valiosos.

A diferencia de las compañías tradicionales, a los empresarios guerrilleros les agrada, de sobremanera, la idea de expresar su actitud, a sabiendas que ésto conduce a una mayor conciencia de su existencia. Usted pudiera ofrecer una calidad **Su actitud** extraordinaria y un servicio superlativo, mas sin embargo, si su compañía está dudando acerca del marketing, su actitud pudiera no transmitir su excelencia. Ya que su actitud es pro-bablemente la primera manera en que será notado, es vital tener una y permitir que cante acerca de usted, fuerte y claro. Es excelente que tenga una actitud, mas, ¿lo saben sus clientes?

Su más potente método para comunicar su actitud es a través de su marketing. Si usted no mercadea, las personas no estarán conscientes de su actitud. Una actitud privada no va a conseguirle beneficios, usted debe anunciarla.

Comience redactando la identidad de su compañía (quién es usted en realidad y qué representa). Después de hacer un excelente trabajo con eso, permita que su público sienta esa actitud. Lo harán a través de su agresividad en la arena del marketing. Recogerán el hecho de que usted está orgulloso de su compañía, que es serio, que está haciendo mucho esfuerzo y que es un jugador clave en su campo.

Esa actitud agresiva será comunicada de manera clara a través de la visibilidad que obtiene con su marketing: en los medios masivos, en los medios directos y on-line. Si las personas a su alrededor le ven o le escuchan, no podrán sino notarlo y estar conscientes de su actitud. Cuando sea el tiempo para hacer una compra, estarán mucho más atraídos hacia compañías con actitud que hacia aquellas invisibles que no expresan la suya.

Su actitud es también representada por el profesionalismo de sus materiales de marketing. Si lucen pobres, esa pobreza se

Su actitud convertirá en parte de su actitud. Si lucen excitantes e inspiran confianza, eso también se convertirá en parte de su actitud. Cada arma de marketing que usted emplee contribuirá a esa actitud o lo apartará de ella. Nada es demasiado insignificante.

El alcance de su marketing también refleja su actitud. Lo mismo hace la frecuencia. Su compromiso con su programa de marketing también refleja su actitud. Lo mismo pasa con su consistencia. Si usted se mantiene alternando sus medios y sus mensajes, las personas no entenderán su actitud más que para pensar que no está seguro de sí mismo. Si es consistente con su formato y su identidad, las personas se imaginarán que sabe lo que quiere y ésto genera confianza. Todos los empresarios guerrilleros están conscientes de que la confianza en un vendedor influye a un comprador más que cualquier otro factor.

Su actitud se transmite por medio de sus ofertas, encabezados, textos, gráficos, estilos de letras, selección de medios y la ejecución de su estrategia de marketing. Será impartido mediante el mensaje de su marketing. Si las personas continúan viendo y oyendo acerca de usted, estarán conscientes de su actitud. Si usted cesa de mercadear y se funde en el enmaderado, olvidarán su actitud. Las personas olvidan el marketing con la rapidez de la luz y si usted no está al frente de sus mentes, su lugar será ocupado por alguien más, alguien que entienda el poder de la actitud.

Existe un gran número de estrellas de cine y de rock quienes carecen del mero talento para ser exitosos, más poseen la actitud. Me viene a la mente Madonna. Me viene a la mente Bette Midler. Me viene a la mente Bruce Willis. Me viene a la mente Brooke Shields. John Wayne de seguro tuvo mucha más actitud que talento. Muchos más le vendrán a su mente, especialmente los políticos. Esta gente ha creado y capitalizado tanto su actitud, que millones de personas piensan que también poseen un inmenso talento. Por supuesto que no puede tener éxito con solamente la actitud. También debe poseer algo sobre lo cual apoyarse. Muchos líderes de categoría de productos tienen éxito con la actitud sobre la excelencia, con la actitud sobre el bajo precio, con la actitud sobre el gasto pródigo. Todos los automóviles pueden llevarlo desde el punto A hasta el punto B, aunque algunos lo hacen con una actitud con más estilo.

Su actitud debe brillar a través de todo su marketing. La actitud que usted exprese debe ser consistente de un medio a otro. La cohesión es un aliado del empresario guerrillero. Eso significa que todas las armas de marketing deben dirigirse en la misma dirección, expresando la misma actitud, transmitiendo la misma identidad.

La cohesión es su aliado

Su actitud se transmite mediante lo que usted dice, cómo lo dice, dónde lo dice y con qué frecuencia lo dice. Aún la mejor actitud del mundo lo conducirá a no más que a frustración, si usted no está ahí afuera comunicándola. Es por ello que los empresarios guerrilleros rara vez están fuera de la mirada del público. Con su mercadeo, tienen como meta el impacto y también la conciencia. Ellos bien saben que un posicionamiento en la mente del consumidor conduce a una participación de mercado. Lo que carecen con relación a un gran presupuesto de marketing, lo suplantan con una gran actitud. Están conscientes de que mientras más mercadeo hagan, mejor transmitirán su actitud.

He aquí algunas preguntas que usted se debería hacer:

- ¿Cuál es la actitud de mi compañía?
- ¿Se transmite esa actitud con regularidad?
- ¿Es esa actitud diferente a la de mis competidores?
- ¿Refleja exactamente esa actitud mi honesta identidad?
- ¿Están conscientes mis clientes de mi actitud?

Recuerde que la mayoría de la vida y todo el marketing están basados en la actitud. Ahora que conoce una verdad tan importante como ésta, es hora de conocer una palabra importante, una de las más importantes del marketing. Las personas de marketing aprendieron hace tiempo que la palabra más importante del diccionario de marketing es "gratis", sin embargo Harvey MacKay, autor de *"Nade con los Tiburones"* *(Swim with the Sharks")*, está en desacuerdo. Dice que la palabra más importante es "Rolodex"(tarjetero giratorio). Afirma que la medida de su éxito son los miles de nombres que aparecen en su Rolodex. Igualmente comenta que cuando su hija se graduó en Stanford, se impresionó menos por su alto promedio de notas que por el número de nombres en su Rolodex.

La mayoría de la vida y todo el marketing es actitud

La palabra más importante

Si usted real y sinceramente desea infundir su negocio con clientes, relaciones y ganancias y lo desea hacer con toda rapidez, considere organizar una fiesta Rolodex, como fue sugerido por Sam Decker en su artículo en la revista *Inc.* de junio de 1997. Para una fiesta como ésa los anfitriones deben ser usted y un amigo, compañero de trabajo o un socio de alianza de marketing.

Un consultor de marketing de Virginia organizó una fiesta así con un amigo arquitecto. Fue estrictamente para ellos dos y sus actividades consistieron en hacer llamadas telefónicas durante toda una tarde, a personas y grupos cuyos nombres aparecían en el Rolodex. Para la persona de marketing, el propósito de las llamadas consistió en promocionar al arquitecto y para el arquitecto, promocionar al consultor de marketing. Por favor, entienda que aquí no estoy hablando de ciencia espacial.

La persona de marketing llamó a sus clientes para preguntarles si estaban considerando renovar sus oficinas. Si la respuesta era negativa, la llamada consistía en un contacto corto y amigable. Si era positiva, ponía al arquitecto en el teléfono. Al mismo tiempo, el arquitecto llamó a las asociaciones de las cuales era miembro y les preguntó si necesitaban utilizar un orador en marketing para alguna reunión o conferencia venidera.

Leer acerca de esto es una cosa. Actuar sobre esta información es algo diferente por completo. El consultor de mercadeo y el arquitecto invirtieron un total de cuatro horas haciendo estas llamadas. El arquitecto terminó con siete trabajos. El consultor fue contratado para cuatro compromisos de oratoria.

Usted se preguntará cuánto dinero cuesta atraer todo estos nuevos negocios y entenderá que no llegó a costar nada. Como todo el marketing de guerrilla, requirió de tiempo para la planificación de la reunión y para hacer las llamadas (toda una miserable tarde). Requirió de energía, para ejecutar el plan, el cual no era más que traer sus Rolodex y estar ubicados cerca de dos teléfonos. También requirió de imaginación, para entender que uno de los más grandes nombres del juego son los contactos y otro nombre para contactos es el Rolodex. No se trata de cuánto sabe sino cuántos nombres tiene su Rolodex.

Utilice el nombre de sus contactos — También se trata de cuánta atención esté prestando a cuán profundamente influye la sicología en su poder para motivar. Los entrevistadores que interrogaron a los prisioneros coreanos durante la guerra encontraron que si utilizaban el nombre del prisionero cinco veces durante los primeros cinco minutos, obtenían una interrogación exitosa. El mismo concepto se aplica al dirigirse a sus clientes.

Utilizar la sicología involucra mucho más que anuncios y folletos, actitudes y Rolodex. Las personas están en la búsqueda de mucho más de lo que usted piensa que buscan. El mejor predictor de preferencia para McDonald´s no es el precio o las hamburguesas, sino los baños limpios y las buenas papitas fritas. Los baños limpios transmiten un metamensaje de cocinas limpias, comida más segura, y empleados mejor entrenados. Probando nuevamente la insignificancia del precio, el Big Mac de 55 centavos de McDonald´s fue un fracaso. Las ventas de Mobil Oil se incrementaron más que las de cualquier otra compañía de petróleo durante una guerra de precios, debido a que Mobil se enfocó en una atención amistosa, atractiva, estaciones de servicio bien iluminadas y baños limpios e impecables.

Si usted utiliza la sicología en su marketing, hará cualquier cosa en su poder para complacer directamente a su audiencia y capitalizar no sólo con sus hábitos universales de compra, como acabo de describir, sino también con sus idiosincrasias especiales, sin importar cuán salvaje esto pueda hacer aparecer a su marketing para el mundo exterior. La revista *Mad*, conocida por su humor irreverente y sus locas perspectivas de la vida americana (al igual que por sus consistentes beneficios), entregó un pin gratis a todos los nuevos suscriptores. Para mantener su identidad, no trató al pin como éste merecía ser tratado, como un objeto insignificante, sino que en cambio, lo describió en términos que solamente a sus suscriptores les iba a encantar:

Baños limpios como marketing de guerrilla

Un ejemplo Mad

"Cada uno de los Pines *Mad* está producido artísticamente con precisión por máquinas que son encendidas y apagadas a mano. Estos pines *Mad* no serán vendidos en ninguna tienda, lo sabemos, hemos tratado de que alguna tienda los venda y nadie ha querido tocarlos. Debido a la naturaleza especial de esta oferta, el número de pines *Mad* oficiales encargados, nunca deberá exceder la demanda. Cada pin *Mad* oficial es tan valioso, que será entregado personalmente en su hogar por un empleado oficial del Gobierno de los Estados Unidos, vestido como un cartero".

Usted puede estar seguro de que cada persona que recibió el pin se sintió única e identificada de manera ligeramente más cercana a *Mad*.

¿Recomiendo esta táctica a todos los empresarios guerrilleros? Definitivamente recomiendo la táctica de ser sensitivo a su propio mercado. La precisión de su ataque de marketing dependerá de esta sensibilidad.

CAPÍTULO 29

CÓMO GANAN LAS BATALLAS LOS EMPRESARIOS GUERRILLEROS

No existe absolutamente ningún misterio acerca de por qué los emprendedores guerrilleros prevalecen mientras otros caen a los lados del camino. Saben cómo lanzar un ataque de marketing y cuándo hacerlo. Saben cuáles batallas pelear y cuáles ignorar. Saben a dónde dirigirse para conseguir apoyo. Han aprendido cómo ganar, comenzando con una batalla y continuando a medida que éstas van siendo cada vez más grandes y numerosas. Igualmente han aprendido cómo evitar la codicia y el instinto ciego de crecer por encima de sus capacidades y en medio de una cantidad de problemas. Lo más importante, saben que el marketing es un proceso y no un evento.

Trabajando hacia atrás, asumiendo que usted va a hacer lo que esté en sus manos para convertirse en un empresario guerrillero, asegúrese de saber cómo manejar el éxito. La mayoría de las personas carecen de esta habilidad. Es un talento encontrado de manera poco frecuente y sin embargo, sin él, usted se ahogará en aguas profundas. Una buena regla a observar es *no dedicarse a ninguna expansión hasta que haya eliminado todos los errores de su operación actual.* De otra manera, sus errores serán ampliados y multiplicados. Cuando usted comience a obtener nuevas alturas en los beneficios mes tras mes, estará tentado a apuntar al oro y crecer. Si eso es lo que usted realmente desea, hágalo, sin embargo espere hasta que haya ajustado su radar de errores a las realidades de su compañía. Cualquier error que usted consiga son banderas rojas advirtiéndole contra el crecimiento. No las ignore.

Eliminando los errores

Para llegar al punto donde usted *considere* seriamente una expansión, deberá dedicarse a los diez pasos necesarios para lanzar y tener éxito con su plan de marketing para luego activarlo en el momento preciso.

Los diez pasos parecen ser cada vez más difíciles a medida **Los diez pasos** que usted los va tomando, sin embargo ayuda comenzar con los más fáciles para hacer crecer su confianza.

Primer paso: investigue su mercado. Esto significa que debe investigar su mercado, el producto, el servicio, las opciones de medios, la competencia, la industria, los prospectos, los clientes, la tecnología que puede ayudarle, los beneficios que usted puede ofrecer, el Internet y la alianza potencial con socios de marketing, on-line y fuera de línea.

Segundo paso: escriba una lista de beneficios. Este no es el momento de ser modesto. Es el momento de organizar una reunión, invitando a su personal clave y por lo menos a un cliente. El único propósito para la reunión, es llegar a una lista de los beneficios que usted pueda ofrecer. La razón para invitar a un cliente, es que usted puede ofrecer beneficios que quizás no se haya percatado que sean verdaderos beneficios. Antes de haber dado una charla en una convención nacional de vendedores de libros, le pregunté a mi esposa la razón que tenía para frecuentar la tienda de libros situada a cinco millas de distancia, en vez de comprar en la que quedaba a una milla. Su excitada respuesta fue: "¡Su torta de zanahoria!". ¿Su torta de zanahoria? Usted puede estar seguro que la tienda de libros tenía una lista de beneficios enfocada en su selección, personal entrenado, horas extendidas, iluminación superior y deseo de tomar órdenes por teléfono. Sin embargo a menos que invitaran a un cliente a su reunión de lista de beneficios, probablemente no se hubieran dado cuenta del atractivo de la torta de zanahoria servida en su cafetín.

Cuando usted haya creado su lista, seleccione una ventaja competitiva, ya que es allí donde usted estará colgando su sombrero de marketing. La firma detallista de automóviles en mi comunidad era una entre muchas y estaban en una situación competitiva difícil. Entonces crearon las ventajas competitivas de las visitas a las casas, vendiendo al detal automóviles en las casas u oficinas de sus clientes. Este beneficio competitivo hizo quebrar el banco para ellos. Su tarea es encontrar o crear un estímulo competitivo que haga lo mismo para usted.

Tercer paso: seleccione las armas de marketing que va a utilizar en su ataque. Decida el orden de prioridad de lanzamiento de sus armas, quién será responsable de lanzar cada una, quién será responsable para hacerle seguimiento y la fecha exacta cuando cada arma será lanzada.

Creando su propio programa de marketing

Cuarto paso: cree su plan de marketing. Después que haya completado los primeros tres pasos, este paso será fácil de hacer. Aquí es donde usted se esfuerza en enfocarse en las metas específicas que desea conseguir con su marketing. Este es el plan que usted estará desarrollando después de consultarlo con sus empleados, el que usted les mostrará para ubicarlos en la misma longitud de onda que la suya. Es el descrito en todo detalle en el Capítulo 4. Junto con su plan de marketing, este es el momento para crear un plan creativo. Usted leyó cómo hacerlo en el Capítulo 5 y ahora es el momento de diseñarlo. Al definir las maneras en las que usted se comunicará con los prospectos y los clientes, le infundirá vida a su plan de marketing. Estos planes escritos serán también una gran ayuda para cualquiera que diseñe materiales de marketing para usted. He hecho una cantidad considerable de trabajo independiente para banqueros y recuerdo siempre estar impresionado por el banco Wells Fargo debido a que junto con la asignación, también me proporcionaban una copia de sus planes de marketing. Éstos me ayudaban de gran manera.

Quinto paso: cree un calendario de marketing de guerrilla (como aquel descrito e ilustrados en el Capítulo 6). El tenerlo hará más fácil el tomar decisiones y las emergencias serán casi inexistentes.

¿Dónde conseguir socios de alianzas de marketing?

Sexto paso: llegue a acuerdos con socios de alianzas de marketing. Esos son los negocios que pueden ayudarle a incrementar su exposición de mercadeo mientras comparten sus costos de marketing. Deben tener el mismo tipo de prospectos y los mismos altos estándares que usted. Encuéntrelos en su comunidad, a través de su cámara de comercio local, a través del propio marketing de ellos y por el Internet.

Séptimo paso: lance su ataque de marketing de guerrilla disparando las armas. El empresario guerrillero sabe que no hay razón para lanzar todas las armas en el mismo momento. Está consciente de que los ataques de mercadeo de guerrilla son más

Lanzamiento en cámara lenta

efectivos cuando son *lanzados en cámara lenta*. Una manera sana de verlo es poner un plazo de unos dieciocho meses o quizás un año para lanzar todas las armas que usted había decidido lanzar. Lance su ataque a una velocidad que sea cómoda emocional y financieramente para usted.

Usted nunca debe sentirse abrumado por las acciones de marketing que está tomando y nunca debe sentir como si estuviera invirtiendo en exceso en su proceso de mercadeo. Es difícil que haya o deba existir algún apuro. Cada arma debe ser usada de manera apropiada o no debe ser usada en lo absoluto. Las personas responsables para lanzar sus armas saben quienes son; aquellas mismas personas saben cuando deben lanzarse, así que no debe haber sorpresas, excepto para su competencia.

Octavo paso: mantenga su ataque. Disculpe, esto no es ninguna arena para los devotos de la gratificación instantánea. Poco de lo que usted haga le otorgará resultados inmediatos. La retroalimentación será escasa o no existirá. Usted no será capaz de detenerse un momento y cuestionar su plan de marketing. Sin embargo, no pregunte demasiado sobre él. Recuerde al hombre Marlboro y monte su caballo al ocaso. Tómese su tiempo.

A menos que usted mantenga su ataque, no hay manera que éste tenga éxito para usted. El dinero (y el tiempo, la energía, la imaginación) que usted ha invertido en el marketing, se habrán perdido para siempre. Sería como romper en tiras un certificado de acción, por haber descendido ésta, un par de puntos. Esa es la manera en la que *se supone* que deba ser. Es difícil continuar invirtiendo su dinero sin ver poco o ningún retorno. Algunos dueños de negocios pudieran interpretar este estado de cosas como un fracaso de su parte. Sin embargo, los empresarios guerrilleros saben que las personas no fallan, simplemente dejan de tratar. No se mantienen más.

Manténgase allí

Este es el momento para permanecer allí y ganar esa confianza tan importante que los empresarios guerrilleros están supuestos a ganar. Sin embargo, tristemente, aquí es cuando la mayoría de los dueños de negocios sienten los pies fríos y las manos sudadas y deciden renunciar. Entran en pánico, abandonan su plan de marketing, cambian sus medios, despiden su agencia de publicidad y deciden que los periódicos, el correo directo, el telemarketing, la televisión o cualquier combinación de estos no funciona para ellos. ¡Por supuesto que no lo hace! Debe ser mantenido por un período de tiempo (de tres meses a uno año) para que funcione.

Una vez me llamó un cliente de manera excitada para contarme que estaba sobrecargado con negocios. No me sorprendí. ¡Él estaba impactado! Había estado mercadeando activamente durante seis meses y durante los primeros cinco, no había pasado mucho. Durante el sexto mes, *todo* pasó. Fue excelente. Aquellos prospectos con los que había conversado hace cinco meses decidieron que ahora era el momento para aprovechar su oferta. Aquellos *otros* clientes potenciales que contactó, también hace cinco meses, decidieron que éste era un buen momento para comprarle a él. Su teléfono estaba sonando de manera incesante y las personas que llamaban estaban listas para someterse a la magnífica transición de prospecto a cliente. Las semillas habían sido plantadas; habían sido cuidadas con cariño. En este momento estaba ocurriendo la cosecha ¡y el granjero estaba impactado! Si usted se mantiene allí, cosechará. Si no lo hace, no lo hará. El mantenimiento no es un trabajo muy glamoroso. Sin embargo, sí funciona. ¡No esté impactado cuando lo haga!

Mida su ataque

Noveno paso: mida su ataque. Aquí es donde usted trabajará más arduamente, ya que es fatigoso medir la efectividad del marketing, mas es su trabajo y si lo hace, puede doblar la efectividad de su presupuesto de marketing. Enunciado de otra manera, usted puede partir por la mitad la efectividad de su presupuesto de marketing.

Únicamente midiendo, puede mejorar su calendario de marketing. Únicamente averiguando cuáles armas funcionaron y cuales no, puede maximizar aquellas exitosas y eliminar los fracasos. Averiguará acerca de la efectividad de su marketing, preguntando a las personas dónde han oído hablar de usted.

Haga la pregunta en persona, cuando esté completando un recibo de ventas, al principio, en un cuestionario, en cualquier oportunidad, ya que es tan importante para usted no malgastar un solo centavo de su dinero de marketing. Si no averigua dónde las personas han oído hablar primero de usted, está malgastando su inversión de mercadeo. Esa no es la manera en que un empresario guerrillero deba conducir un negocio y así el guerrillero inventa métodos y políticas que capturan esa información de cada cliente y en muchos casos, de cada prospecto.

La medición llega a ser un poco más fácil cuando usted ha formalizado el proceso para cualquier empleado que esté en una posición de seguir las respuestas, tales como incluir un espacio en blanco en su formato de orden, con espacio para la fuente original de este cliente, "forzándolo" a preguntar y averiguar. Algunos negocios que hacen esto, o donde sus operadores telefónicos preguntan a los prospectos: "¿dónde oyó hablar por primera vez de nosotros?" comentan que tienen su trabajo de medir "en automático" o sea, utilizan un sistema donde le preguntan a todo el mundo por este dato.

Duplicando su eficacia

Recuerde siempre que, en la realidad, la medición duplicará su eficacia y se traducirá a aumentos dramáticos en sus beneficios, lo cual es el verdadero propósito del marketing de guerrilla. La idea es estar consciente de todas las armas, disparar aquellas que usted piensa son las adecuadas para su negocio y luego utilizar únicamente el arsenal de armas que se hayan probado a si mismas en acción.

Décimo paso: mejore su ataque en todas las áreas. Mejore su mensaje. Mejore su selección de medios y sus armas. Mejore su presupuesto invirtiendo menos y obteniendo más. Esto no es difícil, ya que usted ha hecho seguimiento y ha averiguado qué funciona y qué no lo hace. Mejore los resultados globales de su ataque de marketing de guerrilla. Hágalo cada año. Nunca haga cambios simplemente por hacerlos. Recuerde que los empresarios guerrilleros están haciendo *mejoras* constantes.

¿Qué es lo que debería mejorar?

El pequeño negocio ideal del siglo veintiuno, comprenderá que el pasado *no* es la llave del futuro. Aún cuando el sol continúe saliendo por el este y usted tenga que seguir pagando impuestos, el marketing continuará cambiando. Los empresarios guerrilleros están posicionados para estos cambios. Para adaptarse, están conscientes de que la sobrevivencia y la prosperidad no son tanto un asunto de dinero como lo son de tiempo, energía y determinación.

El pasado no es la llave del futuro

Para mercadear inteligentemente y con éxito hoy en día, sólo debe lanzar un ataque de marketing de guerrilla. Abastezca su arsenal con los siguientes datos generadores de ganancias para el nuevo milenio:

Un arsenal de productores de beneficios

- Cuando esté planificando el futuro, olvide el pasado. Los cambios que representan la oportunidad ocurrirán en el servicio, la tecnología, la sofisticación de los prospectos, las expectativas de calidad, las opciones disponibles y la comprensión del marketing competitivo. Esté listo para actuar.
- Reenfóquese en su estrategia de marketing. Anticipe la respuesta. Asegúrese que su plan sea claro y lo suficientemente breve para que todos los empleados importantes lo lean. No cambie su marketing simplemente por hacer un cambio o por una crisis de nervios.
- Expanda su nicho. Expándalo ofreciendo lo que sus competidores no hacen bien. Expándalo tomando como meta mercados demasiado pequeños para los grandes competidores. Expándalo descubriendo los nuevos mercados que crea el cambio. Las estrategias a considerar para expandir su nicho son *velocidad, servicio y especialización.*

Confíe en su marketing

- Avalúe su pasión. El avalúo es hecho con su mente, una actividad del hemisferio izquierdo del cerebro, como usted sabe. La pasión la siente con su corazón, una característica del hemisferio derecho del cerebro. Combine su mente y su corazón para ver si realmente sigue sintiendo pasión por lo que hace. Si el fuego se ha extinguido, diríjase a algo que le haga feliz. Ningún ataque de guerrilla puede tener éxito sin un firme deseo de ganar.

- Confíe en su marketing. En un mundo con mucho cambio, el marketing puede resaltar al cambiar lo menos posible. Mantenga su empuje y su identidad, pero amplíe sus medios, agregue más mercados meta y reexamine sus precios. Confíe en su pareja, su corazón y su marketing.

- Conviértase en sus clientes. Al momento en que usted se coloca en los zapatos de ellos, verá cambios desde la perspectiva de sus clientes, verá su compañía desde el punto de vista de ellos, verá cualquier cambio que sea necesario.

- Haga que cada cliente se sienta único. Repito ésto ya que la mayoría de sus competidores no serán capaces de hacerlo y usted ganará una enorme ventaja si lo puede hacer. Aprenda tanto como pueda de la vida y negocios de sus clientes para que cuando lo vean u oigan a usted, recuerden instantáneamente que usted reconoce lo que los hace especiales.

- Manténgase allí. Cuando los tiempos cambian, la tendencia normal es hacer cambios en masa. Esto no es necesario. Lo que sí es necesario es que usted haga algunos cambios, los haga aún con una base constante. Manténgase allí con su misión; sin embargo, en servicio y calidad, sea un canto rodado.

- Afine su conciencia de las necesidades y los problemas. Los empresarios guerrilleros saben que el camino a los beneficios es suave cuando es dirigido hacia llenar las necesidades y resolver los problemas. Las necesidades y los problemas cambian, sin embargo los empresarios guerrilleros tienen métodos para detectarlos.

- Practique el marketing de alianzas. Muchos negocios, grandes y pequeños, están conscientes de los cambios y sin embargo no están claros en cómo actuar. Una manera para ello, es asociándose con nuevos socios colaboradores de mercadeo, quienes le pueden ayudar a esparcir la palabra de marketing y cortar los costos de éste, beneficiando a ambos socios de alianzas de mercadeo.

- Conozca lo que sus prospectos y clientes esperan. Esté seguro que esperan más y mejor. Usted debe estar listo para exceder esas expectativas, aún las nuevas.
- Cree una nueva ventaja competitiva. El cambio abre muchas puertas y los empresarios guerrilleros se apresuran a ofrecer exactamente lo que los nuevos consumidores desean. Ellos desean velocidad. Desean servicio. Desean valor. Desean una tecnología que funcione.

Sea un fanático del seguimiento

- Haga más seguimiento con los clientes existentes (y prospectos) que nunca. Haga más que cualquier otro competidor. Si yo pudiera colocar este consejo en letras de neón, lo haría, ya que es tan importante para mí que usted lo sepa hasta en los huesos.
- Apóyese en sus clientes para su enorme poder de referidos. Usted los trató bien y permaneció en contacto con ellos, así que ellos desean que usted tenga éxito y con mucho gusto le proporcionarán los nombres de clientes potenciales o recomendarán su negocio a amigos y compañeros de trabajo.
- Dedíquese al descontento constructivo. Deje de alabar su negocio con sus compañeros de trabajo y comience a cuestionarlo. El criticismo informado ayuda a mantenerse a la par de los cambios.
- No baje los precios simplemente porque otros lo están haciendo. En cambio, considere mantener o hasta elevar su precio, luego justifíquelo con más servicio o un incremento en la conveniencia.
- Desarrolle un respeto hacia la medición. Llegue a ser un genio de la contabilidad, midiendo las armas de marketing, los empleados, el personal y el desempeño de la compañía. Cada componente es contabilizado.
- Reconozca que su mejor inversión de marketing es usted.
- Recuerde que el marketing es una actitud y usted debe expresarla constantemente.

Un núcleo de mucho talento

- Desarrolle un núcleo de mucho talento, personas a las que pueda acudir para agregarle más fuerza a su marketing, tanto en la estrategia como en la ejecución. Son más fáciles de encontrar que nunca, ya que muchos de ellos están optando por la vida de un empresario, librándose de la jerarquía corporativa y llegando a estar disponibles para ayudarle.

- Enfóquese en la lealtad de los clientes. Un dueño de un restaurante exitoso trata a sus clientes regulares como a la realeza y a sus nuevos clientes como si fueran regulares. No es fácil atraer nuevos clientes. Es por ello que tiene tanto sentido concentrarse en mantenerlos como clientes.

- Trate a su negocio como si fuera su carne y su sangre. Al igual que los niños, los negocios requieren de una atención constante cuando son jóvenes y luego más atención cuando son adolescentes. Con apoyo, cuidado y amor, pueden crecer fuertes.

- Conozca su industria, por adentro y por fuera. Compre donde sus competidores. Asista a las ferias comerciales. Lea las revistas de la industria. Haga amigos con otras personas en su industria. Encuentre algunas estupendas páginas en Internet relacionadas con la industria y visítelas frecuentemente. La mayor fuente de nueva información es la Net, y a los empresarios guerrilleros les encanta mantenerse a la par del momento.

Cuídese de las cuasitendencias

- Resista enfocarse en tendencias. Usted debe saber qué es lo que está pasando alrededor de usted y al mismo tiempo, debe estar alerta de las cuasitendencias, aquellas cosas que pudieran lucir y actuar como tendencias, mas sin embargo, son realmente novedades que pasan en la noche.

- Invierta tiempo y energía aprendiendo a negociar los sutiles detalles intrincados de los cambios en su marketing y en su gerencia.

- Aprenda a sentirse a gusto on-line, con la tecnología, con el cambio. Nunca permita que el progreso normal lo detenga. El mundo que está llegando requiere, no que usted aprenda una cosa bien, sino que usted aprenda nuevas cosas constantemente. La verdad y la realidad están cambiando.

Todo está cambiando

Los tiempos, su competencia, su marketing, el proceso de marketing mismo y usted, todos están cambiando. Para mantenerlo en contacto con lo que está ocurriendo realmente en esta esfera llamada Tierra, he aquí un detalle de la realidad: si pudiéramos encoger la población de la Tierra a una aldea de precisamente 100 personas, con todas las proporciones humanas existentes permaneciendo igual, luciría como sigue:

Habría 57 asiáticos, 21 europeos, 14 del hemisferio occidental (norte y sur) y 8 africanos. Cincuenta y uno de ellos serían de sexo femenino y 49 de sexo masculino; 30 serían cristianos, 70 no lo serían. El cincuenta por ciento de la riqueza completa del mundo estaría en las manos de solamente 6 personas y éstas serían ciudadanos de los EEUU. Ochenta vivirían en viviendas de calidad inferior; 70 no serían capaces de leer; 50 sufrirían de malnutrición. Uno estaría próximo a la muerte y uno estaría cercano al nacimiento.

El mundo real

Ese es el mundo real estos días. Este no es el único mundo en el que usted tendrá que vivir. Para ser un ejecutivo de marketing de guerrilla, usted debe vivir mentalmente, en dos planetas. El primero, el Conceptual, es un lugar donde no viven las personas comunes. La mayoría de las personas no saben siquiera que existe. Es donde se formulan las ideas, donde se encuentran las mentes. El segundo planeta, la Tierra, es el mundo de las personas que lo contratan y compran lo que usted vende. Escuchan lo que usted comunica o lo ignoran completamente. Usted debe saber qué es lo más importante para ellos. Debe saber qué es lo que desean y qué es lo que necesitan. Esto solamente sucede, si usted vive en el mismo mundo que ellos, si usted experimenta lo que experimentan ellos, si usted está consciente cambios de los que ellos están conscientes.

Los dos planetas donde usted vive

Estas realidades están funcionando todas para usted, cuando lanza su ataque de mercadeo de guerrilla. Los dos mejores momentos para lanzarlos son exactamente los mismos que los dos mejores momentos para plantar un árbol: veinte años atrás y hoy.

¿Cuándo lanzar su ataque?

La acción es el propósito del marketing de guerrilla. Una vez que usted tome las acciones descritas en estas páginas, descubrirá que el mercadeo de guerrilla le transformará en un emprendedor guerrillero en otros aspectos de su negocio.

Sin considerar sus grandes logros, sus éxitos, ni el tamaño al cual usted crece, siempre será posible traer al marketing la imaginación, la ingenuidad y la comprensión de pensamiento de un empresario guerrillero. Si usted se aproxima a su tarea con el alma y el espíritu de un emprendedor guerrillero preparado para los tiempos, sin importar las hordas de competidores, mi apuesta es con usted. Lo veré en las trincheras. También lo veré en el banco.

Nunca ha habido un mejor momento que éste para darle alas a sus sueños a través del marketing. Jamás ha habido un mejor modo de mercadear que con la perspicacia y las actitudes de un empresario guerrillero.

Printed in the USA
CPSIA information can be obtained
at www.ICGtesting.com
JSHW082148140824
68134JS00014B/133